언어학과 문학의 만남

이 저서는 2018학년도 광운대학교 교내학술연구비에 의하여 조성되었음.

언어학과 문학의 만남

Convergence of Linguistics and Literature

오정란 지음

도서출판 월인

책을 펴내면서

대학 강단에서 제자들을 가르치는 일은 크나큰 축복이다. 항상 희망찬 청춘들과의 만남이기 때문이며, 꿈과 희망을 이야기하는 직업이기 때문이다. 몸에는 세월의 나이테가 쌓여갈지라도 마음만은 신록일 수 있었던 것도 모두 사랑하는 제자들 덕이었다. 하지만 시간의 수레바퀴는 쉼 없이 굴러가고 있음을 이제야 깨닫고, 언어학자의 관점에서 문학작품을 분석한 연구들을 모아 『언어학과 문학의 만남』이라는 한 권의 책으로 모으고 싶어졌다.

사실 저자의 주 전공은 국어학이며 세부 전공분야는 국어음운론이다. 오직 음운론 연구 외길을 걷다가 어느 순간 학문적 외도를 하게 되었는데, 2000년 '국제언어인문학회'[1] 창립이 그 계기가 되었다. 학회 창립 학술대회에서 이상 문학에 대한 논문 발표를 시작으로 언어학과 문학과의 융합적 연구에 관심을 가지게 된 것이다. 학문간 융합 혹은 '통섭'[2]이란 화두가 우리 학계의 주요 관심사로 떠오른 것은 에드워드 윌슨의 책[3]을 번역하여

---

1 '국제언어인문학회'는 2000년 일리노이대 김진우 교수를 초대 학회장으로 하여 언어학과 인접학문과의 학제 간 융합 연구를 추구하고자 창설된 학회이다. 학회지로 『인문언어』를 발행하고 있다.

2 에드워드 윌슨의 'consilience'를 최재천은 '통섭(統攝)'으로 번역하였다.

3 E. O. Wilson, *Consilience: The Unity of Knowledge*, New York: Knopf, 1998.

국내에 소개한 최재천 교수[4]에 의해서였지만, 그보다 앞서 국제언어인문학회에서 그 중요성을 인식하고 먼저 실천에 옮긴 것은 선각자적 행보로 평가되어야 할 것이다.

윌슨은 지식이 갖고 있는 본유의 통일성에 주목하면서 자연과학에 근거한 지식의 통섭을 주장하고 있다. 최재천 교수는 번역서 서문에서, 윌슨의 주장처럼 인간 정신의 가장 위대한 과업은 인문학과 자연과학의 만남이라고 역설한다. 지식은 지금 현재 서양 문화가 인식하고 있는 세 갈래의 학문 분과들인 자연과학, 사회과학 그리고 인문학으로 나뉘어 있는데, 언제까지나 이렇게 나뉘어 있을 것인가? 그래서 과학과 종교는 영원히 각각의 진리 영역에만 예속되어 있을 것인가? 이러한 스스로의 질문에 대해 자연과학은 근래에 사회과학과 인문학의 경계로 그 범위를 확장하며 세 영역을 한데 묶고 있다고 한다. 현재 산업 국가들과 세계 경제를 한데 묶어주는 것이 있다면, 그것은 바로 자연과학의 통합이라는 것이다. 그를 비롯한 많은 사상가들은 자연과학의 중요성과 그것의 사회과학과 인문학과의 통합을 그 어느 때보다 심각하게 고려해야 할 때가 되었다고 믿는다. 그저 단순한 동반자 관계를 만드는 것이 아니라 지식 체계의 기초를 다지는 통합 말이다. 그는 인문학과 자연과학의 성공적인 만남은 결국 모든 학문의 통합으로 이어질 것이며, 인문학이 모든 배움에 기본이 돼야 한다고 생각한다. 인문학적 소양이 결여된 자연과학은 결코 통섭의 경지에 이를 수 없기 때문이다. 인문학의 바탕 위에 수학과 자연과학으로 무장한 다음에야 자신이 전공할 학문에 뛰어들 수 있도록 학제를 개편해야 한다고 말하고 있다. 실제 최재천 교수는 인문학과 자연과학을 공학의 실로 꿰어보자는 취지로 '의생학(擬生學)'이라는 새로운 학문 분야를 구상하여, 그의 이화여대 연구실 한 쪽에 의생학 연구센터를 만들었다. 퓨전요리처럼 학문

4 최재천 · 장대익 옮김. 『통섭: 지식의 대통합』. 서울: 사이언스북스, 2005.

의 통섭을 주장하는 최재천은 『통섭의 식탁』[5]이라는 책에서 문학과 과학의 만남이 하나의 문화적 담론으로 거듭나길 학수고대하는 사람이라고 밝히고 있다

그러나 자연과학의 입장에서 통섭을 시도하는 이들 논리에 대한 반론도 만만치 않다. 이남인 교수는 통섭 대신 영어의 'interdisciplinary', 즉 '학제적(學際的)'이라는 단어를 사용하고 있다. 그가 말하는 '학제적'이란 學制的이 아니라 學際的, 즉 '학문들 사이의 교류와 관련된'이라는 뜻을 가지고 있다고 한다. 통섭 개념에 대한 비판은 그의 책[6] 서문에 요약되어 있다. "2005년 윌슨의 『통섭』이라는 저서가 한국어로 번역되어 소개되면서 통섭 담론이 시작되었으니까 한국에서의 통섭 담론의 역사는 10년도 되지 않는다. 통섭 담론의 본래적인 취지는 다양한 학문들 사이의 대화와 소통을 활발하게 하여 학문 발전을 이루고 더 나아가 사회 발전에 기여하자는 데 있다. 그러나 과연 통섭 담론이 이러한 본래적인 취지에 부합하도록 이루어져 왔는지 철저하게 반성할 필요가 있다. 이 책의 목표는 크게 두 가지이다. 이 책은 한편 윌슨의 통섭 프로그램이 그 본래의 취지와는 달리 다양한 학문 사이의 단절을 초래하는 프로그램이며 그동안 한국에서 전개된 통섭 담론 역시 소통이 불가능한 담론이 되었다는 사실을 밝히면서 통섭의 정체를 해명하고 그것을 철저하게 비판적으로 검토함을 목표로 한다. 다른 한편 이 책은 윌슨의 통섭 프로그램이 제시하는 것과는 비교할 수 없이 다양한 형태로 학제적 연구 및 교육 등 학문들 사이의 진정한 대화와 소통이 이루어질 수 있다는 사실을 해명하면서 학문과 사회 발전에 기여함을 목표로 한다."

---

5 최재천. 『통섭의 식탁』. 명진출판. 2011.

6 이남인. 「인문학과 자연과학은 어떻게 만날 수 있는가? - 통섭 개념에 대한 비판적 검토를 토대로 삼아」. 『철학연구』 제87집. 2009.; 이남인. 『통섭을 넘어서; 학제적 연구와 교육의 활성화를 위한 철학적 성찰』. 서울대학교 출판원. 2015.

언어와 문학은 가장 근접한 두 영역이지만 안타깝게도 문학에 대한 언어기호론적 방법으로의 융합적 접근은 아직도 초보 단계이다. 여기에 돌하나 얹는다는 조심스러운 마음으로, 학문간 경계를 허무는 일에 일조한다는 작은 소명감 하나로, 『언어학과 문학의 만남』이라는 융합적 연구 하나를 올리려고 한다. 정말 부족하기 그지없는 책이지만 따뜻한 눈으로 해량해 주시길 부탁드린다.

이 긴 세월 동안 저자의 힘이 되어준 사랑하는 남편과 소중한 아이들('누리 지하 서현', '하늘 지원')에게 감사와 사랑의 마음을 전하며, 이 모든 것을 허락해 주신 참 좋으신 나의 주님께 감사 기도를 드립니다.

2019년 2월 1일

한울관 연구실에서, 오 정 란

차 례

제1장

한강 『채식주의자』의 언어기호론적 해석

한강[1]의 「채식주의자」는 "탄탄하고 정교하며 충격적인 작품으로, 독자들의 마음에 그리고 아마도 그들의 꿈에 오래도록 머물 것이다"라는 평을 받으며 한국인 최초로 2016년 맨부커 인터내셔널상을 수상한 작품이다. 「채식주의자」는 '채식주의자'(『창작과비평』 2004년 여름호), '몽고반점'(『문학과 사회』 2004년 가을호), '나무불꽃'(『문학 판』 2005년 겨울호) 등기 발표된 세 편의 소설을 하나의 작품으로 엮었지만 높은 완결성을 보이는 연작소설이다. 그의 작품에 대해서는 이미 많은 논자들의 연구가 있어왔는데, 한강 작품에서 일관된 주제는 폭력 세계라고 보는 것이 통설이다.[2] 그러나 본 논의에서는 작품의 내용에 주안점을 두는 지금까지의 문학적

---

1 한강은 1993년 계간 『문학과 사회』 겨울호에 '서울의 겨울' 등 시 4편이, 1994년 서울신문 신춘문예에 단편소설 '붉은 닻'이 당선되면서 작품활동을 시작했다. 만해문학상, 이상문학상, 황순원문학상, 오늘의 젊은예술가상, 한국소설문학상 등을 수상하였고, '여수의 사랑'(1995) '내 여자의 열매'(2000) '채식주의자'(2007) '노랑무늬 영원'(2012)과 장편소설 '검은 사슴'(1998) '그대의 차가운 손'(2002) '바람이 분다, 가라'(2010) '희랍어 시간'(2011) '소년이 온다'(2014) '흰'(2016) 등 작품들이 있다.

2 「채식주의자」는 가부장제, 남성, 문명의 폭력을 고발하고, '소년이 온다'는 국가적·정치적인 폭력을 보여준다는 것이다.(권혜린 2016: 352~358)

접근 방법에서 벗어나 언어기호가 작품의 가장 중요한 핵심(실체)이라는 언어기호론의 관점에서, 언어기호의 변주 양상에 주목하고자 한다. 그리하여 내용에 집중했던 연구들이 놓친 문제점을 찾아내어 한강의 「채식주의자」를 재해석하고자 한다.

Ⅰ. '동박새 사건, 꽃되기, 나무되기'와 주제와의 연관성

연작소설 「채식주의자」는, '채식주의자 · 몽고반점 · 나무불꽃'으로 진행된다. 1편 '채식주의자'에서는 어린 시절 자기 아버지에 의해 죽임을 당한 개에 대한 꿈을 꾼 영혜가 육식을 거부하다가 결국 자해 사건까지 일으켜 병원에 입원하게 되는 과정이, 2편 '몽고반점'에서는 영혜의 엉덩이에 아직도 남아 있다는 몽고반점에 매료된 비디오아티스트 형부의 제안에 따라 온 몸에 꽃을 그린 후 형부와 관계를 가지는 과정이, 3편 '나무불꽃'에서는 이후 정신병원에 입원한 영혜가 나무가 되고자 거식을 하며 죽어가는 과정이 서술되고 있다. 이 「채식주의자」에 대한 주요 논의들을 간단히 정리하면 다음과 같다.

첫째, 정미숙(2008, 2016)은 채식주의자를 욕망이라는 관점에서 분석하였는데, 욕망을 무너지기 쉬운 절대성으로 간주하면서 한강의 채식주의자 연작소설을 욕망의 세 단계로 정의하였다. ㉠ 욕망, 불편한 진실이 돌아오다(채식주의자) ㉡ 욕망, 판타지와 외설의 경계에서 흔들리다(몽고반점) ㉢ 욕망 이후, 가족의 질서로 단죄하다(나무불꽃)로 정의한다.

둘째, 한정희(2012, 2016)는 작가 한강이 소설에서 몸을 통해 내면의 상처와 존재의 본질에 대한 문제를 표현하고 있다면서 채식주의자를 '몸 담론'의 관점에서 분석하였다. 즉 채식주의자를 타율화된 몸의 비극이라는 관점에서 분석하고 있다. 그리하여 ㉠ 권력의 강요를 받는 인간의 식성(채식주의자) ㉡ 탈주를 꿈꾸는 무의식적 욕망(몽고반점)으로 규정하면서, 채식주의자는 몸을 통한 인간 실존의 탐구로 규정하였다.

셋째, 한귀은(2008, 2016)은 작가 한강이 트라우마를 지닌 상처 입은 인물을 형상화해왔는데, 채식주의자 연작에서도 작가는 치료자가 되어 인물들의 감정을 역전이하고 있다고 하면서, 주요 등장인물들의 상태를 다음과 같이 요약하고 있다. "영혜 - 동물의 이중부정, 인혜 - 과각성과 강박증, 인혜 남편 - 트라우마를 동반하는, 혹은 트라우마의 흔적으로서의 예술, 영혜와 그 - 주체와 절대적 타자, 영혜와 인혜 - 상징적 동일시와 징후적 관계, 영혜와 남편/인혜와 남편 - 소통 부재와 희생이 매개된 (비)관계." 이처럼 채식주의자에서는 각 인물들이 모두 트라우마를 겪고 있고, 각자의 트라우마를 전이 혹은 역전이하며 살아가며 그것은 다시 상대에게 이차, 삼차의 외상을 입힌다는 것이다. 영혜의 외상을 내적 독백으로, 인혜와 그의 외상을 내적 초점화로 서술하면서 그리고 외부적 시각인 영혜 남편의 서술을 병치하여 작가는 트라우마의 서사화를 꾀한 것으로 해석하였다.

넷째, 주은경(2012, 2016)은 채식주의자를 에코페미니즘 관점에서 해석하였다. 주인공 영혜의 모습을 통해 육식을 거부하며 타자화되는 것이 에코페미니즘에서 어떤 의미인가를 살피고 있다.[3] 그리하여 주은경은 '육식의 거부와 채식 - 〈채식주의자〉', '육체의 결합을 통한 가치의 회복 - 〈몽고반점〉', '새로운 원리를 향한 희망의 몸짓 - 〈나무불꽃〉'으로 규정 지으면서

3 페미니즘은 지난 수세기 동안 사회 정치 인종 계급 등의 다양한 문제와 결합하며 이론적 변형과 실천적 운동을 이끌어왔다. 그리고 이러한 이론적 변형의 한 갈래로 등장한 에코페미니즘은 생태 혹은 환경을 의미하는 '에코'와 '페미니즘'을 결합시킨 복합 개념으로 여성과 자연을 동일하게 보는 학문이다. 이러한 결합은 여성과 자연, 남성과 문화 간 동치성에 대한 직시 그리고 여성의 피지배성과 자연의 피지배성 사이의 상호 연관성에 대한 직시에서 시작되었다. 따라서 채식주의란 에코페미니즘에서 경계하는 남성 지배와 폭력을 거부하는 수단이며, 이를 통해 서로 교전하고 있는 세계와 남성에 대한 의존성을 동시에 거부하는 방법으로 본다. 다시 말해 채식주의자가 된다는 것은 그동안 가부장제 구조 속에서 억압받던 여성이 자아를 깨닫기 위해 주체적으로 선택한 방법이다. 여성들은 음식 선택을 통해 남성이 만들어 놓은 가부장제 질서를 거부하면서 자신의 신체를 통해, 그리고 채식주의를 선택하는 행동을 통해 페미니즘 이론을 실천했다는 것이다.(주은경 96~97쪽)

연작소설 채식주의자는 곧 인간과 자연의 화해 그리고 합일에 대한 희망으로 해석하고 있다.

다섯째, 이귀우(2011, 2016)는, 채식주의자는 후기 자본주의 사회를 배경으로 하고 있으며 여성 인물에 초점을 두고 있기 때문에 가부장적 문화가 부각되고 있다고 보면서 이러한 주류 문화에서 탈주하려는 영혜에 대한 반응은 그녀 주변의 세 인물에게 각기 다른 양상으로 나타난다. '첫 번째 화자, 남편 - 평범함 속의 폭력성과 이질적 타자에 대한 혐오', '두 번째 화자, 형부 - 나와 다른 자를 향한 동경과 매혹', '세 번째 화자, 인혜 - 순응과 외면으로 살아남은 약자의 시선' 그리하여 이귀우는 한강의 채식주의자는 출구 없는 세상을 향한 소극적 저항으로 규정 짓는다.

이러한 기존의 연구들에서 가장 중요한 과제는 영혜가 육식 거부를 하게 되는 동기였다. 영혜가 육식을 거부하게 된 동기는, 고기를 썰다가 칼에 베인 후 맡은 피가 계기가 되어 아홉 살 때 겪은 사건이 꿈으로 나타나게 된 것이 계기가 된다. 그 사건은 주인집 딸인 내 다리를 물어뜯은 흰둥이, 그 개를 가부장적인 아버지가 육질을 연하게 한다는 구실로 오토바이에 매달고 일곱 바퀴를 달리는 꿈, 축 늘어져 죽은 개와 그 개를 끓인 국밥을 먹는 나(영혜)에 대한 과거사의 재현인 꿈이다. 그 아버지는 영혜에게 어릴 적부터 폭력을 휘두른 아버지이기도 했다. 이에 근거하여 채식주의자의 주제는, 가부장적인 폭력에 대한 저항이 영혜의 육식 거부로 나타났다고 해석하여, 채식주의자는 바로 문명 · 폭력 · 남성에 대한 자연· 여성의 저항이라고 보는 것이 일반적으로 공통된 견해이다.

이러한 논의들에도 불구하고 소설 속 주요 사건들에 대한 해명되지 않는 의문점들을, 본서에서는 언어 형태 그 자체에 초점을 두어 재해석하고자 한다.

첫째, '채식주의자'(이하 1편)의 주 내용은 주인공의 '육식 거부'와 그것을 막는 가족들과의 필사적인 사투인데, 논자들의 관심이 가장 많이 쏠린

부분이기도 하다. 문제는 소설 마지막 부분의 '동박새 사건'이다. 육식 거부를 고수하며 자해까지 한 영혜가 병원 분수대 옆 벤치에 앉아 환자복 상의를 벗은 채 젖가슴을 고스란히 드러내고 있는데, 놀랍게도 그녀의 손에 동박새 사체가 쥐어져 있는 사건이다.[4] 개의 죽음과 관련된 고통스러운 기억으로 인해, 육식 거부를 선언하며 이를 위해 동맥 자해까지 하며 강렬히 저항하던 그녀가 왜 동박새를 이빨로 물어뜯는 잔혹한 육식 행위를 했을까? 그것도 육식 거부로 인해 입원한 병원에서 말이다. 채식주의자 가장 마지막 장면으로서 상징성을 가지는 이 사건을 명료하게 해명한 견해는 지금까지 없었다. 이에 대한 해명이 채식주의자 주제의 핵심이라고 생각한다.

둘째, '몽고반점'(이하 2편)의 주 내용은 '꽃되기'로, '나무불꽃'(이하 3편)의 핵심 내용은 '나무되기'로 규정할 수 있다. 그러나 대부분 논자들은 꽃되기와 나무되기를 '식물화'라는 하나의 과정으로 해석하곤 했다. 그러다 보니 1편에만 논자들의 관심이 치중되었고, 2편은 그나마 부각되었으나 3편은 전편에 이어지는 당연한 결말 내지 배경화되어 버린 문제점이 있었다. 이것은 분명히 존재할 2편의 '꽃되기'와 3편의 '나무되기' 사이의 차이점을 파악하지 못한 것으로서 재해석이 요구된다고 하겠다.

셋째, 채식주의자 주인공에 대한 재고이다. 영혜가 주인공임은 누구나 공감하는 터이지만, 언니인 인혜에 대해서도 그 무게를 가늠할 필요가 있다고 생각한다. 1편과 2편에서는 단지 배경에 불과하던 그녀가 3편에 이르면 3인칭 초점화자로 등장하면서 큰 무게감으로 다가오는데, 이는 소설 전반에 펼쳐진 언어기호의 변주 양상의 결과라고 판단한다. 따라서 (1)인칭명사 (2)시제와 시점 (3)'독백/대사'의 표기 등 언어기호에 대한 분석을 통하여 주제와 주인공과의 연관성을 추적하고자 한다.

---

4 "나는 아내의 움켜진 오른손을 펼쳤다. 아내의 손아귀에 목이 눌려 있던 새 한 마리가 벤치로 떨어졌다. 깃털이 군데군데 떨어져나간 작은 동박새였다. 포식자에게 뜯긴 듯한 거친 이빨자국 아래로, 붉은 혈흔이 선명하게 번져 있었다."(채식주의자 65쪽)

Ⅱ. '동박새 사건'과 주제와의 연관성

주인공의 육식 거부의 동인이 아버지에 의해 무참히 죽어간 개에 대한 꿈이었으므로, 작품의 주제를 가부장적 남성의 폭력에 대한 여성의 저항으로 해석하는 것이 기존 연구들의 통설이었다. 그러나 이러한 견해는 채식주의자 전체 작품의 주제 의식을 너무 한쪽으로 편향화시킨 것 같다.

꿈 이야기에 보면 영혜는 자신을 문 개가, 아버지에 의해 복수를 당할 때 다시 말해 상하 관계가 역전되었을 때 자신 역시 개의 눈을 노려보며 개에 대해 폭력을 행사하고 있었음을 인지했고 그것이 그의 마음을 흔들어 놓고 있음을 알 수 있다. 아버지에 대해 개에 대해 늘 피해자의 입장이었던 자신이, 아버지의 등장으로 자신이 개보다 우위에 서게 되자 자기도 모르게 자신 속에 내재되어 있던 폭력성이 표출됨을 깨닫게 되었던 것이다. 자신이 피해자 입장에서 그토록 고통스러워했던 약자에 대한 폭력성이, 자신 속에도 독버섯처럼 자라고 있었음을 인지했던 것이다.[5] 따라서 주인공의 육식 거부 선언은 단지 아버지로 대변되는 남성의 폭력에 대한 저항이라는 관점을 넘어서서, 자연계 먹이사슬에서의 '탈포식자'를 향한 몸부림으로 보는 것이 타당하다고 생각한다.

영혜의 꿈이 포식자로서의 자신의 얼굴 때문에 괴로워하고 있었음은 다음의 꿈 이야기에서도 입증된다. 영혜는 자신이 피해자라는 사실로 인하여 힘들어하는 것이 아니라, 자신이 피가 흐르는 날고기를 먹었다는 사실,

5 *내 다리를 물어뜯은 개가 아버지의 오토바이에 묶이고 있어. ~ 나는 꼼짝 않고 문간에 서서 점점 지쳐가는, 헐떡이며 눈을 희번덕이는 흰둥이를 보고 있어. 번쩍이는 녀석의 눈과 마주칠 때마다 난 더욱 눈을 부릅떠. 나쁜 놈의 개. 나를 물어? ~ 여섯 바퀴째, 개는 입으로 검붉은 피를 토해. 목에서도 입에서도 피가 흘러. 거품 섞인 피, 번쩍이는 두 눈을 나는 꼿꼿이 서서 지켜봐.~ 녀석의 덜렁거리는 네 다리, 눈꺼풀이 열린, 핏물이 고인 눈을 나는 보고 있어. ~ 아니, 사실은 밥을 말아 한 그릇을 다 먹었어. 들깨냄새가 다 덮지 못한 누린내가 코를 찔렀어. 국밥 위로 아른거리던 눈, 녀석이 달리며, 거품 섞인 피를 토하며 나를 보던 두 눈을 기억해. 아무렇지도 않더군. 정말 아무렇지도 않았어.*(52~53쪽)

다시 말해 자신이 바로 포식자라는 사실을 인지하고 고통스러워하고 있음을 알 수 있다.

~ 내 손에 피가 묻어 있었어. 내 입에 피가 묻어 있었어. 그 헛간에서, 나는 떨어진 고깃덩어리를 주워먹었거든. 헛간 바닥, 피웅덩이에 비친 내 눈이 번쩍였어. 그렇게 생생할 수 없어. 이빨에 씹히던 날고기의 감촉이. 내 얼굴이, 눈빛이. 처음 보는 얼굴 같은데, 분명 내 얼굴이었어. 아니야, 거꾸로, 수없이 봤던 얼굴 같은데, 내 얼굴이 아니었어. 설명할 수 없어. 익숙하면서도 낯선…… 그 생생하고 이상한, 끔찍하게 이상한 느낌을.(19쪽)

영혜가 이처럼 헛간 속의 피웅덩이에 비친 얼굴을 처음 보게 된 것은 고기를 썰다가 손가락을 벤 사건이 계기가 되었는데, 그때 손가락에서 흐른 피를 맛보면서 마음이 진정되는 것 같았다고 토로하고 있다. 즉 지금껏 숨겨져 있던 피에 대한 욕망이 정체를 드러낸 것이다.[6]

"내 손으로 사람을 죽인 느낌 아니면 누군가 나를 살해한 느낌(36쪽)",

---

6 *그 꿈을 꾸기 전날 아침 난 얼어붙은 고기를 썰고 있었지. 당신이 화를 내며 재촉했어. 제기랄, 그렇게 꾸물대고 있을 거야? ~ 갑자기 도마가 앞으로 밀렸어. 손가락을 벤 것, 식칼의 이가 나간 건 그 찰나야. 검지손가락을 들어올리자 붉은 핏방울 하나가 빠르게 피어나고 있었어. 둥글게, 더 둥글게. 손가락을 입속에 넣자 마음이 편안해졌어. 선홍색의 색깔과 함께. 이상하게도 그 들큼한 맛이 나를 진정시키는 것 같았어. 두 번째로 집은 불고기를 우물거리다가 당신은 입에 든 걸 뱉어냈지. 반짝이는 걸 골라 들고 고함을 질렀지. 뭐야. 이건 칼조각 아냐! 일그러진 얼굴로 날뛰는 당신을 나는 우두커니 바라보았어. 그냥 삼켰으면 어쩔 뻔 했어! 죽을 뻔했잖아! 왜 나는 그때 놀라지 않았을까. 오히려 더욱 침착해졌어. 마치 서늘한 손이 내 이마를 짚어준 것 같았어. 문득 썰물처럼, 나를 둘러싼 모든 것이 미끄러지듯 밀려나갔어. 식탁이, 당신이, 부엌의 모든 가구들이. 나와, 내가 앉은 의자만 무한한 공간 속에 남은 것 같았어. 다음날 새벽이었어. 헛간 속의 피웅덩이, 거기 비친 얼굴을 처음 본 건.*(26~27쪽)

즉 가해자이면서 피해자가 되어 버린 나라는 존재에 대한 인식은 영혜로 하여금 손잡이가 없어서 결코 나갈 수 없는 출구 없는 방 안에 갇힌 느낌을 준다.[7] 이 "캄캄하게 뭉개어져 있(37쪽)"는 상대적 먹이사슬 관계를 주인공은 일단 육식 거부를 통하여 극복하고자 한 것이다.

주인공은 육식을 거부하면서부터 남편과의 잠자리도 냄새가 난다고 거부하고, 회사 사장이 초대한 부부동반 모임에 브래지어도 하지 않은 채 자리하게 된다. 그러나 육식이 자연스러운 현실에서 육식을 거부한다는 것은 육식 문화를 조롱하는 것으로 비칠 수 있기에 육식주의자들에게서 심한 저항을 받게 되지만, 그럼에도 그녀는 목숨을 내던지면서까지 육식을 거부한다. 결국 처가 모임에서 장인에 의해 강제로 육식을 강요당하던 아내는 동맥 자해를 하게 되고 그 결과 병원에 입원하는 사태까지 가게 된다.

그렇게 육식만 거부하면 자신 속에 잠재되어 있는 포식자로서의 폭력성을 잠재울 수 있으리라 기대했었지만, 현실은 그렇지 못하였다. 그 증거가 바로 병원 분수대 앞에서 일어난 동박새 사건이다.

> 나는 아내의 움켜진 오른손을 펼쳤다. 아내의 손아귀에 목이 줄려 있던 새 한 마리가 벤치로 떨어졌다. 깃털이 군데군데 떨어져나간 작은 동박새였다. 포식자에게 뜯긴 듯한 거친 이빨자국 아래로, 붉은 혈흔이 선명하게 번져 있었다.(65쪽)

동박새 사건은 단순히 육식을 거부하는 것만으로는 포식자로서의 본성

---

7 *~예전부터 나는 누군가가 도마에 칼질을 하는 걸 보면 무서웠어. ~ 오싹하고, 더럽고, 끔찍하고 잔인한 느낌만이 남아 있어. 내 손으로 사람을 죽인 느낌, 아니면 누군가 나를 살해한 느낌. 겪어보지 않았다면 결코 느끼지 못할...... 단호하고, 환멸스러운, 덜 식은 피처럼 미지근한. 무엇 때문일까. 모든 것이 낯설게 느껴져. 내가 뭔가의 뒤편으로 들어와 있는 것 같아. 손잡이가 없는 문 뒤에 갇힌 것 같아. 아니, 어쩌면 처음부터 여기 있었던 걸 이제야 갑자기 알게 된 걸까. 어두워. 모든 것이 캄캄하게 뭉개어져 있어.*(36~37쪽)

을 극복하지 못함을 보여주는 것이다. 육식을 목숨까지 걸면서 거부하였고, 손발 입술 등과 달리 타인을 해치지 않는다고 믿으며 가슴까지 열어젖히곤 했지만 그녀는 여전히 포식자의 본성을 가지고 있었던 것이다.

지금까지 채식주의자의 주제를 가부장적 폭력에 대한 저항으로 해석한 기존의 논의에서는 이 동박새 사건이 담은 상징성에 대해서는 해석을 할 수 없었다. 목숨을 걸고 육식을 거부한 영혜가 동박새를 물어뜯은 이유에 대해 해석을 한 논자는 없었다. 그러나 채식주의자의 주제를 포식자로서의 경계 뛰어넘기로 볼 경우, 왜 채식주의자의 마지막 장면에 동박새 사건이 나타났는가를 명쾌하게 이해할 수 있게 된다.

따라서 육식 거부의 동인은, 가부장적 남성의 폭력에 대한 여성의 저항이라는 통설을 넘어서서 인간 본연의 잔혹성에 대한 인지와 그 극복 의지, 인간의 내면에 도사리고 있는 약자에 대한 포식자적 본성에 대한 거부로 보아야 할 것이다. 부언하면 육식 거부의 동인인 개 사건은, 아버지의 힘에 의해 자신이 개보다 먹이 사슬의 상위에 있게 되자 자신도 포식자가 됨을 확인했던 사건으로 해석되어야 할 것이다.

아버지의 힘으로 자신이 개보다 우위에 있게 되었을 때, 그녀는 포식자가 되어 눈을 부릅뜨고 개를 노려보았고 그 개로 만들어진 국을 밥을 말아 한 그릇을 다 먹었다고 토로하고 있는 것이다.

> *"번쩍이는 녀석의 눈과 마주칠 때마다 난 더욱 눈을 부릅떠. 나쁜 놈의 개. 나를 물어? ~ 여섯 바퀴째, 개는 입으로 검붉은 피를 토해. 못에서도 입에서도 피가 흘러. 거품 섞인 피, 번쩍이는 두 눈을 나는 꼿꼿이 서서 지켜봐.~ 녀석의 덜렁거리는 네 다리, 눈꺼풀이 열린, 핏물이 고인 눈을 나는 보고 있어. ~ 아니, 사실은 밥을 말아 한 그릇을 다 먹었어. 들깨냄새가 다 덮지 못한 누린내가 코를 찔렀어. 국밥 위로 아른거리던 눈, 녀석이 달리며, 거품 섞인 피를 토하며 나를 보던 두 눈을 기억해. 아무렇지도 않더군. 정말 아무렇지도 않았어."*(53쪽)

자기 자신에게 내재된 포식자로서의 이러한 폭력성을 제거하기 위한 주인공의 첫 번째 시도가 육식 거부, 즉 채식주의자 선언으로 나타났던 것이다.

Ⅲ. '꽃되기/나무되기'와 주제와의 연관성

1. 자해 사건과 동박새 사건으로 인해 남편으로부터 이혼 당한 영혜의 다음 이야기는 2편 몽고반점으로 이어진다. 2편은 동박새 사건으로 정신병원까지 간 영혜가 이혼 당한 후의 이야기이다. 2편은 초점 화자인 '그'(영혜의 형부)와의 성관계가 주요 내용이다. 온몸에 물감으로 꽃이 그려진 영혜가 그녀에게 매료된 형부와 관계를 가지게 되는데, 중요한 것은 그녀가 형부와의 관계를 수용하게 된 동기가 형부의 몸에 그려진 꽃이라는 사실이다. 맨몸으로의 형부, 인간으로서의 형부는 거부하면서 온몸에 꽃을 그린 형부, 식물로서의 형부와의 관계는 긍정적으로 받아들이는 그녀의 선택은 무엇을 의미하는 것일까.

> "그렇다면……" 자신의 목소리가 비명 같다고 그는 느꼈다. "내 몸에 꽃을 그리면, 그땐 받아주겠어?" 그녀는 물끄러미 그를 돌아다보았다. 당연하죠, 그러지 않을 이유가 없잖아요,라고 말하는 것 같은 눈이었다. 아니, 최소한 그는 그렇게 느꼈다. "그걸…… 찍어도 괜찮겠어?" 그녀는 웃었다. 희미하게, 어떤 것도 거부하지 않으며, 그럴 필요를 전혀 느끼지 못하겠다는 듯이. 혹은, 무언가를 조용히 조소하는 듯이.(132쪽)

온몸에 꽃을 그린 두 사람이 관계를 가진 후 영혜는 형부에게 다음과 같이 말하고 있다. 육식을 거부하면 꿈을 안 꿀 줄 알았지만, 육식 거부 후에도 포식자로서의 자신의 얼굴이 나타나는 꿈을 계속 꾸었다고 고백하고 있는 것이다.

> "고기만 안 먹으면 그 얼굴들이 나타나지 않을 줄 알았어요. 그런데 아니었어요." ...(중략)... "그러니까...... 이제 알겠어요. 그게 내 뱃속 얼굴이라는 걸. 뱃속에서부터 올라온 얼굴이라는 걸."(142쪽)

꿈 속에 얼굴들이 나타난 것은 수많은 고기를 먹었기 때문이라고 생각하여 육식을 거부했지만, 육식 거부 후에도 그 꿈은 계속되었음을 말하고 있다. 그러다 온몸에 꽃을 그린 상태에서 형부와의 성관계 후, 영혜는 그 얼굴이 바로 자신의 얼굴이었음을 깨달았던 것이다. 육식을 거부하고 채식을 한다고 하여 포식자에서 벗어나는 것이 아니라, 식물이 되어야 가능하다는 인식에 이른 것이다. 꽃이 된 이제는 그 꿈을 꾸지 않게 되기를 바라는 그녀의 바람이 드러나 있다. 이러한 그녀의 말들은 바로 채식주의자의 주제가 자신 안에 내재된 폭력성의 근절을 향한 도전임을 입증하고 있다고 하겠다.

식물이 되고자 갈망하는 그녀는 꽃이 그려진 자신의 몸은 그 자체로 꽃이라고 믿었기에 아니 믿고 싶었기에 형부와의 관계를 수용했던 것이다. 형부가 영혜와 관계를 가질 때 '그'가 자신의 늘어진 아랫배를 감추려 할 때 그녀는 "가리지 말아요. ...... 좋아요. 꽃잎이 주름진 것 같아."(139쪽)라고 말한다. 이것은 그녀가 형부를 인간이 아닌 꽃으로 받아들였다는 증거이다. 무엇보다 (형부와의 관계 전) 형부의 후배인 J와의 비디오 촬영에서 성적으로 흥분했던 영혜는 그러한 흥분이 J 몸에 그려진 꽃 때문이었다고 고백하고 있다.

> "정말 하고 싶었어요...... 그렇게 하고 싶었던 것이 없었어. 그 사람 몸에 뒤덮인 꽃이요...... 그게 날 못 견디게 했던 거야. 그것뿐이에요."(131쪽)

아마도 그녀는 식물 사이의 관계는 동물적인 것이 아니라고 믿었던 것 같다. 형부와의 관계 후 자신이 화훼식물이 되었다고 믿는 그녀는 말한다. 이제는 꿈을 꾸지 않게 되기를, 무서워하지 않게 되기를 바라면서 말한다.

> "……이제 꿈을 꾸지 않게 될까?"(142쪽)
>
> "이제 무섭지 않아요. …… 무서워하지 않을 거예요."(143쪽)

그러나 꽃과 꽃 사이의 관계 역시 또 다른 희생자를 낳게 되었다. 영혜 자신이 가해자로서 포식자로서 친언니인 인혜와 조카 지우에게 또 다른 폭력을 가하게 된 것이다. 어떻게 식물이 포식자가 될 수 있단 말인가. 그러나 꽃의 속성을 생각하면 당연한 것임을 알 수 있다. 꽃, 화훼식물은 종자 식물이다. 종자 식물의 본능은 종자(열매)를 맺는 것으로, 열매를 맺으려면 암술 수술 사이의 화분이 필수적이다. 다시 말해 암수 사이의 교접이 필수적이다. 이런 점에서 꽃은 식물이면서 또한 동물적인 양면성을 지닌 것이라 할 수 있다. 꽃이 된 영혜는 꽃으로의 식물로의 역할을 충실히 했으니 이제는 꿈을 꾸지 않게 되리라고 확신하기까지 한다. 그러나 종자식물의 결실은 열매이듯이, 식물을 갈망한 영혜는 종자식물(꽃)이 가진 동물적 속성을 벗어나지 못한 채 결국 또 다른 포식자의 입장에 서게 되었던 것이다.

진정한 채식주의자란 어느 수준을 말하는 것일까? 누군가에게 해를 입혀야 살아갈 수 있는 존재로서의 포기, 즉 포식자로서의 인간의 운명을 벗어날 수 있는 치열한 과정 제시가 세 편으로 이루어진 연작소설을 가능하게 한 동인이라고 생각한다.

2. 육식거부로도 불가능했고 꽃이 되어도 불가능했던 포식자로서의 경계 넘기가, '나무되기'로 나아가게 되는 것은 필연적인 과정이라 하겠다. 여기서 나무는 암수 구분 없는 상태의 나무로 보아야 할 것이다. 3편은

바로 나무가 되려는 영혜의 모습을 그리고 있다. 나무로의 완전한 식물화는 동물인 인간 몸의 거부에서 시작될 것이다. 그렇게 영혜는 죽어가면서까지 나무되기를 갈구하고 있는 것이다. 영혜의 '물구나무서기'는 탈포식자가 되기 위한 그녀의 치열한 의지를 보여주는 것이다. 오직 물과 햇빛만 있으면 살아가는 나무, 남을 해칠 필요가 없는 나무, 포식자의 경계를 뛰어넘게 만드는 것이 바로 나무되기인 것이다.

> 꿈에 말이야. 내가 물구나무서 있었는데...... 내 몸에서 잎사귀가 자라고, 내 손에서 뿌리가 돋아서..... 땅속으로 파고들었어. 끝없이, 끝없이...... 사타구니에서 꽃이 피어나려고 해서 다리를 벌렸는데, 활짝 벌렸는데...... ~ 나, 몸에 물을 맞아야 하는데. 언니, 나 이런 음식 필요없어. 물이 필요한데.(180쪽)

> 나는 이제 동물이 아니야 언니. 중대한 비밀을 털어놓는 듯, 아무도 없는 병실을 살피며 영혜는 말했다. 밥 같은 거 안 먹어도 돼. 살 수 있어. 햇빛만 있으면. 그게 무슨 소리야. 네가 정말 나무라도 되었다고 생각하는거야? 식물이 어떻게 말을 하니. 어떻게 생각을 해. 영혜는 눈을 빛냈다. 불가사의한 미소가 영혜의 얼굴을 환하게 밝혔다. 언니 말이 맞아...... 이제 곧, 말도 생각도 모두 사라질 거야. 금방이야. 영혜는 큭큭, 웃음을 터뜨리고는 숨을 몰아쉬었다. 정말 금방이야. 조금만 기다려, 언니.(186~187쪽)

유달리 숱이 많고 검고 긴 영혜의 머리카락은 운명적으로 수많은 뿌리가 되어 땅 속을 향해 파고들 수 있었던 것이다.

> 서쪽 복도의 저 자리에서 물구나무서 있는 기괴한 여환자의 모습을 발견했을 때 그녀는 설마 영혜이리라고 상상하지 못했다. 좀전에 통화한 간

호사가 그녀를 그쪽으로 안내했을 때에야 영혜의 숱 많고 긴 머리칼을 확인할 수 있었다.(177쪽)

인간의 몸으로 완전한 식물화를 이룬다는 것은, 인간 몸의 포기, 즉 죽음으로서만 성취 가능한 나무되기임을 알 수 있다. 다시 말해 영혜는 일찍이 포식자로서의 자신의 본성을 인지하고 포식자로서의 경계를 뛰어넘고자 치열한 몸부림을 한 인물이다. '육식 거부, 꽃되기, 나무되기'를 향하여 기꺼이 죽음을 수용하는 인물이다.[8] 햇빛과 물만 있으면 살아가는, 다른 생명체를 해하지 않는 존재로서의 나무되기를 향하여 치열하게 나아간 선각자였던 것이다.

〈탈포식자를 향한 단계적 과정〉

1단계	채식주의자	육식거부	포식자본성유지	동박새찢어죽임
2단계	몽고반점	꽃되기	성욕유지	형부와 관계
3단계	나무불꽃	나무되기	탈육체화	물구나무서기/죽음수용

이상 살펴본 바와 같이 연작소설 「채식주의자」의 전개과정은 단순히 남성우위의 폭력성에 대한 거부로 보기에는 그 반경이 너무 넓다 하겠다. 그보다는 자연계 안 먹이사슬 연쇄의 최상위에서 포식자로서 가해자로서 살아가는 인간에 대한 성찰과, 어떻게 하면 포식자로서의 경계를 벗어날 수 있는가에 대한 깊은 고민에서 이루어진 소설이라고 생각한다.

자연과 상생하는 삶을 최고선으로 볼 때, 육식 거부라는 단순한 선언은 피상적인 것에 불과함을 동박새 사건으로 보여주고 있으며, 식물이 되고 꽃이 된다는 열망 역시 화훼식물의 운명을 벗어날 수 없는 포식자로서의

8 영혜는 고개를 돌려, 낯선 여자를 바라보듯 그녀를 물끄러미 건너다보았다. 이윽고 흘러나온 질문을 마지막으로 영혜는 입을 다물었다. ...... 왜, 죽으면 안되는 거야? (191쪽)

욕망 선상에 있음을 보여주었다. 결국 인간은 육신의 몸을 벗고 완전한 식물화, 즉 나무가 되어야만 포식자로서의 운명을 벗어나 자연과의 상생을 이루리라는 인간의 숙명을 보여주고 있다 하겠다.

이상에서 기존의 논의에서 제외된 '동박새 사건'과 '꽃되기/나무되기'의 의미와 상징성을 추론한 결과, 채식주의자의 주제를 '탈포식자를 향한 치열한 몸부림'으로 새롭게 정립할 수 있었다. 즉 자신은 피식자라고 믿으며 살아가는 우리 모두가 실은 먹이사슬 연쇄에서 누군가에게 또 포식자가 될 수 있음을 인지 자각하고, 그것에서 벗어나 상생 공존하는 방법으로 나무가 되어 자연계로 복귀하려는 몸부림임을 새롭게 제안하였다.

Ⅳ. 언어 기호의 사용과 주제와의 연관성

「채식주의자」에서 중요한 두 인물을 찾으라면 영혜와 인혜 자매가 될 것이다. 1편과 2편의 초점화자인 영혜의 남편도 아니며 형부도 아니다. 영혜와 인혜는 자매이면서도 상당히 다른 모습으로 묘사되고 있다. 영혜의 수수하고 비음기 없는 목소리, 외꺼풀 눈, 광대뼈, 검고 숱 많은 긴 머리카락 등은 가공되지 않은 원시의 상태를 보여준다. 반면 인혜는 비음 섞인 애교스러운 목소리, 스무 살 전후에 한 쌍꺼풀 눈, 부드러운 목선, 서글서글한 인상 등 사회성 좋은 현대인의 모습이다.

두 자매의 이러한 완연한 대비는 '영혜+알파=인혜' 다시 말해 '원시성+알파=현대인'이라는 공식을 가능하게 한다. 그런 점에서 영혜의 '영'과 인혜의 '인'은 다음의 다양한 한자어의 의미를 가진 것으로 해석해도 무방할 것이다. 영혜의 '영'은 '零(텅 빈 상태), 靈(영적인 존재), 影(그림자 같은 존재)'로 읽혀지며, 인혜의 '인'은 '忍(인내로 채워진 상태), 人(사회적인 존재), 隣(이웃 같은 존재)'으로 대비 가능하겠다.

이것은 곧 영혜와 인혜는 작품 속에서 언니와 동생으로 설정되었지만,

실은 한 인간의 두 모습으로 해석할 수 있을 것이다.[9] 가공되지 않은 원시 상태의 그녀(영혜)와 상황에 의해 가공된 현실 세계의 그녀(인혜)가 그것이다. 본 항에서는 특별히 인칭명사 · 시점· 시제· 표기체 변화 등 언어기호에 주목하여 '인혜'라는 인물에 대한 재평가와 주제와의 연관성을 파악하고자 한다.

1. 인칭명사

소설에서 인물 표현의 핵심적 문제는 인물의 성격 묘사와 형상화이지만, 인물을 지칭하는 방식도 단순한 형식 요건에 그치지 않고 소설 미학의 일부로 참여한다. 인물지칭 표현 방식은 어학적 특성들에 유의할 때, 고유명사, 보통명사, 친족명사, 대명사들로 나누어 생각할 수 있는데, 이들 차이와 관련이 담화 문제 기능으로서 담화 문체론적 의의를 지니게 되는 것이다. 인칭 대명사는 일반적으로 담화 속에 고유 명사, 보통 명사, 친족 명사 등으로 언급된 특정 인물과 공지시, 조응 관계에 놓이나, 간혹 세계 속의 특정 인물을 가리키기도 한다. 이 경우, 인물의 정체는 화자의 의도, 담화의 내적 응집에서 찾아질 수 있으며, 인물이 화자의 의식 속에 특별하게 자리잡고 있는 만큼 독자에게도 강한 인상을 심어 준다.(박갑수 1995: 177~184)

주인공의 이름은 3편에 이르러 밝혀진다. 아내이고 처제였던 '그녀'는, 3편에 이르러 병원 관계자에 의해 고유명사 '김영혜'로 호칭되고 언니에 의해 '영혜'로 불리워진다. 처형이자 아내였던 '그녀'도 3편에 이르러 고유명사 '김인혜'로 밝혀진다.

9 이것을 한귀은(2016, 80~83)은 영혜와 인혜는 상징적 동일시 및 징후적 관계라고 보았다.

고유명사는 한 개체에 이름을 붙여 그것이 특정적(specific)이며 한정적(definite)인 유일한 존재임을 표시한다.[10] 이름으로 지칭되는 인물은 우리가 모르거나 꾸며낸 인물이라 하더라고 한 실체나 존재로서 신빙성과 현실성(리얼리티)을 얻을 수 있다. 대부분 꾸며낸 소설의 인물에 이름을 붙이고 인물을 이름으로 지칭하는 것도 허구의 세계에 필연성과 권위를 주려는 데서 비롯되었을 것이다. 특히 성을 제외한 이름은 일상 대화에서 사적, 비격식적 상황이나 친숙한 관계에 쓰인다. 이름이 인간적·대내적 관계의 필요에서 비롯된 것인데 비해, 성명은 사회적·대외적·공식적이어서 사사롭고 은밀한 분위기를 걷어내고 그의 존재됨을 객관화, 규정한다.(박갑수 1995: 179~180) 이름만으로 나타나는 것이 가장 개인적 사적인 느낌을 주게 된다는 점을 고려하면, '영혜'와 '인혜'라는 이름 밝힘은 두 자매에 대한 작가의 긍정적인 시선을 느끼게 한다.

3편의 연작소설 중에서 유일한 1인칭 화자는 영혜의 남편이다. 일반적으로 소설에서 1인칭 화자의 무게는 무겁다. 그러나 '채식주의자'의 1인칭 초점 화자인 '나'(영혜의 남편)는 소설 끝까지 이름이 밝혀지지 않는다. 장인에 의해 '정서방'으로 호칭되면서 정씨인 것까지만 밝혀지고,[11] 다른 인물들에 의해서는 끝까지 '그'로 지칭될 뿐이다.

'나'는 아주 소시민적이며 개인적이며 차갑고 현실적인 인간이다. 영혜가 편하고 무난한 여자였기 때문에 아내로 선택하였을 뿐이었다. 그러한 기대에 어긋나지 않았던 아내가 어느 말 갑자기 육식을 거부하고 잠자리를 거부하고 자해행위까지 하며 부담스러운 존재가 되자 아무런 고민 없

---

10 사람의 이름은 한 사람이 다른 사람들과 구별되는 바로 그임을 명시하는 표지로서, 그의 정체성(identity)과 존재로서의 절대성, 고유성을 나타낸다. 이름은 족보 호적 공식 서류에서 특정인을 표상하듯이 세계 속에 한 사람의 존재를 객관화, 공식화하는 만큼 누가 어느 장면에서 말하든 그 지시 대상이 투명(transparent)하다.

11 "~ 한때 성깔이 대단했다는 것은 알고 있었지만, 장인이 누군가에게 손찌검하는 광경을 직접 본 것은 처음이었다. "정서방, 영호, 둘이 이쪽으로 와라." ~"(49쪽)

이 이혼을 하는 냉혈한이다. '나'는 영혜를 단순히 '아내' 혹은 삼인칭 대명사 '그녀'라고 부르고 있다. '아내'는 가족이 소설의 주제, 구조의 주축이 될 때, 1인칭 화자(내레이터)나 한 인물의 시점에서 이야기가 서술될 때 흔히 선택할 수 있는 호칭(친족명사)으로서 중성적인 단어 선택이라 할 수 있다. 그러나 남편에 의해 불리워지는 '그녀', '저 여자'라는 호칭의 의미는 다르다.

대명사는 다른 명사류에 비해 지시, 정보 면에서 비명시적, 비제보적인 만큼 의미 해석에 부담을 준다.[12] 인칭 대명사는 누구를 가리키는가가 화자를 비롯한 담화 상황과 담화 맥락에 따라 확정되고 어떤 인물인지에 관해서 아무런 정보도 주지 않는다. 무엇보다 대명사가 삼인칭인 경우는 화자나 독자로부터 멀어지는 효과를 낳는다.(박갑수 1995: 183) '나'가 아내를 '그녀'라는 3인칭 대명사로 지칭하는 것은 그와 아내 사이의 거리감을 표출하는 것이다.[13]

또한 '나'는 영혜를 '저 여자'[14]라고 칭하기까지 한다. '여자'는 보통명사이다. 보통명사는 어휘 의미면에서 불특정 개체나 부류가 지니는 속성에 대응되므로, 문제의 인물이 누구를 가리키는가보다 어떤 인물인가에 초점을 둔다. 그리하여 보통명사는 고유성, 개성을 배제한 객관적 속성으로 표

12 그럼에도 대명사를 쓰는 데는 여러 가지 심리 표현적 동기, 통보 담화 문체적 동기가 작용하는 것으로 여겨진다. 이를테면, 반복을 피하여 간결성을 꾀하고 변화를 주려는 것, 명시성의 과잉이 담화의 흐름에 장애가 되지 않도록 결속성을 내재화하려는 것, 화자 화맥 중심으로 담화를 이끌어 감으로써 담화의 절대성과 응집성을 강화하려는 것, '이, 그, 저'류를 비롯한 대명사의 현장성과 직접성을 활용하여 독자의 지각에 직접 호소하려는 것, 외국어의 대명사 선호에 이끌리는 경향 등을 들 수 있다. 특히 소설에서 대명사는 독자로 하여금 그 인물의 정체를 추적하게 함으로써 독자를 이야기의 세계, 그 분위기에 끌어들이며, 화자나 인물의 태도와 시점에 따라 각 인물을 다각적으로 조명한다.(박갑수 1995: 183)

13 "그녀는 하루하루 말라갔다. 그렇잖아도 튀어나온 광대뼈가 볼썽사납게 뾰죽해졌다.~ 그녀는 새벽 다섯시쯤 되어서야 잠자리에 들었고, 한시간쯤 자는 둥 마는 둥하고는 짧은 신음을 뱉으며 깨어나곤 했다."(23쪽)

14 "나는 모르고 있었다. 저 여자에 대해서, 아무것도 모르고 있었다."(22쪽)

시함으로써 몰개성, 낯설음을 반영하거나 인물과 독자 간의 객관적 거리가 유지되도록 조장한다.(박갑수 1995: 180~181) 더욱이 '저 여자'라는 지칭에서 독자들은 이미 부부 관계의 파경을 암시받게 된다. '저 여자'라는 호칭은 자신과는 아무런 상관도 없는 타인이라는 '나'의 의식이 가져온 당연한 호칭이었다.

이것은 남편인 '나'가 영혜에 대해 느끼는 감정을 드러내고 있는 것이다. '나'에게 있어서 아내는 밥해 주고 청소해 주고 빨래해 주고 잠자리해 주는 존재, 그 이상도 이하도 아닌 육신으로 이루어진 존재일 뿐이었다. 그녀 안에 있는 영성이나 감정에는 애초부터 아무런 관심도 없었음을 보여준다.

만약 초점 화자를 남편이 아닌 다른 인물로 두었다면 남편의 그러한 속마음을 독자들은 알 수 없었을 텐데, 남편인 '나'를 1인칭 화자로 둠으로써 은밀한 남편과 아내와의 관계를 객관적으로 보여줄 수 있었던 것이다. 그 결과 가장 가까운 사이라는 부부가 실은 가장 먼 타인이라는 사실을 보여주면서, 거리감과 타인의식을 효과적으로 표현할 수 있었다고 본다.

2편 '몽고반점'의 3인칭 초점 화자인 '그'(영혜의 형부, 인혜의 남편) 역시 끝까지 '그'로 존재할 뿐이다. '그'가 영혜의 탈포식자 과정에서 중요한 역할을 하였지만 끝까지 인칭 대명사 '그'로 머무르고 있다는 사실은 많은 것을 암시한다. 2편에서 내적 초점화자인 '그'는 영혜의 형부이자 언니 인혜 '그녀'의 남편으로 비디오 아티스트이다. 자신이 평생 쌓았던 모든 것을 내던지면서까지 영혜와 관계를 가지는 인물이다. 영혜에게 있어서 식물이 되었다는 환상을 주고 다시는 악몽에 시달리지 않게 해 줄 것[15] 같은 인물로 인지되고 있다. 이 때문에 형부를 긍정적으로 보는 논자들도 있을 수 있겠지만, 그럼에도 불구하고 작가는 그의 성씨조차도 끝내 알려주지 않

15 "이렇게 하고 있으니까 꿈을 꾸지 않아요. 나중에 지워지더라도 다시 그려주면 좋겠어요" 몸에 꽃을 그린 후 영혜의 말(118쪽)/ "이제 무섭지 않아요, ... 무서워하지 않을 거예요." 그와 관계를 가진 후 영혜의 말(143쪽)

는다. '그'는 끝내 '그'일 뿐이었다.

인칭명사의 기능에서 삼인칭 대명사가 가지는 비명시적·비제보적 기능 및 독자와의 거리두기 기능으로 미루어 볼 때, 작가의 시선 역시 '그'를 부정적으로 보고 있다고 판단한다. 동생과의 관계 후 잠적한 남편에 대한 인혜의 다음 고백은 그것을 입증한다.

> ~ 영혜의 방 베란다 난간 위로 새처럼 날아오르려 하던 그의 자세가 조용히 그 위로 겹쳐졌다. 그는 비디오 속에 그토록 많은 날개 있는 것들을 집어넣었으면서도, 막상 자신은 가장 필요할 때 날아오르지 못했다. 마지막으로 보았던 거의 눈을 그녀는 또렷이 기억했다. 공포에 질린 그 얼굴은 낯선 것이었다. 그녀가 그토록 존경하려 애썼던 사람, 인내하고 보살피기 위해 몸을 으스러뜨렸던 사람의 얼굴이 아니었다. 그녀가 안다고 생각했던 그는 한갓 그림자에 불과했다. ~(194쪽)

처제와의 관계와 그것을 비디오에 담기 위해[16] 그토록 치밀하게 경계 일탈을 준비하고 실행했던 '그'였지만 자신의 행위가 세상에 드러났을 때 그는 공포에 질려 있었다. 뿐만 아니라 법에서 풀려나 행방을 감춘 후 아내에게 단 한 번 전화하면서도 "미안하다는 고백도, 용서를 빈다는 애원도 생략한 채, 단지 아이에 대한 이야기뿐이었다. 영혜가 어떻게 되었는지조차 묻지 않았다."(193~194쪽)는 사실은, 일시적으로 영혜와 교감한 듯한 '그'도 사실은 영원한 타자임을 보여주기 위해, 그래서 '그'라는 3인칭 대명사로 표현되었던 것으로 이해한다. 따라서 1편과 2편의 초점화자 '나'와 '그'라는 지칭은 독자들로 하여금 주인공 영혜를 좀더 객관적으로 바라보

16 '그'는 처제에게서 느낀 야성미 및 자신의 뜻을 지키기 위해 자해까지 감행하는 처제의 의지와 용기, 그리고 아내에게서 들은 처제 엉덩이에 남아 있다는 몽고반점 이야기 등에 매료되어 꽃을 그린 남녀의 성관계를 예술 작품화하되, 처제의 상대자로 자신이 되기를 욕망하며 이를 실천에 옮긴다.

는 듯한 감을 줄 뿐 아니라 화자와 인물과의 거리감도 표출한다.

그런데 3편 '나무불꽃'에 이르면 혼란스러운 인칭 명칭이 등장한다. 남편과 형부의 이름은 알려주지 않으면서 영혜가 입원한 정신병원의 인물 이름은 구체적으로 알려주고 있는데, 특히 '희주씨'라는 명칭이 눈에 띈다. '희주씨'라는 명칭의 등장은 경이롭기까지 하다.

> 오셨어요? 알코올중독과 함께 경조증을 치료받는 희주씨다. 다부진 몸매, 쉰 듯한 목소리를 가졌지만 동그란 눈 때문에 귀염성있게 보이는 여자다. 이 병원에서는 기능이 좋은 환자들에게 치매 환자를 돌보게 하고 보호자로부터 용돈을 받도록 주선하는데, 영혜가 계속 식사를 거부해 거동이 불편해지자 그녀 역시 희주씨에게 신세를 져왔다.(182쪽)

1편에서 2편에 이르는 동안 등장인물들을 '그, 그녀, J, M' 등으로 주요 인물까지 몰개성적·익명적으로 처리하는 인칭 지칭법에 익숙해져 있던 독자들에게 난데없는 '희주씨'라는 친밀감이 담긴 호칭은 당혹감을 불러일으키기에 충분하다. 일반 소설에서의 지칭법으로 보아도 '희주씨'라는 지칭은 파격적이다. '이름+씨' 호칭 방법은 한국어에서 가장 친밀감과 애정을 담은 호칭이며, 서술자의 개인적 감정이 노출되는 호칭법이기 때문이다. 따라서 객관적 서술이어야 하는 지문에는 사용하기 힘든 방법이기도 하다. 친밀감을 굳이 표출하고 싶더라도, 지문에서는 '희주' 정도로 지칭하고 대사에서 주인공의 입을 통해 '희주씨'로 불리워지는 것이 일반적인 방법일 것이다.

'희주씨'는 영혜 자매에게 있어서 완전한 타인이다. 알코올중독과 함께 경조증을 치료받는 그녀에게 인혜가 소정의 아르바이트비를 지불하는 대가로 영혜를 돌보고 있는 그런 관계이다. 그런 그녀가 채식주의자 전체에서 가장 구체적이며 긍정적인 인물로 현실화되어 나타나는데, 이런 파격은 어떤 의미를 지닌 것일까.

희주씨는 영혜를 아끼며 그녀가 죽을까봐 진심으로 슬퍼하는 인물이다.[17] 사실 인혜의 입장으로는 자신의 남편과 불륜을 저지른 동생, 온 가족까지 연을 끊은 그녀를 자신이 거두고 보살핀 것만으로도 칭송받을 만할 것이다. 그러나 그녀의 마음 속에는 영혜에 대한 거북스러움, 불편함, 미움이 있었다. 그래서 영혜가 정신병자가 아닌 걸 알면서도 동생을 정신병원에 가두었다. 그러한 마음의 실체가, 희주씨의 눈물로 인해 수면으로 떠오르면서 인혜는 죄의식을 느끼게 된다.

희주씨가 가슴 아파하는 것을 보며 인혜도 처음엔 희주씨가 "원래 정이 많든지 아니면 감정 기복이 심한 환자(215쪽)"라 그러는 것이라 변명도 하여 보지만, 결국은 영혜를 이곳에 가둔 사람이 바로 자신이었다는 사실을 잊지 않았기 때문이라고 인정하고 있다. 즉 희주씨를 통해 영혜에 대해 가졌던 원망과 미운 마음과 자신이 동생을 정신병원에 넣었다는 사실을 인정하고 그에 대해 부끄러움과 죄의식을 느끼게 된 것이다.

> 희주씨다. 다시 울었는지 눈의 흰자위가 붉다. 원래 정이 많은 것일까. 아니면 감정의 기복이 심한 환자이기 때문일까. 어떡해요, 영혜. 지금 가면...... 그녀는 희주씨의 손을 잡는다. 그동안 고마웠어요. 문득 그녀는 손을 뻗어, 이 울고 있는 여자의 다부진 어깨를 끌어안고 싶은 충동을 느낀다. 그러나 그녀는 그렇게 하지 않는다. 대신 창 너머를 애타게 바라보는 환자들에게 눈을 돌린다. 넋이 풀린 그들의 간절한 시선은 마치 창 너머로 걸어나가고 싶어하는 것 같다. 그들은 여기 갇혀 있는 것이다. 이 여자가 그렇듯이. 영혜가 그렇듯이. 그녀가 이 여자를 안지 않은 것은, 영혜를 이곳에 가둔 사람이 바로 자신이었다는 사실을 잊지 않았기 때문이

17 ~ 희주씨의 축축한 손이 그녀의 손을 잡는다. 어떡해요. 영혜, 죽을지도 모른다면서요. 희주씨의 동그란 눈에 그렁그렁 눈물이 맺힌다. ~ 희주씨의 울먹임이 격해진다. ~ 희주씨의 큰 눈이 다시 새빨개진다. ~ 희주씨가 충혈된 눈을 연거푸 닦는다.(182~184쪽)

> 다.(215쪽) ~ 들것에 실린 영혜를 두 명의 보호사가 잰걸음으로 들고 나오고 있다.~ 희주씨의 거친 손이 영혜의 뼈만 남은 손을 거머쥐기 위해 뻗어 나가는 것을, 그녀는 고개를 돌려 외면한다.(216쪽)

타인이면서도 있는 그대로의 영혜를 받아들이는 희주씨. 채식주의자에서 '희주씨'라는 호칭이 가능했던 것은 인혜로 하여금 마음 저 바닥에 깔려 있던 죄의식을 끌어내게 만들고 마침내 자신과 남편과의 관계에 대해 직시할 계기를 제공한 사람이 바로 희주씨였기 때문이리라. 영혜로 인하여 자신의 삶 전체가 무너졌다고 자신은 피해자라고만 생각했었는데, 실은 자신의 삶은 바로 자신의 문제였음을 직시하게 된 것이다. 아니 영혜가 앞서 나가지 않았다면 오늘 자신이 그 자리에 있었을 것이라는 무서운 현실을 자각하게 된 것이다.

> ~ 그와 영혜가 그렇게 경계를 뚫고 달려나가지 않았다면, 모든 것을 모래산처럼 허물어뜨리지 않았다면, 무너졌을 사람은 바로 그녀였을지도 모른다는 것을. 다시 무너졌다면 돌아오지 못했으리라는 것을. 그렇다면, 오늘 영혜가 토한 피는 그녀의 가슴에서 터져나왔어야 할 피일까.(220쪽)

이러한 자각을 바탕으로 그녀는 동생에게 진심으로 다가가려는 용기를 내어 화해를 청한다. 그러나 영혜의 거부에 그녀는 뻗었던 손을 거두고 만다.

> 영혜야. 메마른 음성으로 그녀는 동생을 부른다. ...... 으음, 음. 그녀의 부름에 대답하려는 것이 아니라, 결코 대답하지 않겠다는 저항인 듯 영혜는 고개를 외튼다. 그녀는 떨리는 손을 뻗었다가 이내 거둔다.(220쪽)

그러다가 자신이 자살을 결심하고 산에 올랐다가 되돌아내려오던 일을 떠올리며 용기를 가지게 된다.

> ~ 그녀는 떨리는 손을 뻗었다가 이내 거둔다. 그녀는 입술을 악문다. 불현듯 그날 새벽 걸어내려오던 산길이 떠올랐기 때문이다. 샌들을 적신 이슬이 맨발에 차갑게 스몄었다. 그녀는 눈물 따위 흘리지 않았다. 이해할 수 없었기 때문이다. 너덜너덜한 몸뚱이를 적시는, 바싹 마른 혈관으로 퍼지는 그 차가운 물기가 무엇을 말하려 하는지 결코 알 수 없었기 때문이다. 그 모든 것이 다만 그녀의 몸속으로, 뼛속까지 스며들었을 뿐이다.(220~221쪽)

자신의 존재에 대한 자각을 한 그녀는 영혜에게 속삭인다.

> ...... 이건 말이야. 그녀는 문득 입을 열어 영혜에게 속삭인다.~ ......어쩌면 꿈인지 몰라. 그녀는 고개를 수그린다. 무언가에 사로잡힌 사람처럼, 영혜의 귓바퀴에 입을 바싹 대고 한마디씩 말을 잇는다.~ 그녀는 고개를 든다.~ 조용히, 그녀는 숨을 들이마신다. 활활 타오르는 도로변의 나무들을, 무수한 짐승들처럼 몸을 일으켜 일렁이는 초록빛의 불꽃들을 쏘아본다. 대답을 기다리듯, 아니, 무엇인가에 항의하듯 그녀의 눈길은 어둡고 끈질기다.(221쪽)

이처럼 인혜로 하여금 자신 역시 포식자임을 인정하게 하고 동생과의 화해의 계기를 만들어준 사람이 바로 희주씨였기에, 그녀는 '희주씨'라는 긍정적인 이름으로 지칭되었다고 생각한다.

2편 '몽고반점'의 '그'(형부)의 작품과정에서 영혜의 상대자이자 '그'의 후배였던 J, '그'의 몸에 꽃을 그려주어 영혜와의 관계를 가능하게 해 준 그의 옛 애인 M 등은 이야기 전개 상 상당히 흥미로운 인물이지만, 작가는 이들을 영문 이니셜로 약자화하여 그들의 몰개성화를 보여준다.[18] 이것은 이들의 존재 역시 영혜의 나무되기 과정의 지나가는 인물에 불과함을 보여주기 위함이 아니었을까. 이때의 익명성과 기호성은 이들 인물의 비인격성, 관념성, 도식성을 상징적으로 반영한다고 하겠다.

이처럼 이야기 전개 내내 구체적 이름 대신 대명사와 약자화로 이루어지던 인물 지칭 방법이, 3편에 이르러 '김인혜', '영혜', '희주씨'뿐 아니라 축성 정신병원 의사 '박인호 선생님'도 등장한다. '박인호 선생님'은 '성명+보통명사'의 복합형으로서 지시성과 개인성(이름), 속성과 사회성(보통명사)을 강조하는데, 이는 나무불꽃에서의 대사의 지문화로 자칫 꿈 속 같을 수 있는 3편에 구체적 현실감을 주는 기능을 하고 있다. 이상 채식주의자에 나타난 인칭 명사들을 세 부류로 분류하면 다음과 같을 것이다.

〈부정적 계열[19]〉 '나, 그'(영혜 남편) '그'(인혜 남편/영혜 형부)

〈긍정적 계열〉 영혜, 인혜,[20] 희주씨[21]

〈중립적 계열〉 J, M, 박인호 선생님, 친족 명사,[22] 보통명사[23]

---

18 영어 이니셜로 인물을 나타낸 것으로, 김동인의 「발가락이 닮았다」에서의 'M', 최인훈의 「GREY 구락부 전말기」에서의 'K, C, M'과 같이 알파벳 같은 약호로 인물을 지칭한 예들이 있다.

19 세 편의 연작소설 중 두 편(채식주의자, 몽고반점)의 초점화자들이 모두 대표적인 부정적 계열로 분류되는 것은 특이하다.

20 인혜의 이름은 나무불꽃에 이르러서야 명시된다. 그 전엔 '그녀, 처형(채식주의자), 아내(몽고반점)'로 명명될 뿐이었는데, 이때까지의 그녀는 중립적인 존재였다. 그러다가 이름이 밝혀짐과 함께 내적 독백과 각성으로 인해 긍정적인 인물로 부각되게 되는 것은, 우연의 일치가 아닌 것 같다.

21 조세희의 '난장이가 쏘아올린 작은 공'에서도 '영호, 영희, 지섭' 같은 이름은 그들을 독자 주위의 사람들처럼 생생하게 느끼고 그리게 함으로써 심리적 거리를 좁히고 공감의 분위기를 형성한다. 특히 이름은 성과 달리 개인에 고유하기 때문에 개인의 고유한 이미지, 개성, 실존의 처지에 상응한다.

22 채식주의자에 사용된 '친족 명사'에는 '장인, 장모, 처형, 처남, 언니, 동생' 등이 있는데, 이들은 1인칭 화자인 '나'의 시점에서 이야기가 전개되는 1편에서 주로 사용되었다. 영혜의 입장에서 보면 '장인, 장모, 영호' 등은 부정적 계열로 두는 것이 보다 타당하겠지만, 채식주의자 1인칭 화자였던 '나'의 입장에서는 중립적 인물이었을 것

일반적으로 주요 인물은 그 명칭을 구체화하여 긍정적인 중요성과 친밀감을 부각시키고, 부수적 인물은 익명화하여 부정적인 이미지를 은연 중에 전달하는 방법을 사용하고 있는데, 채식주의자에서는 그것이 역으로 사용되고 있다. 외견상 주인공과 가까운 주요 인물들이 부정적 계열 내지는 중립적 계열의 인칭 명사로 호명되고 있는데, 이러한 인칭 명사의 변칙 사용을 통해 남편과 형부와 가족의 몰개성화·타인성을 부각할 수 있었다고 본다. 반면 '희주씨'라는 명칭은 작품 전체에서 가장 긍정적인 호칭으로 불리워졌으니, 희주씨 명칭에 대한 주목과 분석이 필요한 이유이기도 하다. 또한 대사의 지문 용해화로 꿈과 현실의 경계가 사라지는 위험 앞에서, 구체적 실명의 등장은 현실감을 제고하는 상호 역학적 기능을 하게 된다.

2. 시제와 시점

시와 소설을 굳이 시제로 표현하라는 질문을 받는다면, 화자와 대상과의 융합을 꾀하는 시는 현재 시제, 화자의 대상과의 거리 유지를 꾀하는 소설은 과거 시제의 문학이라고 말할 수 있다. 1970년대 이전의 우리나라 소설 속에는 시제의 혼용이 흔하게 나타나는데, 시제 개념의 미확립도 원인이겠지만 언술적 현재감을 표현하려는 작가의 의도도 많이 개입되어 있다 하겠다. 과거 시제를 통해 '서사적 현재(narrative Now)'감을 조성한다면 현재 시제를 통해서는 언술적 현재(discoursing Now)감을 조성한다.[24] (박갑수 176쪽) 또한 소설에서 과거 시제는 배경, 현재 시제는 전경의 효

이므로 중립적 계열로 두는 것이 타당할 것이다.

23 채식주의자에 등장하는 보통 명사에는 담당의, 간호사, 수간호사 등등이 있다. 보통 명사는 어휘 의미면에서 불특정 개체나 부류가 지니는 속성에 대응된다. 보통 명사는 고유성, 개성을 배제한 객관적 속성으로 표시함으로써 몰개성, 낯설음을 반영하거나 인물과 독자 간의 객관적 거리가 유지되도록 조장한다.(박갑수 1995: 180~181)

24 소설에서 사용되는 현재 시제를 이는 현장감을 제공해준다고 하여 '상상적 현재'라고도 한다.

과를 가진다는 사실로 미루어, 현사법이라는 수사법 역시 현장감을 주면서 전경의 효과, 즉 두드러져 보이는 효과를 노리는 것이라 하겠다.

그런데 「채식주의자」에서는 현사법적 효과를 노리는 현재 시제 사용은 보이지 않는다. 1편(채식주의자)과 2편(몽고반점)은 철저하게 과거 시제로 일관하며, 3편(나무불꽃)에서만 현재 시제와 과거 시제의 혼용이 보이지만 사건시에 따라 시제 표현이 결정되고 있음을 알 수 있다. 이는 현재 상황 기술과 과거 회상으로 이루어지는 3편 나무불꽃의 주 내용에 기인한 것이다. 세 편의 첫 문단만 옮겨 본다.

> 아내가 채식을 시작하기 전까지 나는 그녀가 특별한 사람이라고 생각한 적이 없었다. 솔직히 말하자면, 아내를 처음 만났을 때 끌리지도 않았다. 크지도 작지도 않은 키, 길지도 짧지도 않은 단발머리, 각질이 일어난 노르스름한 피부, 외꺼풀 눈에 약간 튀어나온 광대뼈, 개성있어 보이는 것을 두려워하는 듯한 무채식의 옷차림. 가장 단순한 디자인의 검은 구두를 신고 그녀는 내가 기다리는 테이블로 다가왔다. 빠르지도, 느리지도, 힘있지도, 가냘프지도 않은 걸음걸이로.(「채식주의자」 서두 첫 문단)

> 짙은 보라색 커튼이 무대를 덮었다. 반라의 무용수들은 자신들의 모습이 보이지 않게 될 때까지 힘차게 손을 흔들었다. 객석의 박수소리는 컸고 간혹 "브라보!" 하는 고함소리가 들려왔으나 커튼콜은 없었다. 환호는 순식간에 사그라졌고, 관객들은 주섬주섬 짐과 옷을 챙겨 통로를 찾았다. 그도 꼬고 있던 다리를 풀고 일어섰다. 환호의 오분여 동안 그는 단 한차례의 박수도 치지 않았다. 팔짱을 낀 채, 열광에 목마른 무용수들의 간절한 눈과 입술을 잠자코 올려다보았다. 그는 그들의 노고에 경의를 함께 느꼈으나, 자신의 박수가 안무가에게 보내지기를 원치 않았다.(「몽고반점」 서두 첫 문단)

그녀는 비에 젖은 도로를 바라보며 서 있다. 마석읍 터미널 건너편의 버스정류장이다. 거대한 화물차들이 굉음을 내며 일차선을 질주해 지나간다. 빗발은 그녀의 우산을 뚫고 들어올 듯 거세다.(「나무불꽃」 서두 첫 문단)

소설에서 과거 시제로 서술되다가 현재 시제가 사용될 경우엔 현사법적 효과를 노리는 경우가 대부분이지만, 3편에서 사용되는 현재 시제는 현사법이 아니다. 문자 그대로 지금 현재 사건의 기술이다. 현재 시제는, 인혜가 동생이 입원해 있는 축성 정신병원에 가기 위해 마석읍 터미널 건너편 버스 정류장에 내린 시간부터(소설 서두), 일체의 모든 음식을 거부하는 영혜, 구급차에 영혜를 태우고 축성산을 빠져 나오기까지(소설 결말) 한두 시간 정도의 짧은 순간 동안 일어난 정신병원에서의 사건 묘사에만 현재 시제가 사용되고 있다. 반면 과거 시제는 과거의 사건 회상과 독백에 사용되고 있다.

그녀는 병동의 서쪽 복도 끝, 큰 창으로 오후의 햇빛이 가장 밝게 떨어지던 자리를 향해 눈길을 던진다. 지난 삼월 비내리는 숲으로 사라지기 직전, 그녀가 면회왔을 때 영혜는 면회실로 나오지 않았다. 이상하게도 며칠째 병동 밖으로 나가지 않으려 한다고 담당 간호사는 원무과의 수화기 저편에서 말했다.(177쪽)

이처럼 한 문단 속에서 연결된 문장들이지만, 시제의 구분 사용으로 인해 인혜가 병동의 서쪽 복도 끝으로 눈길을 던진 것은 현재이며, 이후의 기술은 과거의 일임을 보이고 있는 것이다. 이러한 시제의 철저한 구별 사용을 통해, 작가는 부연 설명이나 행 구분 없이도 사건의 전후관계를 분명히 부각시키는 효과를 얻고 있다.

~ 그녀는 차창에서 고개를 돌린다. 영혜가 병원에서 사라진 것은 오후

두시에서 세시까지의 자유산책 시간이었다고 했다. ~ 경증의 환자들이 산책을 나갔던 것이다. ~ 비는 그때쯤부터 한두 방울씩 흩뿌리기 시작했다고 했다. ~ 비상이 걸렸다. ~ 원무과 직원들이 신속히 막았다.~(153쪽)

그녀는 영혜의 얼굴에 두드러진 광대뼈를, 꺼진 눈두덩을, 움푹 파인 뺨을 본다. 그녀는 숨이 가빠오는 것을 느낀다. 몸을 일으켜 창가로 걸음을 옮긴다. 조금씩 하늘의 짙은 회색이 엷어지며 사위가 살아나기 시작한다. 그날 밤 영혜가 발견된 곳은 저 비탈 어디쯤이었을 것이다. 소리가 들렸어.라고 영혜는 링거바늘을 꽂고 누운 채 대답했었다. 부르는 소리가 들려서 간 것뿐이야...... 더 이상 소리가 들리지 않길래...... 거기 서서 기다린 것뿐이야. 뭘 기다렸다는 거야.하고 그녀가 묻자 영혜는 갑자기 눈빛에 열기를 띠었다. 바늘을 꽂지 않은 손을 뻗어 그녀의 손을 움켜잡았다. 그 악력이 너무 강해 그녀는 놀랐다.(195쪽)

무엇보다 과거 시제 사용의 극적인 효과는, 그것이 인혜의 회상과 내적인 독백 등 심리 기술에 큰 힘을 발휘하고 있다는 사실이다.

그때 그녀는 알고 있었다. 의사에게 표했던 재발에 대한 우려는 단지 표면적인 이유이며, 영혜를 가까이 둔다는 사실 자체가 불가능하게 느껴졌다는 것을. 그애가 상기시키는 모든 것을 견딜 수 없었다는 것을. 사실은, 그애를 은밀히 미워했다는 것을. 이 진창의 삶을 그녀에게 남겨두고 혼자서 경계 저편으로 건너간 동생의 정신을, 그 무책임을 용서할 수 없었다는 것을.(173쪽)[25]

이처럼 인혜의 독백 장치로 사용되는 과거 시제는, 그동안 배경으로만

25 여기서는 '-었(았)다는 것을.' 구문의 병렬에 의한 장형화가 사용되었다.

존재하던 그녀를 전경화시키는 주요 수단이 되고 있다. 성실하고 인내심 많고 단정한 여인으로만 기억되던 인혜 내면의 고통이 독자들에게 적나라하게 표출되면서 인물의 무게감이 그녀에게로 옮겨지게 되는데, 이는 바로 과거 시제의 힘이었다고 해도 과언이 아닐 것이다.

회상과 독백을 통하여 불현듯 커다란 존재감으로 다가오는 인혜의 고통에 비해, 현재 시제로 서술되는 영혜의 현재 상황은 탈포식자 투쟁선상의 연속 과정으로 자연스레 부각되면서 두 인물 간 무게감이 균형을 이루게 됨을 알 수 있다. 이러한 시제의 구별적 사용은 시점 문제와 결합되면서 효과의 극대화를 가져오게 된다.

여기서 주목해야 할 점은, 과거 시제를 통한 인혜의 갑작스러운 전경화로 인해 자칫 영혜의 나무되기 과정이 약화됨을 방지하는 주요 장치가 있다는 사실이다.

인혜의 회상과 독백 중간 중간 "시간은 흐른다."라는 현재 시제의 단독 문장이 3편에서 총 6번 등장한다. "시간은 흐른다.(187쪽)", "시간은 흐른다.(188쪽)", "시간은 여전히 흐른다.(195쪽)", "시간은 멈추지 않는다.(202쪽)", "시간은 멈추지 않는다.(206쪽)", "이제는 더 이상 시간이 남아 있지 않다.(207쪽)" 등 여섯 번에 걸쳐 삽입된 문장은, '주어진 30분이라는 시간'[26]이 쉬지 않고 흘러 영혜의 종합병원으로의 이송이 급박하게 다가옴을 독자들에게 깨우쳐 줄 뿐 아니라, 나아가 인혜의 고통스러웠던 긴 회상과 회한의 독백이 현실적으론 불과 삼십 분 사이에 이루어진 불꽃 같은 것이었음을 명시해 주는 효과를 가진다.

---

26 정신병원에서 영혜의 코에 긴 튜브를 주입해 식도로 미음을 넘기려는 시도를 여러 차례 했으나 그녀가 목구멍을 닫는 바람에 성공하지 못했다. 거식으로 죽음을 앞둔 영혜를 위한 마지막 방법은 정맥 주사를 어깨에 연결된 대정맥에 연결하는 것이었는데, 그것은 너무 위험한 방법이라 종합병원으로 이송하는 수밖에 없었다. 미음을 먹여보는 마지막 시도를 위해 인혜가 영혜를 설득할 수 있도록 주어진 시간이 30분이었다.

시간은 흐른다. 그녀에게 주어진 삼십분은 긴 시간이 아니다......(187쪽)

시간은 흐른다. 그녀는 고개를 돌려 창밖을 본다......(188쪽)

시간은 여전히 흐른다. 영혜는 이제 눈을 감고 있다......(195쪽)

시간은 멈추지 않는다. 그녀는 의자로 돌아온다......(202쪽)

시간은 멈추지 않는다. 그녀는 모든 밀폐용기의 뚜껑을 닫는다......(206쪽)

이제는 더 이상 시간이 남아 있지 않다. 그녀는 가방을 메고 의자를 밀어넣는다......(207쪽)

즉 이들 여섯 문장의 간헐적 등장은 독자들이 과거 시제의 인혜 독백에 몰입하다가도 영혜가 죽음을 향해 나아가는 현재 상태를 주목하게 만드는 뛰어난 주목성 효과를 가진다. 그 결과 3편(나무불꽃)에서는 탈포식성을 향한 영혜와 인혜 각각의 두 과정이 병렬과 융합이라는 기능을 통하여 효과적으로 마무리될 수 있었다고 평가한다.

연작소설 「채식주의자」는 시제와 시점의 변용과 융합을 통해 그 효과를 극대화하고 있다. 1편만 1인칭 시점이며, 2편과 3편은 3인칭 시점으로 서술되고 있다. 1편은 남편인 '나'가 1인칭 화자로 등장한다. '나'는 서술자이자 등장인물이다. 그러나 '나'의 아내에 대한 서술을 보면 단언적 객관적인 문장으로 일관한다. 몸을 섞고 사는 부부로서 느끼는 남편의 감정은 보이지 않는다. '나'를 3인칭 '그'로 바꾸어도 전혀 문제가 되지 않을 정도로 '나'는 아내에 대해 객관적이며 외부적인 관찰 정도에 그치고 있어서, 3인칭 관찰자 시점과 비등한 객관적 서술로 이루어져 있다. 이런 점에서 한귀은

(2016, 84)은 1편이 1인칭 외적 초점화 양상을 띤다고 보았다. 그렇다고 1편을 1인칭 관찰자 시점이라고 단언하기도 어렵다. 왜냐하면 '나'가 서술자로서 자신의 생각, 판단, 인생관은 정확하게 서술하고 있기 때문이다. 다시 말해 1편에서의 '나'는 자신에 대해서는 1인칭 주인공 시점으로, 아내에 대해서는 1인칭 관찰자 시점이라는 이분법적인 시점 변용을 통해, '나'와 아내 사이의 타인성, 거리감을 표현하는 데 효과적으로 작용한다.

서술자가 작품 속 인물로 등장하지 않는 3인칭 서술 시점은, 서술자가 등장인물에 대해 얼마만큼 알고 있느냐에 따라 작가 관찰자 시점(=3인칭 관찰자 시점)과 전지적 작가 시점으로 구분된다.[27] 2편은 무난한 3인칭 관찰자 시점 작품으로 볼 수 있으나, 3편은 시점과 서술 내용의 괴리를 통하여 주제가 보다 극적으로 부각되는 효과를 달성한다. 3편은 3인칭 화자 '그녀'(인혜)가 초점 화자이지만, 시제에 따라 시점이 달라지는 독특한 변용을 한다.

현재 시제일 경우, 철저하게 3인칭 관찰자 시점(작가 관찰자 시점)으로 현재의 상황을 객관적으로 독자들에게 보여준다. 그 서술 대상은 인혜의 외양, 영혜가 입원한 정신병원과 그 속에서 일어나는 사건들이다.

> 그녀는 아주 젊지 않다. 딱히 미인이라고 부르기도 어렵다. 다만 목선이 고운 편이고 눈매가 서글서글하다. 자연스러워 보이는 엷은 화장을 했으며, 흰 반소매 블라우스는 구김 없이 청결하다. 누구에게든 호감을 줄 법한 그 단정한 인상 덕분에, 희미하게 얼굴에 배어 있는 그늘은 그다지 눈

27 작가 관찰자 시점에서는 서술자는 사건을 겉으로만 알고 있기 때문에 인물의 외양과 행동만 묘사할 수밖에 없는 단점이 있지만, 독자로 하여금 상상하고 추론할 수 있는 여지를 제공한다. 반면 전지적 작가 시점에서는 작가는 신과 같은 존재가 되어 인물의 성격과 가치관뿐 아니라 심리적 내면까지 속속들이 들여다보고, 사건에 대해서도 분석적으로 기술하게 된다. 따라서 전지적 작가 시점에서 서술자는 인물의 심리를 정확하게 전달할 수 있으며 작가가 하고 싶은 말을 오해 없이 전달할 수 있고 작가의 인생관과 주제 의식을 분명히 전달할 수 있는 장점이 있다. 반면 독자의 상상력과 추리를 제한하는 단점이 있다.

에 띄지 않는다.(151쪽)

빗속의 병사들은 고적하다. 짙은 회색의 콘크리트 벽면은 비에 젖은 탓에 평소보다 어둡고 육중해 보인다. 이층과 삼층에 배치된 병실의 창들은 철창살로 막혀 있다.(164쪽)

고개를 들자, 거울에 비친 그녀의 얼굴이 물에 젖어 있다. 수없이 꿈에서 피를 흘렸던 여자의 눈이다. 아무리 손을 들어 씻어내도 그 피를 닦을 수 없었던 눈이다. 그러나 지금 그 여자의 얼굴은 울고 있지 않다. 언제나 그래왔듯, 어떤 감정도 드러내지 않은 채 그녀를 말없이 되바라보고 있을 뿐이다.(214쪽)

반면 과거 시제는 인혜의 회상[28]과 내적 독백 등 심리 묘사에 쓰이고 있다. 형식은 3인칭이지만 1인칭 소설보다 훨씬 더 1인칭다운 내적인 심리 묘사를 하고 있다. 심리주의 소설에서 사용될 법한 의식에 흐름에 따른 인혜의 내적 독백들이 그것이다. 과거 시제들은 인혜의 회한과 후회 등으로 점철된 의식의 흐름들을 고통스럽게 표출하고 있다. 다시 말해 과거 시제일 경우 서술자는 관찰자 시점에서 전지적 작가 시점으로 시점 변용을 하는데, 전지적 작가 시점은 1인칭보다 훨씬 더 효과있게 인물의 내면을 전달할 수 있는 힘을 가진다.

막을 수 없었을까. 두고두고 그녀는 의문했다. 그날 아버지의 손을 막을 수 없었을까. 영혜의 칼을 막을 수 없었을까. 남편이 피흘리는 영혜를 업고 병원까지 달려간 것을 막을 수 없었을까. 정신병원에서 돌아온 영혜를

28 "이번에 그녀는 욕실의 거울 앞에 서 있었다. 거울 속 자신의 왼쪽 눈에서 피가 흘러내렸다. 얼른 손을 들어 피를 닦아냈지만, 거울 속의 그녀는 어쩐 일인지 손을 움직이지 않고, 선혈이 흐르는 자신의 눈을 우두커니 들여다보고 있을 뿐이었다."(156쪽)

제부가 냉정히 버린 것을 말릴 수 없었을까. 그리고 남편이 영혜에게 저지른 일을, 이제는 다시 기억하고 싶지 않은 일을, 값싼 추문이 되어버린 그 일을 돌이킬 수 없었을까. 그렇게 모든 것이 ― 그녀를 둘러싼 모든 사람의 삶이 모래산처럼 허물어져버린 것을, 막을 수 없었을까.(166쪽)

그 저녁, 영혜의 말대로 그들이 영영 집을 떠났다면 모든 것은 달라졌을까. 그날의 가족모임에서, 아버지가 영혜의 뺨을 치기 전에 그녀가 더 세게 팔을 붙잡았다면 모든 것은 달라졌을까. ~ 육감대로 그 결혼을 그녀가 만류했다면 모든 것은 달라졌을까.(192쪽)

뿐만 아니라 인혜의 심리 묘사를 할 때는 시제에 상관 없이 전지적 작가 시점으로의 변용이 일어나기도 한다.

동생의 굳은 어깨를 흔들고, 억지로 입을 벌리고 싶은 충동을 그녀는 억누른다. 고막이 찢어지게 영혜의 귀에 대고 고함을 지르고 싶다. 너 지금 뭐 하는 거야. 내 말 듣고 있는 거야? 죽고 싶니. 정말 죽고 싶어? 자신의 안에서 뜨거운 거품처럼 끓어오르는 분노를 그녀는 망연히 들여다본다.(188쪽)

그녀는 설명할 수 없다. 어떻게 자신이 그렇듯 쉽게 아이를 버리려 할 수 있었는지. 자신에게도 납득시킬 수 없을 잔인한 무책임의 죄였으므로. 누군가에게 고백할 수도, 용서를 구할 수도 없다. 다만 소름끼칠 만큼 담담한 진실의 감각으로 느낄 뿐이다. 그와 영혜가 그렇게 경계를 뚫고 달려나가지 않았다면, 그 모든 것을 모래산처럼 허물어뜨리지 않았다면, 무너졌을 사람은 바로 그녀였을지도 모른다는 것을. 다시 무너졌다면 돌아오지 못했으리라는 것을. 그렇다면 오늘 영혜가 토한 피는 그녀의 가슴에서 터져나왔어야 할 피일까.(219~220쪽)

이와 같이 인혜의 내적 독백은 회한으로 가득 차 있는데, 그것은 병렬의 장형화로 그 효과가 보다 극대화되고 있다. 동질성을 가진 사항의 병렬이라는 것은 구조주의자들이 말하는 선택의 나열에 해당한다. 이 계열체 가운데 어떤 것을 선택하느냐에 따라서 문체가 달라질 수 있는데, 선택항들을 병렬함으로써 문맥의 변화 없이 또는 문맥을 강화하면서 시가 문장의 결합 특성을 이루어낸다고 한다.(박갑수 1995, 137) 위에서는 '...-었(았)을까' 구문의 병렬에 의해 회한으로 가득한 인혜의 심정이 효과적으로 전달되고 있다. 나아가 이 병렬에 의한 장형화는 시적인 율동감을 주어 한강의 작품이 시적이라는 평가를 불러오는 한 이유가 된다고 판단한다. '...-었(았)을까'의 병렬은 인혜의 내적 독백에 빈번히 사용되고 있다.

> 저 껍데기 같은 육체 너머, 영혜의 영혼은 어떤 시공간 안으로 들어가 있는 걸까. ......영혜는 그곳이 콘크리트 바닥이 아니라 숲 어디쯤이라고 생각했을까. 영혜의 몸에서 검질긴 줄기가 돋고, 흰 뿌리가 손에서 뻗어나와 검은 흙을 움켜쥐었을까. 다리는 허공으로, 손은 땅속의 핵으로 뻗어나갔을까. 팽팽히 늘어난 허리가 온힘으로 그 양쪽의 힘을 버텼을까...... 영혜의 살에서 꽃으로 피어났을까...... 그애의 영혼에서는 그런 일들이 일어나고 있었을까.(206쪽)

또한 남편과의 결혼 생활이 껍데기뿐이었으며 자신의 삶과 존재 자체에 의문을 느껴 자살하러 산에 올랐다가 뒷걸음쳐 내려오던 그때 그녀가 느꼈던 그 감정을 지금 현재도 알 수 없다는 내용이 시제의 구분을 통하여 간결하게 서술되고 있다.

> ~그녀는 알 수 없다. 그것들의 물결이 대체 무엇을 말하는지. 그 새벽 좁다란 산길의 끝에서 그녀가 보았던, 박명 속에서 일제히 푸른 불길처럼 일어서던 나무들은 또 무슨 말을 하고 있었는지. 그것은 결코 따뜻한 말이

아니었다. 위안을 주며 그녀를 일으키는 말도 아니었다. 오히려 무자비한, 무서울 만큼 서늘한 생명의 말이었다. 어디를 둘러보아도 그녀는 자신의 목숨을 받아줄 나무를 찾아낼 수 없었다, 어떤 나무도 그녀를 받아들이려 하지 않았다. 마치 살아 있는 거대한 짐승들처럼, 완강하고 삼엄하게 온몸을 버티고 서 있을 뿐이었다.(205~206쪽)

따라서 3편에서의 시제와 시점의 변용은 현재 상황 묘사(현재 시제 - 3인칭 관찰자 시점)와 인혜의 독백(과거 시제 - 전지적 작가 시점)을 구분하여, 영혜의 탈포식자로서의 진행과정과 인혜의 내적 고통을 가장 효과적으로 표출하는 장치였다고 판단한다. 그런데 과거 시제로 기술된 인혜의 내적 독백을 통하여 지금까지 그냥 배경으로 존재하던 인혜라는 여인의 존재가 두드러지면서 우리의 가슴 속으로 들어옴을 느끼게 된다. 3편에서의 인혜는 이제 더이상 배경으로서의 인혜가 아니라 또 하나의 주인공으로 자리잡게 되는데, 그 계기는 전지적 작가 시점으로의 변주라고 판단한다.

처음부터 끝까지 변함없는 영혜의 무게감에 비해, 시제와 시점의 변용에 의해 불현듯 전경화하는 인혜의 모습은 불꽃처럼 강렬하다. 이러한 인혜의 전경화는 작가가 말하고자 하는 인생관과 세계관 다시 말해 주제와 깊은 연관성을 가지는 것으로 해석된다. 동물적 육신을 벗고 탈포식자가 되기를 염원하는 영혜의 영적 투쟁뿐 아니라 마침내 포식자로서의 자신을 인정하게 되는 인혜의 자각 과정 역시 작가가 말하고자 하는 주제일 것이다.

3. 대사와 독백 표기법

1편에서 영혜의 꿈 이야기는 지문과는 달리 이탤릭체의 비스듬히 누운 글자체로 표기되어 있다.(2항 참조) 일반적인 글자체에 익숙해 있던 독자는 갑자기 등장하는 표기체의 변화에 시선이 환기되면서 거기에 주목하게 된다. 이처럼 '낯설게 하게' 만드는 표기체의 반란은 영혜의 꿈 이야기를 두드러지게 만들고, 그 결과 꿈 내용이 전경으로 등장하면서 육식 거부의 동인이 주요 화제로 매김하도록 만들어 주었다. 또한 이탤릭체로 전경화한 표기 방법은, 그녀의 독백이 1인칭 화자 '나'의 서술에도 결코 굴복하지 않는 힘을 보여 준다. 즉 표기체의 변화로 독백- 꿈의 전경화에 성공하고 있음을 알 수 있다.

반면 3편에서는 등장인물들의 대사를 지문 속에 융합시켜 대사의 배경화를 꾀하고 있다. 따옴표 안의 대사는 인물에 현실감을 부여하면서 인물의 성격과 사건 진행을 보여주는 주요한 요소이다. 따옴표 자체가 독자들을 주목시키는 효과를 가져와 대사를 전경화시키고 인물들에게 생명감을 불어 넣는다면, 역으로 대사에서 따옴표를 생략하고 본문 안에 용해시키는 표기체의 변용 방법은 현실감의 약화를 의도했을 것이다.

따옴표가 인물에게 현실감과 현장감을 부여한다고 할 때, 대사의 지문에의 용해는 인물의 현장감 약화를 불러오게 될 것이다. 또한 대사뿐 아니라 독백과 꿈 이야기 등도 모두 지문화함으로써 꿈과 현실의 경계가 사라지는 효과를 가져오고 있다. 대사가 지문 속에 용해됨으로써 현실과 꿈의 경계, 삶과 죽음의 경계가 사라지고 있음을 알 수 있다. 이는 자기 자신은 살아있다고 믿는 사람들이 실은 죽은 것이나 다름없다는 메시지를 전달하고[29] 나아가 영혜의 죽음이 다가오고 있음을 보여주고 있다.

> 나, 내장이 다 퇴화됐다고 그러지, 그치. 그녀는 말문이 막혔다. 영혜의 야윈 얼굴이 그녀에게 가까이 다가왔다. 나는 이제 동물이 아니야 언니. 중대한 비밀을 털어놓는 듯, 아무도 없는 병실을 살피며 영혜는 말했다.

29 ~ 그녀는 이미 깨달았었다. 자신이 오래 전부터 죽어 있었다는 것을. 그녀의 고단한 삶은 연극이나 유령 같은 것에 지나지 않았다는 것을. 그녀의 곁에 나란히 선 죽음의 얼굴은 마치 오래전에 잃었다가 돌아온 혈육처럼 낯익었다.(201쪽)

> 밥 같은 거 안 먹어도 돼. 살 수 있어. 햇빛만 있으면. 그게 무슨 논리야. 네가 정말 나무라도 되었다고 생각하는 거야? 식물이 어떻게 말을 하니, 어떻게 생각을 해.(186쪽)

대사의 지문에의 용해는 영혜의 비현실적인 현실 모습을 몽환적으로 만드는 동시에 지금까지의 모든 일들이 꿈일 수 있다는 마지막 장면에서의 인혜의 다음 말과의 결부를 위한 장치이기도 하다.

> ……이건 말이야 ~ ……어쩌면 꿈인지 몰라. ~ 꿈속에선, 꿈이 전부인 것 같잖아. 하지만 깨고 나면 그게 전부가 아니란 걸 알지…… 그러니까, 언젠가 우리가 깨어나면, 그때는……~ 조용히, 그녀는 숨을 들이마신다. 활활 타오르는 도로변의 나무들을, 무수한 짐승들처럼 몸을 일으켜 일렁이는 초록빛의 불꽃들을 쏘아본다. 대답을 기다리듯, 아니, 무엇인가에 항의하듯 그녀의 눈길은 어둡고 끈질기다.(221쪽)

이렇듯 깨달음을 얻은 인혜가 항의하듯 어둡고 끈질긴 눈길로 나무불꽃을 쏘아보는 것으로 소설은 끝을 맺는데, 나무같이 상생하는 이웃들로 살아갈 방법으로 꿈 같은 이 세상 살다가 이 꿈을 깨면 그때는 다르게 살아갈 것이라고 여운을 남기고 있는데, 대사의 지문화를 통해 꿈과 현실의 경계 허물기에 성공했다고 판단한다.

지금까지 인칭명사, 시제와 시점의 변주 및 대사의 지문화 등 언어기호학적 분석을 통하여 인혜라는 인물에 대해 살펴보았다. 물론 「채식주의자」의 주인공이 영혜임은 자명하지만, 여기에 또 한 명의 주인공으로 인혜를 포함해야 하는 이유가 바로 3편에서의 인혜의 전경화라고 생각한다. 「채식주의자」의 주인공을 영혜와 인혜 두 자매로 인정해야 하는 또 하나의 주요 근거로 영혜의 다음 말을 들 수 있다.

"~ 마치 위로하듯 평온하고 낮은 목소리로 영혜는 그녀를 불렀다. 언니. 영혜의 낡은 검은 스웨터에서 희미한 나프탈렌 냄새가 났다. 그녀가 대답하지 않자, 영혜는 한번 더 언니. 하고 속삭였다. 언니. ...... 세상의 나무들은 모두 형제 같아."(175쪽)

영혜가 그 말을 할 당시의 인혜는 사실 영혜에 대해 마음을 열지 못했다. 영혜가 자기에게 끼친 해악에 비해 자신이 이 정도라도 견디며 영혜를 돌보고 있다는 사실은 어느 누가 보아도 칭찬할 만한 일이라고 위안을 삼았다.[30] 그러나 희주씨에게서 발견한 무조건적 사랑의 자극 그리고 회한과 갈등 끝에 결국 그녀는 그 역시 가해자임을 인정하고 마음을 열고 다가가게 된다. 작품에서 작가가 독자에게 전하고 싶었던 메시지도 바로 영혜의 "세상의 나무들은 모두 형제 같"다는 말이라고 생각한다.

서로에게 해를 끼치지 않고 나란히 서 있는 형제 같은 나무가 되기 위해, 영혜가 '육식거부 → 꽃되기 → 나무되기'의 선각자로서의 고행을 거쳤다면, 인혜는 앞서간 영혜로 인해 자신의 참모습을 인지하고 새로운 미래를 희망한 인물로 해석된다. 또한 각성 이전의 인혜는 포식자와 피식자에 대한 고민 없이 하루하루 일상적인 삶에 매달려 앞만 보고 살아가는 우리들의 모습이기도 하다. 이처럼 「채식주의자」는 영혜와 인혜 쌍둥이 같은 두 자매의 탈포식자를 향한 여정을 그린 이야기로서, 작가는 두 자매의 화해를 통해 나무 같은 관계로 살아가는 공존·상생의 이상향을 우리에게 제시하고 있는 것이다.

이상 본 논의에서는 내용 분석에 치중한 기존의 연구방법에서 벗어나 언어기호의 의미와 분석에 초점을 두어 한강의 「채식주의자」를 분석하고

30 "입술을 단단히 다문 채 그녀는 스스로에게 말했다. 약한 마음 먹지 마. 어차피 네가 지고 갈 수 없는 짐이야. 아무도 너를 비난하지 않아. 이만큼 버티는 것도 잘하고 있는 거야."(175쪽)

자 하였다. 인칭명사, 시제와 시점의 문제, 표기체 등 언어 기호의 변용에 주목한 결과, 지금까지 배경으로 간주되던 인혜라는 인물의 전경화와 무게감을 확인할 수 있었고 그를 또 한 명의 주인공으로 제안하였다. 또한 동박새 사건의 상징성과 '꽃되기/나무되기'의 차이에 대한 분석을 통해 진정한 채식주의자의 의미를 찾고자 하였다. 진정한 채식주의자란 인간의 타고난 포식성을 극복하고 자연과 상생 공존하는 삶을 지향하는 존재이며, 진정한 채식주의자가 되는 길은 치열한 자기와의 싸움으로만 극복 가능함을 알 수 있었다.

이와 같이 「채식주의자」의 주제는 단순히 폭력(남성, 문명)에 대한 여성(자연)의 저항이 아니라, 성별을 막론하고 먹이사슬의 최상위에 있는 모든 인간들이 가지고 있는 포식자로서의 본성에 대한 경고 및 그 포식성을 버리고 자연 속에서 상생 공존하는 삶을 향해 끊임없이 노력하는 삶이 가장 가치있는 삶 — 나무 같은 형제가 되는 길 — 이라 결론내릴 수 있을 것이다.

참고문헌

권혜린. 「논문으로 본 한강 작품 세계 - 폭력의 세계에서 인간을 질문하다」. 『신동아』 (2016 7월), 352-358.

박갑수 편저. 『국어문체론』. 대한교과서주시회사. 1995.

오정란. 「한강 채식주의자의 언어기호론적 해석」. 『인문언어』 18. 국제언어인문학회. 2016. 179-216.

이귀우. 「음식 소비와 (여)성: 한강의 채식주의자의 바틀비적 저항」. 『여성연구논총』 26. (2011). 135-158.

______. 「채식주의자에 나타난 음식 모티프와 "소극적" 저항」. 『한강, 채식주의자 깊게 읽기』. 더스토리. 2016. 125-139.

정미숙. 「욕망, 무너지기 쉬운 절대성: 한강 연재소설 채식주의자의 욕망 분석」. 『코기토』 64. (2008). 7-32.

______. 「욕망, 무너지기 쉬운 절대성」. 『한강, 채식주의자 깊게 읽기』. 더스토리. (2016). 7-33.

주은경. 「채식주의자, 몽고반점, 나무불꽃 그리고 에코페미니즘」. 『한강, 채식주의자 깊게 읽기』. 더스토리. 2016. 93-123.

______. 「한강 소설에 나타난 에코페미니즘 양상 연구: 작품집 채식주의자와 내 여자의 열매를 중심으로」. 조선대 석사학위논문. 2012.

한귀은. 「외상의 (탈)역전이 서사: 한강의 채식주의자 연작에 대하여」. 『배달말』 43. (2008). 배달말학회. 289-317.

______. 「트라우마의 (탈)역전이」. 『채식주의자 깊게 읽기』. 더스토리. 2016. 59-91.

한정희. 「타율화된 몸의 비극」. 『한강, 채식주의자 깊게 읽기』. 더스토리. 2016. 35-57.

______. 「한강 소설 연구: 몸 담론을 중심으로」. 한국교원대 석사학위논문. 2012.

제2장

이상 문학의 언어기호론적 해석

Ⅰ. 이상 연구의 지평 넓히기

1. 연구사 개관

이상은 1930년에 첫 작품 〈12월 12일〉을 발표한 이래 1937년 4월 사망하기까지 7년여 동안 시 100여 편과 소설 16편, 기타 수필, 평론, 잡문 50여 편가량, 도합 180편가량의 작품을 남겼다. 그의 작품은 다른 작가들에 비해 결코 많은 것이 아니지만 이제까지 수많은 연구자들의 관심이 집중되어 왔다. 그리하여 그의 문학에 비해 너무 과도한 연구물이 나왔다는 혐의를 입을 정도이다. 그것은 달리 그만큼 그의 문학이 우리 근대문학에 끼친 영향 내지 문학사적 의미가 큼을 반증해 준다. 그는 비록 많은 작품을 남긴 것은 아니지만 우리 근대문학의 자장에 한 구심적 역할을 하고 있는 것만은 부인할 수 없는 사실이다. 조사에 따르면 1999년까지 그에 대한 연구는 짧은 서평 형식을 포함하여 800여 편을 상회하는 것으로 나타났다. 당대뿐만 아니라 전후 시기부터 특별히 조명받기 시작한 그의 문학에 대한 연구는 지금도 끊이지 않고 있다.

김주현(1999: 409-410)에 이상의 문학세계에 대한 연구가 정리되어 있다. 이제까지 그의 문학은 전기적 접근(고은, 김윤식), 심리적 접근(고석규, 김종은, 김승희), 형식적 접근(이승훈, 이영지), 미학적 접근(최재서, 김용직, 서준섭, 최혜실), 철학적 접근(정명환, 황도경) 등 다양하게 이뤄져왔다.[1] 사실 문학 연구에서 가능한 모든 방법들이 적용되어 왔다고 하여도 과언이 아니다. 그리고 이러한 방법은 독립적이기보다 서로 혼용되어 복합적으로 취해진 것들이 대부분이다. 이를테면 이상 연구의 대부분이 부분적으로는 심리적 접근 방법을 수용하고 있는 것이 그 대표적 사례이다. 이상 문학은 작가 이상의 기이한 행동과 특수한 가정적 환경, 그리고 문학에 드러난 복잡한 양상들이 심리적 접근을 추동했다. 특히 입양과 성적인 기행, 결핵 등은 그의 개인적 억압이나 무의식 세계의 분석을 가능하게 해 주었다. 이러한 논의는 최근 모체 분리를 통한 업젝션 이론 등으로 논의가 확대되고 있다. 그리고 이상 문학의 형식적 접근은 작품의 구조뿐만 아니라 나아가 문체, 담론 구조에까지 미치고 있고, 미학적 연구는 모더니티 · 미적 자의식· 상호텍스트성 등 다양하게 펼쳐지고 있다. 물론 이밖에도 철학적 접근이라고 할 만한 연구들도 눈에 띈다. 이를테면 시간의식, 공간의식, 근대성 등을 고찰하려는 것이 그것들이다. 이러한 연구들은 시대적 사조에도 많은 영향을 입었는데, 이를테면 1950년대 후반의 실존주의와 1970년대의 형식주의, 1990년대의 해체주의 등이 그러하다. 적어

1 고은, 『이상평전』, 민음사, 1974., 김윤식, 『이상연구』, 문학사상사, 1987., 고석규, "시인의 역설", 『문학예술』, 1957.4-7., 김종은, "이상문학의 심층심리학적 분석 - 오감도에 대한 초현실주의적 접근", 『문학과 비평』 4, 1987., 김승희, "이상시 연구 - 말하는 주체와 기호성의 의미작용을 중심으로", 서강대 박사학위논문, 1992., 이승훈, 『이상시 연구』, 고려원, 1987., 이영지, 『이상시연구』, 양문각, 1989., 최재서, "리얼리즘의 확대와 심화 - '천변풍경'과 '날개'에 관하여", 조선일보 1936.11.31-12.7., 김용직, "극렬시학의 세계 - 이상론", 『한국현대시사』, 한국문연, 1996., 서준섭, "1930년대 한국 모더니즘 문학연구", 서울대 박사학위논문, 1988., 최혜실, "한국모더니즘 소설연구", 서울대 박사학위논문,1991., 정명환, "부정과 생성", 『한국인과 문학사상』, 일조각, 1968., 황도경, "이상의 소설공간 연구", 이대 박사학위논문, 1993.

도 임종국 이래 이어령, 고석규, 조연현, 정명환, 김윤식, 이승훈, 김용직 등 수많은 연구자들에 의해 이상 연구는 한편으론 풍성하고 다양한 성과를 거두었다.

이러한 평가처럼 현대 문학사의 문제작으로 평가받는 이상의 작품들은 그 난해함만큼이나 문학 외 다양한 방면 전문가들의 주목을 받아 왔던 것이다. 일단 문학사상사에서 나온 『이상문학연구 60년』(권영민 편저, 1998)에 실린 논문들만 보아도 그 면모가 짐작된다. 조두영 서울대 의대 정신과 교수("정신의학에서 바라본 이상 - 이상 문학의 승화 작업, 심리 구조 분석")의 정신분석학적 접근, 김상환 서울대 철학과 교수("이상 문학의 존재론적 이해 - 존재사적 문맥화 작업과 타당성 검증")의 철학적 접근, 김명환 서울대 수학과 교수("이상의 시에 나타나는 수학기호와 수식의 의미 - 치밀한 의도하에 선택된 시어들")의 수학적 분석, 김민수 서울대 산업디자인과 교수("시각예술의 관점에서 본 이상 시의 혁명성 - 문학적 맥락을 뛰어넘어 시각예술의 텍스트로 바라본 이상 시")의 시각예술적 접근 등이 그것이다. 또한 건축공간의 언어학적 해석과 그러한 해석을 토대로 이상 시의 건축공간화를 추구한 김용섭(2001)은 언어의 건축공간화는 그 언어가 가지는 해석의 다양성에 관한 건축가의 표현이라고 한다. "예술작품은 유기적 전체가 균형을 이루고 있는 독특한 특징을 갖고 있는 완벽하고 닫혀 있는 동시에 이처럼 전혀 변경 불가능한 특수성에 아무 영향도 미치지 못하지만 무수히 다양한 해석방법에 따라 수용될 수 있다.(움베르토 에코, 『열린 예술작품』, 1962: 45)"는 말로 그의 변을 대신하고 있다.

한편 문학적인 연구가 아닌 이들 변방적 연구들은 연구방법의 시야를 넓혀 주었다는 장점과 함께 해당 접근방법의 틀 속에서 지나치게 자의적으로 작품을 이해했다는 한계점도 가지고 있다는 문제점 제기가 김주현(1999: 376-378)에 아래와 같이 표명되어 있다.

"이상의 문학을 심리적 또는 정신분석학적 입장에서 조명한 이들로 정귀영, 김종은, 김승희 등 수많은 사람이 있다. 이상의 문학이 자신의 신변을 주로 문학화했다는 측면에서 정신분석적 연구는 그의 문학을 이해하는 데 많은 도움을 준다. 특히 문학이 이상과 같은 작가에게 있어서 그의 특이한 가정환경, 삶의 과정, 병적(病跡) 등은 문학을 결정하는 중요 요소로 작용했다는 점에서 그러하다. 그래서 그의 필명인 이상(李箱)은 오히려 '이상(異常)'으로 이해되기도 했다. '이상(李箱)'하면 '이상(異常)한 작가(作家)'로 인식되는 것도 바로 그의 기이한 문학 때문이다.

김종은은 이상의 정신생활이 작품에 어떤 영향을 미쳤는가를 병적학적 입장에서 조명했다.("李箱의 理想과 異常", 『문학사상』 1973.7) 그는 불안과 양가감정, 자폐경향을 이상 문학의 근원으로 인식했다. 이는 마치 작가를 정신분열자로 인식하고 문학을 정신분열이 드러난 양상으로 보는 것과 같다. 이상이 "정신병이나 고치겠다"라고 말한 것을 곧이 곧대로 믿는다면 그의 문학에 드러난 아이러니와 패러독스를 사실상 무시하는 것이 된다. 이상은 무엇보다 정신분열자처럼 보이기를 원했을 수 있다. 문학이란 어쩌면 그에겐 자기 위장의 수단이요 가면이다. 그가 백부나 친모, 여성에게 느끼게 되는 양가감정 중 어느 하나를 과장하여 드러냈다면 어떻게 설명할 수 있을까. 그리고 정신분열이란 의식과 행동의 괴리를 통해 풀어가야 할 문제이다. 그러면 문학은 그 어디에 귀속시킬 것인가. …… 단순히 이상의 삶과 문학을 대비하는 논의는 문학을 단순성에 치부하는 결과를 낳고 만다.

정귀영의 글은 상당한 지면을 빌어 이상의 문학을 심리적으로 상세히 규명했다. 그의 논의는 프로이트의 초자아 이론을 빌어 이상 문학 전반을 규명한 것이다. 그의 논의 자체는 이상을 이해하는 데 많은 도움을 준다. 그러나 그의 논의는 문제제기의 성격이 짙다. 이상 문학은 의식과 무의식, 자아와 초자아의 문제로 귀속시키는 것만으로 해결되지 않는다. 오히려 이상의 삶과 문학, 행동과 의식의 문제를 충분히 검토해야 잘 논의될 수 있다. 이런 면에서 조두영의 "이상의 인간사와 정신분석"(『문학사상』 1986.11)은 참고할 만하다. 그러나 그의 글 역시 이상의 삶과 작품의 해석에 단초를 제공해 주지만 이들이 동일시되어선 안된다. 그의 글은 작가의 삶과 작품 속의 세계가 혼융되어 설명되는 결과를 낳고 말았다.

그리고 라캉과 크리스테바의 이론을 원용한 김승희의 논문("이상시 연구 - 말하는 주체와 기호성의 의미작용을 중심으로", 서강대 박사학위논문, 1992.8)은 이론과 창작을 접목하는 데서 문제가 발생할 수 있다. 말하자면 이상의 문학을 너무 이론적인 틀에 꿰맞추고 그에 맞지 않은 이상의 작품들을 거세해 버린 문제점을 안고 있다. 그리고 라캉과 크리스테바의 자아형성 이론이 문학의 주체형성 이론과 결부될 수 있는지는 숙고해봐야 할 문제이다.

이상 문학에 대한 정신분석학적 연구는 이상 문학을 보다 풍성하게 해석할 수 있는 기반을 제공했지만, 한편으론 작품을 하나의 징후적 증상으로만 보려고 하는가 하면, 다른 하나편으론 이상의 의식과 행동을 분리하지 않고 동일시한다던가, 이론에 압도되고 마는 등의 문제점들이 발생하고 있다. 작가의 삶과 작품, 삶과 의식이 깊이 있게 천착되고 그의 창작과정이 밝혀질 때 정신분석학적 접근은 비로소 의미를 띠게 될 것이라는 김주현(1999: 376-378)의 평가는 시의적절하다고 생각한다.

문학은 인간 정신의 산물인 바, 인간의 정신이 위에 열거한 특성들뿐 아니라 훨씬 더 다양한 자양분 속에서 성숙하는 것임을 고려할 때, 지나친 이론 위주 분석을 지양한다면 통합 학문적 접근은 이상 문학의 실체 파악에 진정 가치 있는 작업이라고 생각한다. 무엇보다 문학은 언어로 표현된 예술이라는 대명제에 비추어 볼 때, 가장 먼저 선행되었어야 할 영역이 언어기호학적 접근일 터인데, 지금까지 언어학자들의 관심이 없었다는 사실이 오히려 놀라운 사실이라 하겠다.

2. 문학과 기호학

기호학은 신호를 통해 의미를 재생산하는 과정을 연구하는 학문이다.

즉 의사소통의 경로를 토대로 기호학에 접근한다면 이른바 발신자가 의미를 약호화하는 과정, 혹은 수신자가 의미를 해부호화하는 과정에서 약호 속에 의미를 담는 과정을 연구하는 학문이 기호학이라고 할 수 있다. 기호학의 기본적 이해를 위해서는 퍼스(C.S.Peirce)의 모델과 소쉬르(Ferdinand de Saussure)의 모델이 유용하다.

미국의 철학자이며 기호학자인 퍼스는 의미를 구성하는 데는 기호, 대상, 해석의 세 가지 요소가 있다고 한다. 예를 들어 '빨간불'이라는 기호가 있다면 그 기호는 일정한 행위, 사건 혹은 대상을 가리키는 것이다. 그것을 받아들이는 사람은 자신이 '빨간불'에 대해 경험한 사실을 토대로 그 의미를 해석하고 결정한다. 따라서 기호는 일정한 대상을 가리키는 것이지만 그 의미는 받아들이는 사람의 경험을 토대로 이미지화 되는 것이다. 기호는 결국 사람들에게 무엇인가를 대신하여 의미를 전하는 어떤 물리적 실제를 말한다.

퍼스의 의미 구성 요소들 간의 관계에 있어서 대상과 해석은 간접적 관계이며 기호와 대상, 그리고 기호와 해석이 직접적 관계를 맺는 것으로 이해할 수 있다. 한편 구조주의 언어학의 창시자인 소쉬르의 경우는 언어를 설명하기 위해서 기호에 관심을 두었는데, 그에 따르면 언어는 기호의 일종이며 시니피앙(signifant)과 시니피에(signifie)로 이루어져 있다. 시니피앙은 기호에 담긴 하나의 물리적 형체이며, 시니피에는 기호와 관련하여 일어나는 우리의 정신작용을 의미한다. 즉 시니피앙은 기호 그 자체이며, 시니피에는 그 안에 담긴 의미이다. 퍼스와 소쉬르 이론 사이에 세부적인 면에서 차이가 있기는 하지만 퍼스의 기호와 해석 간의 관계는 곧 소쉬르의 시니피앙과 시니피에 간의 관계와 유사하다.

소쉬르와 퍼스의 기호에 대한 시각의 차이는 기호 규정의 범위에서 찾을 수 있다. 소쉬르는 의사소통을 목적으로 관례화된 체계만을 기호로 간주한 반면, 퍼스는 기호 사용자가 무엇인가를 나타낼 수 있으면 그 어떤 것이든 기호라고 규정한다. 따라서 소쉬르는 기호 발신자로서 인간을 상정하지만, 퍼스는 인간만을 상정하지 않는다. 즉 퍼스는 자연현상이나 비의도적 발현물조차도 기호로 파악하고 있다. 소쉬르가 어의 구조와 체계를 설명하는 데 관심을 두었다면, 퍼스는 의미전달의 작용을 하는 모든 기호에 대한 포괄적 이해에 관심을 두었다. 따라서 TV, 영화, 만화, 사진 등과 같이 일정한 메시를 시각적으로 담아내는 경우에는 퍼스의 접근이 유용하다.(이태영 외 2000: 21-22)

"사물 자체가 하나의 기호이다" 혹은 "텍스트 밖에는 아무것도 없다"라는 말은 기호학자 데리다의 유명한 명제이다. 더 나아가 '범기호학적' 시각에서 기호를 정의하고 있는 미국 기호학의 선구자 퍼스는 우주 삼라만상 자체를 기호로 이루어진 세계, 즉 기호계로 보았다. 이것은 기호로 지각하고 기호로 생각하고 기호로 말하는 인간의 우주를 말한다. 퍼스는 기호가 상징하는 모든 대상(사람, 사물, 사건, 생각 등)까지도 이미 인간의 의식세계에 존재하는 또 다른 기호에 불과하다고 보았다. 퍼스는 자신의 우주관을 "우주 전체가 기호들로 가득 차 있으니, 우주 전체가 기호로 만들어져 있다고 말하지 않을 수 없다"라고 한 마디로 요약하고 있다.(이두원 1997: 432)

엄연히 현존하는 실재 대상물을 어떻게 인식하고 판단하고 생각하는가. 그 도구가 바로 기호인 것이다. 퍼스는 기호의 유형을 도상(icon), 지표(index), 상징(symbol)으로 분류하였다.

(1) 도상(icon)은 실재 사물과 유사하게 그려놓은 그림을 말한다. 공중화장실의 남녀 구분은 그림만 보고도 알 수 있는데 그 그림들이 도상이다. 동굴벽화의 사냥하는 모습이라든가 온갖 동물의 모양 등도 모두 도상에 해당한다. 도상은 물리적 표현체와 그 의미 사이에 사실적 유사성에 바탕을 둔 기호들을 의미한다.

(2) 지표(index)는 실재 사물을 모방한 것은 아니지만 그 대상과의 관련성을 토대로 대상을 연상시킬 수 있는 기호이다. 굴뚝에서 연기가 난다고

하자. 그 연기는 무엇의 지표인가. 누군가 아궁이에 불을 지피고 있다는 사실의 지표이다. 마스크를 쓴 사람이 기침을 한다면 그 행위는 그 사람이 감기에 걸렸음을 나타내는 지표이다. 아무도 없는 백사장에 수달 발자국이 찍혀 있다면 그 발자국은 수달이 지나갔음을 나타내는 지표이다. 인간의 표정 역시 심리적 상태를 읽어낼 수 있다는 점에서 지표로 간주할 수 있다. 셜록 홈즈가 명탐정이 될 수 있었던 까닭도 사건 현장에서 문제 해결의 단서들, 즉 사건의 정황을 반영하는 지표들을 예리하게 주목할 수 있었기 때문이다.

(3) 상징(symbol)은 물리적 유사성이나 인접성 여부와 상관없이 관습적인 약속에 따라 어떤 신호가 일정한 의미를 지니게 된 것이다. '하늘'이라는 말소리는 실재 하늘과 아무런 유사성도 갖지 않지만 그래도 한국인들은 이 말을 들으면 하늘을 떠올린다. 그러니까 한국어의 모든 말이나 글들은 상징이라고 할 수 있다. 뿐만 아니라 빨간불, 파랑불 같은 신호체계도 사회적 규약에 의해 의미를 가진다는 점에서 상징이다. 비둘기를 평화의 도상이나 지표라 하지 않고 상징이라 하는 것도 본래 비둘기가 유별나게 평화스러워서가 아니라 인간이 비둘기에게 그러한 의미를 부여하고 사회문화적으로 그 의미를 통용시켜 왔기 때문이다. 이와 같이 일정한 사회문화적 약속을 토대로 기호와 의미가 서로 관련을 맺는 것을 상징이라고 한다.(이태영 외 2000: 22-23)

이와 같이 기호의 범주는 그 대상물이 주는 이미지 등 추상적인 것에서부터 수학 부호나 여러 도식까지 삼라만상 전체라 할 정도로 무한하다 할 것이다. 그러나 수많은 기호 중에서도 가장 보편적이며 가장 강력한 기호는 인간의 언어이다. 인간과 동물이 구분되고 인간이 만물을 지배하게 된 것도 모두 이 언어기호가 있음으로 가능했던 것이다. 그리하여 언어(음성언어)는 인간을 인간으로 만들고, 문자언어는 인간을 문명으로 이끈다고 할 수 있을 것이다.

기호학자들에게 있어서 기호란 어떤 의미에서는 절대적인 존재로 인식되고 있다. 즉 '모든 것이 기호'라는 관점이다. 퍼스, 소쉬르, 모리스 등에 의하여 학문으로 정립된 기호학은 역사는 짧지만 현대의 정신 세계에 미친 영향은 엄청나다.

이러한 기호적 세계관은 "인간은 만물의 척도다"라는 고대 그리스의 철학자 프로타고라스의 명제, 칸트의 선험철학에 이미 함의되어 있으며, 인간의 모든 신념은 객관적 대상 그 자체를 표상하는 것이 아니라 "해석의 해석"이라고 한 니체의 말, 더 가까이는 "언어는 존재의 집이다"라고 주장한 하이데거의 명제에 간접적으로 깔려 있다. "나의 언어의 한계는 곧 나의 세계의 한계이다"라는 비트겐슈타인의 말이나, "인간이 없다면 세계는 없다"라는 사르트르의 언명, "사물은 그것을 지각하는 사람과 뗄 수 없다"라는 메를로-퐁티의 명제는 한결같이 위와 똑같은 생각의 다른 표현들에 불과하다. "존재한다는 것은 언어적 함수의 값이다"라는 콰인의 명제, "우리는 마치 우리가 벽돌을 만들 듯이 언어 혹은 상징들을 자료로 별들을 만든다"라는 굿맨의 주장, "대부분의 세계는 그것에 대해 우리가 생각하는 대로 존재한다"라는 로티의 언명도 위와 같은 철학자들의 사유의 밑바닥에 깔린 '기호적 세계관'으로 부를 수 있는 전제, 즉 '모든 것은 의미이며, 모든 의미는 곧 존재이다'라는 신념의 다른 표현에 지나지 않는다.(박이문 1996: 18-20)

칸트(1938)는 인간을 이상적 자아(homo pheonomenon)와 현상학적 자아(homo pheonomenon)의 두 가지로 나누어 보았다. 땅에 발을 붙이고 살며 하늘을 동경하는 것이 인간이다. 이러한 인간에게 기본이 되는 문제는 현상학적 인간이 어떻게 그의 인식세계를 축조하고, 그 안에 사느냐 하는 것이다. 인식세계의 축조는 인간의 오관에 잡히는 '저 밖의' 현실계에 대한 지각(perception)과 이에 기초한 개념적 축조에 맞먹는 것이다. 현실계의 축조는 인간이 삶을 지탱하고 영위해 나가기 위해 필요한 기본적인 것으로 본질적으로 기호학적 조작이다. 하지만 기호일 따름인 것이 우리 인식의 총체를 구성한다. 그 밖에 무엇이 있단 말인가? 칸트가 말한 현상학적 자아로서의 인간은 기호가 포괄하는 기호의 세계 속에 갇혀 있는 것이다. 어떠한 현실체도 기호를 통하지 않고 우리에게 지각되지 않는다. 세보크(1991: 18)가 말했듯이 인간의 두뇌 또는 마음 자체가 기호들의 체계인 것이다. 월프의 가설(the Whorfian hypethesis, 1961)에 의하면, 언어가 인간의 사고에 모양을 만들어준다. 이 가설을 기호에 연장하면, 기호가 인간 영혼의 모습을 갖추어준다고 할 수 있을 것이다. 즉 인간이란 한마디로 기호들이 들락날락하며 인간을 형성하고 변화시키는 기호들의 놀이터이다. 인간과 기호들의 상호작용이 일어나는 곳은 우리의 마음뿐이 아니고 우리의 육체까지 포함한다. 기호가 영향을 미치는 공간— 그것을 인간이라고 재정의해 볼 수 있다. 인간은 근본적으로 기호의 제작자이고, 자기 자신이 만들어 놓은 기호의 테두리 안에서 살아가는 존재라는 사실이다. 인간은 기호에 의하여 외부의 세계를 이해하며, 이해한 것만큼을 世界像으로 환치해 놓고 그 안에 안주한다. 그래서 기호는 '우리의 것'임과 동시에 우리들은 '기호의 우리(the cage of signs)' 속에 산다. 이와 같이 우리는 기호의 울타리를 결코 넘을 수 없다. 우리의 의식은 기호가 슬며시 보여주는 표상으로의 세계에서 시작하며, 우리의 자유로운 상상은 다만 기호의 세계를 넓힐 따름이다.(김경용 1994: 15-16, 61-62, 144 등에서 따옴)

그러나 여기서 분명히 짚어야 할 것은, 기호는 인식의 공유를 강요하지만, 각 개인의 인식은 비록 동류의 것은 될지언정 반드시 동질의 것이라고 볼 수는 없다는 것이다. 예를 들어 보자. [새]라는 기호에서 인식의 공유를 강요당한 사람들은 누구나 '조류'를 생각하겠지만, 각 사람들이 떠올리는 [새]— 대상물은 독수리가 될 수도 있고 참새가 될 수도 있는 것이다. 이는 전적으로 개인의 경험에 기인한다. 이처럼 기호학자들이 절대적 가치를 부여하는 기호란 개념도 대상물 자체는 아니라는 사실이다.

그렇게 본다면 기호란 완전무결한 절대적인 존재가 아니라, 비트겐스타인의 말처럼, 오히려 인간의 생각을 기호의 범위 안에 한계 짓는 그러한 존재일 수 있는 것이다. 다시 말하면 언어기호는 어디까지나 기호일 뿐 대상물 그 자체는 아니라는 것이다. 예를 들어 보자. 실재하는 자연계는 무한하고 역동적이며 끊임없이 순환한다. 우리의 머리 속에 떠오르는 생각들도 그러하다. 이 세상의 모든 것들은 변하고 있다. 그러나 그것들을 담아내는 도구인 기호, 인간의 언어는 그렇지 못하다. 언어에 담겨 있는 세상은 어떤 대상의 전체가 아니라 분절된 어느 한 단면이며, 변화하는 대상의 현재 모습이 아니라 언어로 표현된 고정관념 속의 정지된 과거 모습만 보여 주는 한계성을 가진다. 그럼에도 불구하고 인간은 의식하든 의식하지 않든 어쩔 수 없이 언어라는 색안경을 쓴 채 이 세상을 바라보고 사고하며 살아가야 하는 존재이다.

이상의 작품들 중 특히 난해한 문제작으로 분류되는 많은 작품들이 이러한 언어 기호의 한계성 고발과 나아가 이를 극복하고자 하는 실험 정신으로 쓰여졌다는 사실은 참으로 놀랍다. 특히 연작시로 발표된 〈오감도(시제1호~시제15호)〉와 〈삼차각설계도(선에관한각서 1~7)〉에는 언어의 한계성에 대한 이상의 고발과 극복 의지가 잘 나타나 있다.

기호에 대한 맹목적인 신앙 속에서 실재물을 바라보는 일반적인 관점에서 탈피하여 오히려 언어 기호의 한계를 절감하고 이를 고발하고 시적으로 변용하였다는 사실 하나만으로도 이상의 천재성은 인정되어야 할 것이다. 그러나 불행하게도 지금까지의 많은 연구들은 이들 작품들을 단어 혹은 행, 아니면 연에 대한 해석 수준에 머물렀을 뿐, 전체를 통괄하고 있는 이상의 언어 기호관 파악에는 미치지 못한 아쉬움이 있다. 이에 본 논의에서는 이상의 작품에 대해 언어기호학적 관점에서 접근하여 그의 문학 세계에 새로운 의미 부여를 꾀하고자 한다.

Ⅱ. 언어 기호의 자의성과 이상의 "箱" 이미지

1. '이상'과 '김해경'

〈날개〉의 작가가 누구냐고 물으면 누구나 '이상(李箱)'이라고 답한다. 그러면서 일반적인 독자들은 자신이 답한 '이상'이 그 작가의 본명이라고 생각한다. 그러나 '이상'은 '김해경(金海卿)'의 필명이다. 이상의 본명은 김해경이고 이상은 그의 필명이라는 사실을 알게 될 때, 독자들은 대부분 고개를 갸웃한다. 이름임에 틀림없을 것 같은 '이상'이 이름이 아니라고 하니까 참으로 이상(異常)한 것이다.

우리 문학사에 독특한 위치를 점하고 있는 이상은 이처럼 그의 작품만큼이나 그의 첫인상-호칭에서도 독특하다. 그리하여 이상이라는 필명이 있게 된 배경에 대해서도 분분한 이야기가 있어 왔다. 그의 지인들이 증언한 내용은, 그가 총독부 건축 기사로 있을 때 그의 성(姓)을 잘못 안 인부들이 "李上!"이라고 부른 것을 계기로 김해경이 '李箱'을 자신의 필명으로 정했다는 것이다. 그렇다면 이상(李上)으로 할 것이지, 왜 이상(李箱)으로 했을까? 게다가 그의 작품 전체가 보여 주는 개성적이며 실험적인 그의 문학적 시도와 연관지어 볼 때 이러한 설명은 도무지 이해가 되지 않는다. 그처럼 자의식이 강한 인물이 자신의 상징인 필명을 인부들이 잘못 부른 명칭에 대응시켰다는 것은 틀림없는 넌센스이다.

그런 점에서 이어령이 밝힌 바, 이미 경성고공 졸업 앨범 어록 사인첩에 이상이란 필명을 사용했더라는 증언(이어령 1998: 10)은 김해경이 자신의 필명에 대해 오랜 시간 동안 숙고했고 또 그 필명에 자신의 상징을 담고자 했었으리라는 사실을 짐작케 하는 대목이다. 여기서 우리는 최소한 李上에서 李箱이 발원되지는 않았으리라는 확신을 가질 수 있다. 어쨌든 이 독특한 필명에 김해경 그가 담고자 한 의도가 무엇이었겠느냐에 많은 평자들이 숙고하여 의미부여를 하고자 했으니, 그것은 조두영(1998: 123)의 다음 글에서도 잘 나타난다.

"당시의 작가들이 필명을 쓰는 경우는 별로 없었는데도 그는 김해경 대신 '이상'이라는 필명을 썼다. 이에 대해 "이상(李箱)의 이상(理想)과 이상(異常)"이라는 글 속에서 김종은(1973)은 같은 발음인 '理想'과 '異常' 모두에서 힌트를 얻었을지 모른다 하였고, 김승희(1982)는 백인 같은 풍모를 들어 '異相'이라는 말을 추가하면서도 필명 의미로 '理想' 쪽에 더 비중을 두었다. 뿐만 아니라 여기에 '반김(反金) 정서'에다 가족 낭만 환상에서 왕실가문이라는 뜻의 '이(李)'자가 나왔을지도 모른다는 말을 추가하자는 주장(조두영 1998: 123)도 있을 정도이다. 김종은과 김승희가 [이상]이라는 발음이 빚어내는 동음이의어의 연상작용에 연유하여 추정하였다면, 조두영은 李가 조선 왕족의 성씨라는 의미에 초점을 둔 것 같다.

그러나 이들의 견해 역시 근시안적인 판단에 불과하다고 생각한다. 현재까지 700편에 가까운 이상에 대한 논문 중, 이상이란 필명에 대한 해석들은 이처럼 필명 자체에만 관심을 두든가 아니면 이상의 풍모와 연관하든가 아니면 다른 성씨(예를 들어 이씨)와의 대립관계에 주의를 하였을 뿐 실상 가장 중요한 필명의 이미지와 작품과의 유기성에 대하여 주의를 기울인 연구는 없는 것 같다. 이에 본서에서는 대상과 명칭 사이의 관계에 대한 언어학적 지식을 기초로, 김해경이 李箱이라는 필명에 부여하고자 했던 이미지와 의미는 무엇이었으며, 이 이미지가 그의 작품 속에서 구체적으로 어떻게 형상화되고 있는가를 살펴보고자 한다.

2. 기호의 자의성

구약성서 창세기에 보면 하나님이 말씀으로 세상을 창조하시고,[2] 특별

2 "태초에 하나님이 천지를 창조하시니라(창세기1:1)...하나님이 이르시되 빛이 있으라 하시니 빛이 있었고(1:2)...하나님이 빛을 낮이라 부르시고 어둠을 밤이라 부르시니라(1:5)...하나님이 이르시되 물 가운데에 궁창이 있어 물과 물로 나뉘라 하시고

히 사람만은 흙으로 당신의 형상대로 빚어 만드신 후 당신의 생기를 불어 넣어 만드셨다[3]고 한다. 아담이라는 이름은 하나님이 주셨지만, 다른 피조물의 이름은 이 최초의 인간 아담이 붙여 준 것으로 기록되어 있다.[4] 그러므로 지금 우리가 '토끼'라고 부르는 어떤 피조물을 만약 아담이 '거북'이라고 불렀다면 그 피조물의 이름은 토끼가 아니라 거북이라 불리어졌을 것이다. 마찬가지로 그 부모님이 우리가 '김해경'으로 알고 있는 이상의 이름을 '김해경'이 아니라 '김경해'로 지었다면 이상의 이름은 '김경해'이었을 것이다. 이것은 대상과 언어 기호 사이의 관계가 필연적인 것이 아니라 자의적인 관계(arbitrariness)임을 보여 준다.

근대 언어학의 비조인 소쉬르가 제안했고 바르트(R. Barthes)가 정교화한 기호의 모형은 기호란 기표, 기의, 기호 자체라는 세 가지 기본 요소로 되어 있는데, 그 공식은 다음과 같다.

기호 = 기표 + 기의

소쉬르 기호학의 첫 번째 원리는, 기표(시니피앙 signifiant)와 기의(시니피에 signifie)의 결합으로 이루어지는 양면적 존재인 기호에서 이 양자는 자의적 간접적인 관계로 이루어졌다는 것이다. 리차즈-오그덴(1923: 11)의 다음 '기호 삼각형(semiotic triangle)'은 이러한 관계를 보다 명료하게 보여 준다.(여기서 점선은 간접적인 관계, 실선은 직접적인 관계를 의

(1:7)..." 이와 같이 하나님은 엿새 동안 말씀으로 온 천하 만물을 만드시고 그것들의 기능과 위계 질서를 부여하셨다.

3 "여호와 하나님이 땅의 흙으로 사람을 지으시고 생기를 그 코에 불어넣으시니 사람이 생령이 되니라(창세기 2:7)"

4 성경에 "아담"이라는 호칭이 처음 나타나는 것은 창세기 2장 19절이다. 그 전까지는 줄곧 "사람"이라고 되어 있다. "...여호와 하나님이 이르시되 사람이 혼자 사는 것이 좋지 아니하니 내가 그를 위하여 배필을 지으리라 하시니라(1:18) 여호와 하나님이 흙으로 각종 새를 지으시고 아담이 무엇이라고 부르나 보시려고 그것들을 그에게로 이끌어 가시니 아담이 각 생물을 부르는 것이 곧 그 이름이 되었더라(1:19)"

미한다)

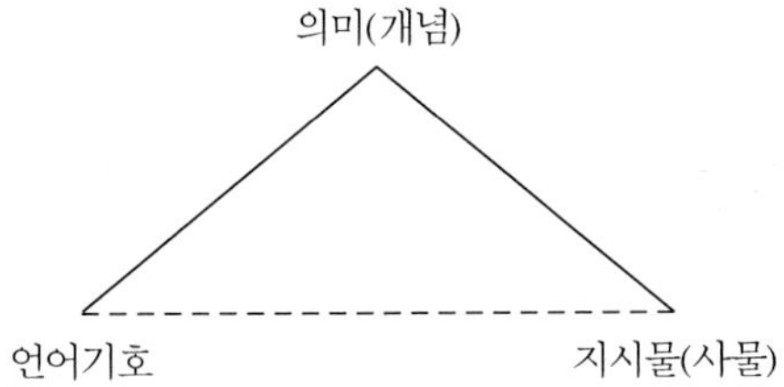

〈그림 1〉 리차즈-오그덴의 기호삼각형

이 삼각도는 상징(symbol)과 사고 · 지시(thought or reference), 지시물(referent)의 관계를 표시하기 위하여 고안된 그림으로써, 상징인 명칭은 지시물과 직접적으로 연결되는 것이 아니라 우리 마음 속의 개념인 사고 혹은 지시를 통하여 간접적으로 연결됨을 말하고 있다. 이에 따르면 우리가 부르는 소위 '명칭'은 일종의 상징이므로, '의미'란 상징인 명칭이 대상물인 지시물을 지시하는 작용(reference)을 말한다. 상징과 '지시물' 사이 다시 말하면 명칭과 현실의 대상물 사이, 예를 들면 단어 [토끼]와 지시대상물 '토끼' 사이에는 직접적 관계가 없다는 뜻이다. 이런 간접적인 관계를 그들은 점선으로 표시하고 있다. 반면 명칭과 의미, 의미과 대상물 사이는 직접적인 관계에 있는데, 이는 실선으로 표시된다. 이에 대해 스테른(1931/1965: 37)은 상징을 낱말(word), 사고 · 지시를 의미(meaning)로 수정하고 있다. 또한 울만(1957: 69-73)은 상징을 명칭(name), 사고 · 지시를 의의(sense), 지시물을 사물(thing)로 대치하면서 의미는 명칭과 의의 사이의 상호관계이며, 그 관계에 의해서 서로를 환기하게 된다고 하였다.

이러한 지시물과 언어기호의 사이의 자의적 관계는 말실수(tongue slip)에서도 찾을 수 있다고 본다. Spoonernism이라고도 하는 말실수는 영국의 스푸너(Spooner) 경이 엘리자베스 여왕 앞에서 "달빛 속의 스핑크스(Sphinx in moonlight)"라고 말한다는 게 잘못하여 "minx in spoonlight"로 말하였다 하여 Spoonernism이라고도 한다. 이 현상이 음운론에서 주목

받는 이유는 이를 통하여 음절의 존재를 입증할 수 있기 때문이다. 발화시 말실수는 했지만 뒤바뀐 단어 사이에 어떤 규칙이 있음을 찾아냈기 때문이다. 위 예에서 보듯이 말실수에서 나타난 음소 교체는 음절두음과 음절두음 사이에서만 일어나고 있다는 것이다.[5] 그리하여 지금까지 말실수는 음운조직 위에 분명히 음절이라는 단위가 존재함을 입증하는 근거로 연구되어 왔던 게 현실이다.

또 한 가지 친숙한 예로 영어를 배우는 초기 단계의 한국인에게 일어나는 말실수를 들 수 있다. 필자의 경우 '키친(kitchen)'과 '치킨(chicken)' 사이에서 말실수를 경험했던 기억이 있는데 이러한 경험은 필자뿐 아니라 주위 많은 이들도 겪었다는 고백을 들었다. '부엌'을 영어로 하면 '키친'인데 이것과 '닭'을 지칭하는 '치킨'에서 말실수가 일어나곤 한다. 이 역시 음절두음 /ㅋ/와 /ㅊ/의 사이에 교체가 일어난 경우이다.

그렇다면 이러한 말실수가 일어나는 근원적 이유는 무엇일까. 필자가 생각하기엔 말실수가 일어나는 근원적 이유는 언어기호와 지시물 사이의 자의성에 근거함이 그 주된 원인이라 본다. 만약 지시물과 언어기호의 관계가 필연적이라면 말실수는 일어나지 않을 것이다. 필연적인 일대일 대응이 이루어지는 관계라면 헷갈릴 일이 없기 때문이다. 그러나 불행히도 실재 지시물과 언어기호는 인간이 엮어낸 자의적인 관계이므로 헷갈리기도 하고 말실수도 일어나게 되는 것이다. 이때 말실수가 일어나는 환경은 음운론적 설명처럼 동일 음절위치에서의 음운교체로 일어나게 된 것인지 모른다. 이러한 말실수 외에도 비슷한 발음의 다른 단어로 말하는 것도 광의의 말실수라 할 수 있을 것이다.

5 'sphinx'의 어두음 /sf-/ 자음군은 'moon'의 두음 /m-/과 자리바꿈한 것이다. 그러나 그 결과는 'sfoonlignt' 대신 'spoonlight'인데 이는 /sf-/를 /sp-/로 조정한 것이다. 이는 영어에서 어두 /sf/ 자음군은 그리스어로부터 파생된 12개의 전문어(sphincter, sphere, sphinx 등)에만 허용되므로, 영어에서 어두 /s/ 뒤에 올 수 있는 자음 /p, t, k, l/ 중에서 /sf-/와 가장 가까운 /sp-/로 교체한 것이다.(오정란 1997: 273-274)

사람이나 사물 이름을 말하려고 할 때 비슷한 발음의 비슷한 이름으로 고개를 갸우뚱거린 기억은 누구에게나 한두 번은 있을 것이다. 비슷한 발음 때문에 헷갈린다는 이 사실이 바로 언어기호의 자의성을 입증하고 있는데, 그 현상을 소설 〈날개〉에서도 찾을 수 있다.

(1)
"내가잠을깨었을때는날이환히밝은뒤다나는거기서일주야를잔것이다풍경이그냥노-랗게보이나그속에서도나는번개처럼아스피린과아달린이생각났다
아스피린 아달린 아스피린 아달린 맑스 말사스 마도로스 아스피린 아달린..." (날개)

전봉관(1994)은 이를 실어증의 징후라고 설명하고 있다. 이 구절을 실어증으로 해석한 이 견해는 학계에서 상당한 호응을 얻고 있는 것 같은데, 이유는 이를 실어증으로 볼 경우 얻어지는 이득이 많기 때문일 것이다. 실어증이 일종의 언어의 혼란인 이상 실어증 환자의 언어분석을 통해 그의 무의식의 세계를 이해할 수도 있기 때문(김주현 1999: 411)으로 보고 있는 듯하다. 우정권(1996)은 이 구절이 조이스의 〈젊은 예술가의 초상〉과 상호텍스트성을 띠고 있다고 주장하였고, 이강수(1997)는 요코미츠 리이츠(横光利一)의 작품과의 상호텍스트성을 주장하였다. 우정권과 이강수의 주장을 논리의 지나친 비약으로 논란의 소지를 안고 있다고 한 김주현(1999: 413)도 실어증 논리에는 찬동하고 있다.

그러나 필자가 보기에 논리의 비약은 이들뿐만 아니라 실어증 징후로 본 견해들도 마찬가지인 것 같다. 언어학 전공자인 필자에게 있어서 위 구절은 언어기호의 자의성(간접성)과 음성의 유사성에 의한 헷갈림, 즉 말실수를 이용한 이상의 재기 넘치는 '언어유희'로 읽혀질 뿐이다. 이상의 이러한 중얼거림을 실어증으로 보는 그 자체가 무리인 이유는, 이상의 중얼거림은 정확하고 유창하게 의도적으로 단어들을 나열하고 있기 때문이다.

실어증은 어떠한 것인가.(장영준 1999: 77-80) 1861년 브로카(Paul Broca)는 두뇌 손상에 뒤이은 언어장애를 겪는 환자들의 뇌를 해부한 결과 뇌의 좌반구 앞쪽이 손상된 것을 발견하였다. 다른 부위가 손상된 환자들은 언어구사에 전혀 문제가 없었지만 오로지 브로카 영역(Broca's area)이라 불리는 좌반구 앞부분에 상해를 입은 환자들의 언어장애를 확인한 것이다. 이를 브로카 실어증이라 한다. 브로카 실어증 환자라고 알려진 이런 유형의 실어증 환자들은 말을 하는 데 어려움을 겪고, 단어를 찾아내는 데 많은 시간이 걸리며, 전치사나 조동사 같은 기능어휘들을 사용하지 못할 뿐 아니라 어순이 뒤죽박죽이 되고, 전보문과 같은 인상을 준다고 한다. 브로카 실어증 환자의 실제 발화를 보자.

조사자: Tell me, what did you do before you retired?

환　자: Uh, uh, uh, pub, par, partender, no.

조사자: Carpenter?

환　자: (그렇다고 고개를 끄덕이며) Carpenter, tuh, tuh, tenty year.

반면 1874년 베르니케(Carl Wernicke)에 의해 밝혀진 베르니케 실어증은 왼쪽 뇌 뒷부분을 다친 환자에게서 나타난다. 이 환자의 특징은 억양이나 발음은 정상적이어서 얼핏 듣기엔 유창하게 정상적인 말을 하는 것처럼 들리지만, 자세히 살펴보면 어휘를 잘못 사용하거나 종종 의미없는 어휘를 사용한다는 것이다. 또한 문법적으로는 비교적 정확한 문장을 구사하고 대명사와 명사구도 능숙하게 사용하지만 특이하게도 명사를 기억해내지 못한다는 것이다. 베르니케 실어증 환자의 구체적인 발화 예를 들어보자.

> 조사자: Do you like it here in Kansas City?
>
> 환　자: Yes, I am.
>
> 조사자: I'd like to have you tell me something about your problem.
>
> 환　자: Yes, I, ugh, can't hill all of the things I do, and part of the part I can go alight, but I can't tell from the other people. I usually most of my things. I know what can I talk and know what they are, but I can't always come back even though I know they should be in....

이상의 경우는 이러한 실어증 증상과는 완연히 다르다. 본인이 인식한 아스피린과 아달린을 정확하게 말하고 있다. 아내가 감기약 아스피린이라고 속이고 나에게 준 약이 실은 수면제 아달린이라는 사실을 강조하고 있을 뿐이다. 아스피린과 아달린을 반복해서 말하다 보니 어느 새 '맑스'가 나오게 되고 그러다 보니 '말사스', '마도로스' 등 발음이 유사한 단어 나열이 있게 된 것이다. 무엇보다 이상은 마지막에 아스피린과 아달린으로 완전 회귀하고 있다는 사실이다. 이러한 현상을 실어증으로 볼 수는 없으며, 말실수(tongue slip)를 이용한 재기 넘치는 '언어유희'로 인정함이 옳다고 생각한다.

이런 말실수는 이상뿐 아니라 우리도 종종 겪는 일상사이다. 한 사물에 대한 이름을 계속 뇌이다 보면 그와 비슷한 다른 말로 말실수를 하는데, 그것은 그 기호와 사물이 필연적인 관계가 아니었기에 발음이 유사한 다른 말로 불리워지기 쉬웠던 것이다. 사실 아스피린과 아달린을 처음부터 맑스니 말사스니 마도로스로 부른들 무슨 문제가 있겠는가. 아스피린이니 아달린이니 그렇게 명명하였기에 아스피린이 되었고 아달린이 된 것이 아니겠는가. 이처럼 말실수 역시 언어기호의 자의성을 입증하는 자료로 볼 수 있을 것이다.

창세기의 아담뿐 아니라 우리의 부모들도 우리의 이름을 지을 때 명칭과 지시 대상 사이의 간접적인 관계(자의성) 때문에 많은 후보 이름들 속에서 고민하셨다. 영희? 희영? 철호? 호철? 한 순간 부모의 선택에 따라 영희가 될 수도 있고, 희영이가 될 수도 있는데, 이것은 대상과 기호 사이의 자의성 때문이다.[6]

왜 부모들은 여러 이름을 앞에 두고 장고를 하는가? 그것은 한정된 음절(한국인들은 일반적으로 2음절) 속에 자식에게 바라는 부모들의 꿈(마음, 사상, 지시)이 가능한 한 뚜렷이 그리고 많이 함축되기를 바라기 때문이며, 거기에다 성과 이름을 합쳤을 때 부르기도 좋고 듣기도 좋아야 한다는 음성학적인 고려까지 해야 하기 때문이며, 또 그 이름 전체의 이미지가 원래의 의도와 다른 뜻으로 인식되지 않기를 바라는 소망 때문일 것이다.[7] 더욱이 그 사람의 상징으로 불리어지는 이름이 그의 인생까지도 좌우한다는 동양 사상으로 인하여 이름 잘 짓는다는 작명소는 불황이 없는 법이다. 이와 같이 우리의 이름 속에는 우리 부모들의 '나'에 대한 기대가 담겨 있다. 그러나 우리 중 부모로부터 받은 자신의 이름에 대해 흡족해 하는 사람은 어느 정도나 될까?

그런데 어떤 사람들은 일생을 살아 가면서 또 한번 자신의 명칭에 대해 선택할 기회를 가지게 된다. 작가들의 필명 혹은 예명, 호(號)가 그것이다. 본인이 직접 짓든 다른 사람이 지어주든 이 두 번째 경우에는 첫 번째와

---

6 물론 일단 결정된 이후의 대상과 명칭 사이의 관계는 사회적 약속이 되어 함부로 변경할 수 없다. 이런 점에서 언어는 자의성뿐 아니라 사회적 구속력도 그 특성으로 가지게 된다.

7 예를 들어 진아(眞娥)라는 예쁜 이름을 '지'씨 성에 붙여 보라,

달리 자기 자신에 대한 자신의 기대를 능동적으로 담을 수 있다. 부모로부터 부여받은 첫 번째 이름이 자기 자신의 의지에 대해 피동적, 무조건적 이름이라면, 이 두 번째 이름은 능동적, 조건적 이름이라는 차이가 있다. 그러므로 이 두 번째 이름은 대상의 마음이 직접적으로 나타난 것이므로, 그 사람의 인생관을 알기에 좋은 길잡이가 될 수 있다.

이런 점에서 날개의 작가는 '김해경'이라는 이름에서보다 '이상'이라는 필명에서 그 정체성이 보다 분명해질 수 있다. '이상'이라는 명칭에 그는 무엇을 담으려 했을까. 또 그 의미가 그의 작품 세계에는 어떻게 투영되어 있을까.

3. '李'와 '箱 어휘의 언어학적 기능

본명과 필명은 이름이라는 점에서는 동일하지만, 각각의 고유한 특성과 요구 조건에 부응하는 언어적 감(感)을 가지며 작명된다. 예를 들어 미당(未堂)은 서정주의 호이며, 만해(萬海)는 한용운의 호이다. 여기서 본명과 필명(호)들은 음절수뿐 아니라 언어 선택에서도 그 정체성을 분명히 하고 있음을 알 수 있다. 본명(성+이름)이 삼음절을 기본으로 한다면, 필명은 이음절을 기본으로 한다. '미당'과 '만해'라는 명칭을 본명이라고 생각하는 독자는 없을 것이다. 본명은 '성+이름'의 구성으로 첫째자 성과 둘째 자 이름 사이에서 어떤 의미론적 결합관계를 찾기 어렵다. 그러나 필명에서 첫째 자와 둘째 자는 긴밀한 의미론적 결합관계에 있다. 미당(未堂)은 아직까지 완성된 집이 아니라는 뜻으로 자신에 대한 겸손함이 드러나는 필명이다. 반면 만해(萬海)는 만 가지 번뇌의 바다를 살아가는 중생이라는 불교적 인식이 엿보이는 호이다.

그런데 이 대열에 '이상 - 김해경'의 조합을 넣는 것은 어쩐지 어색하다. 이상이 본명이 아니라는 사실을 수긍하기가 어려운 것이다. 왜 유독 그의 경우만 필명이 본명처럼 여겨질까? 가장 원초적 원인은 필명의 첫째 글자

'이(李)' 때문일 것이다. 우리 나라 삼대 성씨인 '이(李)'와 음도 같고 더구나 한자 표기까지 같으니 '이'는 성이고 '상'은 이름이라고 오인하기 십상이다.

먼저, 왜 '이(李)'가 선택되었는지에 대해 생각해 보자. 이 李라는 한 글자의 선택은 엄청난 표현 효과를 가져 온다.

첫째, 이미 말한 바와 같이 우리 나라 삼대 성씨 중 하나인 이(李)를 앞세울 경우 독자들은 필명이 아닌 본명으로 오인하게 마련이다.

필명을 본명으로 오인시키고 싶었던 그의 의도는 무엇일까. 이를 아버지로부터 도피하고 싶은 심리, 즉 외디푸스 콤플렉스에 의거하여 아버지의 성씨인 김씨를 부정하고 사람들이 이씨로 오인하도록 하고 싶다는 의도로 해석하기도 한다. 라캉의 정신 분석을 원용하여 이상의 작품을 분석한 이정호(1998: 319-345)는 이것을 이상이 성을 김씨에서 이씨로 바꾼 역성(易姓)으로 해석하고, 성씨를 바꾸는 이러한 행위는 정신분석학적으로 아버지로부터의 도피 본능이라고 설명한다.

> …… 이상은 자신의 본명인 김해경으로부터 이상으로 자신의 이름을 바꿈으로써 이 같은 아버지의 사슬로부터 날아 보고자 시도한 것이다. 그가 느끼는 가려움은 단지 상상계에서의 촉감에 지나지 않을 뿐 아버지의 사슬은 그처럼 쉽게 그를 풀어 주지 않는다. 그는 이같이 절실한 자신의 욕망을 〈날개〉에서 애타게 절규하고 있다. "날개야 다시 돋아라. 날자. 날자. 날자. 한번만 더 날자꾸나. 한 번만 더 날아 보자꾸나."라고.(이정호 1998: 323)

다시 말해 김해경은 아버지로부터 벗어나기 위하여 아예 성을 '김'씨를 버리고 '이'씨로 바꾸었다는 것이니, 이에 따라 날개의 주제 역시 아버지로부터의 도피로 해석하고 있다. 정신분석학적인 이 해석은 흥미로운 일면이 있는 반면, 너무 한 곳으로 치우친 감이 없지 않다. 너무 추상적이며 주관적인 해석으로 생각된다. 그러한 정신분석학적 분석보다는 언어 유희를 즐기는 이상 개인적인 시 습벽으로 보는 것이 타당할 것이다. 그 이유는 그의 소설 〈봉별기〉에서 그가 한 다음의 말 때문이다.(밑줄은 필자)

(2)

어느 날 나는 이렇게 여전히 공포를 놓으면서 친구들과 술을 먹고 있자니까 어깨를 툭 치는 사람이 있다. 〈긴상〉이라는 이다.

「긴상 (李箱도 사실은 긴상이다) 참 오래간만이슈. 건데 긴상, 꼭 긴상 한 번 만나뵙자는 사람이 하나 있는데 긴상 어떡하려우?」

「거 누군구. 남자야? 여자야?」

「여자니까 일이 재미있지 않으냐 거런 말야.」

「여자라?」

「긴상 옛날 옥상(아내).」

금홍이가 서울에 나타났다는 이야기다. 나타났으면 나타났지 나를 왜 찾누?

이상의 자서전격인 〈봉별기〉의 이 대목에서 이상 자신이 자신의 성은 김씨임을 분명히 밝혀 놓고 있으며("李箱도 사실은 긴상이다"), 또 상대방도 이상에게 "김씨(긴상)"로 부르고 있음을 확인해 주고 있다. 이런 사실 등에서 우리는 이상이 자신의 성을 부인하려고 했다는 추측은 이상의 원래 의도에 벗어나는 후인들의 자의적인 해석이라는 사실을 알 수 있다. 오히려 이(李)의 선택은 이상이 일상사로 즐겨하는 '위트와 패러독스'[8]의 결과물이 아닐까 싶다. 세인들의 이러한 오해들을 이상은 오히려 즐기고 있었을지도 모른다.

둘째, '상'자 앞에 '이'를 붙임으로써 만들어진 '이상'은 여러 가지 의미를

8 …니코틴이 내 횟배 앓는 뱃속으로 스미면 머리 속에 으레 백지가 준비되는 법이오. 그 위에다 나는 위트와 파라독스를 바둑 포석처럼 늘어 놓았소. 기증할 상식의 병이오….(날개)

양산해 낸다.

즉, 뜻글자(한자)와 소리글자(한글)라는 문자 체계의 근본적인 차이점에서 오는 효과이다. 뜻글자인 한자어는 문자의 형태 자체가 독자적인 의미를 지니므로, 표기가 배제된 상태에서 언어 행위가 일어나게 되면 많은 동음이의어를 양산하게 된다. 성조언어인 중국어는 성조의 차이로 동음이의어를 극복하고 있으나, 성조언어가 아닌 한국어의 경우에는 문자화되지 않는 경우 음성언어가 빚어내는 동음이의어를 막을 방도가 없다.

'이상' 하면 우리의 머리 속에는 많은 이상(理想, 異常, 以上, 異相 등등)이 떠오르게 된다. 언어에 대한 천재적인 감을 지닌 이상으로는 이러한 동음이의어의 혼란 효과 역시 노린 게 아닐까 한다. 그 증거로 이상은 李箱이라는 필명과 함께 以上이라는 단어도 적절하게 잘 요리하고 있다. 〈오감도 시제4호〉 '환자의용태에관한문제'의 끝부분을 보자.(밑줄은 필자)

(3)

患者의容態에關한問題

診斷 0 : 1

26. 10. 1931

<u>以上</u> 責任醫師 <u>李 箱</u>

서명에 대신한 '以上 ... 李箱'이라는 종결 부분은 한자어의 동음이의어적 효과에서 파생되는 신선한 충격으로 와 닿는다. 일종의 언어 유희로 볼 수 있는 이러한 위트는 〈종생기〉 마지막 부분에도 나타난다.(밑줄은 필자)

(4)

나는 지금 이런 불쌍한 생각도 한다. 그럼—

—만 26세와 3개월을 맞이하는 이상(李箱) 선생님이여! 허수아비여!

자네는 노옹(老翁)일세. 무릎이 귀를 넘는 해골일세.

아니,아니.

자네는 자네의 먼 조상일세. <u>이상(以上)</u>

(3)과 (4)에서처럼 李箱과 以上은 항상 가까운 거리에 놓여져 쓰이면서 그 동음이의어적 효과를 자아내고 있다. 게다가 그의 독특한 성격과 대담하고 실험적인 시 창작 방식으로 미루어 보건대, [이상]을 '以上'뿐 아니라 세인들이 '異常한 李箱'으로 보는 것도 내심 흥미로워 했으리라 생각한다. '異常한 可逆反應'이라는 그의 시 제목도 흥미롭다.

그러나 이러한 시도는 어디까지나 언어 유희적인 차원일 뿐이며, 그가 추구하는 이상은 어디까지나 李箱이었음은 그의 자선적 소설 곳곳에 등장하는 자신에 대한 호칭 [이상]을 반드시 한자어로 표기하고 있다는 점에 주목하여야 할 것이다. '한자'로만 쓰든지, 아니면 '한글(한자)'의 방식을 고수하고 있다. 소위 '뜻 밝힘증'이 그것이다.

〈봉별기〉 (2)와 〈오감도〉 (3)의 예는 '한자' 식이고, 또 〈종생기〉의 (4)과 (5)의 예는 '한글(한자)' 식이다.

(5)

이상(李箱)! 당신은 세상을 경영할 줄 모르는 말하자면 병신이오.....

이상(李箱)! 그러지 말고 시험삼아 한 발만, 한 발만 저 개흙밭에다 들여 놓아 보시지요.

필명에 대한 이 철저한 '뜻 밝힘증'(한자 표기)은 '李箱'이라는 한자가 가지는 의미에 그가 집착하고 있었다는 증거이다. 그것은 아버지로부터의 도피라는 낮은 정신적 단계의 반영이 아니라, 오히려 뜻글자와 소리글자가 가지는 문자 체계의 차이를 이용하여 자신의 시적 의도를 요리한, 타고난 언어감각의 소유자만이 가질 수 있는 고단계의 언어 수법이었다고 결론 지을 수 있다.

이상이라는 필명은 이상 자신이 직접 지은 것으로 알려져 있고, 살펴본 바와 같이 그 재치와 탁월한 언어 선택 역시 이상 자신의 제작임을 믿어 의심치 않게 한다. 그렇다면 틀림없이 李箱이라는 이미지는 이상 자신이 스스로에게 붙인 그의 명패일 것이며, 그것은 의식적 혹은 무의식적으로 그의 작품 속에 나타날 수밖에 없었을 것이다.

이상이라는 필명에서 또 하나 중요한 포인트는 첫 자인 '이'가 아니라 '상(箱)'에 있다고 생각한다. 두 자로 된 여러 필명에서 가장 핵심 부분은 거의 두 번째 자에 있기 때문이다. 첫 번째 자는 두 번째 자의 관형어의 기능을 수행하고 있다. 이상에게 있어서 이(李)는 앞에서 살펴본 바와 같이 대부분 이음절인 필명 작법에 따르면서 여러 가지 효과(동음이의어)를 노린 것으로 해석된다. 이상이 나타내고 싶었던 주 의미는 바로 두 번째 글자인 상(箱)에 압축되어 있다고 보아야 할 것이다.

그렇다면 '箱'은 무엇인가. '箱'은 '상자 箱'이다. 다른 좋은 뜻의 여러 '상(上, 想, 祥, 想, 象, 償, 祥...)'을 두고 굳이 그가 '상자'를 필명으로 택한 것은 이유가 있을 것이다. 사실 이상의 작품을 읽어 보면 대다수 논자들이 부르는 닫힌 공간이라는 이미지가 주류를 이루고 있다. 조용만은 이름을 김해경에서 이상으로 바꾼 것은 19세기적인 것에의 철저한 반발로, 김현은 갇힌 인간의 발견서로 해석하였다.(김현 1998: 163-164) 반면 이정호(1998: 321-322)는 이상의 '箱'을 우리가 의미를 부여할 수 있도록 비어져 있는 빈상자로 이해하고 있다. 이정호의 해견이 돋보이는 해석이지만, 아쉬운 점은 다른 논자들과 마찬가지로 그 역시 이상 작품의 뼈대를 이루는 이미지로 닫힌 공간을 들면서도 그 이미지를 필명과 결합시키지 못했다는 사실이다.

닫힌 공간이란 곧 상자 속 이미지인 것이다. 그러므로 그의 '상(箱)'은 이정호가 말한 바 빈 상자라는 단순한 의미가 아니라 오히려 철저히 닫힌 상자, 어둡고 폐쇄적인 상자 속에 갇혀 있는 자신에 대한 처절한 존재 의식이 각인된 상징임을 알게 된다. 이런 점에 비추어 보면, 李箱이라는 필명에 그가 부여하고자 한 의미는 '李'의 문자 그대로의 뜻인 '오얏나무'에 집착했을지도 모른다는 생각도 든다. '오얏나무 상자(오얏 李, 상자 箱)', 상자 중에서도 단단하기 짝이 없는 오얏나무 상자 말이다. 오얏나무 상자 속에 갇힌 존재로서의 자신을 '李箱'이라고 형상화 했으리라는 추측을 하게 한다.

그의 대표작이라 불리어지는 〈날개〉 역시 해도 들지 않는 방, 즉 상자 속이다. 그가 소설 날개에 직접 그려 넣은 삽도는 펼쳐져 있는 상자 주위에 알약이 일정한 간격으로 배열되어 있는 그림이다. 물론 자신이 아스피린이라고 생각하고 먹은, 아내가 자기에게 준 알약이 아달린이라는 충격을 묘사하고 있다고 해석할 수도 있겠지만, 무엇보다 거기에 그려져 있는 상자 그림에 눈길이 간다.

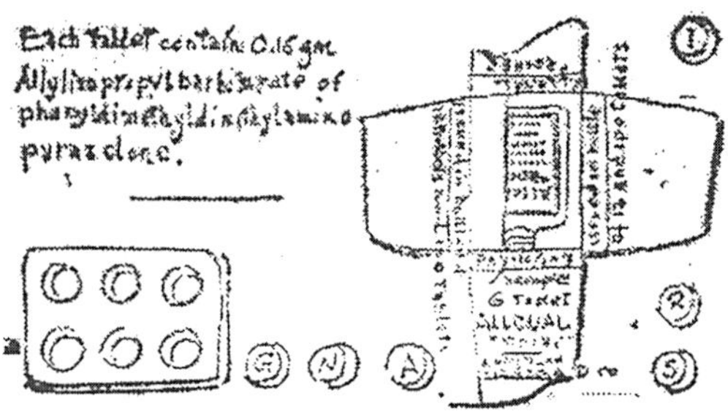

〈오감도〉 등 다른 작품들에도 닫힌 공간이 배경이자 주제로 등장하고 있는데, 이를 이름과 연결지어 보면 바로 상자 개념이다. 빛도 들어오지 않는 상자 속에 갇혀 있는 인간 존재에 대한 처절한 인식이 그 이미지로써 자신의 필명을 짓게 하고, 나아가 그것을 작품 속에 형상화시키도록 하지 않았을까.

이상이 자기 자신에 대한 상징으로 상자를 택했다는 사실은 1931년 10월 발표한 일문시 〈선에 대한 각서7〉에 잘 나타나 있다.

(6)

시각의이름을가지는것은계량의효시이다.시각의이름을발표하라.

□ 나의이름.

△ 나의아내의이름(이미오래된과거에있어서나의AMOUREUSE는이와같이도총명하리라)

(6)에서 이상은 이름을 계량화하려면 시각의 이름을 가지는 것이라고 선언하고 있다. 자신의 이름, 즉 '오얏나무 상자'를 계량화하기 위하여 시각의 이름으로 바꾸면, 자신은 '□'이고, 아내는 '△'라고 선언하고 있다. 李箱의 시각화된 상징 '□'는 바로 입체적인 상자를 평면화시킨 결과물인 것이다. 여기서 우리는 이상이라는 필명에서 가지는 箱의 위치를 분명히 발견하게 되며, 그의 작품에 나타나는 사각형은 곧 자신의 상징인 상자와 동일시된다는 사실을 알게 된다.

Ⅲ. '箱' 이미지의 변용과 작품에서의 구현양상[9]

1. <건축무한육면각체>와 '箱' 이미지

이상이 자신의 존재 자체를 상자로 인식하였고, 또 그가 시에서 구현하고 싶었던 의미 역시 상자의 시각화인 사각형 이미지였다는 가장 확고한 증거는 바로 그의 작품들이다.

그의 초기시에 해당하는 〈건축무한육면각체〉(1932년 7월)는 바로 그의 상자 이미지를 단적으로 세상에 공포한 것으로 보인다. 이상의 작품을 수학적인 면에서 접근한 김명환(1998: 180)은 "육면각체라는 용어도 수학에서는 통용되지 않는 용어이다. 그러나 약간 무리한 해석을 하자면 모든 점에서 여섯 개의 면이 만나는(이것도 여섯 개의 모서리가 만난다는 것과 수학적으로는 등치임) 입체라고 할 수 있다."로 해석한다. 혹은 육면각체는 직육면체의 다른 말일 뿐이며, 그 대표적 예가 백화점이라는 견해도 있다.(황현산 2003) 그러나 이러한 단선적인 해석보다는 보다 입체적인 해석, 즉 "건축무한육면각체"란, "펼쳐진 상자의 평면도(육면)를 '입체적'으로 하여('각'의 생성) 상자(육면각체)를 계속하여(무한) 만드는(건축하는) 행위의 상징"으로 보는 것이 보다 합당하지 않을까 생각한다. 〈건축무한육면각체〉라는 제목 자체가 바로 상자 이미지의 함축이기 때문이다.

뚜껑 달린 상자는 상하 두면과 좌우 네면 도합 육면으로 이루어져 있다. 그것을 펼쳐 놓은 설계도상에서는 직사각형이 여섯 개이니 곧 육면을 가진다. 이 평면적인 '육면'을 입체적으로 '건축'하면 모서리, 즉 '각'을 가지는 건축물이 탄생하게 되는데 그것을 '육면각체'라 부르고 있는 것이다. 그러

9 본 논문의 목적이 작품 속의 단어나 어구 해석 등 세밀한 분석이 아니기 때문에, 작품 인용은 뜻이 통하는 범위 내에서 개괄적으로 하고자 한다. 일문으로 된 것이나 한자 표기 등은 가능한 한글로 옮긴다. 작품 인용의 출전도 생략하기로 하는데, 날개는 범우사(1982) 간행물을, 그외 시는 이승훈(1989)에서 옮긴다.

므로 '육면각체'란 용어는 바로 상자를 입체적인 측면에서 조어(造語)한 이상의 개인어인 것이다. 또한 '무한...'이란 용어는 이러한 건축행위를 무한히 한다는 의미로, 즉 수많은 상자들의 생성을 의미한다고 생각한다. 이는 곧 현대 사회의 인간 관계가 개방된 일차원적 상태를 지양하고 각을 만들어 자신들만의 상자를 만들어 밀폐화하여 가는 과정, 즉 닫힌 세계로 나아가는 과정이란 암시를 담고 있는 제목으로 다가옴은 흥미로운 사실이다. 다시 말하여 시 제목 〈건축무한육면각체〉는 인간 사회 자체를 수많은 상자와의 관계로 분석한 이상의 인식이 그대로 반영된 결과로 볼 수 있을 것이다.

〈건축무한육면각체〉의 첫 번째 시 'AU MAGASIN DE NOUVEAUTES'[10]는 전체적으로 한 백화점의 내부와 외부, 그리고 그 백화점이 위치한 지역의 도시 풍경을 그리고 있다고 보는 것(황현산 2003: 190)이 제목과 연관지어 보아도 무난한 해석이 될 수 있을 것이다. 그러나 이상의 모든 작품들이 그러하듯이 이상의 작품에는 사실적인 소재를 넘어서는 자신만의 철학이 녹아 있음을 간과해서는 안 되며, 사실 지금까지 그것을 추출하는 작업이 이상 해석의 본분이 되어 왔음도 사실이다.

주어진 한 개의 상자를 가지고 변용할 수 있는 초보적인 세 가지 가능성은 첫째, 주어진 상자 속에 상자, 그리고 또 상자 속의 상자 ... 이런 식으로 상자 내부에 존재할 수 있는 상자를 계속 탐구해 가는 작업이 가능하다. 둘째, 다른 하나는 주어진 상자 한 개의 내부를 쪼개어 보는 방법이 있을 수 있다. 셋째, 또 다른 한 방법은 주어진 상자와 그 상자 바깥과의 관계를 생각해 보는 것이다. AU MAGASIN DE NOUVEAUTES에 이러한 상자의 변용 이미지가 함축되어 있음은 참으로 흥미롭다.

10 이는 불어로 '新奇性의 백화점에서'라는 뜻.(이승훈 1989: 168) 즉 '유행상품 백화점에서'라는 뜻.(황현산 2003: 190)

(7)

사각형의내부의사각형의내부의사각형의내부의사각형의내부의사각형.(ㄱ)

사각이난원운동의사각이난원운동의사각이난원.

비누가통과하는혈관의비눗내를투시하는사람

지구를모형으로만들어진지구의를모형으로만들어진지구.

거세된양말.(그여인의이름은워어즈였다)

빈혈면포,당신의얼굴빛깔은참새다리같습네다.

평행사변형대각선방향을추진하는막대한중량.(ㄴ)

………………………………………………………………

사각이난케-스가걷기시작이다(소름끼치는일이다) (ㄷ)

라지에-타의근방에서승천하는굳빠이.

바깥은雨中.발광어류의 群集移動.

여기서 (ㄱ), (ㄴ), (ㄷ) 행이 곧 앞서 말한 상자 변용의 초보적인 세 방법의 시적 표현임을 알 수 있다. 본고에서는 상자 변용 방법 중 이 세 가지 변용 방법을 대상으로, 그것이 이상의 작품 속에서 어떻게 구현되고 있는가를 살펴보고자 한다.

첫째, (ㄱ)은 상자 안에 상자가 있고, 또 상자가 있다는 것으로, 이는 '나'라는 상자와 그 상자 속의 상자, 그리고 또 계속되는 속상자 사이의 대립 관계를 나타낸다.[11]

둘째, (ㄴ)은 사각형을 반으로 가르는 대각선의 무거운 중량을 말하고 있는데, 이는 곧 하나의 선(대각선)으로 인하여 나의 사각형 내부가 분할

11 근대문명 속에서 "개체화된 육체의 고립 공간"을 나타내는 예로 이 시를 읽은 조해옥의 해석에 기초하여 이 구절을 설명한 황현산(2003: 190)은, 이 구절이 '건축무한육면각체'라는 말에 대한 설명이 된다고 하면서 직육면체의 다른 말인 육면각체는 백화점이 그 대표적인 예인 현대의 건축물을 가리키는 말이라고 하였다. 조해옥은 전병직의 『백화점 건축계획』을 근거로 하여 이상의 이 작품을 해석하였던 듯하다.(황현산 2003: 192 참조)

된 대립관계를 나타낸다.[12]

셋째, (ㄷ)의 사각형의 케-스(상자)가 걷기 시작한다는 것은 주어진 장소에 고정되어 있던 상태의 존재가 움직인다는 것이니, 곧 자신의 내면 속에만 침잠해 있던 자아가 바깥 세계와의 관계를 인식하기 시작한다는 뜻으로 해석된다. 곧 이상 자신(사각이난케-스)이 다른 상자와 관계를 가지기 시작한다는 것이다. 그것을 이상은 "소름끼치는 일"로 인식하고 있다. 이는 상자 속과 상자 바깥 사이의 대립 관계인데, 이 때 그 상자의 바깥은 또 다른 상자와의 관계 혹은 그 상자가 속해 있는 더 큰 상자(바깥 세상)와의 관계일 수 있다. 그러므로 (ㄷ)은 이웃한 다른 상자 혹은 좀더 큰 상자 속에 존재하는 '나'라는 작은 상자와의 관계이다.[13]

이 세 가지 상자 이미지가 이상의 작품 속에서 어떻게 용해되고 변용되고 있는가를 구체적으로 살펴보기로 하자.

2. '箱' 이미지의 변용

2.1. 상자와 속상자와의 관계

'상자와 그 상자 속의 상자' 사이의 대립 구조("사각형의내부의사각형의내부의사각형의내부의사각형의내부의사각형 (ㄱ)")는 곧 상자 안에 들어

12 황현산(2003: 192)은 이 구절에 대해 우선적으로 직선으로 진행하는 고객의 걸음걸이를 진열대 방향으로 유도하는 상품의 소구력과 매혹적인 힘을 뜻하는 말로 볼 수 있지만, 11행과 연결시킬 때 한층 자세한 이해에 이르게 된다고 한다. 곧 이 7행 "평행사변형대각선방향을추진하는막대한중량"은 백화점 유도선 설계에서 횡유도를, 11행"만곡된직선을직선으로질주하는낙체공식"은 종유도를 뜻하는 것으로 이해된다고 하였다. 왜냐하면 이상은 건축기사였기 때문이다.

13 이 구절을 황현산(2003: 194)은 "바야흐로 사각 상자들이 인간처럼 걸어가는 시대에 접어 들었다"는 뜻으로 해석하였다. 상자는 본성 내지 개성을 잃고 사각형 상자가 된 인간을 나타내는 것으로 해석하였다. 또 괄호 속에 들어 있는 슬픔과 소름끼침이라는 화자의 감정 표현은 비유적 표현을 실제 상황으로 여기는 한 시선을 가정함으로써 이 문명의 환상적 성격을 강조한 것으로 해석하였다.

있는 또 다른 상자와 그 안의 또 다른 상자와의 대립 관계이다. 그렇다면 상자 속에 있는 속상자는 어떤 의미일까. 바깥 상자는 현존하는 이상 자신이다. 그러나 현재의 이 상자는 그 속을 채우고 있는 속상자가 있기에 가능한 것이다. 그 속상자는 또 그 안에 있는 속상자가 있기에 존재하였고... 그러므로 속상자가 가지는 이미지는 자신의 내부에 들어 앉아 있는 아버지, 또 그 속에 들어 앉아 있는 아버지(할아버지), 또 그 속에 들어 앉아 있는 아버지(증조할아버지), 아버지들... 즉 조상과 자신과의 관계로 변용될 수 있다. 이 관계 역시 닫힌 공간이다. 왜냐하면 이런 관계는 자신의 의지와는 상관없이 아득히 먼 시간에서부터 현재의 자신(바깥 상자)을 있게 한 속 상자들이기 때문이다. 자신의 속에 존재하는 속 상자는 벗겨도 벗겨도 계속 일어나는 양파의 속껍질처럼 우리를 이루고 있는 분신일 수 밖에 없다. 이는 거부하고 싶어도 부정할 수 없는 엄연한 현실이며 진실이다. 이상이 자신과 조상의 관계를 이와 같이 인식하고 있었다는 사실은 그의 여러 시에 잘 나타나 있다.

앞에서 든 〈종생기〉(4)의 시도 바로 조상과 자신과의 숙명적 관계에 대한 그의 인식을 그리고 있다.

> "자네는 노옹(老翁)일세. 무릎이 귀를 넘는 해골일세. 아니, 아니.
> 자네는 자네의 먼 조상일세. 이상(以上)"(〈종생기〉)

또한 1960년 11월 『현대문학』에 발표된 유고시 〈遺稿1〉의 다음 구절도 그러하다.

> (8)
>
> 한 마리의 뱀은 한 마리의 뱀의 꼬리와 같다. 또는 한 사람의 나는 한 사람의 나의 父親과 같다.

이 역시 상자와 속상자 관계와 같은 조상과 나의 관계를 나타내고 있다. 조상이란 '나'가 존재하는 한 아무리 부정하려고 해도 떨쳐 버릴 수 없는 나의 한 부분으로 존재하는 그런 관계이다. 이러한 인식이 잘 드러나는 또 한편의 시로 〈門閥〉이 있다. 〈문벌〉은 1936년 조선일보에 발표된 작품이다.

(9)

분총에계신백골까지내게혈청의원가상환을강청하고있다. 천하에달이밝아서나는오들오들떨면서도처에서들킨다. 당신의인감이이미실효된지오랜줄은꿈에도생각하지않으시나요─하고나는의젓이대꾸를해야겠는데나는이렇게싫은결산의함수를내몸에지닌내도장처럼쉽사리끌러버릴수가참없다.

1935년 4월 가톨릭청년에 발표한 〈正式〉의 '正式Ⅱ'도 속상자와의 관계에 대한 이미지 변용으로 조상과의 관계를 노래하고 있다.

(10)

나와그알지못할險상궂은사람과나란히앉아뒤를보고있으면氣象은沒收되어없고先祖가느끼던時事의증거가최후의鐵의성질로두사람의교제를금하고있고가졌던농담의마지막순서를내어버리는이정돈한암흑가운데의舊發은참비밀이다. 그러나그알지못할험상궂은사람은나의이런노력의기색을어떻게살펴알았는지그때문에그사람은아무것도모른다하여나는또그때문에억지로근심하여야하고지상맨끝정리인데도깨끗이마음놓기참어렵다.

현재의 나 자신이 아득한 조상들 존재의 총합체로 이루어졌다는 조상과 자신과의 끊을 수 없는 필연적 관계를 직설적으로 나타낸 시로, 1934년 7월 24일에서 8월 8일까지 조선중앙일보에 발표된 〈오감도 시제2호〉를 들 수 있다. 이 시는 바로 그러한 조상과의 관계가 상자와 속상자 사이의 관계로 직설적으로 형상화된 시이다.

(11)

나의아버지가나의곁에서조을적에나는나의아버지가되고또나는나의아버지의아버지가되고그런데도나의아버지는나의아버지대로나의아버지인데어쩌자고나는자꾸나의아버지의아버지의아버지의……아버지가되느냐나는왜나의아버지를껑충뛰어넘어야하는지나는왜드디어나와나의아버지와나의아버지의아버지와나의아버지의아버지의아버지노릇을한꺼번에하면서살아야하는것이냐

이 시는 외견상으로는 이상이 왜 나는 나의 아버지가 되고 왜 또 나는 나의 아버지의 아버지가 되고… 끊임없는 과거 속의 조상과 자신이 왜 동일시되고 있는가에 대한 답을 요구하는 듯한 물음이다. 그러나 이는 진정 이유를 몰라서 답을 요구하는 단순의문문이 아니라, 자신과 조상과의 관계는 마치 양파 껍질같이 끊을래야 끊을 수 없는 상자 속에 계속 존재하는 속상자의 관계로 이루어져 있다는 깨달음과 체념에 대한 수사의문문으로 해석된다. '李箱'이라는 현재의 바깥 상자는 모든 속상자(아버지로부터 아득한 조상까지)를 근원적으로 담았기에 존재 가능한 상자이며, 그러기에 나는 나의 아버지도 뛰어 넘고 또 그 아버지와 아버지도 뛰어 넘고 그 역할도 하면서 살아 갈 수밖에 없는 숙명적 관계인 것이다.

이와 같이 이상이 유달리 조상과 나의 관계에 대한 시를 많이 썼던 것은 아마도 그가 백부에게 양자로 갔다는 사실 때문이 아닐까 추정해 본다. 친부모를 두고 큰집에 양자로 가야 했다는 사실은 바로 한 집안의 장손으로써 대를 이어야 한다는 한국적 사고관의 결과물이므로, 그런 경우의 양자는 어느 누구보다 조상과 자신 사이에 놓여져 있는 질긴 인연의 끈을 숙명처럼 느끼며 살아 갈 것이다. 조상들과의 이러한 불가분의 결합적 관계를 이상은 상자와 속상자의 관계로 인식하였고, 그러한 의식이 조상과

의 시에 투영되어 나타난 것이다. 양자로서의 이 독특한 경험은 이상으로 하여금 다른 작가들과는 달리 조상에 대한 시를 많이 창작토록 한 원동력이 되었을 것이다. 사실 조상과의 관계 인식은 모든 인간이 다 가지고 있으나, 다만 일상 속에서 의식하느냐 않느냐의 차이일 뿐이다. 양자라는 독특한 경험은 오히려 이상이 다른 사람들에 비해 뚜렷한 자의식을 형성할 수 있게 해 준 긍정적인 요인이 되었다고 평가하고 싶다.

그러나 지금까지의 많은 평자들은 이와는 달리 이상의 양자 경험을 부정적인 시각에서 다루고 있다.[14] 하지만 한국의 양자 제도를 제대로 이해한다면 그러한 오해는 없으리라 본다. 이상은 친부모에게 버림받아서 남의 집에 양자로 간 것이 아니라, 큰 집에 자식이 없어서 집안의 장손으로 대를 잇기 위해 들어간 '귀한 몸'이었다. 이상의 부모는 이상을 버린 것이 아니다. 오히려 한 집안의 차남이라는 입장에서 집안의 장손 자리를 유지하기 위하여, 또 조상에 대한 책임을 다한다는 사명감에서 자식을 큰 집에 떼어 주었을 것이다. 이상의 백부가 그를 특히 사랑했다는 전언들이 그것이다. 이상 역시 자신의 이러한 처지에 대해 자신을 폄하했다는 사실은 찾을 수 없다. 조상과의 관계를 노래한 어떠한 시에도 자신에 대한 폄하의식 내지 열등의식은 나타나지 않는다. 또 그의 복잡한 이성문제 등은 양자로 가지 않았던 많은 다른 작가들은 물론 평범한 우리들도 겪어야 하는 어쩌면 인간에게 주어진 어려운 숙제로 보는 것이 타당할 것이다.

---

14 정신의학적 측면에서 이상을 분석한 조두영(1998: 113-132)은 이상 이해의 기본 열쇠로 '1)양자로서의 이상, 2)棄兒로서의 이상'을 들고 있다. 그리하여 그는 이상의 작품을 바로 이 두 요인에 기인하여 양자들의 정신 병리학적 특성이 드러난 것으로 해석하고 있다. 즉 이상 문학의 대명사로 '반역', '거부', '부정' 등을 들면서 이는 아마도 큰아버지와 봉건가문에 대한 반란 소망과 친부모에 대한 실망과 분노가 무의식에서 강하게 불탄 결과라는 것이다. 권택영(1998: 56-57)도 이 '집 없는 느낌'이 이상의 원초적 상흔으로 깊숙이 자리잡게 되어, 어머니 사랑의 박탈감으로 인하여 여성에 대한 불신과 어떤 여성도 제대로 사랑하지 못했던 불우한 일생을 살게 되었다고 이해한다. 그러므로 불안과 허무주의에 바탕을 둔 그의 문학이 모더니즘이었다는 사실은 바로 주어진 운명이라고 해석한다.

다시 말하면 이상의 양자 운운으로 그의 작품을 분석한다는 것은 작품 해석을 오류로 몰고갈 위험성이 있으므로 자제되어야 한다는 것이다. 오히려 양자 경험에 의하여 보다 강하게 부각된 체험적인 장손 의식이 있었기에 다른 작가들은 자각하지 못한 조상과 현재의 나와의 필연적인 관계를 표현한 많은 '조상 계열의 시'들이 탄생할 수 있었을 것이다. 조상과 나, 그것은 양파 껍질처럼 계속 벗겨지는 상자 속의 상자와 같은 관계이기 때문이다.

2.2. 상자 내부의 분할 관계

'상자 속 공간 분할'의 대립 구조("평행사변형대각선방향을추진하는막대한중량 (ㄴ)")는 곧 하나의 상자가 두 공간으로 분할된 상태의 대립을 말한다. 이러한 이미지는 이상이라는 한 자아가 그 내부에서 분열되고 갈등하는 상태의 상징으로 이해되는데, 지킬 박사와 하이드처럼 양면성을 지닌 모든 인간의 갈등이라고 할 수 있고, 혹은 본성과 이성 사이의 갈등 등 분할되어 화해할 수 없는 상황에 대한 상징으로 이해된다. 다시 말하면 이상 자신 속에 존재하는 두 명의 이상에 대한 갈등으로 해석된다. 이러한 내부의 분열과 갈등은 인간의 눈으로는 볼 수 없고, 단지 거울이라는 매체를 통해서만 볼 수 있으니, 이상 시에서의 거울 이미지가 그것이다.[15] 그 개념은 1933년 10월 『카톨릭청년』지에 발표된 〈거울〉에 잘 나타나 있다.

(12)

거울속에는소리가없소/ 저렇게까지조용한세상은참없을것이오

15 정신의학적 측면에서 탐구한 조두영(1998)은 이상의 시 소재로 거울이 등장하고 또 숫자가 거울 속에서 보듯 거꾸로 찍혀 나오는 것들을, 친부모가 하던 이발소 거울과 거기에 비친 풍경들에 대한 기억, 그리고 그에 따른 정서에서 출발한 것으로 해석하고 있다.

거울속에도내게귀가있소/ 내말을못알아듣는딱한귀가두개나있오

거울속의나는왼손잡이오/ 내握手를받을줄모르는— 握手를모르는왼손잡이오

거울때문에나는거울속의나를만져보지를못하는구료마는/ 거울아니었던들내가어찌거울속의나를만나보기만이라도했겠소

나는至今거울을안가졌소마는거울속에는늘거울속의내가있소/ 잘은모르지만외로된事業에골몰할께요

거울속의나는참나와는反對요마는/ 또꽤닮았소/ 나는거울속의나를근심하고診察할수없으니퍽섭섭하오

이 시가 이상의 거울 이미지 추적에 주요한 단서를 담고 있는 이유는 거울에 대한 이상의 가치 부여가 나타나 있기 때문이다. 이승훈은 이 시가 크게 세 부분으로 구성되었다고 보고 있다. 첫째 부분은 1, 2, 3연으로서 거울 속의 세계(거울 속의 자아)에 대한 진술, 둘째 부분은 4, 5연으로서 거울 밖의 세계(거울 밖의 자아)에 대한 진술, 셋째 부분은 6연으로 거울 속의 자아와 거울 밖의 자아의 관계에 대한 진술로 구성되었다고 하였다. (이승훈 1989: 188) 그러나 이 시의 해석에서 중요한 것은 주제가 실린 중심이 되는 연을 찾는 일일 것이다. 본인은 거울에 대한 이상의 인식이 요약되어 있는 4연이 중심 연이라고 생각한다.

한 개인의 야누스적 두 얼굴은 상자 내부의 분할과 같은 관계이다. 이 분열된 자아는 모든 인간이 가지고 있지만, 범인(凡人)은 단지 그것을 의식하지 않은 채 하루하루를 살아갈 뿐이다. 그러나 이상과 같이 자의식이 강한 사람은 두 개의 자아를 의식하며 일상을 살아 간다. 그것이 그들의 갈등이며 고민이 되는 것이다. '나' 속에서 분열되어 있는 두 개의 '나'는

어떻게 관찰될 것인가. 현인들은 자아성찰을 주장한다. 현인들이 주장하는 이 '자아성찰'은 자기수련을 통한 추상적 방법이지만, 이상은 '거울'이라는 구체적 대상으로 제안하고 있다. 이상의 거울을 통해서 우리는 또 하나의 자신을 발견할 수 있는 것이다. 그러나 현인들이 자아성찰을 자신을 완성화시키는 과정으로 간주하는 반면, 이상의 거울은 그런 노력을 요구하기 위함이 아니다. 오히려 내부에 분열된 두 개의 '나'를 지니고 살아갈 수밖에 없는 인간의 부조리와 한계를 담담히 조망하고 있을 뿐이다. 이상의 이러한 현실 직시 태도는 조상과의 관계에서 취하는 태도와 궤를 같이 한다.

두 자아가 하나로 합일될 수 없는 것은 내부를 두 개로 분열시킨 거울 때문이지만, 역으로 그 거울이 있기에 또 하나의 나를 살펴볼 수라도 있지 않느냐는 긍정적 인식이 4연에 나타나 있다. 그러나 아무리 노력하여도 거울 속의 나는 나의 이성적 지배 밖에 있고(6연), 그리하여 어쩔 수 없이 이러한 두 개의 얼굴을 가지고 살아 가야 하는 것이 인간의 한계라는 인식이 담담하게 표현되어 있다. 그러므로 이상 시에 나타난 거울 이미지는 바로 이 4연의 전제 하에서 해석되어야 할 것이다.

이런 관점에서 보면 '1234567890·'이라는 숫자를 전복하여 쓰고 연속 나열해 놓은 〈오감도 시제4호〉, 역시 거울 이미지이다. 〈오감도 시제4호〉(본 책 76쪽 참조)는 1234567890·를 거울에 비추어 볼 때 나타나는 像의 연속이다. 물론 이 시를 합리주의적 세계의 전복, 곧 합리주의/비합리주의의 대립, 질병/건강의 대립, 나아가 남/녀의 대립, 무/유의 대립(이승훈 1989: 26)을 나타내었다고 보아도 될 것이나, 이러한 해석은 너무 추상적으로 흐른 감이 있다. 그보다는 이어령의 제안처럼 시니피앙으로서의 기호로 언어를 해석함이 보다 시인의 의도에 가깝지 않을까 본다.

이 〈오감도 시제4호〉는 바로 상자 속의 자아 분열이 가장 직설적으로 표현된 시라고 평가할 수 있다. 여기서 숫자 사이에 사선을 따라 찍힌 점은 두 분열된 자아의 경계선, 즉 두 자아를 살펴볼 수 있는 거울을 상징하고 있으며, 점을 사이에 둔 숫자 배열의 두 개의 삼각 묶음들은 바로 분열된 두 자아의 상징이라고 해석된다. 분열된 두 자아의 합, 곧 두 삼각형의 합은 네모이며, 이는 이상이라는 상자로 존재한다. 여기서 분열된 자아의 경계선인 점선은 곧 (7)의 (ㄴ)행에서 말한 평행사변형의 대각선이며, 이것을 "추진하는 막대한 중량"을 이상은 몸 전체로 느끼며 힘겨워했던 것 같다. 자아 성찰에 대한 그의 시들이 이를 입증한다.

그렇다면 왜 숫자 배열을 거꾸로 하였을까? 아마 어느 것이 진정한 자아인지 본인도 확신할 수 없다는 불확실성을 숫자 도치로 나타내고자 하지 않았을까 싶다. 이러한 불확실성의 이상은, 아니 우리 모두는 현대를 살아가는 환자인 것이다.

1934년에 발표한 〈오감도 시제15호〉도 거울 이미지이다. 이 시 1연에 나타나는 '실내'라는 단어에 '상자 속' 이미지가 단적으로 잘 표현되어 있다. 그런데 이 내부는 둘로 분열되어 있는데, 분열된 또 하나의 자아를 볼 수 있는 방법은 거울을 통해서이다. 달리 말하면 거울을 경계로 두 인격이 대립하고 있는 것이다. 이 시에서는 야누스적인 두 얼굴의 자신을 거부하고 통합된 하나의 인격체로 태어나려 해도 내가 죽지 않는 한 그것은 불가능하더라는 인간의 한계를 절감하고 있다.

(13)

1

나는거울없는실내에있다.거울속의나는역시외출중이다.나는지금거울속의나를무서워하며떨고있다.거울속의나는어디가서나를어떻게하려는음모를하는중일까.

2

죄를품고식은침상에서잤다.확실한내꿈에나는결석하였고의족을담은군용장화가내꿈의백지를더럽혀놓았다.

3

나는거울있는室內로몰래들어간다. 나를거울에서해방하려고. 그러나거울속의나는침울한얼굴로동시에꼭들어온다. 거울속의나는내게미안한뜻을전한다. 내가그때문에영어되어있드키그도나때문에영어되어떨고있다.

4

내가결석한나의꿈. 내위조가등장하지않는내거울. 무능이라도좋은나의고독의갈망자다. 나는드디어거울속의나에게자살을권유하기로결심하였다. 나는그에게시야도없는들창을가리키었다. 그들창은자살만을위한들창이다. 그러나내가자살하지아니하면그가자살할수없음을그는내게가르친다. 거울속의나는불사조에가깝다.

5

내왼편가슴심장의위치를방탄금속으로엄폐하고나는거울속의내왼편가슴을겨누어권총을발사하였다. 탄환은그의왼편가슴을관통하였으나그의심장은바른편에있다.

6

모형심장에서붉은잉크가엎질러졌다. 내가지각한내꿈에서나는극형을받았다. 내꿈을지배하는자는내가아니다. 악수할수조차없는두사람을봉쇄한거대한죄가있다.

이 시를 이승훈(1999: 54)은 거울 밖의 자아(현실적 자아)와 거울 속의 자아(이상적 자아)의 관계를 노래한 시라고 하였지만, 거울 속의 자아를 이상적 자아로 보는 것은 문제가 있다고 본다. 진실로 거울 속 자아가 이상적 자아였다면 오히려 거울 밖의 나를 죽여 거울 속 자아에 합치시키려 했을 것이나, 이상은 오히려 거울 속의 자아를 죽이려고 시도했음을 5연에서 알 수 있다. 여기서 이상은 거울 속 자아를 오히려 추악한 자아로 인식하고 있음을 알 수 있다. 2연에 나타난 내 꿈의 백지를 더럽혀 놓은 의족을 담은 군용장화가 바로 거울 속 자아인 것이다. 즉 의족이란 자신의 추악한 내면 모습을 상징한 것으로 이해된다.

〈오감도 시제15호〉 2연 "의족을 담은 군용장화가 내 꿈의 백지를 더럽혀 놓았다"라는 구절에 대하여 (1)성적 욕망을 품고 자며 내가 꿈 속에서 몽정을 해서 이부자리를 더럽혀 놓았다(이규동), (2)현실의 지배적 권위인 사회규범, 도덕규범, 조직체제 등이 겉으로는 권위가 있고 가치를 소유하여 절대적 기준인 것 같지만, 실은 그것들이 의족을 담고 있으므로 인간의 위조지폐에 불과하다(정귀영), (3)나는 거울의 무서움과 거울 속의 나의 공격을 피하기 위해 갈등과 공포를 잠으로써 파기해 버리려고 하지만 거울 속의 나는 나의 백지 같은 무방어적인 꿈속으로까지 뚫고 들어와 나의 잠을 교란시킨다(김승희) 등의 여러 해석이 있다.(이승훈 1989: 51)

그러나 이 구절은 오히려 역설적 표현으로 이해되어야 한다고 본다. 내 꿈은 확실했지만 그 꿈에 등장한 주인공은 순결한 내 꿈의 백지를 더럽힌 것이니, 그 꿈에 나는 결석했다고 믿고 싶은 것이다.

백지를 더럽힌 그 추악한 나는 나의 의족일 뿐이지 나의 실체는 아니라고 믿고자 하는 절규가 나타나 있다. 그러나 부정한다고 부정될 수 없었던 것이 이상의 고민이었으며, 아니 우리 모두의 고민이 아닐까.

한 인간의 참된 인격은 어떻게 보면 바로 이 내면의 자아가 아닐까. 이상뿐 아니라 모든 사람은 바로 이 추악한 내면의 자아를 숨기고 교양으로 교묘히 위장한 외면적 자아를 참자아라고 믿고 싶어 한다. 그래서 외면적 자아와 내면적 자아를 일치시키려 갈망하지만 대부분의 인간에게서는 불가능하다. 자신이 죽지 않는 한 두 자아의 갈등 속에서 살아갈 수밖에 없는 것이다. 이 두 자아는 "악수조차 할 수 없는 두 사람"(6연) 그러한 괴리를 지닌 존재이니, 인간의 불합리성에 대한 인식이 잘 드러난 시로 평가할 수 있다.

1936년 『여성』지에 발표된 〈明鏡〉도 거울을 소재로 한 시이다. 여기에서 거울은 분열된 두 자아를 살펴볼 수 있게 하는 도구이면서 또 한편으로는 분열된 두 자아의 경계를 이루는 즉, "페-지의 그냥 표지"로 나타나 있다. 이 시에는 분열된 이 두 자아가 거울을 경계로 하여 영원히 합일점을 찾지 못한다는 가슴 아프지만 차분한 성찰이 절제되어 나타난다. 아무리 거울 속 오른편 심장일망정 고동이 없겠냐고 손을 가져다 대니 "지문이 지문을 가로 막으며/ 선뜩하는 차단일 뿐이다"이며, 그래서 시인이 깨달은 진리는 "거울은 그냥 페-지의 표지"라는 시구에 나타나 있다.

(14)

여기 한 페-지 거울이 있으니/ 잊은 계절에서는/ 얹은 머리가 폭포처럼 내리우고

울어도 젖지 않고/ 맞대고 웃어도 휘지 않고/ 장미처럼 착착 접힌/ 귀/ 들여다 보아도 들여다 보아도/ 조용한 세상이 맑기만 하고/ 코로는 피로한 향기가 오지 않는다.

만적만적하는대로 수심이 평행하는/ 부러 그러는 것 같은 거절/ 우편으로 옮겨앉은 심장일 망정 고동이/ 없으란 법 없으니

설마 그러랴? 어디 촉진.....하고 손이 갈 때/ 지문이 지문을 가로 막으며/ 선뜩하는 차단일 뿐이다.

5월이면 하루 한번이고/ 열번이고 외출하고 싶어 하더니/ 나갔던 길에 안 돌아오는 수도 있는 법

거울이 책장같으면 한 장 넘겨서/ 맞섰던 계절을 만나련만/ 여기 있는 한 페-지/ 거울은 페-지의 그냥 표지--.

이처럼 상자 내부의 분할 이미지에 근거하여 분열된 두 자아에 대한 인식을 표출한 많은 시들이 있는데, 그러한 시에는 어김없이 거울이 자아성

찰의 도구로 등장하고 있다.

2.3. 상자와 바깥 상자와의 관계

'상자 속과 상자 밖', 곧 닫힌 세계와 열린 세계와의 대립을 상징하는 "사각이난케-스가걷기시작이다(소름끼치는일이다) (ㄷ)"라는 구절은 닫힌 공간 속의 '나'가 상자 밖 열린 공간에 대한 인식과 참여로 일어나게 된다. 이것을 상자의 변용으로 보면 '나'라는 상자(상자 속 닫힌 세계)는 "큰 상자 속(바깥 세계)의 작은 상자"라는 상관관계로 해석할 수 있다. 이 관계에 대한 주인공의 무지와 각성은 곧 상자 속에서의 안일한 은둔과 상자 밖으로의 외출로 상징된다. 그 대표작이 〈날개〉이다.

〈날개〉의 첫머리에 있는 다음 구절은 바로 '箱' 이미지의 핵심이다.

(15)

「박제(剝製)가 되어 버린 천재」를 아시오? 나는 유쾌하오. 이런 때 연애까지가 유쾌하오.

여기서 박제가 되어 버린 천재란 무엇을 의미하는가? 천재란 이상 자신이다. 박제란 바로 상자 속의 갇힘이다. 상자 속에 갇힌 천재는 세상과의 단절 상태에 놓인다. 자신의 천재성을 사용할 수 없는 닫힌 상자 속에 갇힌 천재 이상은 터질 듯한 자조를 유쾌하다고 역설적으로 뱉고 있다. 그의 말처럼 위트와 패러독스의 표현이다.[16] 어떻게 상자 속에 갇힌 상태가 유쾌하겠는가. 그러나 정말 천재성을 놓아 버리고 의식없는 바보처럼 살아가야만 하는 박제 속 상자에서는 유쾌하다고 하지 않으면 한 시도 살아갈

---

16 육신이 흐느적흐느적하도록 피로했을 때만 정신이 은화처럼 맑소. 니코틴이 내 횟배 앓는 뱃속으로 스미면 머리 속에 으레 백지가 준비되는 법이오. 그 위에다 나는 위트와 파라독스를 바둑 포석처럼 늘어 놓았소. 가증할 상식의 병이오.(날개)

수 없을 것이다. 이는 패러독스이다.

박제가 된 천재의 상황 묘사가 〈날개〉의 앞부분을 차지하고 있다. 집이 아닌 내 '방'은 볕이 들지 않는다. 해가 영영 들지 않는 내 방— 이것은 곧 외부 세계와 단절된 상자 속의 자신을 상징하고 있다. 다시 말하면 '박제 상태의 천재' 李箱이 머무르는 곳이다. 이 상태의 이상은 연애까지도 유쾌할 수 있다고 독설을 퍼붓고 있다.

그런 천재가 외부 세계와의 교감을 기도하기 시작한다. 물론 나의 최초의 외부와의 관계는 아내와의 관계였다. 즉 '나'라는 상자 옆에 붙어 있는 '아내'라는 상자가 그것이다.

(16)

ㄱ. 내 몸과 마음에 옷처럼 잘 맞는 방 속에서 뒹굴면서 축 쳐져 있는 것은 행복이니 불행이니 하는 그런 세속적인 계산을 떠난 가장 편리하고 안일한, 말하자면 절대적인 상태인 것이다. 나는 이런 상태가 좋았다.

ㄴ. 이 절대적인 내 방은 대문간에서 세어서 똑 --일곱째 칸이다. 럭키 세븐의 뜻이 없지 않다. 나는 이 일곱이라는 숫자를 훈장처럼 사랑하였다. 이런 이 방이 가운데 장지로 말미암아 두 칸으로 나뉘어 있었다는 그것이 내 운명의 상징이었던 것을 누가 알랴?

ㄷ. 아랫방은 그래도 해가 든다. 아침결에 책보만한 해가 들었다가 오후에 손수건만해지면서 나가 버린다. 해가 영영 들지 않는 웃방이 즉, 내 방인 것은 말할 것도 없다. 이렇게 볕드는 방이 아내 방이요, 볕 안 드는 방이 내 방이요 하고 아내와 나 둘 중에 누가 정했는지 나는 기억하지 못한다. 그러나 나에게는 불평이 없다.(〈날개〉)

박제가 된 천재이기에 (16ㄱ)과 같이 닫힌 상자 속에서도 불만이 없다. 아니 불만이라는 단어의 존재도 모른다.(아니 모른 척한다) 왜냐하면 이런 상태에서는 연애도 유쾌하니까... (16ㄴ)에서 럭키 세븐이라는 것도 자조적인 패러독스이다. 이 럭키 세븐의 상자는 나와 아내의 상자 두 개의 합으로 되어 있다. 즉 나의 최초의 외부와의 연결고리가 아내의 상자인 것이다. 그런데 아내의 상자는 외부와 통해 있지만, 나의 상자는 그렇지 못하다.(16ㄷ) 갇힌 상자 속에서 볼 때 열린 세계의 상징은 한 줄기 빛이다. 해가 들지 않는 방에 머무는 내가 외부와 통하는 유일한 기회는 아내가 없는 틈을 타 해가 드는 아내의 상자 속에 머무는 시간이다.

최초의 시도는 그래도, 해가 드는 아내가 없는 방에서 돋보기를 가지고 태양 초점을 모으는 놀이를 하거나, 아내의 손잡이 거울을 가지고 노는 등 극히 소극적인 선에서 이루어진다. 그러나 그 소극적 행위의 반복은 점차 아내의 행위나 기타 등등 나의 상자 밖의 일에 관심을 갖는 적극적인 방향 전환을 유도함으로써 외부세계로의 이탈을 가능하게 한다.

박제 속의 천재가 상자 밖으로의 탈출을 시도하게 되는 과정에서, 그 매체는 바로 은화 - 돈으로 나타난다. 돈의 위력을 깨닫게 되면서 나와 아내 사이에 묵시적으로 인정되었던 계약 관계 — 아내의 상자 옆에 붙어 외부와 담을 쌓은 채 아무런 불평없이 침잠해 있는 것 — 가 깨어지게 된다. 나는 아내 옆에서 자려면 다른 손님들처럼 돈이 있어야 됨을 알게 되었고, 그것은 아내로 하여금 불안감을 일으키게 하기에 족한 사건이었다. 은화란 바로 박제 밖, 상자 밖 세상을 돌아 가게 하는 경제 논리였던 것이다. 돈에 대한 인식은 곧 닫힌 세계로부터 열린 세계로의 관심, 그것이었다.

(17)

하늘에서 얼마라도 좋으니 왜 지폐가 소낙비퍼럼 퍼붓지 않나. 그것이 그저 한없이 야속하고 슬펐다. 나는 이렇게밖에 돈을 구하는 아무런 방법도 알지는 못했다. 나는 이불 속에서 좀 울었나보다. 돈이 왜 없느냐면서.....(〈날개〉)

나의 외출은 잦아지기 시작한다. 그러한 변화는 소름끼치는 일이었다.

(18)

四角이난케-스가걷기始作이다(소름끼치는일이다)

(〈건축무한육면각체　AU MAGASIN DE NOUVEAUTES〉)

두려움을 느낀 아내는 감기약 아스피린 대신 최면약 아달린을 나에게 먹이기 시작하였던 것이다. 최면약을 먹은 나는 "날마다 이불을 뒤집어쓰고 밤이나 낮이나 잤다(날개)"고 한다. '나'로 하여금 계속 잠을 자게 한 아내의 의도는 바로 예전의 나로의 복귀, 상자 속에서의 안일에 만족하게 하기 위함이 아니었을까. 왜냐하면 나의 아내가 아달린을 정량으로 주었다는 사실은 아내가 나를 죽이기 위함이 아니라 단지 잠재우기 위함으로 볼 수밖에 없기 때문이다.

(19)

그러나 다음 순간 실로 세상에도 이상스러운 것이 눈에 띄었다. 그것은 최면약 아달린 갑이었다……

우리들은 서로 오해하고 있느니라. 설마 아내가 아스피린 대신에 아달린의 정량을 나에게 먹여왔을까? 나는 그것을 믿을 수 없다……(〈날개〉)

그러나 이 아달린 사건은 나로 하여금 나 자신에 대하여 생각하게 하는 계기를 마련해 주었다.

(20)

나는 거기 아무 데나 주저앉아서 내 자라온 스물 여섯 해를 회고해 보았다. 몽롱한 기억 속에서는 이렇다는 아무 제목도 불그러져 나오지 않았다.

나는 또 내 자신에 물어 보았다. 너는 인생에 무슨 욕심이 있느냐고. 그러나 있다고도 없다고도 그런 대답은 하기가 싫었다. 나는 거의 나 자신의 존재를 인식하기조차도 어려웠다.(〈날개〉)

그 결과 아내(의 상자)를 통해서만 외부 세계와 교통할 수 있는 나와 아내의 이런 관계는 절름발이 상태임을 깨닫게 된다. 그리하여 항상 당연히 돌아가야 할 나의 자리는 아내라고 믿어 왔던 신념[17]에 갈등을 느끼게 된다.

(21)

우리 부부는 숙명적으로 발이 맞지 않는 절름발이인 것이다. 내가 아내나 제 거동에 로직을 붙일 필요는 없다. 변해할 필요도 없다. 사실은 사실대로 오해는 오해대로 그저 끝없이 발을 절뚝거리면서 세상을 걸어가면 되는 것이다. 그렇지 않을까?

그러나 나는 이 발길이 아내에게로 돌아가야 옳은가 이것만은 분간하기가 좀 어려웠다. 가야 하나? 그럼 어디로 가나? (〈날개〉)

이상이 자신과 아내는 절름발이 관계라고 토로한 곳은 다른 시에서도 나타난다.

(22)

"내키는커서다리는길고왼다리아프고안해키는작아서다리는짧고바른다리가아프니내바른다리와안해왼다리와성한다리끼리한사람처럼걸어가면아아이부부는부축할수없는절름발이가되어버린다무사한세상이병원이고꼭치료를기다리는무병이끝끝내있다."(〈紙碑〉: 1935년 9월 15일, 조선중앙일보에 발표)

17 나는 걸음을 재치면서 생각하였다. 오늘 같은 궂은 날도 아내에게 내객이 있을라구. 없겠지 하는 생각이 드는 것이다. 집으로 가야겠다. 아내에게 불행히 내객이 있거든 내 사정을 하리라. 사정을 하면 이렇게 비가 오는 것을 눈으로 보고 알아 주겠지. 부리나케 와 보니까, 그러나 아내에게는 내객이 있었다........(날개)

이처럼 처음으로 어디로 갈 것인지 갈등하는 나에게 변화의 계기를 준 것은 다름아닌 정오의 사이렌이었다.

(23)

ㄱ. 이 때 뚜우 하고 정오 사이렌이 울었다. 사람들은 모두 네 활개를 펴고 닭처럼 푸드덕거리는 것 같고 온갖 유리와 강철과 대리석과 지폐와 잉크가 부글부글 끓고 수선을 떨고 하는 것 같은 찰나, 그야말로 현란을 극한 정오다.

ㄴ. 나는 불현 듯이 겨드랑이가 가렵다. 아하, 그것은 내 인공의 날개가 돋았던 자국이다. 오늘은 없는 이 날개, 머리 속에서는 희망과 야심의 말소된 페이지가 딕셔너리 넘어가듯 번뜩였다.

ㄷ. 나는 걷던 걸음을 멈추고 그리고 어디 한번 이렇게 외쳐 보고 싶었다.

날개야 다시 돋아라.

날자. 날자. 날자. 한 번만 더 날자꾸나.

한 번만 더 날아 보자꾸나.(〈날개〉)

여기서 날개란 무엇이며, 난다는 것은 무엇의 상징일까?

정오의 사이렌은 나에게 나의 존재를 일깨워 주었다.(23ㄱ) 아내에게 의존하여 절름발이처럼 사는 종속적인 자신에서 벗어나 혼자 독립적으로 당당히 열린 세계로 나아가자는 욕망을 불러 일으킨 것이다. 해가 들지 않는 나의 방에서 해가 드는 아내의 방을 거치지 않고 바로 바깥 세계로 나가려면 날개가 있어야 한다. 즉 나의 닫힌 상자 바닥에서 바로 탈출하려면 위로 비상하여야만 상자 밖으로 나갈 수 있기 때문이다. 그러므로 '날개'란 닫힌 상자로부터 탈출을 가능하게 하는 도구이며, '난다'는 것은 닫힌 세계로부터 열린 세계로의 비상을 뜻한다.

그런데 '나'가 원래부터 상자 속에 침잠해 있었던 것은 아니었다.(23ㄴ) 원래는 날개가 있었으나, 즉 바깥 세상과 정상적인 교류를 가졌으나 어떤 이유에서인지 그 인공의 날개가 퇴화되어 버린 것이다. 바로 그 자리가 다시 가렵기 시작한 것이다. 그래서 나는 박제 상태에서 벗어나 다시 날자고 절규하는 것이다.(23ㄷ)

이와 같이 〈날개〉는 자신의 내부 세계(상자)와 바깥 세계(보다 더 큰 상자) 사이의 관계 인식에 대한 것으로 해석된다.

앞에서 살핀 〈종생기〉의 (5), 역시 〈날개〉에서의 자신에 대한 표현과 동일하다. 세상을 경영하지 못하는 이상은 바로 상자 속의 존재이다. 다만 바깥 세상에 대한 이상의 태도에서 다르게 표현되고 있다. 날개에서는 바깥 상자가 긍정적으로 그려지고 있는 반면, 〈종생기〉에서는 '개흙밭'으로 묘사되고 있는 점이 차이날 뿐이다.

자신의 상자와 또 다른 상자와의 관계를 나타낸 시로 〈正式 Ⅳ〉가 있다.

(24)

너는누구냐그러나門밖에와서門을두다리며門을열라고외치니나를찾는一心이아니고또내가너를도무지모른다고한들나는차마그대로내어버려둘수는없어서문을열어주려하나문은안으로만고리가걸린것이아니라밖으로도너는모르게잠겨있으니안에서만열어주면무엇을하느냐너는누구기에구태여닫힌문앞에탄생하였느냐

여기서는 공간적으로는 이웃해 있지만 정신적으로는 단절된 상태의 두 개의 상자, 나와 너의 관계를 그리고 있다. 지금 너는 문을 열라고 요구는 하지만 꼭 나와의 소통을 원하는 것도 아니고, 또 내가 연다고 해도 그 쪽이 닫고 있으니 결국은 서로 소통할 수 없는 현대인의 단절된 상황이 잘 묘사되어 있는 시이다. 이는 상자와 다른 상자와의 절연된 관계에 대한 담담한 인식이니, 조상과의 관계를 다룬 시나 혹은 자아 분열의 시에서와 같이 관조적인 태도를 보이고 있다. 이렇게 볼 때 이상의 작품에서 가장 능동적 적극적으로 상자 탈출의 의지를 보인 것은 아무래도 〈날개〉인 것

임에 틀림없다.

지금까지 언어의 자의성과 이름의 관계를 통하여 李箱이란 필명에 부여된 의미를 살펴보고, 나아가 그 箱 이미지가 작품 속에서 변용되는 모습을 세 가지 측면에서 살펴보았다. 즉 (1)상자와 그 상자를 구성하고 있는 내부의 속상자들과의 관계, (2)상자 내부에서의 분열 관계, (3)상자와 바깥상자와의 관계가 그것이다.

여기서 (1)의 이미지는 작품 속에서 이상 자신과 현재의 자신을 있게 하는 과거에 존재한 조상과의 관계로 형상화되고 있었다. (2)의 이미지는 이상 자신의 내부 분열의 모습, 즉 두 개의 이상으로 형상화 되었다. 여기서 두 개의 자신을 비추어 볼 수 있는 도구로 이상은 거울을 제시하고 있다. (3)의 이미지는 닫힌 세계 속의 자신과 또 다른 상자(타인)와의 관계 혹은 바깥의 더 큰 열린 세계와의 관계로 형상화되었다. 그의 대표작 〈날개〉가 그것이다.

흥미로운 것은 이상은 이미 그의 초기 시, 〈건축무한육면각체〉에 상자의 이러한 변용을 압축적으로 나타내고 있었다는 사실이며, 또 이상이라는 필명의 의도된 이미지가 상자임을 자신의 이름은 네모 '□'로 시각화된다고 하여 우회적으로 밝히고 있었다는 사실이다.

이러한 결론들은 이상이 백지 상태를 위트와 패러독스라는 언어로 요리한 작가였으며, 또 언어의 특성을 육감적인 감으로 적절히 활용하여 최대한의 효과를 거둔 능력의 소유자였음을 말하고 있다. 대상과 명칭 사이의 자의성을 적절히 이용하여 자신이 스스로에게 부여하고 싶은 이미지를 필명에 부여하고, 그 '상자' 이미지를 자신의 작품 전체 속에 변용하고 용해시켰다는 사실에서 그의 천재성을 다시 한번 확인할 수 있었다.

Ⅳ. 언어 기호의 중의성과 〈오감도 시제1호〉

이상이 조선중앙일보(1934년 7월 24일부터 8월 8일까지)에 〈오감도(烏瞰圖)〉[18]란 제목하에 발표한 연재시는 연재 도중 독자들의 비난으로 연재가 중단될 정도로 파격적인 작품이었다, 그런 만큼 평자들의 의견도 다양하였는데, 그중에서도 대표적인 것이 〈오감도 시제1호〉이다.

〈오감도 시제1호〉

13인의아해가도로로질주하오.(1)
(길은막다른골목이적당하오.)(2)

제1의아해가무섭다고그리오.(3)
제2의아해도무섭다고그리오.(4)
제3의아해도무섭다고그리오.(5)
제4의아해도무섭다고그리오.(6)
제5의아해도무섭다고그리오.(7)
제6의아해도무섭다고그리오.(8)
제7의아해도무섭다고그리오.(9)
제8의아해도무섭다고그리오.(10)
제9의아해도무섭다고그리오.(11)

---

18 오감도(烏瞰圖)는 조감도(鳥瞰圖)에서 따온 이상의 독창적인 조어라고 한다. 조감도는 높은 곳에서 아래를 내려다본 상태의 그림이나 지도를 말하는데, 부감도(俯瞰圖)와 같은 의미이다. 이상이 鳥(새)를 烏(까마귀)로 바꾸어 오감도라는 조어를 만든 것은, 이어령에 의하면 까마귀와 같은 눈으로 인간들의 삶을 굽어본다는 뜻이 되므로 오감도가 갖는 기술용어가 시적인 상징성을 띠며, 동시에 암울하고 불길한 까마귀가 이미 부정적인 생의 조감을 예시하는 시적 분위기를 나타내려는 의도로 해석된다고 한다.(이승훈 1989: 18 참조)

제10의아해도무섭다고그리오.(12)

제11의아해가무섭다고그리오.(13)
제12의아해도무섭다고그리오.(14)
제13의아해도무섭다고그리오.(15)
13인의아해는무서운아해와무서워하는아해와그렇게뿐이모였소.(16)
(다른사정은없는것이차라리나았소)(17)

그중에1인의아해가무서운아해라도좋소.(18)
그중에2인의아해가무서운아해라도좋소.(19)
그중에2인의아해가무서워하는아해라도좋소.(20)
그중에1인의아해가무서워하는아해라도좋소.(21)

(길은뚫린골목이라도적당하오)(22)
13인의아해가도로로질주하지아니하여도좋소.(23)

엄청나게 많은 논의가 이루어진 이상의 〈오감도 시제1호〉의 연구는 이상 작품이 가진 문제성을 단적으로 입증하고 있다. 이 시에서 작가는 '막다른 골목'과 '뚫린 골목'을 대비시키고 있다. 이 가운데 어느 것이든 적당하다는 것은 어느 것이나 좋다, 등가이다 라는 의미이다. 이 시에서 길, 도로, 골목은 등가적 의미로 사용되고 있다. 기존의 연구자들은 '도로'를 다양한 의미로 해석하였다. 이를 열거해 보면 (1)역사적 도정(이어령), (2)우주공간(김우종), (3)불안의 극단적 형태(이규동), (4)현대의 위기의식(정귀영), (5)성행위(김대규), (6)공포로부터의 도피(임종국) 등등이다. 이 해석을 통해서만도 그 해석의 편차가 얼마나 심한지 알 수 있다.

게다가 '13인의 아해'에 대해서는 추측과 억측이 난무한다. 기존의 연구가 제일 주의를 기울인 곳이 바로 '13'의 의미이다. 그동안 '13'이라는 수의 의미에 대한 다양한 견해는 다음과 같다.(김주현, 이상문학연구60년: 401 참조) 1)최후의 만찬에 참석한 사람의 수(임종국), 2)위기에 당면한 인류(한태석), 3)무수한 사람(양희석), 4)조선의 13도(서정주), 5)무정부상태로 해체된 자아의 분신(김교선), 6)시계 시간의 부정(김용운), 7)이상 자신의 기호(고은), 8)불길한 공포(이영일), 9)성적 상징(김대규), 10)자아의 분열체(정귀영), 11)비정상적인 것(김윤식), 12)실존적 불안을 나타낸다고 한다. '아해'에 대해서는 기존의 의미 외에 독자적으로 1)천체의 유성군(김우종, 김봉렬), 2)화학적 요소로 환원된 공포의 추상물(이보영) 등이 있다.

이처럼 〈오감도 시제1호〉는 어구 자체에 대한 구구한 해석뿐 아니라 시 전체에 대해서도 해석이 분분하다. 김명환(1998: 166-69)은 이 〈시제1호〉를 수학의 가장 중요한 연구주제인 대칭구조가 나타난 시이며, 또 (3)~(15)행은 수열의 개념이 발견되는 부분이라고 평가한다. 이 수열의 기법은 읽는 이의 긴장감이나 중압감 또는 공감을 극대화시키는 데 매우 효과적이라는 것이다. 김민수(1998: 216-20)는 이 시에서는 문자언어가 단지 도상화된 이미지로 작용하고 있다고 보고 있다. (1)과 (2)가 서로 대립쌍을 이루고, 또 (22)와 (23)이 대립쌍을 이루어 전체구조에서 대립관계를 드러낸다. 또한 13인의 아해를 설정한 근본적인 이유가 이미지상의 배열을 위한 것으로, 10이라는 숫자를 도형상의 하나의 큰 단위 1로 보고, 나머지 11~13까지의 아해들을 1에 대한 비례의 단위로 간주하려 했다는 것이다. 이것은 유클리드 기하학의 원리를 잘 아는 건축가 이상이었기에 가능하다는 해석이다. 그리하여 그는 〈시제1호〉를 문자언어로 이루어진 시각시로 보았고, 13이라는 숫자는 10이라는 숫자에 대해 취해진 공간분할적 성격을 갖는 시각적 장치로 보았다. 이정호(1998: 331-41)는 오감도를 서사구조를 파괴한 것이라고 단정한다. 제목을 조감도가 아니라 오감도로 한 것 자체를 기표와 기의의 분리가 가져온 발상의 전환이라는 것이다. 〈시제1호〉가 그 대표적인 예인데, 여기에는 지시물을 지시하지 않는 빈 기표만이 널려 있는 언어기호가 질주하는 운동장이라는 것이다. 이승훈(1989: 20)은 이 시는 좌우대칭 혹은 전후대칭의 구조로 되어 있으며, 좌우대칭이 외부 구조로 나타난다면 내부는 병렬과 대립의 구조로 되어 있다고 하였다. 대표적 기법은 반어(irony)이며 불안을 노래하고 있다고 하였다.

그러나 국어학자의 입장에서 읽은 이 시는 필자에게 언어의 중의성을 이용한 시적 변용으로 다가 온다. (3)~(15)까지 문장이 지닌 중의성을 파악하고 시를 읽을 때, 기존의 평자들이 당혹해하는 (16)의 진술은 당혹스러운 것이 아니라 오히려 (3)~(15)에 대한 너무나 당연한 요약임을 알게 된다. 이렇게 될 때 전체 시는 유기적 맥락 속에서 작가의 의도가 쉽게 이해된다.

중의성(ambiguity)이란 화자가 제시한 하나의 표현이 둘 이상의 의미를 지님으로써 청자가 해석하는 데 곤란을 느끼는 복합적 의미관계를 말한다. 중의성을 글자 그대로 풀이하면 표현 하나에 의미가 둘 이상 겹쳐 있다는 말이 되므로 다의어나 동음어의 규정과 유사하다. 그런데 모든 다의어나 동음어가 청자의 해석을 교란시키는 것은 아니므로, 중의성이라고 할 때는 의사소통에서 청자의 반응이 중요한 변수가 된다. 중의성은 확실히 의사소통에 큰 장애요인이 된다. 따라서 중의성을 점검하는 일차적인 목표는 그러한 장애를 해소하려는 데 두어야겠지만, 이에 못지 않게 언어구조의 신비성을 밝히는 결정적 계기가 되기도 한다.

인지 심리학에서 잘 알려진 '루빈(Rubin)의 컵' 그림은 보기에 따라 '꽃병'이나 '마주보고 있는 얼굴'로 지각될 수 있다.

〈그림 3〉 '루빈'의 컵

이것은 의도적인 그림이지만, 언어구조에 나타나는 중의성은 우연적이며 의도성이 개입될 여지가 적다는 점에서 한결 더 신비롭다고 하겠다.

(24) 그는 다리를 고쳤다.

(25) 한국 축구팀은 후지산을 넘고 만리장성에 올랐다.

(26) 그는 형과 아우를 찾아 나섰다.

(24)는 다리(脚, 橋)의 동음에 의한 어휘적 중의성이며, 한편 (25)는 발화 장면에 따라 한국 축구팀이 글자 그대로 후지산을 넘고 만리장성에 올랐다는 의미 외에 일본팀과 중국팀을 이겼다는 화용적 중의성이다. (26)은 문장의 구조에 의한 중의성이다. 아우를 찾아나선 사람은 누구인가? 그 혼자서 형과 아우 두 사람을 찾아 나섰을 수도 있고, 그와 형 두 사람이 아우를 찾아 나섰을 수도 있다.(임지룡 1992: 237-238)

(27) 푸른 가을 하늘

(28) 늙은 아버지와 어머니

(29) 영희는 철수와 순이를 때려 주었다.

(27)은 '가을'이 푸르다는 뜻(푸른 가을/ 하늘)일 수도 있고, '가을 하늘'이 푸르다는 뜻(푸른/ 가을하늘)일 수도 있다. (28) 역시 '늙은 분'은 아버지에 한정될 수도 있고 아버지와 어머니 두 분 모두에게 해당될 수도 있다. (29) 역시 영희 혼자서 철수와 순이를 때려 주었다는 뜻일 수도 있고, 혹은 영희와 철수 두 사람이 합세하여 순이를 때려 주었다는 뜻일 수도 있다는 것이다.

이처럼 우리가 무심결에 내뱉는 언어 사용들 중에는 이러한 중의적인 표현이 너무나 많이 있다. 이것은 우리가 표현하려는 내용에 비해 언어로 표현되는 양식에 한계가 있기 때문이다. 많은 논란을 불러 온 이상의 〈오감도 시제1호〉는 바로 이러한 언어의 중의성을 시적으로 변용한 것으로 이해된다.

여기서 '(3)제1의아해가무섭다고그리오'의 의미가 무엇인가.

지금까지의 평자들은 당연히 제1의 아해가 "무섭다"라고 말한 것으로 해석하여, 아해가 무섭다고 하는 것은 아해가 공포를 느끼는 상태에 있음을 암시한다고 보고 있다. 또 제2의 아해도 "무섭다"고 그리고, 제3의 아해도 "무섭다"고 한다고 해석한다. 그리하여 결국 13인의 아해가 모두 공포를 느끼는 상황에 있지만, 공포의 대상은 분명히 드러나지 않는다고 해석한다.(이승훈 20쪽) 이것은 2연(3~12)과 3연(13~16)에 담긴 의미의 중의성을 파악하지 못한 결과이다.

2연과 3연의 문장들은 모두 중의적인 문장이다. 중의성 파악을 위해 먼저 '무섭다'라고 하는 주체가 누구인가를 살펴보자. (3)의 문장은 제1의 아해가 "무섭다"라고 말하는 주체가 될 수도 있고, 다른 아해에게 무서운 대상이 될 수도 있다. 이러한 중의성은 (3)에서 (15)행까지 이어진다.

(3) '제1의아해가무섭다고그리오'

가. 제1의 아해가 "무섭다"라고 한다.

나. (다른 아해가) "제1의 아해가 무섭다'라고 한다.

여기서 (3.가)의 서술에 의하면 제1의 아해는 무섭다라고 말하는 주체가 되므로 곧 "무서워하는 아해"에 해당한다. 반면 (3.나)의 서술에 의하면 제1의 아해는 다른 아해에게 무서운 대상이 되므로 곧 "무서운 아해"에 해당한다. (3.나)에서는 주어(다른 아해)의 생략이 일어나고 있는데, 국어는 문맥상 이해되는 상황에서의 주어 생략이 자유롭다는 개별성을 지닌 언어이다. 때에 따라서는 오히려 주어가 생략된 문장이 훨씬 자연스러운 경우도 많다. "너는 학교에 가니?/ 학교에 가니?" 두 문장 중 주어가 생략된 후자가 보다 자연스럽게 인지되는 언어이다.

(4) '제2의아해도무섭다고그리오'

가. 제2의 아해도 "무섭다"라고 한다.

나. (다른 아해가) "제2의 아해도 무섭다"라고 한다.

여기서도 제2의 아해는 무서워하는 아해이면서 동시에 무서운 아해가 된다. 이러한 관계는 13인의 아해 모두에게 공통된 사항이다. 다만 이런 반복적인 상황이 제10의 아해까지 계속되다가, 연을 바꾸어 다시 제11의 아해부터 시작되어 제13의 아해까지 가서 끝난다. 그렇다면 이러한 언어 표현의 중의성을 고려한다면 제1의 아해부터 제13의 아해가 주어로 된 오감도 시제1호의 내용은 결국 그 13인의 아해들이 그 자체 무서운 아해이기도 하며, 또 무서워하는 아해들임을 알 수 있다. 이렇게 보면 13인의 아해들이 무서워하는 것은 함께 있는 다른 아해들 때문일 수 있다는 사실을 이상은 보여주려 하지 않았을까.

이 언어의 중의성에 의한 베일을 이상 스스로 (16) "13인의아해는무서운아해와무서워하는아해와그렇게뿐이모였소"에서 벗기고 있는데, 아이로닉한 것은 이상의 이 폭로로 인하여 독자들은 더더욱 혼란에 빠진다는 사실이다. 문장 표현의 중의성을 알아채지 못한 독자들은 앞에서 13인의 아해들이 모두 "무섭다"라고 한다 했는데, 다시 말하면 모두 '무서워하는 아해들'인데, 어떻게 갑자기 '무서운 아해'가 등장하고 있는가에 대해 의아해하는 것이다.

이정호(1998: 336-341)는 이상의 결론인 (16) 구절이야말로 이 시의 해체와 붕괴를 아주 극적으로 보여주는 지점에 위치해 있다고 보아, "이 구절 바로 전에서 우리는 제1, 제2.... 제13 아해가 무섭다고 말하는 것을 하나하나씩 차례로 들었다. 그러나 이 구절에 와서는 13인의 아이들은 무서운 아이와 무서워하는 아이로 이분된다고 말하고 있지 않은가? 이는 서사구조를 완전히 전도하기 위한 전략임에 틀림없다. 앞에 나온 13인의 아이들 중 아무도 무서운 아이는 없었음에도 불구하고 이들을 이렇게 두 종류의 아이들로 나누는 것은 인과법칙의 무시이며, 서사법칙의 와해를 의미한다(339쪽)"고 말한다.

언어가 가지는 중의성을 인식하지 못한 채 이 시를 읽으면 지금까지의 이러한 해석처럼 시의 대부분을 차지하는 2연, 3연의 진술과 (16) 진술 사이에 논리적 괴리가 있다고 이해하는 것이 당연하다. 따라서 언어의 중의성을 염두에 두지 않은 대부분의 평자들은 그 괴리에 당황해 하면서도 이상이 스스로 (16)으로 결론지었다는 사실 때문에 13인의 아해는 무서운 아해이면서 동시에 무서워하는 아해들이라는 점이 가장 중요함을 암시한다고 해석하기에 이른다.(이승훈 20쪽) 이러한 해석에는 (16)과 시의 상당 부분을 차지하는 2연과 3연에 대한 연계성이 불가능하다.

그러나 언어의 중의성을 전제로 하고 나면 이상의 (16) "13인의 아해는 무서운 아해와 무서워하는 아해와 그렇게뿐이 모였소"라는 진술은 지극히 당연한 결론임을 알 수 있다. 그러므로 13인의 아해들 중 그중에 1인의 아해가 무서운 아해라도 좋고, 2인의 아해가 무서운 아해라도 좋다.(18, 19) 또 그중에 2인의 아해가 무서워하는 아해라도 좋고 그중에 1인의 아해가 무서워하는 아해라도 좋은 것이다.(20, 21)

또한 (18)~(21) 행의 "라도좋소"라는 진술은 전반부에 나온 진술을 전복시키고 붕괴시킴으로써, 서사구조를 무너뜨린다고 보고 있다. 전반부의 진술이 간접화법을 사용하여 어떤 사태(아이들이 무섭다고 말하는 것)를 전달한 것이라면, 후반부에서는 화자가 자신의 의견을 개진하고 있으나, "라도좋소"라는 표현은 이런 이분법적 진술 자체를 무력화한다는 것이다.(이정호 1998: 340)

그렇다면 (2), (17), (22)의 괄호는 어떤 기능을 하고 있을까. (2), (17), (22)에 나오는 괄호에 대하여 김종길은 이 말은 시인이 하는 말로 해석하였다. 즉 그는 이 시는 화자와 시인이 구별되어 있으며 화자는 시적 상황에 대해 일종의 실신 상태를 보여 주며, 따라서 객관적 관찰을 포기한다. 그러나 시인은 의식적 존재로서 연극 속에서의 해설자와 같은 기능을 한다고 본다. "(길은 막다른 골목이 적당하오)"는 시의 후반 "(길은 뚫린 골목이라도 적당하오)"와 모순되며 이것은 화자의 실신과 관련된다고 본다.(이승훈 1989: 19에서 재인용) 김종길의 이런 견해에 대해 이승훈은 괄호는 화자와 구별되는 시인의 해설이라기보다는 시적 발언을 강조하기 위한 표시인 것 같다고 해석한다.(이승훈 1989: 20)

먼저 (17)의 내용을 살펴보자. (17)(다른사정은없는것이차라리나았소)에서 '다른 사정'이란 무엇인가. 무엇보다 (17)이 13인의 아해들에 대한 이상의 폭로인 (16) 바로 다음에 이어졌다는 사실이 중요하다. 다시 말하면 (16)의 진술 외 다른 사정은 없는 것이 차라리 나았다는 의미로 이해된다. 곧 다른 사정이란 이상 자신이 앞서 1연(1, 2)에서 설정한 상황을 말하므로, 이러한 상황을 차라리 무시하라는 권고로 이해된다. 도로 질주와 막다른 골목길 상황 등은 (16)을 극대화하기 위한 하나의 장치에 불과하다는 것을 알리고 있는 것이다. 즉 〈오감도 시제1호〉의 핵심은 (16), 다시 말하면 언어의 중의성을 시적으로 변용한 것임을 말하고 있는 것이다.

이러한 이상의 의도를 보다 분명히 밝혀 주는 것이 5연(22, 23)이다. 마지막 5연에서 1연과 대칭을 이루는 상호 모순되는 진술을 함으로써, 상황 설정과 같은 '다른 사정'은 핵심이 아님을 암시하는 것이다. 13인의 아해들이 골목을 질주한다는 설정은 '무섭다'라는 언어가 주는 불안감의 효과를 극대화하기 위한 장치에 불과하였으니, 이상의 입장에서는 아해들이 골목을 질주하여도 좋고 질주하지 아니 하여도 좋은 것이다. 나아가 '무섭다'를 극대화하려면 달리려고 할 때는 막다른 골목이고 질주하지 않으려 할 때는 뚫린 골목인 모순된 상황이 적당할 수밖에 없는 것이다.

즉 아해들의 도로 질주 여부는 시에서 작가가 의도하는 의미와는 그다지 상관성이 없음을 반어적으로 표현한 것으로 이해한다면, 이것이 이상에게는 '다른 사정'이었던 것이다. 작가의 의도는 바로 언어의 중의성을 이용하여 인간들은 모두 인생을 살아가면서 이웃한 사람으로부터 받는 두려움에 떨기도 하고, 또 그 자신이 타인에게는 두려움을 주는 그러한 존재임을 표현하고자 한 것이 아닐까.

그러므로 괄호의 표현은 시를 낭송할 때는 제외하고 읽되, 내용의 이해에서 첨가하면 이상 자신이 의도했던 시 해석이 가능하리라는 시인의 배려로 이해된다.[19] 괄호 안의 세 문장(2, 17, 22)은 이 시를 중의적인 문장으로 해석할 경우엔 당연히 도출되는 맺음말 같은 역할을 하고 있기 때문이다.

그리고 2연 첫행(3)과 3연 첫행(13)에서만 주격조사 '-가'가 선택되었고, (4) 이하와 (14) 이하에서는 '-도'가 선택된 사실도 흥미롭다.

이는 어떤 실존 상황에서는 한 사람이 던지는 언어 표현, 특히 공포심을 유발하는 언어의 영향은 순식간에 전염되어 나감을 보여 주는 것이 아닐까.

이러한 언어의 중의성을 간파하지 못한 지금까지의 평자들은 아해가 "무섭다"라고 말하는 것으로만 이해하였고, 그 결과 이상이 괄호 안에서 분명히 밝혀 놓은 사실 정리로 하여 이 시를 더욱 난해한 것으로 해석하였으니, 이것은 어쩌면 이상이 노리던 효과가 아니었을까 하는 생각이 든다.

이와 같이 언어의 중의성으로 이 시를 읽으면 기존의 논의에서 주요 이슈가 되었던 "13인의 아해"에 대한 의미는 부차적임을 알 수 있다. 다만 '13'이란 숫자에 대한 이상의 의식을 알아 보는 것은 흥미롭다. 13을 다음 구절(〈일구삼일년 작품제1번〉)과 관련하여 해석한 견해가 상당히 설득력이 있다.(김주현 1999: 375)

(30)

나의방의 時計 별안간 13을 치다. 그때, 號外의 방울소리 들리다. 나의 脫獄의 記事.

不眠症과 睡眠症으로 시달림을 받고 있는 나는 항상 左右의 岐路에 섰다.

---

19 후술하겠지만 이것은 메타언어이다.

나의 內部로 向해서 道德의 紀念碑가 무너지면서 쓰러져 버렸다. 重傷. 世上은 錯誤를 傳한다.

12+1=13 이튿날(卽 그때부터)나의 時計의 침은 三個였다.

(〈일구삼일년 작품제1번〉)

이 시에서 13의 수는 호외, 탈옥, 중상, 착오의 이미지와 관련된 것으로 해석되며, 이러한 것들은 비정상적인 상태를 지칭한다. 12에서 1을 더한 13은 적어도 시계 시간의 일탈을 의미하므로, 13이라는 수는 다양한 또는 비정상적인 자아의 모습들을 의미하는 것으로 볼 수 있다는 것이다. 그러면서 이상 문학의 어려운 문맥을 이해하기 위해서는 다른 문맥을 살펴보는 것(상호텍스트)이 필수적인 것이라는 제안을 하고 있는데 이는 합리적인 견해인 것 같다.

V. 언어 기호의 정태성과 〈오감도 시제3호〉

삼라만상은 모두 끊임없이 움직이고 변하고 있다. 우리의 생각도 그러하다. 그럼에도 불구하고 인간의 언어 표현에 담긴 개념은 변하지 않고 당시의 고정된 관념으로 우리의 뇌리에 박혀 있는 경우가 많다. 예를 들어 철수가 자기에게 거짓말한 것을 안 영희가 "철수는 거짓말쟁이야"라고 친구들에게 말했다고 하자. 그 말을 들은 친구들 뇌리에는 철수는 영원한 거짓말쟁이로 남아 있게 된다. 수십 년이 지난 후에 누가 그 철수에 대해 언급을 하게 될 때 제일 먼저 떠오른 생각이 '아하! 그 거짓말쟁이!'일 가능성은 너무나 크다. 비록 철수가 거짓말한 것은 그때 한 번뿐이었을지라도 말이다.

언어의 연상작용이라고 하는 것은 바로 언어의 정태성에 기인하여 일어나는 현상이다. 이처럼 언어는 언어로 표현되던 당시의 이미지 그대로 고정된 개념을 우리에게 부여하고, 우리로 하여금 그 정지 상태 그것이 영원한 진실이라고 믿게 만드는 마력을 가지고 있다.

언어의 이러한 정태성을 교묘하게 이용하는 분야 중 하나가 바로 광고일 것이다. 어떤 브랜드에 대한 맹목적인 믿음이나 불신 등은 바로 언어의 이 특성에 연유하는 바가 크다. 구매력을 높이려면 소비자의 뇌리에 자사 제품에 대한 좋은 이미지를 심는 것이 가장 중요한데, 이를 위하여 기업들은 매출액의 상당 부문을 광고에 쏟아 붓게 되는 것이다. 광고에는 이데올로기가 있다. 구매를 하도록 하기 위하여 실재에 화려한 덧입히기 작업에 몰두하게 된다. 덧입히기 작업은 여러 가지 언어적 방법과 영상 등등 대규모로 이루어지며 폭격탄처럼 사정없이 소비자들 눈과 귀에 그리고 뇌리에 쏟아지게 된다. 자신들이 쏟아내는 내용이 진실인 것처럼 믿게 하기 위하여, 다시 말하면 광고 내용을 소비자들 의식 속에 정태화시키기 위하여 그들은 엄청난 돈을 퍼부우며 반복적으로 우리 뇌리에 각인시키고자 발버둥친다. 그 결과 광고를 본 소비자들은 상품을 써 보지 않은 상태에서도 광고에서의 언어가 투사한 연상에 의하여 그 제품에 대한 믿음을 가지게 되며, 이것은 곧 구매와 직결되는 것이다.

자라보고 놀란 가슴 솥뚜껑 보고 놀란다고 했나! 두 장의 초상화를 골라 하나에는 무명화가의 이름을, 다른 하나에는 피카소의 이름을 써 놓고 사람들의 의견을 들어 물어 보자. 싸구려 술을 100년 된 프랑스산 병에 담아 친구에게 권하고 그 맛이 어떠냐고 물어보자. 아마도 여러분은 처음 기대했던 답을 얻을 수 있을 것이다. 같은 사람이 그린 그림도 누가 그렸느냐에 따라서, 아무리 싸구려 술이라도 어떤 용기에 담느냐에 따라서 그 가치가 달라진다. 같은 말이라도 하더라도 유명한 교수가 말했다고 하면 제법 그럴 듯하게 들린다. 같은 광고 카피라고 하더라도 인기있는 연예인이 말하면 믿음이 간다. 같은 제품도 유명한 상표가 붙으면 더 값져 보인다. 10대들의 메이커 증후군, 십 몇 만원 하는 청바지를 입어야 체면이 서고, 나이키 운동화를 신어야 폼 나 보인다. 브랜드의 명성은 곧 제품을 판단하는 기준이 되어 버린다.

품질이나 기능은 비슷한 제품인데도 광고비로 인하여 소비자가격이 훨씬 높이 책정되었으리라는 사실을 알면서도 돈을 더 주고라도 뇌리에 박힌 바로 그 브랜드 제품을 구매하게 만드는 마력이 광고에 있다. 매스미디어가 발달한 현대 사회의 경우, 기호의 정태성을 이용한 이러한 광고의 위력은 더할 수밖에 없을 것이다.

이상의 〈오감도 시제3호〉에서는 바로 이러한 언어의 정태성을 이용한 시적 변용이다.

> 싸움하는사람은즉싸움하지아니하던사람이고(1)또싸움하는사람은싸움하지아니하는사람이었기도하니까(2)싸움하는사람이싸움하는구경을하고싶거든(3)싸움하지아니하던사람이싸움하는것을구경하든지(4)싸움하지아니하는사람이싸움하는구경을하든지(5)싸움하지아니하던사람이나싸움하지아니하는사람이싸움하지아니하는것을구경하든지하였으면그만이다(6).
> 〈오감도 시제3호〉

언어의 정태적 특성을 고려하지 않으면 이 시의 등장인물은 네 사람이라고 생각하기 마련이다. 이승훈(1989: 23-24)은 이 시에는 네 사람이 나온다고 본다. 즉 '싸움하는 사람', '싸움하던 사람', '싸움하지 아니하는 사람', '싸움하지 아니하던 사람'이 그렇다. 이 네 사람을 각각 A1, A2, B1, B2라고 하면, 이 시의 구조는 i) A1=B2, A1=B1, ii) A1의 싸움 = B2의 싸움, A1의 싸움 = B1의 싸움, iii) A1의 싸움 = B2의 싸우지 않음, A1의 싸움 =B1의 싸우지 않음으로 나타난다. i)에서 A1=B2, A1=B1이므로 자연스럽게 ii)에서 A1의 싸움 = B2의 싸움, A1의 싸움 = B1의 싸움이 된다. 그러나 iii)에서 A1의 싸움 = B2의 싸우지 않음, A1의 싸움 = B1의 싸우지 않음으로 개진되는 것은 싸움에 대한 화자의 반어적 인식 때문이다. 싸움보다 시제만을 문제 삼을 때, 이 시는 현재와 과거의 동일성을 노래하며 문장의 지정사만을 중시할 때는 긍정과 부정의 동일성을 노래한다고 해석하였다.

김민수(1998: 220-21)는 싸움하는 사람은 존재적 의미에 있어 두 개의 개체, 즉 싸움하지 아니하던 사람(과거 시제)과 싸움하지 아니하는 사람(현재 시제)으로 분열되어, 시제에 있어 과거와 현재가 동시성을 획득하고 있다. 이러한 미묘한 개체성에 대해 발생하는 두 가지 사건들, 즉 싸움하는 것을 보는 것과 싸움하지 않는 것을 보는 것은 결국 동일한 것이라는 관계식이 성립된다고 하였다. 그리하여 이 〈오감도 시제3호〉도 〈오감도 시제1호〉와 마찬가지로 시각이미지를 문자언어의 형태로 도형화하기 위해 취해진 것으로 해석하였다. 그러나 띄어쓰기도 무시한 채 단어의 나열로 이루어진 〈오감도 시제3호〉를 문자언어로 이루어진 시각시로 규정하는 그의 의견은 수긍하기 어렵다.

이태동(1998: 304-306)은 〈오감도 시제1호〉와 함께 이 시를 사물의 반어적인 의미와 능동적인 삶의 결과가 이상한 가역반응의 현상처럼 허무로 환원해 버리는 것을 묘사하고 있다고 해석한다. 〈오감도 시제1호〉에서 골목길을 질주하는 것이 뚫린 길을 질주하지 않는 것과 같다고 한 것과 이 〈시제3호〉에서의 표현을 동일시하고 있다.

언어의 정태성을 고려하지 않는다면 이러한 해석은 당연한 귀결이 될 것이다. 그러나 〈오감도 시제1호〉에서 언어의 중의성을 시적으로 변용한 것처럼, 이 〈시제3호〉에서는 언어의 정태성을 시적으로 변용하여 고발한 것으로 이해하는 것이 보다 시에 투명성을 부여하게 된다. 이상은 우리가 의식없이 수용하고 있는 언어의 이 부정적인 측면을 시로 변용하여 우리의 선입관에 도전장을 던진 것이다. 싸움하는 사람은, 즉 싸움하지 아니하던 사람이고, 또 싸움하는 사람은 싸움하지 아니하는 사람이었기도 하다는 식의 이러한 논리는 언어의 정태성에 사로 잡혀 사는 독자들을 어리둥절하게 만들었으며, 이 당혹감을 이상은 노렸으리라는 생각이 든다.

그러므로 언어의 정태성이 주는 마력을 벗어나 〈오감도 시제3호〉를 읽으면 이상의 진술은 당연한 논리임을 알 수 있다. '싸움하는 사람'이란 지금 이 순간에만 싸움하는 사람이라는 뜻이지, 과거에 싸움했거나 혹은 미래에 싸움할 사람이라는 것을 보장하는 말은 아니기 때문이다. 지금 싸움하는 사람은 조금 전까지만 하여도 '싸움하지 아니하던 사람'이며(1), 이는 또 '싸움하지 아니하는 사람이었기도하'지 않은가(2).

또한 언어가 주는 정태성과 연상성을 벗어나 살펴보면, 이 시에서 초점이 되는 '싸움하는 사람'은 네 사람이 아니라 두 사람임을 알 수 있는데, 이를 A, B라 하자. 이상은 '또'라는 어휘를 선택함으로써 두 사람을 구분하고 있다.

A: 싸움하는사람

B: 또싸움하는사람

두 사람은 현재 시점에서는 '싸움하는 사람'이지만 과거에는 '싸움하지 않던 사람들'이다. A, B에 대한 이러한 사실을 이상은 서술어의 양식을 달리 함으로써 구분하고 있다. 즉 과거에는 싸움하지 아니하던 사람(A)이며, 또 싸움하지 아니하는 사람이었기도 한 사람(B)이다. 그러므로 A, B 두 사람에 대한 현재와 과거의 모습은 다음과 같이 서술되고 있다.

(1)' A: 싸움하는 사람(현재) = 싸움하지 아니하던 사람(과거)

(2)' B: 또싸움하는 사람(현재) = 싸움하지 아니하는 사람이었기도 함(과거)

≒ 싸움하지 아니하는 사람(과거)

싸움하는 사람이라는 말을 들으면 우리는 언어가 주는 연상작용에 의해 실제와 달리 이들이 현재뿐 아니라 과거에도 싸움하던 사람으로 인식하게 된다. 이것을 이상은 폭로하고 있는 것이다. 즉 시간의 흐름 위에서 '싸움'이라는 구체적 행위와 연관지음으로써 "싸움하는 사람"이라는 표현에 대한 언어의 정태성을 벗기는 작업인 것이다. 그리고 이하 시에서는 B의 과거 모습에 대해서는 간단하게 "싸움하지 아니하는 사람"으로 묘사함으로써 A와 구분짓고 있다.

그 결과 (3)'싸움하는 사람이 싸움하는 구경을 하고 싶거든' 가능한 세가지 방법을 제시하고 있다.

(4)' 싸움하지 아니하던 사람(A)이 싸움하는 것을 구경하는 것.

(5)' 싸움하지 아니하는 사람(B)이 싸움하는 구경을 하는 것.

(6)' 싸움하지 아니하던 사람(A)이나 싸움하지 아니하는 사람(B)이 싸움하지 아니하는 것을 구경하는 것.

여기서 (4)'의 진술은 (1)'의 규정에서 발전된 것이며, (5)'의 진술은 (2)'의 규정에서 발전된 것임을 알 수 있다. 또한 현재 싸움하는 사람들은 싸움하는 순간만 지나면 곧 싸움하지 않는 사람이 되므로, 그들이 싸움하지 아니하는 것을 구경하는 것과 그들이 싸움하는 것을 구경하는 것은 결국은 동일한 것이라는 (6)'의 진술은 너무나 당연한 결론이다.

그러므로 〈오감도 시제3호〉의 구조는 크게 두 부분으로 나누어진다.

(7) 〈오감도 시제3호〉의 구조

구조1: '싸움하는 사람'들의 과거의 모습; (1),(2)

구조2: '싸움하는 사람들이 싸움하는 구경을 하는 세 가지 방안;

(3),(4),(5),(6)

(3) 조건 제시

(4)(5) 현재 상황 구경

(6) 미래 상황 구경

이것은 싸움하는 사람이라는 의미는 현재의 상태에 국한되어야 하지만, 과거뿐 아니라 미래에까지 언어가 주는 정태성과 연상성에 의해 항상 싸움하는 사람으로 인식되는 언어의 한계성을 말하고 있는 것이다. 그러므로 〈시제3호〉에 등장하는 두 사람을 시간상에서 정리하면 다음과 같다.

(8) 〈오감도 시제3호〉의 두 인물

	A	B (= 또A)
현재	싸움하는사람	또싸움하는사람
과거	싸움하지아니하던사람	싸움하지아니하는사람(이었기도함)
미래	싸움하지아니하는것	싸움하지아니하는것

이것은 '싸움하는 사람'이라는 의미는 현재의 상태에 국한되어야 하지만, 과거뿐 아니라 미래에까지 언어가 주는 정태성과 연상성에 의해 '항상 싸움하는 사람'으로 인식하게 만드는 언어의 한계성을 말하고 있는 것이다. 바꾸어 말하면 이것은 사물의 변화에도 불구하고 언어 표현이 투사해 주는 정태적인 개념을 영원한 진실로 믿게 만드는 언어기호의 마력인 것이다. 이와 같이 이상은 정태적 속성을 가지는 '언어'라는 색안경을 쓰고 세상을 바라보는 인간의 의식세계를 시적 변용을 통하여 고발하고 있는 것이다.

Ⅵ. 언어 기호의 분절성과 〈선에관한각서7〉
- 볼록렌즈의 "수렴"작용과 언어 기호의 분절성

〈선에관한각서(1~7)〉는 '삼차각설계도'라는 제목 아래 1931년 10월에 발표된 시들이다. 김주현(1998: 398-399, 1999: 370-372)은 이상의 초기 작품들인 이 작품들이 기하학적 정리인가, 문학인가라는 의문을 제기하면서 이들 초기 일문시가 과연 가치 있는가라는 근본적인 의문을 제시하였다. 그 결과 그는 〈삼차각설계도〉와 〈건축무한육면각체〉는 기하학적 정리나 도식에 가까운 것들이 많다고 하면서, 적어도 이 시들은 시로서 형상화에 못 미친 시라고 볼 수밖에 없다고 하였다. 또한 이들 작품에서 보여주는 변화양상은 결국 그의 시작 과정을 보여주는 일례에 해당한다고 하면서, 현상의 모습이 있고 이를 시로 형상화한 것인데 그 진화과정은 이를 데 없이 난삽하고 서툴다는 것이다. 그러므로 이들 시에 대한 지나친 의미부여는 본질을 호도하는 것이 되고 말 것이라며 경계하고 있다. 김명환(1998: 169-79)은 이상의 시 중에서 특히 〈선에관한각서1, 2, 3〉과 〈오감도 시제4호〉(=건축무한육면각체의 진단 0:1) 등 네 편을 '수학시'로 명명하고 있다. 물론 〈선에관한각서〉는 외견상으로는 수학시처럼 보이고, 또 시로서 형상화에 미치지 못한 것처럼 보이는 것도 사실이다. 그 이유 때문인지 〈선에관한각서〉에 대한 연구는 평자들이 〈오감도〉 해석에 쏟은 관심에 훨씬 못 미치고 있다.

그러나 언어학적 시각에서 볼 때 이 작품들은 바로 이상의 언어기호에 대한 인식이 실험적으로 나타난 것으로 이해된다. 김주현(1999: 371)이 말했듯이 "오히려 그의 초기 작품들은 이상의 세계 인식의 측면을 잘 드러내 주지만 문학적인 성취도는 미숙하다고 할 수밖에 없"겠지만, 그의 언어기호에 대한 그의 인식 그의 철학관을 살필 수 있다는 점에서 다른 무엇보다 중요한 작품이라 하겠다.

언어의 분절성이란 동물의 소리와 구분되는 인간 언어의 한 특징으로 이해한다. 소리에 의한 어느 정도의 전달 활동을 하는 동물에 있어서도 그 소리에는 분절성이 없고 한 덩어리의 외침에 지나지 않으나, 인간의 언어는 세계 어떤 언어든지 모두 단음으로 분절되고 또 그들의 다양한 결합으로 수많은 단어와 문법요소를 구성하기 때문이다 이 언어의 분절성으로 인하여 인간의 언어는 유한한 언어요소를 이용하여 무한한 문장을 산출할 수 있는 특징을 가지게 되며, 이것은 동물 언어에는 없는 인간 언어만의 장점이라고 한다.(김방한 1992: 40-41) 인간의 언어는 단음으로 분절된다는 분절성에 대한 이 개념은 보다 확장될 수 있다. 이는 언어기호가 제한된 음소로 무한한 실재물을 표현할 수밖에 없는 상징이기 때문에 필연적으로 발생하는 사항이다. 이렇게 볼 때 인간의 언어는 단음으로 분절된다는 일반적인 개념도 실제 구체적인 실재물로서의 음성과 분절표시의 음소(단음)의 관계임을 알 수 있다. 실제로는 연속체로 일어나는 음성 실현을 우리는 추상적인 음소라는 단위를 이용하여 분절화하여 표기하고 있는 것이다. 이런 의미에서 분절성은 인간 언어의 장점이자 다른 한편으로는 심각한 한계성이 되고 만다. 언어 기호는 무한한 실재물을 분절하여 단편적으로 나타낼 수밖에 없는 것이다.(오정란 2001b: 38-39)

무지개를 예로 들어보자. 실제 무지개는 나눌 수 없는 무수한 색의 연속체(continiuum)이다. 그러나 우리는 그 색깔을 있는 그대로 언어로 표현할 수 없다. 개별 언어에서 표현할 수 있는 만큼만 표현한다. 한국의 무지개는 일곱 색깔이지만, 일본의 무지개 색깔은 다섯 가지이다. 이것은 분절성이 지니는 언어의 한계를 잘 보여 주는 예이다.

실재물 '사랑'을 설명하여 보자. 국어사전에 규정된 [사랑]에 대한 개념[20]

---

20 사랑 (1)이성의 상대에게 성적으로 이끌려 열렬히 좋아하는 마음의 상태. 드물게 좋아하는 상대를 가리키기도 함. (2)부모나 스승, 또는 신이나 윗사람이 자식이나 제자, 또는 인간이나 아랫사람을 아끼고 소중히 위하는 마음의 상태. 때로, 자식이나 제자가 부모나 스승을 존경하고 따르는 마음의 상태를 가리키기도 함. (3)남을 돕고 이해

이 실제 //사랑//을 그대로 나타내고 있는가? 아니다. 이는 곧 언어 기호는 무한한 실재물을 분절하여 단편적으로 나타낼 수밖에 없음을 말해 준다.

이처럼 자연계는 연속적이지만, 언어로 표현할 때는 연속적인 그 실재를 분절적으로 자를 수밖에 없다. 이는 언어 기호가 실재물 자체가 아니라 제한된 음소로 그것을 표현할 수밖에 없는 상징이기 때문에 필연적으로 발생하는 사항이다. 이렇게 볼 때 인간의 언어는 단음으로 분절된다는 일반적인 개념도 실제 구체적인 실재물로서의 음성과 분절 표시의 음소(단음)의 관계임을 알 수 있다. 실제 음성 실현에서는 연속체로 일어나지만, 우리는 추상적인 음소라는 단위를 이용하여 분절화하여 표기하고 있는 것이다. 이런 의미에서 분절성은 인간 언어의 장점이자 다른 한편으로는 심각한 한계성이 되고 만다.

이러한 언어의 분절성에 대한 이상의 인식은 〈선에관한각서2〉에 나타난 "凸렌즈"와 그것의 "수렴작용"이라는 단어에 나타난다. 작품 속에서 이상이 즐겨하는 놀이는 볼록렌즈를 이용한 태양광선의 수렴작용이다. 태양관선의 수렴작용은 어떤 의미를 가지는가. 〈선에관한각서2〉뿐 아니라 그의 대표작 〈날개〉에 즐겨 등장하는 볼록렌즈의 "수렴" 작용은 무한한 광선을 인위적으로 조작하는 작업이다. 전반적인 시 해석을 근거로 볼 때 이 수렴작업은 실재물과 기호의 관계를 무한성과 분절성으로 파악한 것으로 이해할 수 있다. 이는 기호에 대한 이상의 관점을 집약한 것으로 생각한다.

(1)

태양광선은凸렌즈때문에수렴광선이되어일점에있어서혁혁히빛나고요요히불탔다......인문의뇌수를마른풀과같이소각하는수렴작용을나열하는것에의하여......)　　(〈선에관한각서2〉 6연)

하고 가까이하려는 마음. (4)사람이 가치있는 사물이나 대상을 몹시 아끼고 귀중히 여기는 일.(운평연구소 편, 국어대사전, 금성출판사, 1996: 1613)

〈선에관한각서2〉의 핵심어가 '凸렌즈'와 '수렴작용'임을 입증하는 증거로 1연과 5연의 전체 형태를 들 수 있다. 다시 말하면 1연과 5연의 전체 형태는 바로 凸 - 볼록렌즈 형태라는 사실이다.

〈선에관한각서2〉 1연		〈선에관한각서2〉 5연	
1+3		3+1	
3+1		1+3	
3+1	1+3	1+3	3+1
1+3	3+1	3+1	1+3
1+3	1+3	3+1	3+1
3+1	3+1	1+3	1+3
3+1		1+3	
1+3		3+1	

그러나 지금까지의 많은 논의들은 1 혹은 3이라는 숫자의 의미 혹은 그들 사이의 대칭 구조에만 주의를 기울인 나머지, 두 연의 전체 형태가 바로 凸 렌즈를 옆으로 세운 형상이라는 사실을 놓치고 있다. 1혹은 3의 의미보다는 숫자 배열된 전체 형상이 볼록렌즈 형상이라는 사실이 보다 중요하다고 보는데, 이유는 바로 6연에서 진술되는 볼록렌즈의 수렴작용을 상징하기 때문이다.

〈선에관한각서2〉의 2연 "선상의점A/선상의점B/선상의점C"에서 한 선 위의 점 A, B, C가 있다고 말하고, 3연 "A+B+C=A/A+B+C=B/A+B+C=C"에서 그 A, B, C의 합점이 A 혹은 B 혹은 C가 된다는 것이니, 이는 곧 A, B, C가 동일점이라는 말이다. 4연 "이점의교점A/선점의교점B/수선의교점C"은 3연을 부연설명하는 것이니, 두 선의 교점 A나 세 선의 교점 B나 세 선의 교점 C나, 하나의 동일 교점이라는 것이다. 결국 〈선에관한각서2〉의

2~4연은 선상의 점 A, B, C는 결국 하나의 교점임을 말하고 있는데, 이는 곧 볼록렌즈의 수렴 결과 생기는 광선의 교점이기도 한 것이다. 이러한 凸렌즈의 '수렴' 작용에 대한 이상의 생각은 "인문의뇌수를마른풀과같이소각하는수렴작용"이라는 구절에 단적으로 나타나 있다.

무한한 실재물인 태양광선이 볼록렌즈를 통과하면, 즉 인간의 머릿속에서 상징과정(수렴과정)을 겪으면 선상의 점들이 되고, 이 점들은 또다시 수렴과정을 겪어 교점 A, B, C가 된다는 것이다. 그런데 "A+B+C=A/ A+B+C=B/ A+B+C=C"에서 표현하듯이 결국 A, B, C는 꼭 같아져 버린다는 것이다. 이것의 의미는 무엇일까. 이는 수렴(상징)은 실재물이 가지는 무한히 많은 여러 특성들을 무시하고 대표 개념으로만 추상화하고 한정시킨다는 뜻으로 이해된다. 수렴 작용은 개성의 무시를 통하여 모든 것을 유형화시키는 과오를 범하고 있다고 보는 것이다.

凸렌즈의 수렴의 결과 생기는 교점은 볼록렌즈로 불장난할 때 필요한 바로 그 교점이기도 하다. 〈선에관한각서〉 시리즈뿐 아니라 이상의 대표작으로 평가하는 〈날개〉에서도 주인공은 볼록렌즈로 광선의 수렴작용을 즐기고 있다.

(2)

> 아내가 외출만 하면 얼른 아랫방으로 와서 그 동쪽으로 난 들창을 열어 놓고, 열어 놓으면 들여비치는 볕살이 아내의 화장대를 비쳐 가지각색 병들이 아롱이지면서 찬란하게 빛나고, 이렇게 빛나는 것을 보는 것은 다시 없는 내 오락이다. 나는 쪼꼬만 〈돋보기〉를 꺼내 가지고 아내만이 사용하는 지리가미를 끄실려 가면서 불장난을 하고 논다. 평행광선을 굴절시켜서 한 초점에 모아 가지고 고 초점이 따끈따끈해지다가 마지막에는 종이를 끄실르기 시작하고 가느다란 연기를 내이면서 드디어 구녕을 뚫어 놓는 데까지에 이르는 고 얼마 안 되는 동안의 초조한 맛이 죽고 싶을 만치 내게는 재미있었다.(〈날개〉)

주인공의 이러한 돋보기 놀이는 주인공의 현재 상태와 돋보기에 굴절된 태양빛의 상태가 동일함을 상징한다. 굴절된 돋보기의 빛이 종이를 태우듯이, 주인공 역시 인문의 뇌수를 태우고 있는 것이다. 즉 본래의 자신, 진아(眞我)는 파괴되고 왜곡된 가아(假我) 상태의 주인공을 상징하는 것이다.[21] 다시 〈선에관한각서2〉 6연의 첫 부분을 보자.

> (태양광선은,凸렌즈때문에수렴광선이되어일점에있어서요요히빛나고혁혁히불탔다…) (〈선에관한각서2〉 6연)

이 표현만 보면 이상이 수렴 작용을 긍정적으로 본다고 오해할 수도 있으나, 연속되는 다음 구절은 수렴작용에 대한 이상의 비판적인 생각을 보여주고 있다.

> (3)
> (…태초의요행은무엇보다도대기의층과층을이루는층으로하여금凸렌즈되게하지아니하였던것에있다는것을생각하니약이된다..)(〈선에관한각서2〉 6연)

태초에는 태양광선이 수렴되지 아니하였으니, 이것을 이상은 정말 다행이라고 여기고 있는 것이다. 오정란(2001b)에서 살핀 바, 이상에게 있어서 태양광선은 실재물 그 자체이며, 숫자나 언어 기호 따위는 실재물을 분절시킨 상징에 불과하다고 본 이상의 의식을 인식한다면 그 둘 사이의 유기적 관계가 보이게 된다. 오히려 6연 괄호 내 부분[22]이 이상이 말하고자 하

---

21 주인공이 이러한 가아(假我)에서 벗어나 잃어버렸던 진아(眞我)를 찾기 위한 욕망이 바로 '날개'로 표명된다. 날개란 닫힌 상자로부터의 탈출을 가능하게 하는 도구이며, '난다'는 것은 닫힌 세계로부터 열린 세계로의 비상이다.(오정란 2001a: 180)

22 뒤에서 밝히겠지만, 이러한 ( ) 내 기술은 메타언어적 표현이다.

는 내용이며, 앞부분은 그 내용을 상징적으로 도식화한 것임을 알 수 있다. 실재물 태양광선을 수렴하면 선이 되고, 선을 자르고 구부리면(수렴하면) 숫자가 된다. 바로 인간이 사용하는 언어기호나 숫자 등은 실재물 그 자체가 아니라 인간의 관념 속에서 굴절된 상징물이라는 것이다. 굴절된 상징세계의 대표로 이상은 기하학을 들고 있는 것이다. 이상은 바로 이 상징 속에서 살아야만 하는, 즉 기호의 우리에 갇혀서 살아야 하는 인간의 한계에 대해 통탄하고 있는 것이다. 그렇게 만든 대표적 원흉으로 이상은 유클리드를 들고 있다.

(4)

(…기하학은凸렌즈와같은불장난은아닐른지유우크리트는사망해버린오늘 유우크리트의초점은도처에있어서인문의뇌수를마른풀과같이소각하는수렴 작용을나열하는것에의하여최대의수렴작용을재촉하는위험을재촉한다…)

(〈선에관한각서2〉 6연)

유클리드의 기하학(그것을 이상은 "수렴"의 학문으로 간주한다)의 힘은 대단하여 그가 죽고 난 다음에도 그 악령은 살아 있어서 인간다운 자연성(이상은 이를 "인문의 뇌수"라 함)을 수렴하여 소각하고 있다는 것이다. 그래서 이상은 凸렌즈에 의한 수렴작용이 태양광선에 대한 불장난이듯이, 기하학 역시 인문의 뇌수를 소각하는 불장난이라는 것이다.

태양광선은 볼록렌즈의 수렴작용에 의해 수렴광선이 된다. 수렴에 의하여 태양광선을 한 점에 모으고 계속적으로 정지하고 있으면 그 교점은 종이를 '소각'한다. 다시 말하면 수렴이란 역동적인 실재물을 정태적인 것으로 만들며, 또 어떤 존재를 소각하기까지 한다는 것이다. 따라서 수렴이란 실재물의 기호화 작용을 한 마디로 나타낸 것이라 본다. 실재물의 기호화는 곧 무한한 것의 유한화, 동적인 것의 정태화, 연속체의 분절화를 말한다.

〈선에관한각서7〉에서 이상은 수렴작용의 대표적인 인물로 유클리드를 말하고 있다. 그러나 이는 이상이 숫자를 예로 들다 보니 나온 대표적인 예일 뿐, 결국은 우리 인간 자체가 바로 수렴을 수행하는 凸렌즈인 것이다. 우리는 우리가 만든 상징 체계인 기호라는 색안경을 쓰고 이 세상을 보고, 생각하고 살아가고 있기 때문이다. 그 세계는 기호라는 색으로 채색된 세계이며, 그 세계는 너무나 한정된 점일 뿐이다. 그렇게 보면, 결국 수렴할 수밖에 없게 된 것은 인간 언어의 부족함 때문으로 볼 수 있다.

예를 들어보자. 우리는 "하루는 밤낮으로 이루어진다"고 말한다. 그러나 어디까지나 밤이며, 어디까지가 낮인가. 어떻게 자를 수 있을까. 실제는 연속체(continiuum)이지만 인간의 언어기호는 이를 '밤+낮'이라고 분절하고 말았다. 그에 따라 인간의 사고 역시 분절적으로 세계를 보고 있는 것이다. 또 '하루'라는 것도 그렇다. 어디서 어디까지가 하루인가. 실제로 나뉘어 있는가. 아니다. 그렇다고 오인하게끔 하는 것은 바로 인간 언어의 표상 기능에 기인한 것이다. 그러므로 다음의 구조로 구성된 〈선에관한각서2〉는 바로 凸렌즈의 수렴작용을 빌어 언어기호의 분절성에 대한 한계를 노래한 것으로 이해되어야 할 것이다.

(5) 〈선에관한각서2〉의 구조

1연:	凸렌즈 형상 제시
2, 3, 4연:	수렴 작용이 가져오는 현상
5연:	凸렌즈 형상 제시
6연:	1~5연 내용의 메타언어적 기술

실재물이 凸렌즈에 의하여 수렴되면 실재물은 어떤 모습으로 변형될까. 태양광선이 수렴된 결과 선상의 한 점으로 되는 것과 같이, 무한한 선을 자르고 구부린 결과 1, 2, 3, 4, 5, 6, 7, 8, 9, 0 등의 숫자가 탄생하게 된다.

이 숫자들은 인간의 사고("인문의 뇌수")를 십진법 내에 묶어버리는("소각하는") 수렴작용을 수행하게 된다는 것이다.

〈선에관한각서1〉의 앞부분에 제시된 도형은 점들이 막힌 공간 내에 있음을 보여 준다. 만약 그 도형에서 숫자를 제거해 보면, 도형의 이미지는 완전히 달라질 것이다. 숫자가 사라진 그 공간은 무한히 확장하는 무한 공간의 이미지이다.

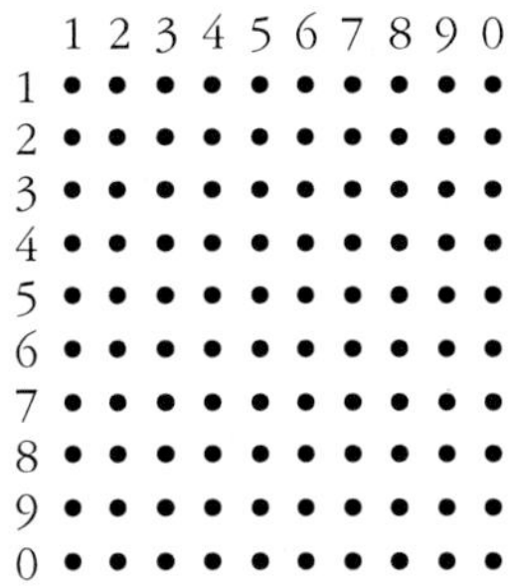

(1) 〈선각1〉의 앞부분

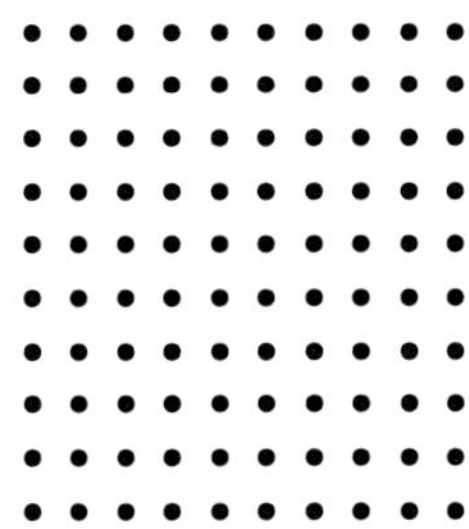

(1)에서 숫자 삭제한 도형

이러한 조작을 통하여 숫자에 대한 이상의 인식을 찾을 수 있을 것이다. 즉 숫자 그 자체도 무한한 선분의 수렴에 의하여 형성되었고, 또 그 숫자에 의한 기하학 등 역시 무한한 실재물을 유한한 것으로 제한하는 수렴작용을 한다고 인식했음을 추정할 수 있다. 그래서 이상은 숫자놀음에 의하는 기하학 따위는 "인문의 뇌수를 마른 풀과 같이 소각하는 수렴작용"(〈선에관한각서2〉)의 결과인 절망으로 이상은 인식했던 것이다. 1, 2, 3, 4, 5, 6, 7, 8, 9, 0으로 닫힌 공간이 바로 인간 사고의 공간인 것이다. 그래서 이상은 다시 ( ) 안에 나타나 자신의 견해를 요약한다.

(6)

(우주는멱에의하는멱에의한다) (〈선에관한각서1〉)

이 말의 의미는 무엇인가. 이승훈(1989: 148)은 "'멱'은 10의 n제곱이며, '멱의 멱의 멱'은 ....으로 광년을 의미한다"고 해석한다. 그러나 보다 본질적인 해석은 무한한 우주를 "멱에의하는멱-- 광년"이라고 하여 '광년'이라는 단위로 기호화하지만, 이 자체 역시도 무한한 실재물 우주를 한정하는 것에 불과하다는 뜻으로 이해되어야 할 것이다. 우리는 생각하는 개념 그 모든 것은 우리가 만든 분절된 기호의 막이라는 것이다. 그래서 이상은 말한다.

(7)

(사람은숫자를버리라) (〈선에관한각서1〉)

여기서 이상이 버리라는 것은 숫자로 대표되는 분절된 모든 것, 즉 기호화에서 벗어나라는 것이다. 이는 이어지는 다음 구절 "(고요하게나를전자의양자로하라)"과 같은 내용이다. 양자란 무엇인가. 아인슈타인은 빛으로 이루어진 에너지 다발을 양자라 하였으니, 즉 수렴되지 않은 '나', 실재물로서의 '나'의 존재를 깨달으라는 선언으로 이해된다.

Ⅶ. 언어 기호의 상징성과 "시각의이름"

1. '광선'과 실재물

〈선에관한각서〉 시리즈를 전체적으로 읽고 나면 흥미로운 점을 발견할 수 있다. '삼차각설계도'란 제목으로 미루어 이들 시들은 선으로서 삼차각[23]을 만들기 위한 과정이나 방법을 제시할 것 같은데, 실제 시에는 '삼차각설계도'에 대한 구체적인 구상이 아니라 기호— 그것도 수학적 기호에 한정된 것이 아니라 언어 기호— 에 대한 철학적인 상념이 주를 이루고 있으며, 기호에 대한 그의 인식이 언어기호의 본질을 꿰뚫고 있다는 사실이다. 이것은 특히 〈선에관한각서7〉에 총체적으로 잘 나타나 있다. 또 한 가지 특이한 것은 이들 선에 관한 각서 연재시에서 이상은 '선'이 아니라 '광선'에 대하여 노래하고 있다는 사실인데, 이는 이상이 '선'의 구체적 대상으로 선택한 것이 '광선'이 아닐까 생각하게 한다.

그의 작품에서 구체적으로 언급되고 있는 '광선'에 대하여 살펴보자. 광선은 이상에게 있어서 가장 긍정적으로 인정되고 있는 존재이다. 〈선에관한각서7〉[24] 첫 번째 부분에서 이상은 광선에 대한 자신의 견해를 밝히고 있다. 이승훈(1989: 166)은 이 첫 번째 부분을 '음속과 광속의 비교'로 해석하고 있다. 그러나 이 부분은 음속과 광속의 비교를 표현한 것이 아니라 광선의 양면성을 고발하고 있는 것으로 읽힌다.

---

23 김명환(1998: 180-181)은 '삼차각'이란 이상이 만들어낸 조어로서 수학에서 통용되고 있지는 않지만 그에 상응하는 수학적 의미를 부여할 수 있는 용어라고 한다. 세 모서리가 만나는 각(?)이라고 볼 수 있으니, '삼차각'보다는 '삼면각'이 더 적절한 용어라고 보고 있다.

24 '선에 관한 각서7'의 내용에 대해 이승훈(1989: 166)은 크게 네 부분(– 부분)으로 되어 있다고 본다. (1)음속과 광속의 비교, (2)광속-광선에서 유추되는 시각의 중요성, (3)모든 현상의 존재는 시각에 의해 드러난다는 것, (4)그러나 시각에는 한계가 있다는 것에 대해 말한다.

〈선에관한각서7〉의 첫 부분

공기구조의속도-음파에의한-속도처럼삼백삼십미터를모방한다 (1)

(광선에비할때참너무도열등하구나) (2)

광선을즐기거라,광선을슬퍼하거라,광선을웃거라,광선을울거라, (3)[25]

광선이사람이라면사람은거울이다 (4)

광선을가지라(5)

----

(3)에서 이상은 광선이란 인간들이 즐기고 슬퍼하고 웃고 울 어떤 존재로 인식하고 있다. 동일한 하나의 대상, 광선에 대하여 상반된 행동을 요구하고 있는 것이다. 이것은 광선의 양면성을 암시하고 있는 부분이다. 즐기고 웃을 대상의 광선과 슬퍼하고 울어야 할 대상의 광선이 있음을 암시한다.

광선에 대한 이상의 긍정적인 인식은 "광선을 가지라"고 절규하는 (5)에 나타난다. (5)에서 말하는 광선은 즐기고 웃을 대상의 광선이다. 이에 대한 열쇠로 〈선에관한각서1〉의 다음 (6)을 들 수 있다. 지금까지 (6)의 의미에 대한 해석은 없는 것으로 안다. 그러나 이 구절은 광선에 대한 이상의 의식이 드러난 중요한 단서이므로 간과되어서는 안 된다고 본다. 이상의 작품들이 대부분 그러하지만, (6)의 해석은 (6)'와 같이 소괄호로 묶으면 보다 투명해진다. '영겁'에 영어 소문자 i, j를 붙여 구별해 보자.

---

25 '선에 관한 각서7'의 내용에 대해 이승훈(1989: 166)은 크게 네 부분(– 부분)으로 되어 있다고 본다. (1) 음속과 광속의 비교, (2) 광속-광선에서 유추되는 시각의 중요성, (3) 모든 현상의 존재는 시각에 의해 드러난다는 것, (4) 그러나 시각에는 한계가 있다는 것에 대해 말한다.

(6)

사람은영겁인영겁을살릴수있는것은생명은생도아니고명도아니고광선이라는것이다(선에관한각서1)[26]

(6)'

(사람)은(영겁i인영겁j을살릴수있는것)은/(생명)은((생도아니고명도아니고)광선이라는것)이다

즉, '사람 = 영겁i인영겁j을살릴수있는것 = 생명 = 광선'이라는 등식이 성립한다. 여기서 '생도아니고명도아니고'는 광선을 한정하고 있다. 즉 광선이란 생도 아니고 명도 아닌 존재로, 이것은 곧 생명이며, 또 영겁인 영겁을 살릴 수 있는 것이라는 것이다.

'영겁i인 영겁j'이란 무엇인가? 영겁i은 영겁j을 수식하고 있으므로, '영겁i인 영겁j'의 해석은 영겁i을 언어표현으로써의 [영겁]으로, 영겁j을 실재물로서의 //영겁//으로 이해해야만 해석이 가능하다. 즉 '[영겁]이라고 불리어지는 실재물 //영겁//'인 것이다. 또 실재물 영겁j은 생명인데, 이 생명이란 언어로써 표현되는 생도 아니며 명도 아니며 광선이라는 것이니, 곧 이상에게 있어서 광선이란 실재물의 총칭임을 알 수 있다. 따라서 광선이란 언어로 상징되는 것이 아닌, 실재 그 자체를 말하고 있는 것이다. 그러므로 실재 자체인 //생명//이란 언어 표현으로서의 [생]이나 [명]이 아니라, 영원한 실재물 //광선//이라는 것이다.

그렇다면 언어 기호란 어떤 존재인가. 앞에서 살핀 바와 같이 소쉬르(1916: 98)는 언어 기호란 사물과 명칭의 결합이 아니라 개념과 청각 영상

---

26 이 구절에 대해서 이승훈에는 아무런 설명이 없다. 다만, '선에 관한 각서1'의 주제에 대한 여러 견해들은 다음과 같다.(이승훈 1989: 149) (1)질서정연한 숫자로만 세상이 인식된다고 믿는 칼테시앙(이성주의자)의 세계관(이어령) (2)이상의 수학적 우주관(김용운) (3)욕구의 무한성(정귀영) (4)우주설계도(김우종) (5)자아분열에 대한 극복(이승훈)

의 결합이라고 하였다. 달리 말하면 언어 기호는 실재 사물(이하 '실재물'이라 칭함)이 아니라 그 사물에 대한 하나의 상징이라는 것이다. 또한 오그덴 & 리차즈(1923: 11)가 창안한 기호삼각형(semiotic triangle)에는 실재물과 개념, 그리고 언어 기호 사이의 관계가 잘 나타나 있음을 살펴보았다. 언어 기호는 실재물이 아니라 그것의 상징이며, 둘 사이의 관계는 간접적인 관계라는 것이다. 이러한 언어의 상징성은 인간이 불과 수십여개의 음소로 상호 의사소통을 가능하도록 만들었으며 이 자연계의 주인이 되도록 만들었다. 상징성이란 이 막강한 힘은 인간으로 하여금 언어로 표현된 그것이 실재 그 자체로 믿게 하기에 이른다.

다시 말하면 언어 기호의 상징성은 인류를 자연계의 주인으로 만든 힘이면서 동시에 인간의 의식과 관념을 주어진 상징의 범위 내에 제한시킨 주범이기도 하였다는 사실이다.

이러한 언어라는 마술에 의한 언어의 한계성, 특히 상징성에 대한 이상의 인식이 바로 이 〈선에관한각서〉에 요약되어 있는 것이다.

그러므로 이상이 우리에게 광선을 가지라고 (5)에서 절규하고 있는 것은, 언어의 상징성에 가려진 언어 표현을 넘어서서 생명이자 실재물인 그 무엇, 사람을 살릴 수 있으며 영겁에 나아갈 수 있는 실재에 대한 인식을 요구하고 있는 것이다. 그러한 개념은 위의 〈선에관한각서7〉 (4)에서 보다 분명해진다. 역시 반복되는 '사람'에 i, j를 붙여 보자.

(4)'

광선이사람$_i$이라면사람$_j$은거울이다[27](선에관한각서 7)

사람$_i$과 사람$_j$은 어떤 관계인가? 광선을 실재물로 이해하면 (4)는 쉽게

27 이승훈(1989: 165)에서는 이 구절을 다음과 같이 해석하고 있다. '광선'이 '사람'이라면 '사람'은 '거울'처럼 자신을 제대로 반성하게 된다는 뜻. 그렇기 때문에 다음 시행인 '광선을 가지라'는 말이 가능.

해석된다. 실재물 사람i이 광선에 해당한다면, [사람]이라는 언어로 표현되는 사람j은, 실재물 사람i의 평면적 영상에 불과한 거울 속 영상이라는 것이다. 즉 실재 //사람//의 언어적 상징인 [사람]이라는 언어는 실재 '人'의 표면적 반영에 불과하다는 뜻이 아닐까.

이러한 추론을 바탕으로 (1)과 (2)의 이해가 가능해진다.

이상이 실재물의 구체적 대상으로 광선을 선택했음을 고려하면, '공기구조의 속도'니 하는 것은 광선에 비해 너무나 열등하다는 (2)의 언급은 쉽게 이해가 간다. 그렇다면 무엇이 그처럼 열등하다는 것일까? 이승훈은 (1)과 (2)를 음속과 광속의 비교로 보아 (1)~(5) 전체를 해석하고 있지만, 그보다는 (1)을 보다 상징적으로 봄이 타당하리라 생각한다. 사실 (1)은 주어가 잘 드러나지 않은 문장이다. 그러나 문장의 앞 뒤 맥락을 살펴볼 때, 주격조사가 생략되어 있지만 주어는 '공기구조의속도'임을 알 수 있다. 주격조사 '-는'을 넣어 보자.

(1)'

공기구조의속도(는)-음파에의한-속도처럼삼백삼십미터를모방한다

'공기구조의 속도'라는 언어의 상징성에 의하여 우리는 공기구조의 속도는 삼백삼십미터라고 믿게 된다는 것이다. 이 삼백삼십미터란 인간이 창안한 수와 단위에 의하여 정의된 음파의 속도일 뿐이지, 실재의 실체가 아닐 수도 있다는 인식이 '모방한다'에 나타나 있다. 이러한 언어에 의한 상징을 실재인 광선에 비교해 보면 (2)"참너무도열등하구나"라는 탄식이 나올 수밖에 없었을 것이다. 그러므로 인간은 이제 언어의 상징성에 가리어 우리가 간과했던 실재의 실체에 접근해야 한다는 인식이 (3), (5)로 표출되었을 것이다.

실재물와 언어라는 관점에 의하면, '광선'이라는 단어가 네 번 나오는 (3)행은 (3)'와 같이 구분 표시될 수 있다. 즉 긍정적 관점의 광선 - 즐기고

웃을 대상의 광선은 '실재로서의 광선(i)'이며, 부정적 관점의 광선 - 슬퍼하고 울어야 할 대상의 광선은 '언어로서의 광선(j)'으로 이해된다. 이는 언어 기호인 [광선]의 상징성에 얽매이지 말고, 실재물 //광선//의 이해에 도달하라는 뜻으로 해석된다.

(3)'

광선i을즐기거라,광선j을슬퍼하거라.광선i을웃거라,광선j을울거라

그러므로 (5)에서 가지라고 권고하는 광선은 상징으로의 언어기호가 아니라 실재물 //광선//임을 알 수 있다.

2. "시각의 이름"과 언어기호의 상징성

연속체인 실재물과 분절적인 언어 표현 사이 괴리에 대한 이상의 인식이 〈선에관한각서7〉 둘째 단락과 셋째 단락에 잘 나타나 있다. 다음은 둘째 단락이다.

〈선에관한각서7〉의 둘째 부분

시각의이름을가지는것은계량의효시이다 시각의이름을발표하라 (7)

□ 나의이름 (8)

△ 나의아내의이름(이미오래된과거에있어서나의AMOUREUSE는이와같이도총명하리라)(9)

시각의이름의통로는설치하라,그리고그것에다최대의속도를부여하라 (10)

이 부분에 대해 이승훈(1989: 166)은 광속-광선에서 유추되는 시각의 중요성으로 해석하고 있으나, 이 부분의 핵심어는 '시각'이 아니라 '시각의 이름'으로 보아야 할 것이다. 또한 이 둘째 부분에는 시각의 이름에 대한 부정적인 인식이 진술되어 있다.

(7)은 모든 실재에 대하여 시각의 이름을 붙이는 것은 "계량의 효시"라는 것이다. 계량이란 인간의 잣대에 의해 사물을 자르고 나누는 것이니, 계량의 시초는 바로 실재물을 언어 기호(시각의 이름)로 표현하는 것에서 비롯되었다는 뜻이다. 또 계량이란 바로 수학적인 도식화, 즉 기하학이 그 대표가 될 터인데, 이상이 계량을 부정적으로 본다는 사실은 〈선에관한각서2〉에 잘 나타나 있다. 여기서 이상은 기하학을 凸렌즈의 수렴작용을 통하여 인문 정신을 소각하는 것으로 간주하고 있다.

> (11)
>
> 기하학은 凸렌즈와같은불장난은아니런지,유우크리트는사망해버린오늘유우크리트의초점은도처에있어서인문의뇌수를마른풀과같이소각하는수렴작용을나열하는것에의하여최대의수렴작용을재촉하는위험을재촉한다 (〈선에관한각서2〉)

유클리드는 사망하였지만 그의 초점은 최대의 수렴작용을 재촉하는 위험을 재촉한다는 것이다. 그렇다면 시각의 이름이란 어떤 것인가. 이상은 (8)(9)에서 '□, △'와 같은 것이 시각의 이름이라고 예를 들고 있다.(이런 도형을 시각의 이름으로 본다는 것은 1234567890 같은 숫자 등도 시각의 이름에 속함을 함축한다.)

여기서 우리는 시각의 이름이란 바로 언어 기호이며, 이는 곧 언어의 분절성의 결과임을 알 수 있다. 이상이 시각의 이름의 대표로 든 '□, △'란 바로 무한대로 뻗치는 선(광선)을 분절하여 구부리고 붙여서 우리가 볼 수 있도록 만든 것이기 때문이다. 여기서 우리는 이상이 말하는 '시각의 이름'이란 무한한 것을 유한한 것으로 분절하여 만든 것으로 인식하고 있음을 알 수 있다. 다시 말하면 우리 인간은 언어 기호를 통하여 무한한 실재를 유한하게 분절시켜 본다는 것이니, 이러한 분절의 시도가 곧 계량의 효시가 되었다는 것이다.

이상이 숫자(기호)뿐 아니라 언어기호도 실재물의 계량화[28]의 산물로 보고 있다는 사실은 〈선에관한각서7〉에 잘 나타난다.

(12)

시각의이름을가지는것은계량의효시이다.시각의이름을발표하라.

□ 나의이름

△ 나의아내의이름

하늘은시각의이름에대하여서만존재를명백히한다(대표인나는대표인일례를들 것)

蒼空秋空蒼天青天長天一天蒼穹(대단히갑갑한지방색이아닐런지)하늘은시각의이름을발표했다

(〈선에관한각서7〉)

여기서 이상이 말하는 "시각의 이름" 그것은 바로 수렴의 결과, 즉 "숫자적인 일점"임을 알 수 있다. 여기서 이상은 '□, △' 등 도형도 "시각의 이름"이며, '창공(蒼空)'이니 '추공(秋空)'이니 '청천(青天)'이니 하는 언어 표현 그 자체도 "시각의 이름"이라고 밝힌다. 그러므로 이상이 말하는 "시각의 이름"이란 바로 기호를 뜻함을 알 수 있다. 따라서 시각의 이름이란 숫자뿐 아니라 도형과 언어 기호까지도 포함한 개념인 것이다.

"시각의이름을가지는것은계량의효시"라는 말은 어떤 의미인가. 인간이

---

28 실재물의 기호화를 이상은 계량화 혹은 객관화라는 용어로 표현하고 있다.

실재물의 상징화, 대표화, 즉 기호화로 기호 체계를 가지게 된 것이 계량의 시작이라는 말인데, 여기서 계량이란 바로 "수렴작용"과 동의어로 이해된다. 수렴작용은 "인문의뇌수를마른풀과같이소각하는(선에관한각서2)" 것이다.

나아가 이상은 시각의 이름의 특징이 '상징성' 혹은 '대표성'이라는 사실도 알고 있었다. 기호의 상징성이란 무엇인가. 소쉬르(1916: 98)는 언어기호란 사물과 명칭의 결합이 아니라 개념과 청각영상의 결합이라고 하였는데, 이는 언어기호는 실재 사물, 즉 실재물이 아니라 그 사물에 대한 하나의 상징이라는 것이다. 오그덴 & 리차즈(1949: 11)가 창안한 기호삼각형(semiotic triangle)에는 실재물과 개념, 그리고 언어기호 사이의 관계가 잘 나타나 있다. 여기서도 언어 기호는 실재물이 아니라 그것의 상징이며, 둘 사이의 관계는 간접적인 관계로 정의하고 있다. 이러한 언어의 상징성은 인간으로 하여금 불과 수십개의 음소로 언어 행위(상호 의사소통)를 가능하도록 만들었으며 이 자연계의 주인이 되도록 만든 원동력이었다. 상징성이란 이 막강한 힘이 인간으로 하여금 언어로 표현된 그것을 실재 그 자체로 믿게 하기에 이른 것이다. 다시 말하면 언어 기호의 상징성은 인류를 자연계의 주인으로 만든 힘인 동시에 인간의 의식과 관념을 주어진 상징의 범위 내에 제한시킨 주범이기도 하였다는 사실이다.(오정란 2001b: 35-36) 다음 구절을 보자.

(13)

하늘은시각의이름에대하여서만존재를명백히한다(대표인나는대표인일례를들것) (〈선에관한각서7〉)

실재물 '天'은 /하늘/이라는 언어기호를 통해서만 인간에게 인식된다는 것이다. 시각의 이름이 나타내는 것은 실재물 그 자체가 아니라 어디까지나 대상물에 대한 상징인 "대표"라고 분명히 못 박고 있으며, 그 예로 '나'라는 존재 자체도 하나의 기호로써 존재하며 인식된다는 것이다. 그러면서 실재물 '天'에 대한 여러 가지 시각의 이름들을 제시하면서, 그러나 이들 여러 가지 이름들도 사실은 실재물 '天'의 실체가 아니라 단편적인 편린에 불과함을 말하고 있다. 그 예로 든 天을 지칭하는 많은 단어들이 실은 그 실재물의 어느 한 단면만 나타낼 뿐인데,[29] 이것을 이상은 "답답한 지방색"이라고 한 것이다.

(14)

蒼空秋空蒼天靑天長天一天蒼穹(대단히갑갑한지방색이아닐런지)하늘은 시각의이름을발표했다

여기에 표출된 이상의 언어기호관은 정곡을 찌르고 있다. 실체인 하늘에 대하여 蒼空이니 秋空이니 蒼天이니 靑天이니 長天이니 一天이니 蒼穹이니 하는 이러한 명칭들 그 자체가 "대단히 갑갑한 지방색"이라는 것이다. 실재 하늘은 그 전체를 아우르고도 남는 그 무엇인데 우리 인간은 이처럼 그 한 부분에 대한 인식으로 살아간다는 것이다.

이처럼 시각의 이름은 실재물의 전체를 보여주지 못하고 실재물의 한 단면만을 보여주는 '부분성'이라는 한계를 지니고 있다. 그렇지만 이런 한계에도 불구하고 이 시각의 이름과 인간은 "영원히같이살아야하는" 관계에 있다. 기호의 한계에서 벗어나고 싶지만 벗어날 수 없는 인간의 한계에 대한 인식이다. 이상 자신 스스로 벗어나고자 하면서도 결국은 그 기호로

29 우리 인간은 창공, 추공, 창천, 청천 등 언어로 표현된 단어(시각의 이름)를 통하여 '하늘'이라는 무한한 대상물을 언어에 표현된 범주만큼만 단편적으로 인식한다는 언어의 한계성에 대한 표현으로 이해된다. 예를 들어 "창공(蒼空)"이라는 표현을 보면 우리는 '아! 푸른 하늘!'이라는 생각을 가지며, 반면 "장공(長空)"이라는 표현을 들으면 '그래! 하늘은 정말 그 높이를 잴 수 없어'라는 생각을 하게 된다. 그러나 사실은 실재물 '하늘'은 이상이 여기서 열거한 모든 언어 표현을 망라할 뿐만 아니라 언어로는 도저히 도달할 수 없는 그 어떤 존재이다.(오정란 2001b: 41) "말로 할 수가 없다" 말의 뜻이 그것이다.

생각하고 표현할 수밖에 없는 한계에 대한 인식이다.

인간은 기호에 의하여 외부의 세계를 이해하고, 이해한 만큼 세계상으로 환치해 놓고 그 안에 안주하며 살아가기 때문이다.

(15)

시각의이름은사람과같이영원히같이살아야하는숫자적인어떤일점이다
시각의이름은운동하지아니하면서운동의코오스를가질뿐이다 (〈선에관한각서7〉)

시각의 이름(기호)은 인간 존재의 상징이지만, 어디까지나 그것은 "숫자적인어떤일점"이라는 것인데, 이는 "기호화되고 고정된 한 점"에 불과하다는 것이다. 고정된 한 점이란, 무한한 실재물을 상징화 · 대표화· 부분화· 정태화[30]시킨 것에 불과한 것이니, 곧 기호가 가지는 한계성에 대한 이상의 인식이 나타난 구절이다. "운동하지 않으면서 운동의 코오스를 가지"는 것은 실재물이 아니면서 그 자체 실재물인 것처럼 보여지는 기호의 특성이니, 이 구절은 기호의 상징성을 말하고 있다.

시각의 이름에 대한 이상의 부정적인 인식은 다음에도 나타난다. 시각의 이름들은 가능한 한 잊어 버리고 사용하지 말라는 것이니, 이는 기호의 세계에서 벗어나 감추어진 실재물에 접근하라는 웅변으로 이해된다.

(16)

시각의이름들을건망하라
시각의이름을절약하라 (〈선에관한각서7〉)

30 모든 실재물은 끊임없이 변하고 있으나, 언어기호에 담긴 의미는 변하지 않음을 말한다. 언어에 의한 연상작용 등은 바로 언어의 정태성에 의한 것인데, 언어 기호의 정태성을 교묘하게 이용하는 분야가 광고일 것이다.

이는 기호의 우리 속에 갇혀서 기호라는 색안경이 보여주는 상징적이며 정태적인 가현실을 진실인 양 믿고 살아가는 인간 존재의 한계성을 깨닫고 기호의 우리에서 벗어나고자 몸부림친 이상의 의지 표현인 것이다. 이러한 언어학적 해석이 타당함을 보여주는 것으로 〈지도의암실〉[31]이 있다.

(17)

인류가아직만들지아니한글자가그자리에서이랬다저랬다하니무슨암시이냐가무슨까닭에한번읽어지나가면도무소용인글자의고정된기술방법을채용하는흡족지않은버릇을쓰기를버리지않을까를그는생각한다글자를저것처럼가지고그하나만이이랬다저랬다하면또생각하는것사람하나생각둘말글자셋넷다섯또다섯또또다섯또또또다섯그는결국에시간이라는것의무서운힘을믿지아니할수는없다한번지나간것이하나도쓸데없는것을알면서도하나를버리는묵은짓을그도역시거절치않는지그는그에게물어보고싶지않다지금생각나는것이나지금가지는글자가이따가가질것하나하나하나에서모두씩못쓸것인줄알았는데왜지금가지느냐안가지면고만이지하여도벌써가져버렸구나벌써가져버렸구나벌써가져버렸구나버렸구나또가졌구나 (〈지도의암실〉)

실재물이 아닌 상징에 불과한 언어기호를 이상은 "인류가아직만들지아니한글자"로 치부하고 싶지만 그 글자는 이미 "그자리에서이랬다저랬다하니" 기호의 그 "무서운힘"은 우리의 정신세계를 지배하고 있고, 우리는 "안가지면고만이지하여도벌써가져버리는" 벗어나고 싶어도 벗어날 수 없는 불가항력적인 존재임을 고백하고 있는 것이다.

31 〈지도의암실〉은 서술자인 내가 보기에 이상한 우스운 사람인 '그'의 하루 일과를 기술한 작품이다. 나는 관찰하는 나이자 작품을 서술하는 나이고, 그는 보여지는 나(타자)이자 서술되는 나(타자)이다. 여기서 이상이라는 한 인물의 주체 분열이 목도되니, 나/그의 분리를 통해 이 소설은 타자의 담론 또는 무의식의 담론을 지향하고 있다고 본다.(김주현 1999: 106-107)

이처럼 기호란 실재물에 대한 상징이라는 의식과 함께 기호란 실재물에 대한 자의적 표출이라는 문제와 겹쳐지게 되면, 실재물의 껍데기에 불과하면서도 인간의 모든 의식을 지배하고 있는 언어 기호를 비틀고 싶어지고 또 부정하고도 싶어질 것이다. 그러한 시도가 이상의 작품에는 많이 드러나고 있는데, 〈지도의암실〉이 그 대표적 예이다.

(18)
"…기인동안잠자고짧은동안누웠던것이짧은동안잠자고기인동안누웠던그이다네시에누우면다섯여섯일곱여덟아홉그리고아홉시에서열시까지…"
(〈지도의암실〉)

'잠자다', '눕다', '길다', '짧다' 등 기호들의 실체에 대한 인식이 드러나는 대목이다. '잠자다', '눕다'라는 단어(기호)와 그것이 가지는 '자다(宿)', '눕다(臥)'라는 의미 사이의 자의적 관계에 대한 인식이 나타나 있다. 그것은 또한 '길다(長)', '짧다(短)'라는 기호와 그 의미 사이의 관계도 마찬가지이다. 우리가 그 기호에 그 의미를 부여했기 때문에 그 의미로 인식되는 것이지 반대로 관계 맺어졌다면 반대 의미로 인식되었을 것이다. 그런 점에서 "기인동안잠자고짧은동안누웠던것이짧은동안잠자고기인동안누웠던"은 하등의 문제가 되지 않는 어찌 보면 지극히 당연한 표현이라 할 수 있다. 〈지도의암실〉에 나오는 다음 백화문을 보자.

(19)
"…죽음이묵직한것이라면나머지얼마안되는시간은죽음이하자는대로하게내어버려두어일생에없던가장위생적인시간을향락하여보는편이그를위생적이게하여주겠다고그는생각하다가그러면그는죽음에견디는세음이냐못그러는세음인것을자세히알아내이기어려워괴로워한다죽음은평행사변형의법칙으로보이르사아르의법칙으로그는앞으로앞으로걸어나가는데도왔다떼밀어

준다

活胡同是死胡同 死胡同是活胡同…" (〈지도의암실〉)

여기서 호동(胡同)은 '골목'이므로 "살아있는 골목은 죽은 골목이요 죽은 골목은 산 골목이다"로 해석되는데(김주현 1999: 368),[32] 이 역시 살아있다든가 죽어있다든가 하는 명칭 그 자체가 실재에 대한 자의적인 상징이라는 인식의 결과가 아닐까 한다.

이와 같이 언어의 특성과 관련하여 생각하면 이상이 언어기호의 비틀기를 즐겨했던 이유를 찾을 수 있을 것 같다. 실체이며 진리인 실재에 대해 언어기호는 자의적인 상징에 불과한 빈껍데기 – 이상의 용어를 빌면 "시각의이름"이다. 그러나 인간이 만든 그 시각의 이름의 힘은 가공할 정도여서 우리는 기호의 눈으로 모든 것을 보고 판단하고 생각하게 되었다. 그 결과 우리는 기호라는 안경을 쓴 채 그 안경의 우산 아래서 우리가 보고 듣고 느끼고 말하는 모든 것을 진실이라 믿기에 이르렀다. 그러나 그것은 실체의 어느 한 부분에 지나지 않는 부분적인 것이니 기호의 한계에 대한 인식이 이상의 비틀기로 나타나지 않았을까 한다.

잘 알려진 사실이지만 이상의 작품에는 백화문인 (19)뿐만 아니라 불어나 영어 등 다양한 외국어가 자연스레 등장하고 있다.[33] 〈지도의암실〉에서 주인공의 의식 중간 중간에 끼어들고 있는 외국어 표현은 (19)뿐만이

32 이 구절에 대해 이어령 교수는 "사는 것이 어째서 이와 같으며 죽음이 어째서 같은가. 죽음이 어째서 이와 같으며, 삶이 어째서 같은가"로 해석하였고, 김용직 교수는 "사는 것이 어째서 이와 같으며, 죽음이 어째어째서 이와 같은가"로 해석하였다.(김용직 편 이상 지학사, 1985: 146) 그러나 이 구절은 한문이 아니라 백화문으로 읽음이 옳다고 본다.

33 "이어령은 이상이 외래어를 그대로 시에 노출시키는 것이 '현대적 기법'임을 명시하고 있는데, 그의 평론에도 '메타몰포르시스' 같은 외래어가 문장 한 가운데 그대로 노출되어 있다. 고석규나 이어령에게 비평적 글쓰기란 외래어를 노출시키는 것이 어색하지 않을 정도의 감각과 관계가 있다. 이는 서구 이론을 보편주의적 방법론으로 삼고자 하는 태도, 그것을 현대성의 징표로 삼을 수 있는 지성적 감각, 외국 서적의 직접 수용을 통한 방법론의 차용 등이 전제되어 있는 감각이다."(조영복2003: 84)

아니다.

(20)

"....그는레인코우트가없으면그것은어쩌나하여방을나선다.

離三茅閣路到北停車場 坐黃布車去.....

어떤방에서그는손가락끝을걸린다손가락끝은질풍과같이지도위를기웃는데..." (〈지도의암실〉)

백화문(離三茅閣路到北停車場 坐黃布車去)은 방을 나선 그가 삼모각로(三茅閣路)를 떠나 북정거장에 도착하여 황포차에 앉아 간 여정을 말해 주고 있다.

(21)

"...그는피난을왔다이곳에있다그는고독하였다세상어느틈사구니에서라도그와관계없이나마세상에관계없는짓을하는이가있어서자꾸만자꾸만의미없는일을하고있어주었으면그는생각아니할수는없었다

JARDIN ZOOLOGIQUE

CETTE DAME EST-ELLE LA FEMME DE

MONSIEUR LICHAN?

앵무새당신은이렇게지껄이면좋을것을그때에나는

OUI!

라고그러면좋지않겠습니까그렇게그는생각한다..." (〈지도의암실〉)

고독한 그는 어떤 사람이 있어 앵무새가 "그녀가 이상씨의 부인입니까?" 라고 물으면 "맞아"라고 답할 수 있다면 얼마나 좋을까 하는 것이다. 또한 다음 글에는 매사 포기 상태에 이르러 아무렇게 되어도 좋다고 영어로 생각하는 모습이 나온다.

(22)

"…그일에이르러서는심상해도좋다고그래도좋으니까아무래도좋오케되니까아무렇다하여도좋다고그는생각하여버리고말았다

LOVE PARRADE…." (〈지도의암실〉)

이렇게 이상은 자신이 전달하고 싶은 의미를 백화문으로, 불어로 또 영어로도 표현하고 있다. 이것은 동일한 실재에 대해 그것을 표현하는 '시각의 이름'은 이 지구상에 한국어, 일본어, 영어, 불어 등 다양한 형태의 언어기호로 분포되어 있다는 것과, 비록 어떤 기호를 선택하여 표현하더라도 같은 의미로 구현될 수 있음을 보여준다. 이 역시 언어 기호의 자의성에 대한 이상의 인식으로 볼 수 있다. 언어기호에 대한 이러한 인식을 읽게 해 주는 문장이 〈지도의암실〉에 있다.

(23)

"…그는그책임의무체육선생리상를만나면곧경의를표하여그의얼굴을리상의얼굴에다문질러주느라고그는수건을쓴다그는리상의가는곳에서하는일까지를묻지는않았다<u>섭섭한글자가하나씩하나씩섰다가쓰러지기위하여나암는다</u>

你上那兒去 而且 做甚麽…." (〈지도의암실〉)

자기에게 관심이 없음이 섭섭하여 그는 중얼거린다. "니상 너는 어디로 가고 또 무엇을 하느냐"[34]라고. 여기서 이상은 섭섭한 마음(실재)을 나타내는 그것이 '섭섭한 글자'라는 기호임을 인식하고 있는 것이다! 나아가 그것을 백화문에 담아 그 효과를 십분 발휘하고 있다. 언어 기호, 즉 '시각의 이름'은 바로 실재를 나타내기 위한 자의적인 약속임을 그는 알고 있었고,

34 이어령 교수는 你上의 중국어음인 '니상'이 이상(李箱)의 음을 따서 쓴 말인 듯하다고 보고 있다.

그러한 의식이 작품 속에 투영되어 나타난 것이다.

이처럼 실재와 기호의 자의적 관계를 인식한 이상은 나아가 그 기호는 연속체인 실재에 대한 분절임을 깨닫고 그것을 '시각의 이름'이라 명명하였다. 시각의 이름이란 이미지가 한정적이며 닫힌 이미지로 사용되고 있음은, 그 한계를 벗어나기 위해서는 '시각의 이름에는 통로를 설치하고 그것에 최대 속도를 부여하여 그것에서 벗어나라'는 (10)의 내용에서 알 수 있다. 요약하면 이상에게 있어서 시각의 이름, 즉 언어기호의 의미는 무한한 실재물을 분절화, 한정화한 것이었으며, 이렇게 분절적인 시각의 이름의 한계를 벗어나는 방법으로 이상은 시각의 이름에는 통로를 설치하고, 최대 속도를 부여하여 분절된 한계를 극복할 것을 제안하고 있는 것이다.

3. 기호와 실재물 사이의 관계

그렇다면 이상이 말하는 시각의 언어에는 어떤 것이 있으며, 또 그 기능은 어떠한 것인가. 〈선에관한각서7〉의 세 번째 부분에서 이상은 자신이 말하는 시각의 이름에는 □과 △ 같은 도형뿐만 아니라, 언어로 표현한 모든 것이 포함된다는 것을 스스로 밝히고 있다.

〈선에관한각서7〉의 셋째 부분

하늘은시각의이름에대하여만존재를명백히한다(대표인나는대표인일례를들것) (24)

蒼空,秋空,蒼天,靑天,長天,一天,蒼穹(대단히갑갑한지방색이아닐는지)하늘은시각의이름을발표했다. (25)

시각의이름은사람과같이영원히살아야하는숫자적인어떤일점이다[35] 시

35 이 구절에 대해 이승훈(1989: 166)은 '시각이란 사람과 함께 영원히 살아야 하는 숫자와 같다'는 뜻으로 해석한다.

각의이름은운동하지아니하면서운동의코오스를가질뿐이다. (26)

여기서 '하늘은 시각의 이름에 대해서만 존재를 분명히 한다(24)'는 뜻은 무엇인가. 이승훈(1989: 166)은 (24)에 근거하여 셋째 부분의 핵심을 모든 현상의 존재는 시각에 의해 드러난다는 것으로 해석하고 있다, 그러나 (24)와 (25)을 연계하여 읽어 보면, 우리 인간은 창공 추공 창천 청천 등 언어로 표현된 단어(시각의 이름)를 통해서 하늘이라는 무한한 대상물을 언어에 표현된 범주만큼만 단편적으로 인식한다는 언어의 한계성에 대한 인식의 표현으로 이해된다(13). 예를 들어 '창공(蒼空)'이라는 표현을 보면 우리는 '아! 푸른 하늘!'이라는 생각을 가지며, 반면 '장공(長空)'이라는 표현을 들으면 '그래! 하늘은 정말 그 높이를 잴 수 없어.'라는 생각을 하게 된다. 그러나 사실은 실재물 '하늘'은 이상이 열거한 모든 언어 표현을 망라할 뿐만 아니라 언어로는 도저히 도달할 수 없는 어떤 존재이다.

( ) 속에 표현된 '대표'란 표현이 곧 언어의 상징성과 함께 한계성을 함축하고 있다. 시각의 이름으로 표현되어야 하는 대표적인 예가 //나// 이상(李箱)인데, 실재물 //나//를 시각의 언어로 나타내면 '□'이며 이것을 또 다른 시각의 이름으로 나타내면 '李箱'이 된다. 그러나 사실은 이 이름들 자체도 //나//라는 존재의 일부분만을 보여 주는 한정된 개념일 뿐이다.

인간은, 그러나, 그 한계적인 언어 기호로 살아갈 수밖에 없는 존재라는 인식이 (26)의 구절에 나타나 있다. '시각의 이름은 곧 숫자적인 일점'이라는 인식이 그것이다.

언어로 표현될 때의 한계성에도 불구하고 인간은 시각의 이름 속에서 살아가야만 하는 존재이며, 또 그 시각의 이름(언어적인 표현)은 숫자와 같이 무한한 실재에 대해 분절된 상태의 어떤 일점만 나타내어 주는 그러한 한계성을 가진다는 갈파이다.

그렇다면 시각의 이름과 실재 대상물과의 관계는 어떠한가. (26)에서 설파한 것처럼 "시각의이름은운동하지아니하면서운동의코오스를가질뿐이[36]"라는 것이다. 다시 말하면 시각의 이름은, 즉 언어 표현은 실재로는 운동하지 않으면서, 즉 실재물이 아니면서 코오스, 즉 개념만 가질 뿐인 상징적인 존재라는 것이다.

그리하여 언어와 실재 대상물 사이의 관계에 대한 인식을 이상은 다음과 같이 변용하고 있다. 〈선에관한각서7〉의 마지막 네 번째 단락을 보자.

〈선에관한각서7〉의 넷째 부분

시각의이름i은광선j을가지는광선k을아니가진다.사람은시각의이름으로하여광선보다빠르게달아날필요는없다.(27)

시각의이름들을건망하라 (28)

시각의이름을절약하라 (29)

사람은광선보다빠르게달아나는속도를절약하고때때로과거를미래에있어서도태하라. (30)

이승훈(1989: 166)은 이 넷째 부분에 대해 시각에는 한계가 있다는 것에 대해 말한다고 해석하고 있다. 그러나 지금까지 살펴본 바와 같이 '시각의 이름'이 핵심어임을 고려하면 시각에 한계가 있다는 게 아니라 '시각의 이름', 즉 언어 기호의 한계를 말하는 것으로 보아야 한다.

'시각의이름i'는 언어 기호로서의 [광선]을 말한다. 광선j은 실재물이며, 광선k는 실재 광선j를 가지는 언어기호 광선을 말하므로, 곧 '광선k = 광선j+광선i'라는 등식이 성립된다. 즉 시각의 이름, 언어기호로서의 [광선]은

36 이승훈(1989: 166)은 이 구절을 '시각의 이름은 시간의 경과에 따라 변한다는 뜻'으로 해석한다.

실재물 광선을 가지는 광선이 아니라는 이 표현은, 결국 언어 기호 [광선]에는 실재물은 상징으로만 존재할 뿐 광선 그 자체가 아니라는 것이다.

"(27)사람은시각의이름으로하여광선보다도빠르게달아날필요는없다"의 해석을 위해서 '광선이라는'을 '시각의이름으로...' 앞에 삽입하면 해석이 보다 쉬워질 것이다. 즉

(27)'
사람은(광선i이라는)시각의이름으로하여광선j보다빠르게달아날필요는없다

즉 [광선i]이라는 시각의 이름을 사용하여 실재 //광선j//보다 빨리 달아날 필요는 없다는 것이다. 이는 오히려 역설적인 표현이다. 인간은 광선i이라는 언어표현을 사용함으로써 오히려 실재 광선j을 앞지르며 살아가는 모순을 고발하고 있는 것이다. 이러한 현실은 〈선에관한각서5〉에 잘 나타나있다. 시각의 이름인 광선 아래에 i, 실재물 광선 아래에 j를 넣어 광선을 구분하여 보면 이상의 의도가 보다 뚜렷해진다.

(31)
사람은광선j보다빠르게달아나면사람은광선j을보는가사람은광선i을본다.
(〈선에관한각서5〉)

(32)
사람은빠르게달아난다사람은광선j을드디어선행하고미래에있어서과거를대기한다.(〈선에관한각서5〉)

즉, 사람은 광선i이라는 언어의 사용을 통하여 실재 광선j보다 빨리 달아나기도 한다. 다시 말해 실재와는 상관없이 인간이 만든 시각의 언어 속으

로 빠져 들고, 그 세계가 진실인 것처럼 착각한다는 것이다. 그렇다면 사람은 실재 광선j을 보는가? 아니다 오직 사람은 언어로 된 광선i을 볼 뿐이라는 것이다. 그러면서 사람은 그것이 진짜 광선j이라고 믿는다는 것이다.

지금까지의 고찰을 통하여, 이상의 문제작으로 알려진 〈오감도 시제1호〉와 〈오감도 시제3호〉는 언어기호에 대한 이상의 인식을 바탕으로 그것이 시적을 변용된 것임을 알 수 있었으니, 1)〈오감도 시제1호〉는 언어 기호의 중의성을 시적으로 변용한 것이다. 2)〈오감도 시제3호〉는 언어 기호의 정태성을 고발한 것임을 알 수 있었다.

뿐만 아니라 본고에서 연구 대상으로 삼은 〈선에관한각서 1~7〉은 이미 김명환 교수가 '수학시'라 명명한 바 있고 또 문학평론가들에 의해서는 너무 난해하여 시로서의 형상화에 못 미치는 작품으로 평가되어, 그동안 숱하게 쏟아진 이상 작품의 분석에서도 제외되어 온 작품이다. 그러나 본고에서는 이들 작품들이 수학시도 아니며 시로서의 형상화에 못 미치는 시도 아니며, 오히려 이상의 언어 철학이 집약된 주요 작품임을 입증하고자 하였다.

이들 작품에서 이상은 "凸렌즈의 수렴작용"을 통하여 언어기호의 분절적인 한계성을 표현하고 있으며, 상징적인 언어기호를 "시각의이름"으로 명명하고 있다. 즉 구체적 전체적인 실재물에 대해 언어기호는 추상적, 부분적, 단편적, 분절적, 상징적, 대표적이라는 정확한 언어학적 인식에 이르고 있음을 알 수 있었다. 수학시니 혹은 시적 승화에 미치지 못한 작품 등으로 인식되어 온 〈선에관한각서〉 시리즈는 오히려 이상의 언어기호관이 집약된 것임을 알 수 있었다. 여기서 이상은 언어 기호의 한계성을 고발하고 이를 시적으로 변용하고 있는데, 〈선에관한각서7〉은 언어 기호의 상징성과 분절성에 대한 부정적 인식이 시로 표현된 것이다. 〈지도의암실〉에 나타난 표현들도 이러한 분석을 뒷받침하고 있음을 살펴보았다.

다시 말하면 이상은 언어 표현이 주는 연상적이며 관습적인 개념 뒤에 숨겨져 있는 참 의미를 파악하도록 하고자 이를 시적 변용으로 고발한 시인이었으며, 또 자연계 실재물의 상징에 불과한 언어 기호의 한계를 뼈저리게 깨달은 언어의 조련사였던 것이다.

Ⅷ. 언어 기호의 한계 극복을 위한 이상의 실험적 시도

1. "방사"와 반복어법

대부분의 우리들은 실재물의 수렴 기제로 인하여 실재물을 보는 것이 아니고, 기호의 우리에 갇혀 산다는 사실을 망각하고 살아간다. 기호라는 색안경을 통하여 보고 듣고 느끼며 살아간다는 사실을 깨닫지 못하고, 기호가 주는 환상 그 자체가 진실이라고 믿고 살아간다. 그러나 이상은 그렇지 못하였다. 기호의 우리에서 벗어나려고 해도 벗어날 수 없다는 그 한계에 대한 인식이 이상을 못 견디게 만들었던 것 같다.

기호의 우리 속에서 "갑갑하"[37]여 발버둥치던 이상은 그 우리를 벗어나고자 노력하고 있다. 凸렌즈의 수렴의 한계에서 벗어나는 방법은 무엇인가. 빛을 '방사'하는 凹렌즈가 그 대안이 될 수 있을 것이다. 실제 이상의 시에는 凹렌즈와 동일한 발산 기능을 하는 기제인 '스펙톨(스펙트럼)'이란 단어와 수렴의 반대 개념인 '방사'라는 단어가 〈선에관한각서1〉에 나타나고 있다. 이것은 이상의 언어기호관을 살필 수 있는 좋은 실마리가 될 것이다.

(1)

(우주는멱에의하는멱에의한다)

(사람은숫자를버리라)

(고요하게나를전자의양자로하라)

<u>스펙톨</u>

축X축Y축Z

속도etc의통제예컨대광선은매초당300,000킬로미터달아나는것이확실하

---

37 "갑갑하-"라는 표현은 〈선에관한각서7〉에 나타난 다음의 표현에서 빌려 왔다. "蒼空,秋空........(대단히갑갑한지방색은아닐는지)" 〈선에관한각서7〉

다면사람의발명은매초당600,000킬로미터달아날수없다는것은물론없다.그것을기십배기백배기천배기만배기억배기조배하면사람은기십년기백년기천년기만년기억년기조년의태고의사실이보여질것이아닌가,그것을또끊임없이붕괴하는것이라고하는가....방사는붕괴인가,사람은영겁인영겁을살릴수있는것은생명은생도아니고명도아니고광선인것이다[38]

(〈선에관한각서1〉)

〈선에관한각서1〉의 앞부분에서 숫자 '1, 2, 3, 4, 5, 6, 7, 8, 9, 0'로 닫혀진 공간 안에 놓여진 점들을 제시한 후, ( ) 안에서 사람은 한계를 만드는 숫자를 버리고 전자의 양자로 하라고 한 후, 이상이 제시한 것이 '스펙톨'이다. 발산의 기능을 하는 스펙톨로 수렴상태의 한 선(점)이 들어가면 그 점들은 X, Y, Z 등 입체적인 축을 통하여 빛으로 발산된다. 이러한 발산의 양상을 이상은 "속도etc의통제예컨대광선은..." 운운하며 언어기호로 풀고 있는 것이다. 빛의 속도를 "기십배기백배기천배"하여 계속 나가면 아득한 '태고의 사실'[39]이 보여질 터인데, 이것을 '방사'라고 하고 있다. 〈선에관한각서1〉의 앞부분은 일단은 막힌 공간이다. 그러나 점들을 둘러싸고 있는 숫자를 없애보라. 그러면 그 공간은 점들이 무한히 뻗어 나갈 수 있는 열린 공간이 된다.

그러므로 "(우주는멱에의하는멱에의한다)"라는 구절을 이 도형과 연관지으면 바로 이 도형 자체가 우주 공간을 상징함을 알 수 있다. 인간은 우주를 무한하다고 하면서도 '멱'이라는 숫자 개념을 이용하여 인간 나름대로 한계짓는 상황을 고발하고 있는 것이다. 즉 〈선에관한각서1〉에 제시

38 이 구절의 이해를 위해 괄호로 묶으면 "(사람)은 (영겁i인영겁j을살릴수있는것)은/(생명)은((생도아니고명도아니고)광선이라는것)이다"가 된다. 즉 '사람 = 영겁i인영겁j을살릴수있는것 = 생명 = 광선'이라는 등식이 성립한다. 따라서 이 구절은 실재 자체인 '生命'이란 언어 표현으로서의 [생]이나 [명]이 아니라, 영원한 실재물 '광선'이라는 뜻으로 해석된다.(오정란 2001b: 36)

39 '태고의 사실'이란 언어기호의 한계에 가려져 있던 실재물의 실체로 이해된다.

한 무한우주 공간은 바로 인간이 만든 숫자에 의해 한계지어진다는 뜻으로 이해된다. 그러므로 무한한 우주라는 실재물 그 실체를 깨닫기 위해서는 "사람은숫자를버리라"고 이상은 노래하고 있는 것이다. 그러면 숫자를 버리는 방법은 무엇인가. 바로 수렴의 반대 개념인 '방사'를 통하여 가능한데, 그 기능을 하는 것은 스펙톨이며, 또 凹렌즈인 것이다.

이러한 '방사'를 붕괴라고 할 것인가. 아니다 오히려 방사 그것은 붕괴가 아니라 영겁, 즉 진실을 찾을 수 있는 길이라는 것이다. 방사가 붕괴가 아님은 방사에 의한 결과인 〈선에관한각서3~4〉에 잘 나타난다. 〈선에관한각서3〉은 점들의 회전운동에 의한 입체화를 말하고 있고, 〈선에관한각서4〉 역시 원과 정육각형, 그리고 원기둥에 대한 것이다.

〈선에관한각서3〉

	1	2	3
1	●	●	●
2	●	●	●
3	●	●	●

	3	2	1
3	●	●	●
2	●	●	●
1	●	●	●

∴nPn=n (n-1) (n-2) …… (n-h+1)
(腦髓는부채와같이圓에까지展開되었다, 그리고完全히廻轉하였다)
一九三一. 九. 一一

〈선에관한각서4〉

彈丸이一圓壔를질주했다 (彈丸이一直線으로疾走했다에있어서의誤謬等의修正)

正六雪糖 (角雪糖을稱함)
瀑筒의海綿質塡充 (瀑布의文學的解說)

一九三一. 九. 一二

이는 바로 정태적이며 평면적인 수렴 상태의 점 혹은 선분들을 방사하면 동태적이며 입체적인 존재로 된다는 것이다. 이는 곧 점들의 방사 결과를 예시한 것이다. 이러한 이해 위에서 보면 〈선에관한각서〉 시리즈가 말 그대로 "선에관한각서" 시리즈임을 이해하게 된다. 다시 말하면 (광)선을 凸렌즈로 수렴하면 그것은 분절되어 한 점이 되고, 반대로 그것을 스펙톨로 방사하면 입체화하여 어떤 형상(실재물에 보다 가까운 형상)으로 태어나기 때문이다.

기호의 한계를 벗어나기 위한 '방사'의 구체적 노력이 〈선에관한각서6〉에 나타나 있다.

〈선에관한각서6〉

數字의方位學

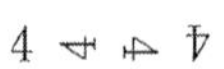

數字의力學

時間性(通俗思考에依한歷史性)

速度와座標와速度

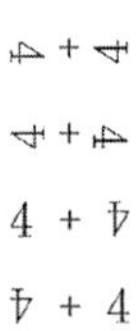

etc

〔…〕

〈선에관한각서6〉 전체시에 대하여 이승훈(1989: 163)은 "'4'라는 숫자의 방위학과 역학에 대해서 노래한 것으로, 역학은 정역학과 동역학으로 나뉘어 노래되며, 동역학의 개념, 곧 시간성, 역사성 운동성이 사고의 본질을 형성하며, 그러한 사고가 발산하는 빛이 죽음임을 암시한다. 시의 후반부는 사물의 본질로서의 죽음을 노래하며, 그것은 사물의 미시구조 곧 원자구조와 거시구조, 곧 천체구조로 확산된다"고 보고 있다. 그러나 〈선에관한각서6〉은 실재물의 수렴화인 기호의 한계를 넘어서고자 하는 이상의 힘든 시도로 이해하여야 할 것이다.

〈선에관한각서6〉은 "숫자의방위학"이라 하면서 '4'를 다양한 방향으로 늘여 놓음으로써 시작된다. 또 "숫자의 역학"이라 하면서 "시간성/속도와좌표와속도"라는 표현 다음에 역시 '4'와 '4'의 덧셈 형태를 다양한 방향으로 제시하고 있다. 〈선에관한각서6〉 앞부분에 나타나는 숫자 4에 대한 다양한 배치는 인간이 창안한 기호놀음을 상징한다. 4는 숫자 4일 뿐 아니라 방위를 나타내는 기호이기도 하다. 하나의 기호가 두 가지 의미로 자연스레 수용되는 것은 바로 인간이 만든 약속, 즉 관습의 결과이기 때문이다. 하나의 기호를 만든 후 이것을 숫자 개념뿐 아니라 방위 개념으로도 사용하는 이러한 관습(이를 이상은 "숫자의 방위학"이라고 함)은, 시간성 곧 "통속사고에의한역사성"의 결과로 보고 있다. 인간이 기호화하고 약속했기 때문에 우리가 그렇게 인식하는 것이지, 그 기호 자체가 실제 방위 개념과는 아무런 상관이 없는 것이다. 이처럼 다양한 위치변용의 시도는 4라는 기호가 인간 사이의 관습과 약속에 따라 얼마든지 다양한 의미 부여가 가능함을 상징한다고 본다. 이는 "속도와좌표와속도"에 대한 표시처럼 기호란 대상물과 자의적, 간접적 관계에 있으며, 또한 인간 사이의 약속에 불과하다는 사실에 대한 인식이다. 이러한 기호화에 대해 이상은 자신의 입장을 다음과 같이 명료하게 밝히고 있다.

(2)

사람은정력학의현상하지아니하는것과동일하는것의영원한가설이다사람은사람의객관을버리라

(〈선에관한각서6〉)

사람의 한계는 바로 실재물을 기호화한 것과 동일하다고 믿어버리는 인식의 한계 속에 있으며, 이는 어쩌면 영원히 지속될 수밖에 없는 인간 존재의 한계일 수 있다는 것이다. 그래서 이상은 부르짖는다. "사람은사람의객관을버리라"고. 이때 "사람은사람의객관을 버리라"는 뜻은 〈선에관한각서1〉에서의 "사람은숫자를버리라"는 말과 동일한 표현이다. 여기서 이상은 "사람의 객관 = 숫자"로 보고 있는 것이다. 인간이 객관적 인식이라고 믿고 있는 숫자 곧 기호 자체가 실은 실재물의 대표화 곧 수렴에 의한 것으로 인문의 뇌수를 소각한 결과이기 때문이다.

(3)

주관의체계의수렴과수렴에의한凹렌즈 (〈선에관한각서6〉)

이 구절에 대해 이승훈(1989: 162)은 "인간이 시간성, 역사성을 수용하는 것이 주관의 체계를 수렴하는 것이며, 이 수렴에 의해 모든 사물을 凹렌즈로 만든다는 뜻. 오목렌즈는 광선을 발산하는 작용을 함. 따라서 주관의 체계를 수렴하고 그 수렴에 의해 광선을 발산하게 된다는 뜻."이라고 설명하고 있다. 그러나 이 구절은 "사람은 사람의 객관을 버리라"는 자신의 절규에 대한 하나의 해결책 제시로 봄이 타당할 것이다. 사람은 사람의 객관을 버리라고 하였는데, 그렇다면 어떻게 하여야 하는가. 객관이 아닌 주관의 체계를 수렴하고 그 수렴된 것을 발산하는 凹렌즈(혹은 '스펙톨')의 "방사" 기능에서 그 해결책을 찾으려 한 것으로 이해된다.

凹렌즈는 투사되는 빛(주관의 체계)을 받아들여 그것을 발산하는 기능을 한다. 수렴(기호화)의 역작용인 방사(풀어 표현하기)는 수렴보다는 실재물의 본질에 보다 나아가지 않을까 하는 믿음 때문이다. 다음 표현은 방사의 결과 빚어지는 양상을 표현한 것으로 이해된다.

(4)

4 第四世

4 일천구백삼십일년구월십이월생

4 양자핵으로서의양자와양자와의연상과선택 (〈선에관한각서6〉)

단순히 '4'라는 기호로 표기하기보다는 "第四世"로 풀어쓰는 것이 보다 실재에 가까울 것이고, 자신을 4라고 표현하기보다는 "일천구백삼십일년구월십이월생"으로 표현하는 것이 실재물의 실체파악에 보다 접근하는 것이라 본 것이다. 이러한 풀어쓰기 방법을 이상은 "숫자의어미활용"이라고 한 것 같다. 이러한 해석의 타당성을 〈선에관한각서6〉 내에서 찾을 수 있다.

(5)

숫자를대수적인것으로하는것에서숫자를숫자적인것으로하는것에서숫자를숫자인것으로하는것에서숫자를숫자인것으로하는것에(1234567890의질환의규명과시적인정서의기각처) (〈선에관한각서6〉)

숫자를 대수적인 것에서 숫자적인 것이 보고, 또다시 그것을 숫자인 것으로 보고, 또다시 숫자(기호)인 것으로 보는 이것이, 1234567890이라는 기호의 질환에 대한 규명이며, 또 이는 시적인 정서의 기각처라는 것이다. 이에 대한 치료는 "숫자의소멸" 인데, 그 방법으로 이상이 제안한 것이 "숫자의어미활용"이다.

(6)

(숫자의일체의성태숫자의일체의성질이런것들에의한숫자의어미의활용에의한숫자의소멸) (〈선에관한각서6〉)

이처럼 시각의 이름의 한계성을 벗어나고자 한 이상은 나름대로 극복

방안을 제시하고 있다. 즉 凹렌즈에 의한 방사 기제의 적용이 그것인데, 그것은 자연히 언어 표현에서의 실험적 적용을 가져오게 된다.

(7)

시각의이름의통로는설치하라그리고그것에최대의속도를부여하라 (〈선에관한각서7〉)

'시각의이름'의 한계 다시 말하면 실재물을 제한시키는 기호의 한계를 벗어나기 위해서는 그 기호에 발산을 위한 통로를 설치하고, 그것에 최대의 속도를 부여한 뒤 발산하라는 것이다. 여기서 언어기호의 한계를 극복하고자 하는 이상의 노력을 엿볼 수 있다. 이 내용(〈선에관한각서7〉)과 〈선에관한각서1〉의 내용, "속도etc의통제예컨대광선은매초당300,000킬로미터달아나는것이확실하다면사람의발명은매초당600,000킬로미터달아날수없다는것은물론없다.그것을기십배기백배기천배기만배기억배기조배하면사람은기십년기백년기천년기만년기억년기조년의태고의사실이보여질것이아닌가,(〈선에관한각서1〉)"은 다음과 같이 대응한다.

(나) 〈선에관한각서7〉과 〈선에관한각서1〉의 내용 대응

〈선각7〉	〈선각1〉
시각의이름	광선
시각의이름의통로	매초당300,000킬로미터달아나는것
최대속도부여	기십배기백배기천배기만배...

상징적이며 분절적인 한계를 지닌 시각의 이름에 최대 속도를 부여하면 '태고의 사실', 즉 실재물의 실체에 접근하리라는 것이 이상의 이상이었다고 할 수 있다. 그렇다면 언어 표현에서 최대 속도 부여는 어떠한 방법으

로 가능한가. 대표적 기법이 이상 자신이 밝힌 바, (숫자의) 어미활용법에 의한 반복어법이 될 것이다.[40]

반복어법은 형태적으로 드러나는, 즉 표면적인 방사 기제라 할 수 있는데, 그 대표적인 예가 〈선에관한각서6〉에 나타난다.

(8)

숫자를대수적인것으로하는것에서숫자를숫자적인것으로하는것에서숫자를숫자인것으로하는것에서숫자를숫자인것으로하는곳에 (〈선에관한각서6〉)

이 문장은 동일한 어미 활용의 반복으로 문장이 종결되지 않은 채 계속 나열되고 있다. 하나의 개념을 문장 종결없이 완결시켜보려는 이러한 노력들은, 언어로는 어떻게 표현하여도 실재에 도달할 수 없다는 안타까움에서 나온 것이 아닐까 싶다. 이러한 활용을 통하여 개량화, 시각화가 가려 놓은 실재물의 본체가 조금은 나타나리라 기대한 것은 아닐까.

이와 동일한 반복 표현 양식을 이상은 즐겨 쓰고 있는데, 〈선에관한각서〉 시리즈와 비슷한 시기에 발표한 〈운동〉과 〈오감도 시제2호〉를 보자.

(9)

일층우에있는이층우에있는삼층우에있는옥상정원에올라서남쪽을보아도아무것도없고북쪽을보아도아무것도없고해서옥상정원밑에있는삼층밑에있는이층밑에있는일층으로내려간즉동쪽에서솟아오른태양이서쪽에떨어지고동

40 지금까지의 연구는 이러한 예문들에서 보이는 언어의 반복과 의식의 혼란, 문장의 부자연스러운 연결들을 거론하면서 이것을 이상의 내면에 잠재된 의식들이 그대로 표출시키는 자동기술법에 의한 초현실주의적 특성으로 보고 있다. 이에 대한 자세한 정리는 김주현(1999: 102-112) 참조할 것. 이에 대해 김춘수(1958: 94)는 이들을 기존의 통사적 규범을 깨뜨리고 자유분방한 붓의 놀림에 따라 쓰인 해사적(解辭的) 시라고 하였다.

쪽에서솟아올라서쪽에떨어지고동쪽에서솟아올라서쪽에떨어지고동쪽에서솟아올라하늘복판에와있기때문에시계를꺼내본즉서기는했으나시간은맞는것이지만시계는나보담도젊지않으냐하는것보담은나는시계보다는늙지아니하였다고아무리해도믿어지는것은필시그럴것임에틀림없는고로나는시계를내동댕이쳐버리고말았다 (〈운동〉)

(10)

나의아버지가나의곁에서조을적에나는나의아버지가되고또나는나의아버지의아버지가되고그런데도나의아버지는나의아버지대로나의아버지인데어쩌자고나는자꾸나의아버지의아버지의아버지의……아버지가되느냐나는왜나의아버지를껑충뛰어넘어야하는지나는왜드디어나와나의아버지와나의아버지의아버지와나의아버지의아버지의아버지노릇을한꺼번에하면서살아야하는것이냐 (〈오감도 시제2호〉)

형태적, 표면적으로 드러나는 이상의 시적 특성 중 하나인 문장 종결 없이 계속되는 이러한 반복어법(숫자의 어미 활용)은 지금까지의 통설대로 초현실주의 수법 혹은 해사적 기법으로 단순히 넘어갈 수도 있다. 아니 어쩌면 그것이 가장 무난한 해석일 수 있을 것이다. 그러나 왜 이런 초현실적이거나 해사적이거나 어쨌든 튀는 수사법이 나왔을까를 생각해 볼 때 또한 지금까지의 관찰이 보여 준 언어기호의 한계성 인식과 "수렴"과 "방사" 기제를 고려할 때, 이는 바로 시각의 이름에 최대 속도를 부여하려는 이상의 노력의 결과였을 가능성을 찾을 수 있다는 사실이다. 시각의 이름에 최대 속도를 부여한다는 의미는 무엇일까. 기호가 주는 상징적인 의미 대신 그 기호가 가르치는 참 실재의 진실, 그것을 찾기 위한 돌파구가 아니었을까. 그리하자니 하나의 실재에 대해 하나의 기호로는 도저히 부족하여 반복 또 반복하게 되고, 그러나 아무리 언어로 반복하여도 갈증이 나는 언어의 한계 현실을 우리에게 보여주고자 한 것은 아닐까 한다.

2. 함축언어에 의한 신화 창조

시각의 이름에 최대 속도를 부여할 때 표면적으로 드러나는 양상은 반복어법이지만, 내면적으로는 바로 함축언어를 이용한 세계 구축으로 나타난다. 함축언어는 이차기호의 차원이다.

일차기호는 기호가 지니는 직접적이고도 명확한 자연적 의미, 즉 외시의미를 품고 있다. 언어－ 물체들이나 언어－ 현상들은 말의 구체적 명시들이고, 말 그것이 일차기호이다. 이차기호는 주관적 의미의 수준으로, 여기서는 기호학적 과장이 두드러진 특징이 있다. 매우 중요한 것은 일차기호의 기표(표현1)와 기의(내용1)가 합쳐서, 이차기호의 새로운 기표(표현2)로 된다는 점이다. 그러나 여기서 주의할 것은, 일차기호(=표현1+내용1)는 이차기호의 새로운 내용을 담기 위한 용기가 됨으로써 일차기호 자체의 내용을 (억제가 아니라) 고갈(바르트 1972: 118)시킨다는 것이다. 즉 이차기호 수준에서 내용1은 다른 곳으로 쫓겨나서 유명무실한 것이 되고 만다. 일차기호가 그것의 소립자들(기표와 기의)을 다른 차원에 빌려 주고 있을 뿐, 새 차원에 나타나는 의미는 새 차원의 질서에 맡겨진다. 두말할 것 없이, 여기서 새 차원은 함축 의미의 차원이다. 함축의미의 차원은 주관적 의미의 차원이고, 개인이나 문화에 따라 다른 의미를 부여할 수 있는 자유로운 자의성의 차원이다. 일차기호의 기의와 기표를 빌려 형성된 이차기호의 기표(표현2)는 새로운 기의(내용2)를 배태한다. 따라서 함축언어는 은유 등 여러 가지 수사법을 이용하여 함축의미의 연쇄고리를 만듦으로써 하나의 신화를 만들 수 있다고 하였다. 여기서 바르트(1972)는 신화란 〈하나의 이야기〉 혹은 〈하나의 특수한 언술〉이라고 하면서, 신화는 함축언어의 체제라고 정의하고 있다. 또한 이차기호의 기표는 수사적인 것이며, 이차기호의 기의가 신화라는 것이다. 또한 신화란 어떤 과학적 사실에 대한 것이 아니라, 기호학적 의미작용에 의해 어떤 현실이 외시 의미적 수준에서 숨기고 있는 것을 드러내 보여 주는 기능을 한다는 점이다. 바르트는 신화가 갖는 기의에 투입되는 것은 현실이 아니라, 현실보다 못한 그것에 대한 어떤 지식이라고 말한다.(김경용 1994: 168, 172, 177-178)

담론으로서의 신화는 본질적으로 통합체적 구성 내지는 통시적 사건 전개가 있어야 한다. 다시 말하면, 이야기로서의 신화에는 적어도 세 가지 구성요소가 있어야 한다. 첫째 요소는 주역들, 둘째는 기능, 즉 이야기의 기본 단위(담론에 참여하는 주역들의 활동), 그리고 셋째 줄거리(기능들의 순서)가 있어야 한다.(김경용 1994: 199-208) 흥미로운 것은 이상의 시들이 신화의 조건을 충족시키고 있다는 점이다.

이상의 시는 시이면서도 주역과 기능과 줄거리가 있다. 〈오감도 시제10호〉를 들어 보자. 찢어진 벽지와 나비의 연상, 그리고 수염의 연상 작용이 그것이니, 이는 함축언어에 의한 신화 창조로 볼 수 있다.

(11)

찢어진벽지에죽어가는나비를본다그것은幽界에絡繹되는비밀한통화구다어느날거울가운데의수염에죽어가는나비를본다날개축처어진나비는입김에어리는가난한이슬을먹는다통화구를손바닥으로꼭막으면서내가죽으면앉았다일어서드키나비도날라가리라이런말이결코밖으로새어나가지는않게한다

(〈오감도 시제10호〉)[41]

〈오감도 시제11호〉에서도 사기컵과 내 해골이라는 함축언어를 통하여 의미 영역의 확대 및 신화 세계가 펼쳐진다.

41 이승훈(1989: 42)은 이 시를 "실내/실외의 관계와 육체 내부/육체 외부의 관계를 통화구로 인식함으로써 찢어진 벽지・나비・수염의 동일성이 유추적 구조로 이루어진 시"로 해석한다. 본고에서는 이하 〈오감도 시제10,11,12호〉에 대한 새로운 의미 해석은 본고의 논지를 넘는 것이므로 생략한다.

(12)

그사기컵은내해골과흡사하다내가그컵을손으로꼭쥐었을때내팔에서는난데없는팔하나가접목처럼돋히더니그팔에달린손은그사기컵을번쩍들어마룻바닥에메어부딪는다내팔은그사기컵을사수하고있으니산산이깨어진것은그럼그사기컵과흡사한내해골이다가지났던팔은배암과같이내팔로기어들기전에내팔이혹움직였던들홍수를막은백지는찢어졌으리라그러나내팔은여전히그사기컵을사수한다 (〈오감도 시제11호〉)[42]

〈오감도 시제12호〉에서도 "때 묻은 빨래조각"이라는 원관념과 "흰 비둘기떼"라는 보조 관념의 결합이 참신한 발상을 일으켜, "때 묻은 빨래조각"에 대한 의미영역의 확장을 가능하게 한다.

(13)

때묻은빨래조각이한뭉텅이공중으로날라떨어진다그것은흰비둘기의떼다이손바닥만한한조각하늘저편에전쟁이끝나고평화가왔다는선전이다한무더기비둘기의떼가깃에묻은때를씻는다이손바닥만한하늘이편에방망이로흰비둘기의떼를때려죽이는불결한전쟁이시작된다공기에숯검정이가지저분하게묻으면흰비둘기의떼는또한번이손바닥만한하늘저편으로날아간다 (〈오감도 시제12호〉)[43]

이상 세 작품 〈오감도 시제10~12호〉을 바르트(1972)의 모형에 의거하여 예시하면 다음과 같다.

---

42 이승훈(1989: 44)은 "이 시의 기본구조, 혹은 체코 구조주의자들이 말하는 지배소(dominant)는 대립과 유추임. 곧 현실적 사기컵 - 현실적 팔/환상적 사기컵 - 환상적 팔의 대립과 유추로 나타나며 현실과 환상이 변증법적으로 종합된 세계, 일종의 무의식을 노래하고 있다"고 해석한다.

43 이승훈(1989: 45)은 "이 시는 빨래하는 광경을 노래한 것으로, 빨래는 비둘기에 비유되고 다시 전쟁과 평화의 관계로 그 의미가 확대된다"고 해석한다.

(다) 바르트(1972: 115)의 신화 분석 모형에 따른 〈오감도 시제10, 11, 12 호〉

<table>
<tr><td rowspan="2">일차기호</td><td rowspan="2">외시</td><td>표현1</td><td>내용1</td><td></td></tr>
<tr><td>벽지
컵
빨래조각</td><td>찢어진 벽지
사기컵
때묻은빨래조각</td><td></td></tr>
<tr><td rowspan="2">이차기호</td><td rowspan="2">함축</td><td colspan="2">표현2(수사: 은유)</td><td>내용2(신화)</td></tr>
<tr><td colspan="2">나비
내 해골
흰 비둘기떼</td><td>유계에 絡繹되는 유일한 통화구.....
컵을 손으로 쥐었을 때......
공중으로 날라 떨어지고.....</td></tr>
</table>

함축언어에 의한 여러 수사법과 신화화 역시 실재물을 간접적으로 지시하는 언어 기호의 한계성을 극복하고자 한 시도로 볼 수 있다. 함축 언어는 은유 등 여러 가지 수사법을 동원하여 의미영역의 확장을 가져오므로, 의미 영역의 확장을 통하여 기호 표현의 제한된 영역에서 실재물에 접근하는 탈출구로 보았던 것 같다. 다시 말하면 기호의 한계성을 신화 세계의 창조로서 극복하고자 한 것이다.

3. 메타언어에 의한 작가의 개입

근래 언어학 혹은 기호학에서 가장 빈번히 사용하고 있는 용어 중 하나가 메타언어 또는 메타언어적이란 용어일 것이다. 메타언어의 가장 일반적 정의는 "언어에 대한 언어"로서 언어학자들은 메타언어를 "말하는 언어"(le langage dans lequel on parle)로, 이와 상관관계에 있는 대상언어를 "말의 대상이 되는 언어"(le langage sur lequel on parle)로 단순화된 개념을 받아들이고 있다. 물론 실제 그 개념은 보다 복잡한 것이긴 하지만(전성기 1996), 본고에서는 논리적인 접근을 지양하고 이 기본 개념에 의거하여 이상 작품을 해석하고자 한다.

이상 문학의 특징 중 하나는 다른 작가들의 작품에 비해 메타언어

(meta-language)적 기술이 많다는 사실을 들 수 있다.[44] 대상언어(object language)에 대한 기술로서의 메타언어는 바로 언어기호로 표현된 상징(대상언어)의 한계 극복을 위한 시도로 이해된다. 기호 그 자체가 실재물의 대표이고 상징일 뿐이기에 메타언어가 필요한 것이다. 이런 점에서 메타언어에 대한 김상환(1996: 306)의 다음 기술이 시사적이다.

> 은유적 언어를 비롯한 감성적 언어에 대한 철학의 의심은 나아가서 일상언어 전체에 대한 부정적 평가로 이어졌다. 철학이 소위 메타언어(meta-language)를 구상한 것은 비유적 언어 및 일상언어에 대한 불신에 기초한다. ... 메타언어는 은유를 비롯한 감성적 언어 일반을 극복하려는 노력의 극치에서 나온 것이다. 메타언어란 그런 의미에서 형이상학의 극치이다.

여기서 말하고자 하는 것은 철학적 입장에서 메타언어는 일상언어와 심층언어의 한계를 극복하려는 위치에 있다는 것이데, 이 견해는 기호와 대상물 사이의 관계에까지 확대 해석할 수 있다. 다시 말하여 메타언어는 대상물과의 관계에서 기호가 가지는 간접성·자의성·상징성의 한계를 극복하려는 시도로 언어에 대한 언어로 사용된다고 할 것이다. 언어 기호는 실재 그 자체가 아니라 실재에 대한 자의적 관계로 인하여 기호가 가지는 상징성으로 우리에게 다가오는 존재임을 인식하게 된다면 결국 실재에 대한 갈구가 있게 될 것이다. 그 목마름으로 인하여 자연언어는 그 자체 메타언어를 포함하게 되는 것이 아닐까. 그러나 그러한 메타언어 역시 기호이므로 결국 또 다른 기호의 늪에 빠질 수도 있을 것이다.

메타언어에 대한 김경용(1994: 187-189, 238)의 다음 요약을 보자.

---

44 김주현(1999b: 125-182)은 이상의 메타언어적 특성을 패러디나 메타픽션과 같은 상호텍스트적 글쓰기와 관련하여 고찰한 것이다. 그러나 본고에서는 메타언어의 개념을 대상언어에 대한 언어적 기술이라는 관점에 국한하여 살피고자 한다.

메타언어는 언어-물체에 관한 말을 하기 위한 것이지만 신화의 세계에서 그것은 신화 소비자들에게 원역사와 자연에 대하여 말함으로서 옛 일을 상기하게 하는 것이 아니라 의사 자연의 〈보다 더 자연스러움〉을 증폭시키는 데 종사한다. 신화의 세계는 〈현실보다 더 현실적인 세계〉, 다시 말하면 과현실적인 세계(hyperreal world)가 된다. 그리고 한편 메타언어는 과현실적 세계를 영속화시키는 주술을 되풀이한다. 메타언어는, 내용의 평면 자체가 의미화 체제를 이루고 있기 때문에 하나의 조작이다. 메타언어는 외시 의미 체제를 내용(내용2)으로 삼아, 그것을 표현하고 있다. 즉 표현은 조작이다. 그러나 이 조작은 표현을 위한 표현에 대한 것이기 때문에 과학적 조작이다. 메타언어는 외시 의미의 표현을 분석하는 언어가 된다. 더 나아가서, 메타언어는 외시적 담론에서 유도되는 기의들(내용2) 자체를 이름 짓거나 그것들에 대해 이야기할 수 있게 해준다. 신화 자체가 아무렇게나 만들어지는 것이 아니라 기호론에 입각해서 만들어진 다분히 단속된 형태의 텍스트이거니와 기호들의 단속양태 자체를 다루는 것이 메타언어이다. 메타언어는 기호론을 위한 기호론이라고 하겠다.

그렇다면 왜 이처럼 과현실적 세계를 영속화하는 주술은 되풀이될까. 왜 표현은 조작이며 그것도 과학적 조작일까. 왜 기호론을 위한 기호론이 등장하게 되었을까. 이 모든 현실의 근원적 원인은 바로 실재에 대한 갈급함, 기호로 채울 수 없는 실재와의 괴리에 대한 갈급함 때문이라고 생각한다.

언어와 메타언어의 기의가 동일할 수는 없다. 왜냐하면 메타언어는 언어가 지닌 기의를 포함하면서 새로운 의미로 확장될 수 있기 때문이다. 메타언어를 통한 글쓰기는 기표의 놀이화로서, 기표가 메타언어화되면서 기의 역시 끊임없이 미끄러지게 된다.(김주현 1999: 266)

이상의 텍스트에는 메타언어적 기술이 즐겨 사용되고 있다.[45] 〈선에관

45 이하 예시되는 메타언어와 함축언어들에 대한 의미 해석은 본고의 논점 범위를 벗어

한각서7〉에서 살펴본 기호 '□, △'에 대한 설명이 그 대표적 예라 하겠는데, 다른 작품들에도 이들 도형(기호, 즉 언어)에 대한 메타언어가 애용되고 있다. 〈파편의 경치〉와 〈△ 의 유희〉를 보자.

(14)

□ 나의이름

△ 나의아내의이름(이미오래된과거에있어서나의AMOUREUSE는이와같이도총명하리라)

(〈선에관한각서7〉)

(15)

△은 나의 AMOUREUES이다

....

전등이담배를피웠다

▽은1/W이다

....

▽은나의꿈이다

(〈파편의 경치〉)

(16)

△은 나의　AMOUREUES이다

종이로만든배암이종이로만든배암이라고하면

△은배암이다

(〈△의유희〉)

나므로 생략하기로 한다.

기호 '□'와 '▽' 그리고 '△'은 기호의 자의성[46]을 이용한 '나'와 '나의 아내'에 대한 은유화이므로, 이때의 '□, ▽, △'는 함축언어의 차원이다.[47] 그러나 아무런 설명없이 이러한 도형(함축언어)을 그냥 내세우기에는 은유 뒤의 이해에 독자가 이르지 못할 수도 있다는 두려움에서인지는 몰라도, 이상은 이에 대한 설명(즉 메타언어)을 즐기고 있다. 이렇게 되면 은유로 생성된 함축언어 '□, ▽, △'는 메타언어의 대상언어의 위치에 서게 된다.

(17)

-- 자가용복음
-- 혹은엘리엘리 라마싸박다니

하이얀천사 이수염난천사는규핏드의조부님이다
수염이전연(?)나지아니하는천사하고흔히결혼하기도한다

(〈내과〉: 1956년 이상전집(임종국 편)에 수록된 유고시)

유고시 〈내과〉에서 작은 글자로 된 부분(이수염난천사는규핏드의조부님이다수염이전연(?)나지아니하는천사하고흔히결혼하기도한다)은 "하이얀 천사"라는 대상언어에 대한 메타언어임을 그대로 보여준다. 또한 "엘리엘리라막싸박다니"는 "자가용 복음"에 대한 메타언어이다.

이상 작품의 특징 중 하나로 서술 방식으로 표현되는 괄호 내 표현이 있는데, 이 괄호 내 표현은 이상 자신이 앞서 표현한 언어에 대해 이상 자신이 쏟아내는 설명이다, 즉 메타언어의 수준이라 할 수 있다. 앞에서

46 기호의 자의성(arbitrary nature)이란, 상징인 명칭은 그 대상물과 직접 연결되는 것이 아니라 우리 마음 속 개념인 사고 혹은 지시를 통하여 연결됨을 말한다. 상징과 지시물 사이, 다시 말하면 명칭과 실재 대상물 사이는 직접적 관계가 아니라 간접적 관계라는 것이다. 그러므로 갓난아기는 부모의 선택에 따라 '진희'가 될 수도 있고, '희진'이가 될 수도 있는 것이다.

47 시인 김해경이 필명을 이상(李箱)이라고 한 것은, 자신이 닫힌 공간 내의 존재라는 인식의 표현이다. '단단한 오얏나무 상자 속 존재(李箱)'라는 은유가 그것이다. 언어기호로 나타내면 '상(箱)'이고, 그것을 도형으로 나타내면 '□'가 된다. 이에 대한 고찰은 오정란(2001a)을 참조할 것.

살핀 〈선에관한각서1〉에서의 괄호 내 표현[48]은 숫자로 둘러싸인 닫힌 공간 내 점들 도형에 대한 풀이이며, 〈선에관한각서2〉의 괄호 내 표현[49]도 숫자로 표현한 앞부분에 대한 언어적 설명이다. 〈선에관한각서3〉의 괄호 부분 역시 앞부분의 도식 및 제시한 수학 공식에 대한 메타언어이다.

(18)

	1	2	3
1	●	●	●
2	●	●	●
3	●	●	●
	3	2	1

……………………

$\therefore$ nph=n(n-1)(n-2)……(n-h+1)

(뇌수는부채와같이원까지전개되었다그리고완전히회전하였다) (〈선에관한각서3〉)

또한 〈선에관한각서4〉에 보이는 괄호 내 표현 역시 바로 앞 단어에 대한 메타언어이다. "탄환이일원주를질주했다"란 의미는 "탄환이일직선으로질주했다에있어서의오류등의수정"에 의한 것이며, "정육설당"은 "각설당을칭함"이며, "폭동의해면질진충"이란 "폭포의문학적해설"인 것이다.

(19)

탄환이일원주를질주했다(탄환이일직선으로질주했다에있어서의오류등의수정)

48 (우주는멱에의하는멱에의한다)
(사람은숫자를버리라)
(고요하게나를전자의양자로하라) 〈선에관한각서1〉

49 (태양광선은,凸렌즈때문에수렴광선이되어일점에있어서요요히빛나고불탔다….) 〈선에관한각서2〉

정육설당(각설당을칭함)

폭동의해면질진충(폭포의문학적해설) (〈선에관한각서4〉)

물론 이 작품은 '未定稿'란 단서가 있고 또한 괄호 속의 내용 자체도 "탄환이 곡선으로('직선으로'는 오류니까) 질주했다//각설탕//폭포"로 정리되며, 이것이 시로 표현될 때는 "탄환이 일원주를 질주했다//정육설당//폭동의해면질진충"으로 되므로, 여기에서 이 둘의 관계는 상호대응된다.(김주현 1999: 371) 물론 괄호 속 내용은 현상이며 이 현상의 모습을 보고 이를 시로 형상화한 것이 괄호 앞의 표현일 것이다. 그러나 왜 이상은 그 변화 과정을 지우지 않고 그대로 표출하였을까. 작품 과정에서 수정과 퇴고는 필수적 과정일진대 그 과정을 숨기지 않고 그대로 드러낸 이유는 무엇일까. 아마 마지막으로 표출된 언어기호에 대한 작가의 원래 의도를 보여주고 싶었던 것이 아닐까. 그렇다면 그 의도는 어떻게 해석되어야 할까. 마지막 표현된 언어기호에 대한 언어적 설명을 하고 싶었을 것이니 이는 곧 메타언어의 영역이라 할 것이다.

〈선에관한각서6〉에 나타나는 괄호 내 다음의 기술들도 앞의 언어 표현에 대한 언어 기술, 즉 메타언어이다. 예를 들어 '시간성'이라는 개념은 '통속사고에 의한 역사성'이라는 것이다.

(20)

시간성(통속사고에의한역사성)

....

숫자를대수적인것으로하는것에서숫자를숫자적인것으로하는것에서숫자를숫자인것으로하는것에서숫자를숫자인것으로하는것에(1234567890의질환의규명과시적인정서의기각처)

(숫자의일체의성태숫자의일체의성질이런것들에의한숫자의어미의활용

에의한숫자의소멸) (〈선에관한각서6〉)

〈선에관한각서〉 시리즈뿐 아니라 이상의 다른 작품들에 나타나는 괄호 내 표현도 앞선 표현에 대해 이상 스스로 다시 개입하여 종합적으로 설명하는, 즉 제시된 언어에 대한 언어인 메타언어의 특성을 그대로 가지고 있다. 오정란(2001: 29)은 〈오감도 시제1호〉에 나타나는 괄호 안의 세 문장도 이 시를 중의적으로 해석할 때 당연히 도출되는 맺음말 같은 역할을 하고 있다고 보면서, 시를 낭송할 때는 그것을 제외하고 읽되, 내용 이해 시 참고하면 이상의 의도에 접근하는 길잡이 역할을 한다고 하였다.

2행: (길은막다른골목이적당하오)
17행: (다른사정은없는것이차라리나았소)
22행: (길은뚫린골목이라도적당하오)

13인의 아해가 도로로 질주하고 있는데(1행: 13인의아해가도로로질주하오), 그때 그 길은 막다른 골목길이 적당하다는 부연 설명(2행)이다. 왜 막다른 골목이 적당할까? 그 이유는 다음에 펼쳐질 "무섭다고그리"는 상황 전개에는 뚫린 골목보다는 막다른 골목이 적당하기 때문이다. 또한 그 13인의 아해들은 서로가 무서운 아해이기도 하고 무서워하는 아해들이기도 하다는(3연~16연), 이 상황 외 다른 사정은 차라리 무시하는 것이 낫다는 이상의 조언이 17행에 나타난다. 그러므로 서로가 서로에게 무서운 아해가 되는 이 상황이 중요한 것이지 아해들이 도로를 질주하느냐 않느냐 하는 문제는 다른 사정이 되므로 결국 길은 뚫린 길이라도 상관없는- 적당하다(22행)는 것이다. 그래서 마지막 23행 "13인의아해가도로로질주하지아니하여도좋소"라는 표현이 논리적으로 가능하게 되는 것이다.

이것은 다른 말로 괄호 안 이들 표현이 메타언어의 기능을 한다는 것이다. 이상 자신이 작품에서 난해한 표현일수록 부가 설명의 성격을 띤 메타언어를 통하여 함축언어의 이해에 도움을 주려고 하고 있음은 흥미로운 사실이다. 〈건축무한육면각체〉에도 동일한 메타언어적 수사가 나타난다. 난해하고 모호한 전반부 표현에 대하여 괄호 속 후반부의 설명은 보다 구체적이다. 앞으로 이들 어구에 대한 해석은 바로 이 괄호 속 메타언어와의 상관관계에서 이루어져야 할 것이다.

(21)

………………………………

거세된양말(그여인의이름은워어즈였다)

………………………………

저여자의하반은저남자의상반에흡사하다(나는애련한해후에애련하는나)

사각이난케-스가걷기시작한다(소름끼치는일이다)

……………………………… (〈건축무한육면각체〉)[50]

이처럼 작가가 작품 중간에 나타나 자신의 육성을 내는 적극적 개입은, 곧 자신이 표현한 함축언어에 대한 설명을 하고자 하는 욕구의 발로에서 비롯되었을 것이다. 이처럼 메타언어를 이용한 이상의 적극적 개입은 이미 그의 처녀작인 〈이상한 가역반응〉에서도 나타나고 있으며, 〈지도의암실〉에서도 문장 중간에 '－' 안으로 들어가서 '리상'을 "리상한 우스운 사람"이라고 작가가 개입하여 부연설명하고 있다.

(22)

임의의반경의圓(과거분사의時勢)

이종류의존재의시간적영향성(우리들은이것에관하여무관심하다) (〈이상

50 〈건축무한육면각체〉에 나타난 "사각"의 상징성에 대해서는 오정란(2001a)을 참조할 것.

한 가역반응〉)

(23)

기인동안잠자고짧은동안누웠던것이짧은동안잠자고기인동안누웠던그이다 네시에누우면다섯여섯일곱여덟아홉그리고아홉시에서열시까지리상-나는 리상한우스운사람을아안다물론나는그에대하여한쪽보려는것이거니와-은 그에서그의하는일을떼어던지는것이다태양이양지짝처럼내려쪼이는밤에… (〈지도의암실〉)[51]

그러면 이상은 왜 이처럼 메타언어의 사용을 즐겨했을까. 언어의 한계 극복을 위한 시도는 결국 또 다른 언어의 함정으로 우리를 몰고 갈 뿐이니, 그리하여 독자들에게 이해의 길을 열어 주기 위한 그의 적극적 의지가 이러한 괄호 내 메타언어 표현으로 나타난 게 아닐까 추정해 본다. 이러한 시도 역시 언어기호의 한계를 극복하기 위한 실험적 시도로 볼 수 있다.

그러나 역설적이게도 언어기호를 통하여 언어기호의 한계를 극복하고자 노력하였지만 이상 그도 결국은 기호의 우리 속에 갇혀 있을 수밖에 없었으니, 이것은 우리 모든 인간의 운명이라 할 것이다.

언어기호를 우리 인간만이 가지게 된 것은 신의 은총이다. 그 선물로 하여 인간은 만물을 지배하게 되었다. 언어기호의 마력에 빠져 그것이 만능인 양 착각하고 살아가는 우리들에 비해 비록 헤어날 수는 없었지만 언어기호의 한계를 깨닫고 한계극복을 위한 시도를 했던 이상은 선각자임에 틀림없다고 생각한다.

---

51 〈지도의암실〉은 서술자인 내가 보기에 이상한 우스운 사람인 '그'의 하루 일과를 기술한 작품이다. 나는 관찰하는 나이자 작품을 서술하는 나이고, 그는 보여지는 나(타자)이자 서술되는 나(타자)이다. 여기서 이상이라는 한 인물의 주체 분열이 목도되니, 나/그의 분리를 통해 이 소설은 타자의 담론 또는 무의식의 담론을 지향하고 있다고 본다.(김주현 1999: 106-107)

지금까지 살펴본 바와 같이 언어의 상징성과 대표성으로 인하여 언어기호는 인간을 인간답게 만들면서 인간의 정신세계를 지배하게 되었다. 그러나 언어의 이 위력으로 인하여 인간은 언어라는 '우리(cage)' 속에 갇히어 실재 대상이 아니라 분절적이며 자의적이며 중의적이며 정태적인 언어의 색안경으로 재단된 사물을 실재라고 믿으며 인식하고 생각해야 하는 한계를 운명처럼 지닐 수밖에 없었다. 그러나 우리의 이상은 언어기호의 이 한계 인식에 그치지 않고 그 극복을 위한 실험적 시도를 하고 있는데, "凹렌즈의 방사작용"을 통하여 기호의 수렴화를 벗어나고자 노력한 것이 그것이다. 그 구체적인 실험적 시도는 어미의 종결 없이 반복되는 반복어법과 함축언어에 의한 신화 창조 그리고 메타언어에 의한 이상 자신의 개입 등으로 표출되고 있음을 알 수 있었다. 이러한 사실로 미루어 이상은 — 의식적이든 무의식적이든— 언어기호의 한계성을 깨닫고 그 한계 극복을 위하여 심각하게 고민하고 실험하였던 시인으로 평가되어야 할 것이다. 그러나 이러한 그의 시도 역시 인간은 결국 기호라는 우리에 갇혀 사는 존재인 것을 증명하고 있음은, 기호는 이 지상에 존재하는 우리 모두의 운명이자 한계이자 특권임을 역설적으로 웅변하고 있는 것이다.

참고문헌[52]

고석규. 「시인의 역설」. 『문학예술』.4-7. 1957.
고은. 『이상평전』. 민음사. 1974
김경용. 『기호학이란 무엇인가』. 민음사. 1994
김명환. 「이상의 시에 나타나는 수학기호와 수식의 의미」. 『이상문학연구60년』(권영

52 1930년대부터 1999년까지의 이상 문학 연구에 대한 연구목록은 김주현(1999: 430-465)에 시대별로 잘 정리되어 있다. 필자 개인의 바람은 이 시대별 정리에 접근 방법에 따른 분류(예를 들어 문학적 접근, 심리적 접근, 미학적 접근, 수학적 접근, 어학적 접근 등)가 덧붙여졌으면 한다.

민 편). 문학사상사. 1998.
김용섭. 「이상 시의 건축공간화」. 『이상 리뷰』 창간호. 이상문학회. 2001.
김용직. 「극렬시학의 세계 - 이상론」. 『한국현대시사』. 한국문연. 1996.
김윤식. 『이상연구』. 문학사상사. 1987.
김종은. 「이상문학의 심층심리학적 분석 - 오감도에 대한 초현실주의적 접근」. 『문학과 비평』 4. 1987.
권영민. 「이상 연구의 회고와 전망 - 이상 문학, 근대적인 것으로부터의 탈출」. 『이상문학연구 60년』(권영민 편). 문학사상사. 1998.
권택영. 「출구 없는 반복 - 이상의 모더니즘」. 『이상문학연구 60년』(권영민 편). 문학사상사. 1998.
김명환. 「이상의 시에 나타나는 수학기호와 수식의 의미 - 치밀한 의도하에 선택된 시어들」. 『이상문학연구 60년』(권영민 편). 문학사상사. 1998.
김민수. 「시각예술의 관점에서 본 이상 시의 혁명성 - 문학적 맥락을 뛰어넘어 시각예술의 텍스트로 바라본 이상 시」. 『이상문학연구 60년』(권영민 편). 문학사상사. 1998.
김방한. 『언어학의 이해』. 민음사. 1992.
김상환. 『해체론 시대의 철학』. 문학과 지성사. 1996.
김승희. 「이상시 연구 - 말하는 주체와 기호성의 의미작용을 중심으로」. 서강대 박사학위논문. 1992.
김종은. 「이상문학의 심층심리학적 분석 - '오감도'에 대한 초현실주의적 접근」. 『문학과 비평』 4. 탑출판사. 1987.
김윤식. 『이상문학전집』 4. 문학사상사. 1995.
김윤식. 「이상 문학과 지방성 극복의 과제 - 세계사적 시선 속에서 바라보기」. 『이상문학연구 60년』(권영민 편). 문학사상사. 1998.
김주현. 「텍스트부터 잘못되어 있다" . 『이상문학연구 60년』(권영민 편). 문학사상사. 1998.
김주현. 『이상소설연구』. 소명. 1999.
김춘수. 『한국현대시형태론』. 해동문화사. 1958.
문홍술. 「이상문학에 나타난 주체분열과 반담론에 관한 연구」. 서울대 석사학위논문. 1991.
박이문. 「기호와 의미 - 의미의 형이상학」. 『현대사회와 기호 - 기호학연구2』. 한국기호학회 엮음. 문학과지성사. 1996.

박철석. 「한국 다다 초현실주의 형성에 관한 연구」. 『한국문학논총』 6·7. 한국문학회. 1984.
송재영. 「이상시와 쉬르레알리즘」. 『성곡논총』 12. 성곡학술문화재단. 1981.
서준섭. 「1930년대 한국 모더니즘 문학연구」. 서울대 박사학위논문. 1988.
오정란. 『현대 국어음운론』. 형설출판사. 1997.
오정란. 「언어의 자의성과 이상의 "箱" 이미지」. 『인문언어』 1권1호. 국제언어인문학회. 2001a.
오정란. 「언어기호의 한계성에 대한 이상의 고발과 시적 변용」. 『인문언어』 1권2호. 국제언어인문학회. 2001b.
오정란. 「〈선에관한각서〉에 나타난 이상의 언어기호관과 그 극복양상」. 『어문논집』 46. 민족어문학회. 2002.
오정란. 『이상 시의 언어학적 해석』. 고려대학교 출판부. 2005.
우정권. 「이상의 글쓰기 양상」. 서울대 석사학위논문. 1996.
이강수. 「이상 텍스트의 생산과정 연구」. 서울대 석사학위논문. 1997.
이승훈. 『이상시 연구』. 고려원. 1987.
이승훈. 『이상문학전집』 1. 문학사상사. 1989.
이승훈. 「오감도 시제1호의 분석」. 『이상문학전집』 4. 문학사상사. 1995.
이어령. 『이상시 전작집』 1. 갑인출판사. 1977.
이어령. 『시 다시 읽기』. 문학사상사. 1995.
이어령. 「이상 연구의 길 찾기 - 왜 기호론적 접근이어야 하는가」. 『이상문학연구 60년』(권영민 편). 문학사상사. 1998.
이영지. 『이상시연구』. 양문각. 1989.
이정호. 「〈오감도〉에 나타난 기호의 질주 - 라캉의 정신분석을 원용한 〈오감도〉 읽기」. 『이상문학연구 60년』(권영민 편). 문학사상사. 1998.
이두원. 「찰스 퍼스의 커뮤니케이션 사상에 대한 연구 - 기호세계의 속성과 논리 중심으로」. 『삶과 기호 - 기호학 연구3』(한국기호학회 엮음). 문학과지성사. 1997.
이태동. 「자의식의 표백과 반어적 의미 - 날개를 중심으로」. 『이상문학연구 60년』(권영민 편). 문학사상사. 1998.
이태영 외. 『언어와 대중매체』. 신아출판사. 2000.
임종국 편. 『이상전집』 2. 태성사. 1958.
임지룡. 『국어의미론』. 탑출판사. 1992.

장영준. 『언어의 비밀』. 한국문화사. 1999.
전봉관. 「이상 문학에 드러난 실어증적 징후」. 『한국학보』 77. 1994.
정귀영. 「레알리즘과 쉬르레알리즘」. 『현대문학』. 1975.5.
조두영. 「이상의 인간사와 정신분석」. 『문학사상』. 1986.
조영복. 「이어령의 이상 읽기: 세대론적 감각과 서구본질주의」. 『이상리뷰』 2. 이상문학회.
조은희. 「한국 현대시에 나타난 다다이즘·초현실주의 수용 양상에 관한 연구」. 서울대 석사학위논문. 1987.
전성기. 『메타언어, 언어학, 메타언어학』. 고려대학교 출판부. 1996.
정명환. 「부정과 생성」. 『한국인과 문학사상』. 일조각. 1968.
조두영. 「정신의학에서 바라본 이상 - 이상 문학의 승화 작업, 심리 구조 분석」. 『이상문학연구 60년』(권영민 편). 문학사상사. 1998.
최재서. 「리얼리즘의 확대와 심화 - '천변풍경'과 '날개'에 관하여」. 조선일보 1936. 11.31-12.7.
최혜실. 「한국모더니즘 소설연구」. 서울대 박사학위논문. 1991.
한국성서공회. 『성경전서(개역개정판)』. 성서원. 2004.
한상규. 「1930년대 한국 모더니즘 문학에 나타난 미적 자의식에 관한 연구」. 서울대 석사학위논문. 1989.
황도경. 「이상의 소설공간 연구」. 이대 박사학위논문. 1993.
황현산. 「이상의 두 시에 대한 주석」. 『이상리뷰』 2. 이상문학회.

Barthes, R., *Mythologies* (trans. Annette Lavers), New York: Hill and Wang, 1972.
Derrida, J., "Living On: Border Lines". Bloom et al., *Deconstruction and Criticism*. NY: Seabury, 1979.
Derrida, J., "Structure, sign and play in the human sciences". Lodge, David(eds.), *Modern Criticism and Theory: a Reader*. NY: Longman, 1988.
Kant, I., *The Fundamental Principles of the Metaphysic of Ethics*, New York: Appleton-Century-Crofts, 1938,
Kellner,Douglas, *Critical Theory, Marxism and Modernity*, Baltimore, MD.: The Johns Hopkins University Press, 1989.
Ogden, C. K. & Richards, I. A.. *The Meaning of Meaning*. London: Routledge & Kegan Paul, 1923, 1949: 10eds.

Peirce, C. S., *Collected Papers of Charles Sanders Peirce*(8 Vols.), C. Hartshorne, P. Weiss, & A. Burks(eds.), Cambridge: Harvard University Press, 1931-1958.

Saussure, F. de, *Course in General Linguistics* (trans.wade Baskin), New York: McGraw-Hill, 1966.

Sebeok, T. A., *A Sign Is Just A Sign*, Bloomington & Indinapolis: Indiana University Press, 1991.

Ullmann, S., *The Principles of Semantics*. Oxford: Basil Blackwell, 1957.

Whorf, B. L., "Science and Linguistics", In Sol Saporta(ed.), *Psycholinguistics*, New York: Holt, Rinehart and Winston, 1961.

제3장

이상과 소월 시의 언어기호론적 비교 분석

Ⅰ. 종결 형식과 시적 이미지와의 연관성

우리나라 시사에서 가장 많은 연구와 관심을 받은 시인을 꼽으라면 소월과 이상이 될 것이다. 흥미로운 것은 통설적으로 두 시인은 한국적인 서정적 미학(소월)과 초현실적 자아의식(이상)이라는 겹쳐질 수 없는 극단의 시세계를 보여주고 있다는 사실이다. 그래서인지 지금까지 두 시인의 개별적인 시세계에 대해서는 많은 연구들이 있어 왔지만 2인의 시세계를 아울러 비교 고찰한 연구는 없었다. 무엇보다 이들에 대한 지금까지의 많은 연구는 시의 내용적 측면에 주력하여 왔고, 시의 근간을 이루는 언어기호와의 연관성을 고찰한 연구는 매우 드물었다.[1] 이에 본고에서는 이렇게 상반되는 두 시인의 시세계가 과연 시의 내용적인 측면에만 근거한 것인지 아니면 시의 외형적인 언어기호학적인 문체와도 연관이 있는지 그 상

1 소월과 이상 시에 대한 방대한 연구사 기술은 지면의 제한과 논지를 벗어날 수 있으므로 생략하고, 본고에서 이루어지는 독창적인 분석 및 논지 흐름에만 초점을 맞추어 기술하고자 하오니 양해 바란다. 이상 시에 대한 언어기호학적 접근은 오정란(2001a, 2001b, 2002)에서 이루어진 바 있다.

관성을 밝혀보고자 하였다. 본고에서 분석 대상으로 할 소월 시는 성문사(1967.11.1 간행)에서 나온 『소월시집 못잊어』에 수록된 165편이며, 이상 시는 태성사(임종국 편 1956.7.1 간행)에서 나온 『이상전집 제2권 시집』에 수록된 83편인데, 이 두 책에 실린 시는 각 시인의 작품을 거의 망라했다고 볼 수 있다.

시적 화자의 태도와 정서는 시어뿐 아니라 특히 서술어의 문법 활용을 통해 구현되고 있다. 한국어의 경우 문장 마지막에 오는 서술어의 표현 형태가 의사 전달의 핵심 기능을 하는 것도 이 때문이라 하겠다. 어순의 도치가 일어나는 경우에도 후치적 언어인 한국어의 관습 상 마지막 종결 부분은 시 전체의 이미지를 마무리하는 초점 지역으로서 그 기능을 발휘하게 된다. 이런 의미에서 소월과 이상의 시를 분석할 때 시의 마지막 문장의 마지막 종결 형식을 분석대상으로 삼는 것은 유의미한 작업이라 하겠다.

한 편의 시는 많은 문장들로 이루어지고 그 문장들의 종결 형식 역시 다양할 수 있기 때문에, 분석 대상의 범위와 위치 설정에 대한 고민이 클 수밖에 없었다. 총 248편의 시 속에서 어느 위치의 종결 형식을 대상으로 하는 것이 가장 합리적이며 객관적이며 공정한 결과를 도출할 수 있는가에 대한 고민이 그것이었다. 전체 문장을 대상으로 한다는 가장 이상적이지만 비현실적인 선택을 제외하면 세 가지의 선택이 있게 된다. 시 첫 문장의 종결 형식을 대상으로 하는 방법과 임의적으로 자유롭게 선택하는 방법 그리고 마지막 문장의 종결 형식을 대상으로 하는 방법이 그것이다. 이 중 정해진 위치 없이 임의로 종결 부분을 선택하는 것은 과학성, 객관성, 공정성의 관점에서 볼 때 가장 위험도가 높은 방법이 될 것이다. 시의 첫 번째 문장이냐 혹은 마지막 문장이냐의 기로에서, 작품 전체 이미지 형성에 있어서 시작하는 첫 문장보다는 마무리 짓는 마지막 문장의 기여도가 보다 높다는 판단에서, 본고에서는 대상 시의 제일 마지막 문장의 마지막 표현 형태를 분석의 대상으로 삼아 그것을 해당 시의 종결 형식으로 규정하기로 하였다.[2] 본고에서 설정한 종결 형식의 대략적인 분류 기준은 다음과 같다.

1. 소월 시 165편, 이상 시 83편에 대해 각 시의 마지막 종결 부분을 대상으로 한다.

2. 분류 방법은 각 종결 형식을 표현 형태에 따라 세부적으로 분류한 다음, 의미적·기능적 측면에서 통합이 가능한 범위 내에서 재분류하고자 한다. 예를 들어 종결 형식이 '-다'로 끝나는 경우에도 세부적으로 '-ㄴ 다', '-았/었/였다', '-한다', '-이다' 등의 다양한 표현 형태가 있을 수 있으므로, 세부적 분석 및 통합적 재분류 작업이 필요할 것이다.

3. 시의 마지막 부분에서의 구두점의 차이는 무시하고자 한다. 시의 종결 형식으로 남성과 여성 시인의 문체를 비교한 신현숙(1995)에서는 말없음표와 말줄임표를 따로 구분하여 시의 종결 형식을 [-언어형식]과 [+언어형식]으로 나누고 있다. 그러나 말없음표와 말줄임표뿐 아니라 마침표와 쉼표, 느낌표와 물음표 등의 기능도 그에 못지않다는 점을 고려한다면, 구두점의 차이는 무시하는 것이 공정하다고 생각한다.

4. 화자의 독백으로 이루어지는 서정시의 경우 청자가 존재하지 않는다는 견해도 있을 수 있지만 서정시 자체도 결국 독자에게 전달되기 위한 시인의 정서를 담고 있으므로, 서정시도 청자라는 담화의 한 요소를 요구하고 있다고 간주하는 것이 타당할 것이다. 그런 의미에서 신현숙(1995)의 화자인지 혹은 청자인지의 구분은 의미 있는 분류 기준이 될 수 있다. "화자가 된 작가가 자신의 생각이나 감정을 표현하는 종결 형식을 썼다면 우리는 화자만을 인지할 수 있을 것이고, 작가가 작품 속의 청자나 독자에게 어떤 행동이나 해석을 요구하는 종결 형식을 썼다면 우리는 청자도 인지

2 시의 마지막 부분 종결 형식을 대상으로 남성과 여성의 문체 차이를 추출한 연구로 신현숙(1995, 485-500)이 있다. 신현숙(1995)은 한국시대사전(1988)에 실린 시인 332명(남성 166명/여성 166명)의 작품 4409편(남성 2471편/ 여성 1938편)의 종결 형식을 뽑아 분석대상으로 삼았다. 그 결과, 남성 시인과 여성 시인이 즐겨 사용하는 종결 형식에 차이가 있음을 밝히고 있다.

할 수 있을 것이다. 그러면 화자를 인지할 수 있는 종결 형식은 '화자 인지'로, 청자를 인지할 수 있는 종결 형식은 '청자 인지'로"(신현숙 1995: 491) 나눌 수 있다 하였다.

종결 형식을 분류할 때 가장 모호한 것이 '-아라/어라/여라'이다. 신현숙(1995)에서는 동일한 '-아라/어라/여라'에 대해서 의미적 판단에 따라 감탄 혹은 명령으로 구분하여 전자(감탄)는 화자인지로, 후자(명령)는 청자인지로 간주하고 있다. 그러나 '-아라/어라/여라'의 종결 형식은 어느 경우든 청자와의 소통을 뜻하는 시인의 마음이 읽히는 바, 두 경우 모두 청자인지로 처리하는 것이 타당하다고 생각한다. 또 동일한 언어 형식을 감탄 혹은 명령으로 분류하는 것 자체가 지극히 주관적인 것이므로 이러한 분류 기준은 객관성을 상실하게 된다. 최현배(1982, 265-281)에서는 아예 느낌꼴(감동형) 자체를 따로 세우지 않고 베풂꼴(서술형)에 포함시키고 있다. 굳이 느낌꼴을 세우고 싶다면 '-구나/도다/구려' 정도만 인정할 수 있다고 하였다.(최현배 1982, 265,266) 따라서 본고에서는 '-아라/어라/여라'는 명령형(청자 인지)으로 간주하고자 한다.

5. 시의 마지막 부분이 명사로 끝나는 경우와 조사 · 연결어미 · 부사로 끝맺는 경우를 구분하기로 한다. 왜냐하면 명사로 끝나는 경우는 시인의 명료한 결단과 인식이 표현(화자 인지)되지만, 조사 · 연결어미 · 부사로 끝맺는 경우는 불완전한 진술로서 독자에게 판단을 유보(청자 인지)하고 있기 때문이다.[3] 후자(조사 · 연결어미 · 부사)의 경우를 미종결형으로 총칭하고자 한다.

이러한 기준에 따라 소월 시 165편과 이상 시 83편의 마지막 부분 표현 형태를 해당 시의 대표적 종결 형식으로 간주 · 분류하고, 빈도수 비율에

3 다음의 예를 보면 두 경우의 차이가 확인된다. 〈명사로 끝난 경우〉: "하늘엔 달 오르며 우는 기러기."(만나려는 심사/소월), "더운물을엎질러서야큰일날노릇."(內科/이상) 〈미종결형으로 끝난 경우〉: "붉은 피같이도 쏟아져 내리는/ 저기 저 꽃잎들은 저기 저 꽃잎들은."(바다가 변하여 뽕나무밭 된다고/소월), "아아,꽃이또香기롭다. 보이지도않는꽃이-보이지도않는꽃이."(絶壁/이상)

따른 공통점과 차이점 그리고 인지 유형과의 결합에 따라 소월과 이상 두 시인의 시적 이미지와의 연관성을 추출하고자 한다.

Ⅱ. 소월 시의 종결 형식 분석

『소월시집 못잊어』(성문사, 1967.11.1 간행)에 수록된 165편을 종결 형식에 따라 분류한 결과는 다음과 같다.

(1) '~명사+조사': 12편(7.273%)

"저기 저 꽃잎들은 저기 저 꽃잎들은."(바다가 변하여 뽕나무밭 된다고)

"이루려 못 이룸에 박(薄)한 이름을."(물 마름)

"사노라면 사람은 죽는 것을."(사노라면 사람은 죽는 것을)

"속없이 느끼노나, 가는 봄을."(첫치마)

"이 땅이 우리의 손에서 아름다워질 것을!/ 아름다워질 것을!"(상쾌한 아침)

"두둘겨나 주과저/ 소리 잊은 내 북을."(노래를 가져 월탄에게 드립니다)

"생각하라, 밤 저녁 내 눈물을."(구름)

"암청(暗靑)의 이끼여, 거칠은 바위/ 치는 물가의."(불운에 우는 그대여!)

"걸음은 다시금 또 더 앞으로……"(들놀이)

"담 모도리에 걸린 달을 내가 또 봄으로."(찬저녁)

"봄빛이 왔네, 봄날이 왔네,/ 심심산천에도 금잔디에."(금잔디)

"내가 괴로운 이 세상 떠날 때까지."(제이 · 엠 · 에쓰)

(2) '~연결어미': 14편(8.485%)

"다시금 또 보이는./ 다시금 또 보이는."(두 사람)

"나는 꿈이 그리워, 꿈이 그리워."(꿈)

"가고 싶은 그리운 바다는 어디."(바다)

"그저 혼자, 설거나 괴롭거나."(맘에 있는 말이라고 다 할까 보냐)

"그대인가고,/ 그대인가고."(나의 집)

"저저 혼자.......산경(山耕)의 김매이는."(바라건대는 우리에게 우리의 보습대일 땅이 있었더면)

"내 몸을 이끌어라, 무한히 더 가깝게."(묵념)

"밤의 고요한 때라도 지켰으면!"(하다못해 죽어달래가 옳나)

"무덤의 풀이라도 태웠으면!"(나는 세상 모르고 살았노라)

"흘러가서 없어진 맘이라고 하며는."(무신 無信)

"사람에게 있는 엄숙을 모두 느끼면서."(엄숙)

"좀더 미리부터 미리부터 알았던들!"(부귀공명 富貴功名)

"외상으로 주고 받기도 하건마는."(추회 追悔)

"우는 새 다음 소린 함께 듣사오면,"(그리워)

(3) '~아라/어라/여라': 16편(9.697%)

"저녁 때 흰 눈은 퍼부어라."(눈 오는 저녁)

"조심인 듯 가슴을 뒤노아라."(몹쓸 꿈)

"야밤중, 불빛이 발갛게/ 어렴프시 보여라."(그를 꿈꾼 밤)

"소리도 없이 창 밖으로 새여 빠져라."(분粉 얼굴)

"다만 고요한 새벽 별 그림자 하나가/ 창 틈을 엿보아라."(꿈 꾼 그 옛날)

"보드라운 습기는 떠돌며 땅을 덮어라."(봄 밤)

"새벽 그림자 산란한 들 풀 위를/ 혼자서 거닐어라."(닭소리)

"나무도 가지마다 눈을 텄어라!"(수아 樹牙)

"고달픠 부지런히 집을 지어라."(개아미)

"연기는 한두 줄기 피어 올라라."(천리 만리)

"숯막집 불도 지고 귀뚜라미 울어라."(귀뚜라미)

"별 좋은 일도 없이 스러지고 말아라."(황촉불)

"걸음 걸음 괴로히 발에 감겨라."(오는 봄)

"별 빛이 솟구어라."(저녁 때)

"끝없이 하염없이 나는 울어라."(가을 아침에)

"먼 먼 산. 산절의 종소리./ 달빛은 지새어라."(합장)

(4) '~거라': 2편(1.212%)

"넋이라도 있거들랑 고향으로 네 가거라."(고향)

"가까웁는, 오오 가까웁는 그대뿐이 내게/ 있거라!"(비난수 하는 말)

(5) '~라': 2편(1.212%)

"또 저 산 넘어 넘어/ 구름은 가라."(우리집)

"너와 한가지로 지나가라."(담배)

(6) '~아요/~어요/~야요': 7편(4.242%)

"흘러가는 잎이나 맘해 보아요." (풀따기)

"하나도 남김 없이 잊고 말아요."(님의 노래)

"눈 앞을 가로막고 흐느낄 뿐이야요." (밤)

"이제금 저 달이 서름인 줄은/ 「예전엔 미처 몰랐어요.」"(예전엔 미처 몰랐어요)

"그 소리에 꿈 깨면 遙西 가지 못해요."(꾀꼬리)

"배 세우고 문잡소 한곳사람 아니요."(長千行1)

"음직한 때도 있을께요."(斷章1)

(7) '~지요': 3편(1.818%)

"맘 곱게 읽어 달라는 말씀이지요." (고적한 날)

"성춘향 아가씨가 살았다지요."(춘향과 이도령)

"굳이 잊지 말라는 부탁인지요."(개여울)

(8) '~나요': 3편(1.818%)

"「그리워 살뜰히 못 잊는데/ 어쩌면 생각이 떠지나요?」"(못잊어)

"왜 아니 오시나요."(애모)

"무엇을 뜻하는 줄 아시나요."(서로 믿음)

(9) '~명사+요': 2편(1.212%)

"모두다 그럴듯한 사람사는 일레요."(후살이)

"나서 자란 고향의 해 돋는 바다요."(여수2)

(10) '~셔요/세요': 2편(1.212%)

"당신이 손수 묻어 주셔요."(꿈자리)

"조그만 가슴 속으로 불어 넣어주세요."(깊은 구멍)

(11) '~니다요': 1편(0.606%)

"강물에 새벽빛이 어립니다요, 어립니다요."(기분전환)

(12) '~N(명사형)': 18편(10.908%)

"하늘엔 달 오르며 우는 기러기."(만나려는 심사)

"쌓았다 헐었다/ 긴 만리성!"(만리성)

"수그리고 발 놓는 남의 나라 땅."(남의 나라 땅)

"그 못물로는 놀이 잦을 때."(가을 저녁에)

"내 넋을 잡아 끌어 헤내는 부르는 소리."(무덤)

"산수갑산 가는 길은 고개의 길."(산)

"삭주구성은 산 넘어 먼 육천리."(삭주 구성)

"우무줄어진 나무 그림자."(희망)

"흰 눈이 만산편야(滿山遍野) 쌔운 아침."(전망)

"바람조차 가을 봄 걷히는 꿈."(꿈길)

"지향도 없이 단청(丹靑)의 홍문(紅門)"(여수1)
"당신은 강촌에 홀로 된 몸."(강촌)
"정월 대보름날 달맞이!"(달맞이)
"탁목조(啄木鳥)의/ 쪼아리는 소리, 쪼아리는 소리."(열락)
"반달은 중천에 지새일 때."(새벽)
"움직어리는 자주구름."(자주구름)
"쓸데도 없이 실없게만 오고 가는 맘."(잊었던 밤)
"꽃지고 저무는 봄."(꿈)

(13) '~(스)ㅂ 니다'(현재 시제): 11편(6.667%)
"고이 깊이 잠들어 다 모릅니다."(산 위에)
"부질없이 제 몸을 울려 줍니다."(옛이야기)
"우리도 골짜기로 내려갑니다."(실제 失題)
"기억의 가시밭에 꿈이 핍니다."(기억)
"사랑이던 줄이 아니도 잊힙니다."(자나 깨나 앉으나 서나)
"이 산 저 산 옮아 가며 슬피 웁니다."(접동새)
"하여튼 방금에 괴로운 몸을 서러합니다."(절제)
"때때로 울며 바랄 뿐입니다."(기회)
"도무지 이 모르는데서 어째 이러는가 합/니다."(생과 돈과 사)
"냄새 많은 그 몸이 좋습니다."(여자의 냄새)
"붉은 전등은 고적합니다."(서울 밤)

(14) '~ㅆ/았/었/였(스)ㅂ 니다'(과거 시제): 2편(1.212%)
"바람이 부는대로 떠났습니다."(제비2)
"거친 벌 난벌에 흘렀습니다."(무심)

(15) '~이어/이여/이야': 9편(5.455%)

"오오 나의 애인이었던 당신이어."(해가 산마루에 저물어도)

"어찌 설지 않으랴, 집도 없는 몸이야!"(제비1)

"사랑하던 그 사람이어!"(초혼)

"기쁨이어, 오오 생명의 향상이어."(밭 고랑 위에서)

"고은 봄 야반에도 내 사람 생각이어."(낭인의 봄)

"이름 모를 시름에 해늦음이어."(오과午過의 읍泣)

"마음과 몸이 아울러 유쾌한 간밤의 잠이여."(건강한 잠)

"오오 그 싀멋없이 섰던 여자여!"(기억)

"내 마음의 가름째야."(빛)

(16) '~네': 7편(4.242%)

"어느덧 해도 지고 날이 저무네!"(맘 켱기는 날)

"오늘도 해 못 보고 날이 저무네."(부엉새)

"갈 봄 여름 없이/ 꽃이 지네."(산유화)

"대동강 뱃나루에 해 돋아 오네."(닭은 꼬끼오)

"앞 남산에 불탄 등걸 님 던리 자국에/ 좀이드네."(항전애창巷傳哀唱 명주딸기)

"비는 쉴틈 없이 뿌리네, 뿌리네."(장별리)

"님을 태워 가고는 때 가는 줄 모르네."(囉願曲)

(17) '-ㄴ 다': 6편(3.636%)

"잎새들만 저녁빛에 희끄므레 꽃지듯 한다." (반달)

"흰 눈의 잎사귀 지연(紙鳶)이 뜬다."(종이연 紙鳶)

"창 가에 아롱아롱/ 달이 비친다."(원앙침)

"구름만 첩첩....... 떠돌아간다."(집 생각)

"아하 三水 甲山 못 벗어난다."(차次 안서선생 삼수갑산운)

"구름도 산마루에 걸려서 운다."(왕십리)

(18) '~노라': 4편(2.424%)

"오늘도 어제도 아니 잊고/ 먼 훗날 그때에 「잊었노라」"(먼후일)

"밝은 대낮에 빗보고는 하노라."(꿈으로 오는 한 사람)

"「훗길을 두고 가자는 심성으로/ 아들딸을 늙도록 기르노라.」"(훗길)

"내 몸은 꽃자리에 주저 앉아 우노라."(봄비)

(19) '~오': 4편(2.424%)

"내게 바이 갈 길은 하나 없오."(길)

"덤불덤불 들끝으로 벋어 나갔오."(가시나무)

"널은 사랑의 버릇이라오."(널(널뛰기))

"이 세상 사람다운 사람이라오."(고락)

(20) '~러라': 3편(1.818%)

"영이별 있던 날도 그런 때러라."(비단 안개)

"꿈 같은 즐거움의 눈물 흘러라."(여름의 달밤)

"「간다 잘 살아라」하며 노래 불러라."(바리운 몸)

(21) '~랴': 3편(1.818%)

"이제라고 강물의 터야 아니랴."(마른 강 두덕에서)

"인제 陽關 나서면 어느 친구 있으랴."(渭城朝雨)

"내가 부모 되어서 알아보랴."(부모)

(22) '~리': 3편(1.818%)

"그대여! 부르라, 나는 마시리."(님과 벗)

"우리는 예낮 없는 서름을 모르리."(옛낮)

"그대의 헐벗은 영(靈)을 쌓덮으리."(신앙)

(23) '~이외다/거외다': 3편(1.818%)

"죽기전 또 못 잊을 말씀이외다."(님의 말씀)

"당신은 잊어버린 서름이외다."(님에게)

"물을 마시는 거외다."(술)

(24) '~리다': 2편(1.212%)

"자전거 타고서 가우리다."(자전거)

"당신 위해 千兩은 쓰오리다."(돈과 밥과 밤과 돌)

(25) '~지': 2편(1.212%)

"둘이 함께 재되어 스러지지."(개여울의 노래)

"개여울에 닻 준 배는 떠나갈테지."(서도여운 西道餘韻)

(26) '~리라': 2편(1.212%)

"「착한 일 하신분네는 천당가옵시리라.」"(아내 몸)

"나 보기가 역겨워/ 가실 때에는/ 죽어도 아니 눈물 흘리오리라."(진달래꽃)

(27) '~더라': 2편(1.212%)

"죽어서도 한 곳에 묻히더라."(부부)

"둥글박! 댕글이 달리더라."(넝쿨타령)

(28) '~누나': 2편(1.212%)

"배는 떠나 하늘로 끝을 가누나!"(하늘 끝)

"산 건너 저기 저편 해가 지누나."(불칭주평 不稱錐秤)

(29) '~구려/구료': 2편(1.212%)

“「인저는, 당신네들도 다 쓸데 없구려!」”(깊이 믿던 심성)

“서로 長干이면서 온체 몰랐구료!”(長千行2)

(30) ‘~로구나’: 1편(0.606%)

“있고 보면 네로구나.”(돈타령)

(31) ‘~ㅂ 디다려’: 1편(0.606%)

“흘러도 연달아 흐릅디다려.”(가는 길)

(32) ‘~(더)니’: 1편(0.606%)

“저 하늘 같기를 바랐더니.”(옷)

(33) ‘~자’: 1편(0.606%)

“엄마야 누나야 강변 살자.”(엄마야 누나야)

(34) ‘~ㄹ 세’: 1편(0.606%)

“꿈 같이 그 우리님과 손목잡고 놀던델세.”(春崗)

(35) ‘~이라’: 1편(0.606%)

“그 같이 지향없이 헤매임이라.”(夜의 雨滴)

(36) ‘~네라’: 1편(0.606%)

“길손들은 제가끔 돌아갈네라.”(한식)

(37) ‘~니라’: 1편(0.606%)

“어두운 그림자가 나니더니라.”(벗마을)

(38) '~소냐': 1편(0.606%)

"네가 어찌 알소냐."(義와 정의심)

(39) '~느냐': 1편(0.606%)

"오늘도 산마루에 올라서서 우느냐."(생과 사)

(40) '~도다': 1편(0.606%)

"어서 가고 싶어서 못견디겠도다."(斷章2)

(41) '~노란다': 1편(0.606%)

"군복이 아부님은 못 하노란다."(어버이)

(42) '~는고?': 1편

"그 무엇을 뜻하는고?"(失題)

(43) '~노': 1편(0.606%)

"...도루 줍소사! 아아 왜 이렇게 되었노!"(기원)

(44) '~나': 1편(0.606%)

"...그대 찾아 데리고 서울로 가나?"(월색)

(45) '~시오': 1편(0.606%)

"...저 달을 보시오."(해 넘어 가기전 한참을)

지금까지 165편의 소월 시를 시의 마지막 종결 형태를 기준으로 분류한 결과 소월 시에 사용된 종결 형식은 총 45종류임을 알 수 있다. 그중 최다 빈도 1위는 (1)과 (2)를 합한 총 26편(15.758%)의 미종결형이며, 2위는 총

20편(12.121%)인 명령형(3)~(5), 공동 3위는 총 18편(10.908%)인 '-요'형 종결형(6)~(11)과 역시 18편인 명사 종결형(12)으로 나타났다. 5위는 '-ㅂ니다' 종결형(13)(14)으로 13편(7.879%), 6위는 '-이어/이여/야' 종결형(15)으로 9편(5.455%)으로 조사되었다. 그밖에 '-네'형이 7편으로 7위(4.242%), '-ㄴ 다'형이 6편으로 8위(3.636%), '-노라'형과 '-오'형이 각각 4편으로 공동 9위(2.424%)를 차지하고 있다. 그 밖에 3편(1.818%) · 2편(1.212%) · 1편(0.606%)에 사용된 다양한 종결 형식들이 있다.(20)~(45)

이러한 소월 시 종결 형식의 종류와 순위를 신현숙(1995)의 결과와 비교해 보면 흥미로운 사실을 발견할 수 있다. 남성과 여성 시인이 즐겨 사용한 종결 형식 상위 10순위는 다음과 같다.[4]

(가) 남성 시인이 선호하는 종결 형식 순위 (신현숙 1995: 489)

1위: '-ㄴ 다'19.9% 2위: '-이다'13.7% 3위: '명사'10.2%

4위: '-었다'7.5% 5위: '-여/야'4.8% 6위: '-ㅂ 니다'4.6%

7위: '고 있다'4.3% 8위: '-어라(감탄)'4.1%

9위: '-네'3.2% 10위: '-요'2.7%

(나) 여성 시인이 선호하는 종결 형식 순위 (신현숙 1995: 490)

1위: '-ㄴ 다'20.2% 2위: '명사'13.2% 3위: '-이다'9.3%

4위: '-었다'7.9% 5위: '-ㅂ 니다'7.4% 6위: '어라(감탄)'5.2%

7위: '고 있다'4.6% 8위: '-여/야'3.7%

9위: '-네'3.6% 10위: '-요'2.5%

(가, 나)에서 공통적인 것은, 남성과 여성 시인 공히 '-ㄴ 다' 형식이 1순위라는 사실이다. 이는 시의 종결 형식에서 가장 일반적인 것이 현재 시제

4 166명의 남성 시인이 쓴 총 종결 형식은 89가지, 166명의 여성 시인이 쓴 종결 형식은 총 74가지이다.(신현숙 1995)

의 객관적 서술형인 '-ㄴ 다'임을 보여주는 것이다. 다만 남성 시인은 '-이다'를 '명사'보다 많이 썼고, 여성 시인은 '명사'를 '-이다'보다 선호하고 있다. 그런데 (가, 나)와 소월 시의 종결 형식을 비교하면, 소월 시에 나타난 종결 형식은 몇 가지 독특한 특징을 보인다.

첫째, (가, 나)에서 남성과 여성 시인에 공통적으로 1순위였던 '-ㄴ 다' 형식이 소월 시에는 오직 6편(3.636%)에 불과하다는 사실이다. 대신 청자대우 서술 형태인 '-(스)ㅂ 니다'와 '-았/었-ㅂ 니다'의 약진(13편 7.879%)이 두드러진다. 이는 (나)의 일반 여성 시인의 '-ㅂ 니다' 사용빈도 7.4%보다도 높은 것으로서, 소월 시의 여성성을 보여준다 하겠다. 이 '-(스)ㅂ 니다'와 '-았/었/(스)ㅂ 니다' 형식은 최대한의 예의를 갖추어 독자를 대화에 끌어들이는 상대존대법으로, 객관적 서술 형식인 '-ㄴ 다'의 이미지와 상당한 괴리를 보인다.[5]

둘째, 신현숙(1995: 488)에 의하면 남성 시인만 사용하는 종결 형식으로 '-ㄹ까, -냐, -어, -랴' 등이 있고, 여성 시인만 쓰고 있는 종결 형식으로 '미종결형(-으로, -에),[6] -누나/노나' 등이 보고되었다. 그러나 소월 시에서는 이러한 남녀 성별에 따른 종결 형식의 차이가 무의미함을 보여주고 있다. 성별과 종결 형식 사이의 연관성 가설이 무너지고 있는 것이다. 남성 시인만 사용했다는 종결 형식도 당연히 있지만,[7] 여성 시인만 쓰고 있다는 '미종결형(-으로, -에)', '-누나/노나' 종결 형식도 소월 시에는 당당히 등장한다.

5 이런 뜻에서 신현숙(1995)에서 '-ㄴ다' 등 '-다'류를 화자인지, '-(스)ㅂ 니다'류를 청자인지로 구분한 듯하다. 또한 소월 시 165편 중 '-리다, -이외다/-거외다, -리다' 등이 각각 2편씩 있지만 이 역시 객관적 서술인 '-ㄴ 다'와 기능이 다르므로 따로 분류하였다. '-리다, -이외다/-거외다, -리다' 형식은 청자에게 호소하는 느낌을 주고 있기 때문이다.

6 미종결형은 화자인 시인이 결론을 맺지 않고 상상력의 여백을 남겨 놓아 독자인 청자로 하여금 동참케 하는 기제를 발휘하는 종결 형식이다.

7 남성 시인만 사용했다는 종결 형식인 '-냐, -랴'로 끝나고 있는 소월 시는 다음과 같다. 〈'-냐' 종결 형식〉: (38)"네가 어찌 알소냐"(義와 정의심)/ (39)"... 우느냐"(생과 사) 〈'-랴' 종결 형식〉: (19)"강물의 터야 아니랴"(마른강 두덕에서) / "어느 친구 있으랴"(渭城朝雨)/ "... 알아보랴"(부모)

미종결형 '-으로': (1)"...더 앞으로."(들놀이)/(1)"...또 봄으로."(찬저녁)

미종결형 '-에': (1)"...금잔디에."(금잔디)

'누나/노나'종결 형식: (28)"...하늘로 끝을 가누나!"(하늘 끝)/

"...해가 지누나."(不稱錐秤)

이처럼 소월 시의 종결 형식은 시인의 성별 구분이 모호한 특징을 보이고 있다. 소월 시의 특징 중 하나가 여성적 정한의 표출이라 한다면, 종결 형식의 이러한 사용 양상도 한몫을 차지하고 있다 하겠다.

셋째, 일반 시인의 경우 하위 순위로 나타나는 종결 형식이 소월 시에서는 고빈도로 나타나고 있으니, 곧 '-아라/어라/여라' 등의 선호(2위: 12.121%) 및 '-요'형(3위: 10.908%)의 선호도 소월 시의 두드러진 특성이다.

명령형 '-아라/어라/여라'형 역시 청자에게 무언가를 요구하는 형식으로 청자와의 소통이 전제되는 형식인데,[8] 소월의 12.121%라는 비율은 다른 시인들과 확연한 차이를 보이고 있다. 신현숙(1995)에서의 감탄과 명령을 모두 합하여 계산하더라도, 남성 시인(감탄형 4.1% 8위+명령형 2.3% 12위=총 6.4%)의 경우 5위가 되며, 여성 시인(감탄형 5.2% 6위+명령형 2.1% 12위=총 7.3%)의 경우엔 6위가 된다. 이는 소월 시에 등장한 명령형의 총빈도 12.121% 2위와 많은 차이가 난다.

'-요'형의 경우 소월 시에서는 3위 10.908%의 고빈도[9]를 보이는데, 이는 일반 시인의 2.7%(남성 10위)와 2.2%(여성 10위)와 커다란 괴리를 보인다. 일반적으로 비격식체인 '-요'형은 대화체에 많이 사용되는 반면, 시에서는 격식체인 '-ㅂ니다'가 고빈도로 나타난다고 한다. '-ㅂ니다' 종결형은 일반 남성 시인은 4.6%, 여성 시인은 7.4%의 빈도를 보이는데(신현숙 1995: 492), 소월 시에서는 7.879%로 일반 여성 시인의 그것보다도 높다. '-요'보

8 이런 관점에서 미종결형과 명령형을 '청자인지'로 간주할 수 있는 것이다.

9 (8)의 '-나요'형은 의문형이지만 대화체 '-요'를 사용하여 존칭이 된다는 점에서 함께 다루었다.

다 '-ㅂ니다'를 선호하는 일반 시인들과 달리, 소월은 격식체인 'ㅂ니다'(7.879%)보다 대화체 구어체인 '-요'(10.908%)를 더 많이 사용하고 있는데, 이것도 소월 시가 청자(독자)들에게 친숙하고 다정하게 다가오는 이유 중 하나가 되었을 것이다.

이처럼 소월 시에서 1위에서 3위를 차지한 고빈도 종결 형식들은 일반 시인의 시에서는 보다 하위 순위를 차지하는 종결 형식들이었으니, 소월 시의 종결 형식이 일반 시인들의 선호 종결 형식과 많은 차이가 있음을 알 수 있다. 소월 자신이 남성이면서도 여성 시인이 선호하는 종결 형식을 애용하고 있을 뿐 아니라, 상위 고빈도 종결 형식들이 청자와의 소통을 염두에 둔 청자 인지 기제라는 사실 등을 특징으로 볼 수 있을 것이다.

Ⅲ. 이상 시의 종결 형식 분석

『이상전집 제2권 시집』(임종국 편 1956.7.1 간행)에 수록된 83편을 종결 형식에 따라 분류한 결과는 다음과 같다.

(1) '-았/었/였-다': 12편(14.458%)

"다음가는것이라고생각하였다"(隻脚)

"距離에漸漸낮익어갔다"(距離)

"어머니가나를낳으드키무엇인가를낳어야겠다고생각하는것이었다"(肉親의章)

"입장권을팔고있었다"(오감도 二人)

"나는시계를내동댕이쳐버리고말았다"(운동)

"마침내▽ 을매장한설경이었다"(破片의景致)

"그이는앉은자리에서그사람이平生을살아보는것을보고는살짝달아나버렸다"(易斷)

“(뇌수가부채와같이원에까지전개되었다.그리고완전히회전하였다)”(선에관한각서3)

“젖은감광지가태양에마주쳐서는희스므레하게光을내었다”(且8氏의出發)

“순간자기와같은태양이다시또한個솟아올랐다”(대낮)

“내이마에는싸늘한손자욱이각인되어언제까지지어지지않았다”(시제14호)

“電報는아직오지아니하였다”(▽ 의유희-△ 은나의AMOUREUSE이다)

(2) ‘-ㄴ 다’: 10편(12.048%)

“이손바닥만한하늘저편으로날아간다.”(시제12호)

“나는이런얇다란예의를 화초분보다도사랑스레역인다.”(시제13호)

“그제야개는이쪽을향하여마지막으로슬프게짖는다.”(紙碑3)

“쓰레기가막붙는다.”(街外街傳)

“기가탁막힌다.”(行路)

“溫위에올라서면讀書는겁이나서곤두박질을친다.”(易斷 중 火爐)

“(지구는빈집일경우봉건시대는눈물이나리만큼그리워진다)”(선에관한각서1)

“그리고는 七面鳥처럼쩔쩔맨다.”(白晝)

“...壽命이 흐르고 있는게란다.”(街衢의 추위)

“전연사건이외의일이아니면아니된다”(Le Urine)

(3) ‘-한다’: 7편(8.434%)

“아해가20년전에사망한온천의재분출을보도한다”(熱河略圖)

“민첩하게 代書한다.”(紙碑1)

“脫身,신발을벗어버린발이虛天에서失足한다.”(賣春)

“그리고이번꿈자리를 豫期한다.”(追求)

“그러나내팔은如前히그사기컵을 死守한다.”(시제11호)

"이미如何한精神도發芽하지아니한다."(最後)

"말이決코밖으로새여나가지는않게한다"(시제10호)

(4) '있다': 3편(3.614%)

"웬사람하나가여기남어내分身提出할것을잊어버리고 있다."(位置)

"꼭치료를기다리는無病이끝끝내있다."(紙碑)

"...거대한죄가있다."(시제15호)

(5) '없다': 3편(3.614%)

"내몸에지닌내圖章처럼쉽사리끌려버릴수가참없다."(門閥)

"두통은영원히비켜설수가없다"(生涯)

"그러나내신선한도망이그끈적끈적한청각을벗어버릴수가없다"(內親)

(6) '-이다': 3편(3.614%)

"...구경하는지하였으면그만이다."(시제3호)

"점잖던내용이이래저래구기기시작이다"(自像)

"논문에출석한억울한 髑髏에는千古에氏名이없는法이다."(危篤 중 禁制)

(7) '-하는 것이다': 2편(2.410%)

"...어느사찰인지 향하여 걸음을재촉하는 것이다."(狂女의고백)

"...쵸콜레이트냄새를 방산하는 것이다."(興行物天使)

(8) '-ㅂ 다': 2편(2.410%)

"내희망은甘美로웁다."(空腹)

"가친 自殊로하여體重은점점무겁다."(沈歿)

(9) '-보다': 1편(1.205%)

"生理속에경원히氣絶하려나보다"(內部)

(10) '싶다': 1편(1.205%)

"罪를 내어던지고싶다."(囚人이 만들은 小庭園)

(11) 명사: 9편(10.843%)

"더운물을엎질러서야큰일날노릇"(內科)

"以上 責任醫師 李霜"(시제4호)

"ETC 以下 不詳"(시제8호 解剖)

"거울은 페-지의 그냥 表紙-"(明鏡)

"瀑筒의 海綿質 填充"(선에관한각서4)

"별과별과의인력권과相殺에의한가속도함수의변화의조사를우선작성할 것"(선에관한각서6)

"바깥은雨中.發光魚類의群集移動"(건축무한육면각체 AU AMGASIN DE NOUVEAUTES)

"(오감도 시제5호와 동일한 작품)"(진단 0.1)

"낙엽의분망을열심으로보조하고있지아니하면아니되었다(나의猿猴類에의進化)" (出版法)

(12) 명사+조사: 4편(4.819%)

"아아,꽃이또香기롭다.보이지도않는꽃이-보이지도않는꽃이."(絶壁)

"天亮이올때까지"(시제7호)

"目睹하기는차마어려웠기 때문에"(1933.6.1)

"영원히그코없는밤은오지않을 듯이."(아침)

(13) 부사구: 4편(4.819%)

"그러나과연그럴는지그것조차그럴는지."(시제6호)

"그런데나는캐라반이라고"(신경질적으로비만한삼각형)

"사람은말하였다.「저변비증환자는저부잣집으로식염을얻으러들어가고자희망하고있는것이다」라고."(이상한가역반응)

"門을열려고안열리는門을열려고."(가정)

(14) 의문형 종결어미 '-냐': 4편(4.819%)

"아버지노릇을한꺼번에하면서살아야하는것이냐"(시제2호)

"입으로무엇을내어배앝었드냐"(시제9호 銃口)

"어째서저험상궂은배고픈얼굴은있느냐"(얼굴)

"헝겊심장을들여다보면서魚항이라하느냐"(素榮爲題)

(15) 명령형 '-아라/하라': 3편(3.614%)

"네거짓말을적은 紙片은 「데스크」위에 놓아라"(理由以前)

"(…사람은절망하라,사람은탄생하라,사람은탄생하라,사람은절망하라.)"(선에관한각서2)

"사람은광선보다도빠르게달아나는속도를조절하고때때로과거를미래에있어서 淘汰하라."(선에관한각서)

(16) 감탄형 '-더라/더라 아아': 2편(2.410%)

"이런시는그만찢어버리고싶더라"(이런詩)

"散彈은녹쓸었고솜털내음새도나고 千斤무게더라 아아"(紙碑二)

(17) '-ㄴ 가': 2편(2.410%)

"언제까지도나는屍體이고저하면서屍體이지아니할것인가"(BOITEUX · BOITEUSE)

"宜當한일이아니겠는가"(오감도 二人)

(18) '-소': 2편(2.410%)

"나는참그런이상스러운흉내를내었소"(꽃나무)

"十三人의兒孩가道路로疾走하지아니하여도좋소."(烏瞰圖)

(19) '-ㅂ 니다': 1편(1.205%)

"난 人間만은 植物이라고 생각됩니다."(骨片에 關한 無題)

(20) 감탄형 '-로다': 1편(1.205%)

"余,하늘의푸르름에지쳤노라이같이閉鎖主義로다."(수염)

(21) '-니라': 1편(1.205%)

"그때부터가까운길을일부러멀리걷는버릇을배웠더니라"(無題)

(22) 의문형 종결어미(과거) '-ㅆ 나': 1편(1.205%)

"그럼아까운뻐꾸기는날아갔나"(正式)

(23) '-이여': 1편(1.205%)

"동심이여,동심이여,충족될수야없는영원의동심이여."(선에관한각서5)

(24) 수사의문형? '-런가': 1편(1.205%)

"侵水된畜舍와區別될수있을런가"(시제5호)

(25) '-리라': 1편(1.205%)

"인력거를나리고항용이거리를緩步하리라."(破帖)

(26) '-네': 1편(1.205%)

"...아드레스도알고있다네."(아침)

(27) '-오': 1편(1.205%)

"나는거울속의나를근심하고診斷할수없으니퍽섭섭하오."(거울)

지금까지 분석한 이상 시의 종결 형식을 신현숙(1995)의 (가, 나)와 비교하면 다음의 특성을 찾을 수 있다.

첫째, 일반 시인들에게 있어서 남녀 공히 4위(남성 7.5%, 여성 7.9%)를 차지했던 '-았/었/였-다' 등 과거 시제의 사용이 이상 시에서는 1위(12편, 14.458%)로 사용되고 있다는 사실이다. 더욱이 '-았/었/였-소/더니라' 종결 형식(18)(21)까지 합하면 과거 시제로 끝맺는 경우가 총 14편(16.867%)에 이른다는 사실이다. 시의 특성 상 과거 시제보다는 현재 시제를 선호하는 것이 보다 보편적이라 볼 수 있는데, 이상 시에서 과거 시제 사용이 최다 빈도를 차지한다는 자체가 특기할 만하다 하겠다. 과장하여 시를 현재적 인식의 산물로, 산문을 과거적 인식의 산물로 볼 수 있다면, 이상 시는 형식은 운문(시)이로되 산문(소설)적인 특성도 공유하고 있다 할 것이다.

둘째, 이상 시 종결 형식의 두드러진 또 하나의 특징은 '아니하-'부정형과 '없다' 등 부정적 의미의 용언 사용이 많다는 사실이다. 이러한 부정적 표현이 이상 시 83편 중 14편(16.867%)에 달한다는 사실은 가히 놀랄 만하다.

"내이마에는싸늘한손자욱이각인되어언제까지이어지지않았다"(시제14호)

"電報는아직오지아니하였다"(▽의유희-△은나의AMOUREUSE이다)

"이미如何한精神도發芽하지아니한다."(最後)

"十三人의兒孩가道路로疾走하지아니하여도좋소."(烏瞰圖)

"말이決코밖으로새여나가지는않게한다"(시제10호)

"전연사건이외의일이아니면아니된다"(Le Urine)

"언제까지도나는屍體이고저하면서屍體이지아니할것인가"(BOITEUX·

BOITEUSE)

"宜當한일이아니겠는가"(오감도 二人)

"낙엽의분망을열심으로보조하고있지아니하면아니되었다(나의猿猴類에의進化)"(出版法)

"아마,꽃이또香기롭다.보이지도않는꽃이-보이지도않는꽃이"

"영원히그코없는밤은오지않을 듯이."(아침)

"내몸에지닌내圖章처럼쉽사리끌려버릴수가참없다."(門閥)

"두통은영원히비켜설수가없다"(生涯)

"그러나내신선한도망이그끈적끈적한청각을벗어버릴수가없다"(肉親)

이는 이상의 시 세계가 바깥 세계에 대한 부정적 인지로 이루어짐을 암시하는데, 실제 이상의 시 세계가 부정적인 닫힌 공간으로 기술되고 있으니, 언어형식적 기호와 시적 이미지와의 흥미로운 연관성이라 하겠다.

셋째, 다양한 '-다' 종결 형식들인 (1)에서 (10)을 모두 합하면 이상 시에서 사용된 '-다' 형식은 53.012%로 근 절반을 차지하고 있다. 이는 소월 시와 비교해도 엄청난 차이지만 일반 시인들의 빈도수보다도 3% 정도 높다. 신현숙(1995: 489, 490)의 조사에 따르면 일반 남성 시인의 '-다' 종결 형식 빈도는 50.6%,[10] 일반 여성 시인은 50.4%[11]이다. 다시 말해 이상 시에서 객관적 서술형의 빈도가 일반 시인에 비해 높음을 알 수 있다.

넷째, '-ㅂ니다' 형식의 경우, 일반 남성 시인이 6위(4.6%), 여성 시인의 경우 5위(7.4%)인데 반해, 이상의 경우는 1편(1.205%)에 불과하다는 사실도 특이하다. '-ㅂ니다'형이 청자 대우법으로 청자를 높이며 담화 과정에 초대한다는 사실을 고려한다면 1.205%라는 수치는 청자라는 존재를 거부

10 '-ㄴ다'19.9%+'-이다'13.7%+'-었다'7.5%+'-ㅂ니다'4.6%+'-고있다'4.3%+'-어있다'0.6%=50.6%

11 '-ㄴ다'20.2%+'-이다'9.3%+'-었다'7.9%+'-ㅂ니다'7.4%+'-고있다'4.6%+'-어있다'1.0%=50.4%

하고 오직 자신의 닫힌 세계 안에 머무르는 이상의 모습을 보여주는 것 같다. 이는 소월 시의 '-ㅂ 니다' 7.879%와 대조되는 바, 수치만으로 본다면 소월이 끊임없이 청자(독자)와의 정신적 교감을 소원했다면 이상은 자신 외 타인의 존재는 거부하고 자신의 세계 속에 침잠했을 것임을 암시한다.

다섯째, 소월 시에서 고빈도 종결형이었던 '-요'형(3위, 10.908%)이 이상 시에는 단 한 편도 나타나지 않는다.(0%) 친밀한 비격식 대화체 경어체 '-요'형의 거부는 청자와의 대화를 거부하는 이상의 시세계와 연관되어 있는 것 같다.

요약하면 이상 시는 1위 고빈도 형식에서는 일반 시인보다 3% 높은 객관적 서술형식을 사용하고 있지만, 과거 시제의 빈번한 사용과 부정형 사용의 빈도에서 큰 차이점을 보이고 있다. 과거 시제의 빈번한 사용은 이상 시가 산문(소설)의 특성도 공유함을 암시하며, 부정형 사용의 고빈도는 시인의 부정적 세계관을 보여주는 것이라 하겠다. 또한 청자 인지의 대표적 종결형인 '-ㅂ니다'형의 빈도 1(1.205%)과 '-요'형의 미사용(0%)은 타인과의 대화 자체를 거부하는 시인의 닫힌 자아 의식 세계를 보여주는 것이라 하겠다.

Ⅳ. 종결 형식과 시적 이미지와의 연관성

지금까지 논의한 바, 소월과 이상 시의 차이를 간단히 요약하면 다음과 같다. 소월 시의 종결 형식은 일반적인 시인의 그것과 많은 차이를 보인다. 신현숙(1995)의 연구에서 남성과 여성 시인에 공통적으로 1순위였던 '-ㄴ다' 형식이 소월 시에서는 저빈도(8위: 3.636%)로 나타나는 반면, 가장 빈번한 종결 형식은 일반 시인들에서는 저빈도인 명령형어미(2위: 12.121%)와 '-요'형(3위: 10.908%)이었다. 이것은 소월 시의 종결 형식이 일반적인 시의 경향과는 많이 다름을 보여준다.

반면 이상의 시에서는 '-ㄴ 다' 형식이 2위(12.048%)로 나타나 일반 시인의 그것보다 낮게 나타나지만 대신 일반 시인들에선 4위(남성 시인: 7.5%, 여성 시인: 7.9%)인 과거 시제 결합형인 '-았/었/였다' 형식이 14.458%로 독보적 1위로 매김했다는 사실이 특징적이다.

종결어미에서 청자를 높이는 어미 사용에서도 소월과 이상은 큰 차이를 보인다. 예를 들어 소월 시에서 고빈도 종결형인 비격식 대화체 존칭 '-요' 형(3위: 10.908%)은, 이상 시에서는 한 편도 찾을 수 없었다. 또 격식체인 상대존대어미 '-ㅂ니다'형의 경우 소월에서는 13편(7.879%)인 반면, 이상의 경우는 단 1편(1.205%)에 불과했다는 사실이다.

이러한 종결 형식의 차이를 시적 이미지와 연결하기 위해서 본고에서는 신현숙(1995)의 연구에서 적용한 인지 유형의 차이를 도입하고자 한다. "화자가 된 작가가 자신의 생각이나 감정을 표현하는 종결 형식을 썼다면 우리는 화자만을 인지할 수 있을 것이고, 작가가 작품 속의 청자나 독자에게 어떤 행동이나 해석을 요구하는 종결 형식을 썼다면 우리는 청자도 인지할 수 있을 것이다. 그러면 화자를 인지할 수 있는 종결 형식은 '화자 인지'로, 청자를 인지할 수 있는 종결 형식은 '청자 인지'로"(신현숙 1995: 491) 나눌 수 있다 하였다. '화자 인지'와 '청자 인지'의 종결 형식은 대략 다음과 같다.

(다) 화자 인지의 종결 형식 (신현숙 1995: 498)

'-ㄴ다' '-이다' '명사' '-었다' '-고 있다' '-어라(감탄)'

'-네' '-구나' '-리' '-노라' '-어 있다' '-누나/노나'

(라) 청자 인지의 종결 형식[12] (신현숙 1995: 498)

12 신현숙(1995,494)에서는 '-을', '-은', '-에', '(으)니', '-어' 등을 별개로 구분하고 있으나, 본고에서는 이들을 명사+조사, 연결어미 등으로 세부분류한 다음 모두 미종결형으로 통합 분류하고자 한다. 미종결형 자체가 청자에게 해석을 요구하는 것으로 청자 인지라는 공통점을 가지기 때문이다.

'-여/야' '-ㅂ니다' '-요' '-어라(명령)' '-ㄴ가'

'-을' '-에' '-고/구' '-오' '(으)니' '-ㄹ까' '-냐'

'-지' '-어' '-은' '-자' '-나' '-랴' '-소서' '-으로'

이러한 인지 유형 분류를 바탕으로 하여, 소월과 이상 시에 사용된 종결 형식들을 화자 인지, 청자 인지와 결합하여 만든 것이 다음의 〈표 1〉과 〈표 2〉이다.

〈표 1〉 소월 시 종결 형식의 분포와 인지 유형[13]

	세부 종결 형식	빈도수	비율 (%)	공통 (총빈도)	통합 비율	통합 순위	인지 유형
1	명사+조사	12	7.273	미종결형 (26)	15.758	1	청자 인지
2	연결어미,부사	14	8.485				
3	아라/어라/여라	16	9.697	명령형 (20)	12.121	2	
4	-거라	2	1.212				
5	-라	2	1.212				
6	아요/어요/야요	7	4.242	'-요' (18)	10.908	3	
7	-지요	3	1.818				
8	-나요	3	1.818				
9	명사+요	2	1.212				
10	-셔요/세요	2	1.212				
11	-니다요	1	0.606				
12	명사	18	10.908	명사(18)	10.908	3	화자 인지
13	-(스)ㅂ니다	11	6.667	-ㅂ니다 (13)	7.879	5	청자 인지
14	았(었)-ㅂ니다	2	1.212				
15	-이어/이여/야	9	5.455	호격(9)	5.455	6	

13 소월 시에 나타난 종결 형식은 약 45종류인데, 이 중 4편 이상에서 선택된 유의미한 형식만 표에 싣기로 한다. 빈도수3(1.818%)・빈도수2(1.212%)・빈도수1(0.606%)에 선택된 종결 형식은 2장을 참조하기 바란다.

<table>
<tr><td>16</td><td>-네</td><td>7</td><td>4.242</td><td>-네(7)</td><td>4.242</td><td>7</td><td rowspan="3">화자
인지</td></tr>
<tr><td>17</td><td>-ㄴ다</td><td>6</td><td>3.636</td><td>-ㄴ다(6)</td><td>3.636</td><td>8</td></tr>
<tr><td>18</td><td>-노라</td><td>4</td><td>2.424</td><td>-노라(4)</td><td>2.424</td><td>9</td></tr>
<tr><td>19</td><td>-오</td><td>4</td><td>2.424</td><td>-오(4)</td><td>2.424</td><td>9</td><td>청자
인지</td></tr>
</table>

〈표 2〉 이상 시 종결 형식의 분포와 인지 유형[14]

<table>
<tr><th></th><th>세부
종결 형식</th><th>빈도수</th><th>비율
(%)</th><th>공통
(총빈도)</th><th>통합
비율</th><th>통합
순위</th><th>인지
유형</th></tr>
<tr><td>1</td><td>았/었/였 -다</td><td>12</td><td>14.458</td><td rowspan="10">'-다'(44)</td><td rowspan="10">53.012</td><td rowspan="10">1</td><td rowspan="11">화자
인지</td></tr>
<tr><td>2</td><td>-ㄴ다</td><td>10</td><td>12.048</td></tr>
<tr><td>3</td><td>-한다</td><td>7</td><td>8.434</td></tr>
<tr><td>4</td><td>있다</td><td>3</td><td>3.614</td></tr>
<tr><td>5</td><td>없다</td><td>3</td><td>3.614</td></tr>
<tr><td>6</td><td>-이다</td><td>3</td><td>3.614</td></tr>
<tr><td>7</td><td>-하는 것이다</td><td>2</td><td>2.410</td></tr>
<tr><td>8</td><td>-ㅂ다</td><td>2</td><td>2.410</td></tr>
<tr><td>9</td><td>-보다</td><td>1</td><td>1.205</td></tr>
<tr><td>10</td><td>싶다</td><td>1</td><td>1.205</td></tr>
<tr><td>11</td><td>명사</td><td>9</td><td>10.843</td><td>명사(9)</td><td>10.843</td><td>2</td></tr>
<tr><td>12</td><td>명사+조사</td><td>4</td><td>4.819</td><td rowspan="2">미종결형(8)</td><td rowspan="2">9.638</td><td rowspan="2">3</td><td rowspan="4">청자
인지</td></tr>
<tr><td>13</td><td>연결어미,부사</td><td>4</td><td>4.819</td></tr>
<tr><td>14</td><td>-냐</td><td>4</td><td>4.819</td><td>-냐(4)</td><td>4.819</td><td>4</td></tr>
<tr><td>15</td><td>-아라/-하라</td><td>3</td><td>3.614</td><td>명령형(3)</td><td>3.614</td><td>5</td></tr>
</table>

〈표 1〉과 〈표 2〉를 비교하면 소월과 이상 두 시인의 종결 형식의 차이와 그에 따른 인지 유형의 차이를 알 수 있다. 이 인지 유형의 차이가 시적 이미지 형성에 깊이 관여하고 있음을 알 수 있다.

첫째, 소월 시에서 4편 이상 고빈도로 사용된 통합순위 1위에서 9위까지의 종결 형식 중 대부분은, 청자 인지의 종결 유형(54.545%)에 속하는 것이

14 이상 시에 나타난 종결 형식은 약 27종류인데, 이 중 3편 이상에서 선택된 유의미한 형식만 표에 싣기로 한다. 빈도수2(2.410%)·빈도수1(1.205%)에 선택된 종결 형식은 3장을 참조하기 바란다.

다. 미종결형(1)(2), 명령형(3)~(5), '-요'형(6)~(11) '-ㅂ 니다'형(13)(14), 호격조사 '-이어/이여/야'(15), '-요'형(19) 등 청자인지 종결형이 그것이다. 청자인지란 시인이 청자의 존재를 인지한 상태에서 노래하는 경우이므로, 상호소통 커뮤니케이션을 염두에 둔 언어기호학적 표현을 사용했음을 의미한다. 미종결형의 경우엔 청자들이 상상력으로 채워 줄 빈공간을 남겨 두는 것이며, 명령형의 경우엔 그렇게 해 줄 것을 요구하고 있는 것이며, '-요'형과 '-ㅂ 니다'형의 경우엔 청자를 높이는 마음을 표현하며 대화에 불러들이고 있으며, '-이어/이여/야' 경우 역시 청자와의 공감대 형성을 갈망하는 표현인 것이다. 특히 소월 시에는 청자에 대한 대우가 특징적으로 드러나고 있다. 평칭은 거의 찾아볼 수 없다는 것이 소월 시 대우법의 특징이라 하겠다. 이러한 종결 형식의 사용은 서정적 이미지 전달에 효과적으로 작용할 수 있었다고 하겠다.

둘째, 이상 시에서 3편 이상 고빈도로 사용된 통합순위 1위에서 5위까지의 종결 형식의 대부분은 화자 인지의 종결 유형(63.855%)에 속하는 것으로, 소월의 그것과 확연히 구분된다. 대표적인 화자 인지 종결 형식인 '-다'형(53.012%)과 명사 종결형(10.843%)이 그것이니, 시인이 청자(독자)라는 존재를 가능한 인식하지 않으려는 증거라 하겠다. 거기다 과거 시제의 사용 및 부정적 의미의 용언 사용 등도 이상 시의 독특한 특성이라 하겠다.

이와 같이 소월과 이상은 내용적인 측면에서도 판이한 시세계를 보이겠지만, 객관적인 언어 형식적 측면에서도 상반되는 언어 기호 표현을 사용하고 있음을 알 수 있다. 다시 말해 두 시인의 시적 이미지의 상이함이 내용적인 차이에도 기인하겠지만, 그에 못지않게 종결 형식의 차이라는 언어기호학적 차이에 근거한다는 사실을 새롭게 밝혔다는 점이 본 논문의 특징이라 하겠다.

다음에서 소월과 이상의 원시(元詩)에 종결 형식만 상호 교체하는 치환법(substitution)의 실례를 통하여, 종결 형식이 시적 이미지 형성에 미치는 영향을 입증하고자 한다. 종결 형식의 차이에 따른 이미지 차이는 독자들의 감상 몫으로 남겨 두기로 한다.

"이제금 저 달이 서름인 줄은
「예전엔 미처 몰랐어요.」" (소월: 예전엔 미처 몰랐어요)
→「예전엔 미처 몰랐다.」
→「예전엔 미처 모르는 것이었다.」

"야삼경 남 다 자는 아닌 밤중에
이 산 저 산 옮아 가며 슬피 웁니다." (소월: 접동새)
→ 이 산 저 산 옮아 가며 슬피 운다.
→ 이 산 저 산 옮아 가며 슬피 우는 것이다.
→ 이 산 저 산 옮아 가며 슬피 우는가 보다.

"싸움하지아니하는사람이싸움하지아니하는것을구경하든지하였으면그만이다"(이상: 시제3호)
→ 싸움하지아니하는사람이싸움하지아니하는것을구경하든지하였으면그만입니다
→ 싸움하지아니하는사람이싸움하지아니하는것을구경하든지하였으면그만이지요
→ 싸움하지아니하는사람이싸움하지아니하는것을구경하든지하였으면그만이어라

"이미如何한精神도發芽하지아니한다" (이상: 最後)
→ 이미如何한精神도發芽하지아니합니다
→ 이미如何한精神도發芽하지아니해요

이처럼 시의 마지막 부분의 마지막 종결 형식 하나만 교체하여도 시적 이미지는 완연히 달라짐을 알 수 있으니, 소월과 이상 시의 차이는 내용적 측면뿐 아니라 언어기호학적 종결 형식에 기인하는 면이 지대함을 입증할 수 있었다.

이상에서 종결 형식의 차이에 따른 소월과 이상 시의 시적 이미지 형성의 연관성을 살펴보았다. 두 시인 모두 다양한 종결 형식을 사용하고 있지만, 소월의 경우는 일반적인 시인의 그것과는 많이 차이 나는 양상을 보이고 있으며 남녀 성별 차이를 뛰어넘는 자유로운 선택을 찾을 수 있었다. 또한 소월이 즐겨 사용한 고빈도의 종결 형식들은 청자 인지의 형식으로서, 청자와의 감정적 소통을 꾀한 소월 특유의 소통 방식을 볼 수 있었다. 소월 시의 서정적 면모는 바로 여기서 발원된 것이 아닌가 한다.

반면 이상 시에서 즐겨 사용된 종결 형식은 화자 인지의 것으로 청자에 대한 무관심이 소월의 그것과 대비되었다. 이상 시의 잠재의식적 이미지 형성 및 닫힌 세계 속에서의 자아의식 역시 이러한 종결 형식의 선택과 연관되어 있음을 알 수 있었다. 특히 과거 시제의 빈번한 사용과 부정형의 사용 역시 이상 시의 특징을 결정짓는 중요한 언어적 기제임을 알 수 있었다.

참고문헌

1. 원전

김소월. 『소월시집 못잊어』. 서울: 성문사, 1967.

이상. 『이상전집 제2권 시집』. 임종국 편. 서울: 태성사, 1956.

2. 연구문헌

신현숙. 「시의 종결 형식을 통해 본 남성과 여성의 문체」. 『국어문체론』. 박갑수 편저.(1995). 485-500.

오정란.「언어의 자의성과 이상의 '箱' 이미지」.『인문언어』 1:1. (2001a). 159-183.

오정란.「언어기호의 한계성에 대한 이상의 고발과 시적 변용」.『인문언어』 1:2. (2001b). 21-46.

오정란.「'선에관한각서'에 나타난 李箱의 언어기호관과 그 극복 양상」.『어문논집』 46. (2002). 5-39.

오정란.「소월과 이상 시의 언어기호학적 비교 분석: 종결 형식과 시적 이미지와의 연관성을 중심으로」.『인문언어』 15:2. (2013). 45-75.

최현배.『우리말본』. 서울: 정음사, 1982.

제4장

『삼강행실도』의 만화기호론적 해석

Ⅰ. 『삼강행실도』의 만화기호학적 분석

1. '행실도' 류와 『삼강행실도』

유교가 국시인 조선에서 삼강(三綱)은 가장 핵심적인 윤리가치였기 때문에 국가적 차원에서 이를 보급하기 위한 정책이 일관되게 이루어졌다. 교화서로서의 '행실도'류는 글 모르는 일반 백성을 대상으로 이론적인 내용 대신 구체적인 실천사례를 그림과 글로써 보여주고 있다. 세종의 지시에 따라 설순이 편찬한 총 330장의 『삼강행실도』[1]가 세종 16년 4월 인쇄

1 삼강행실도의 선행적인 것으로 이십사효도(二十四孝圖)와 효행록(孝行錄)이 있었다. 세종도 처음에는 효행록을 통해 백성의 교화를 모색하였으나, 세종 10년 진주인 김화의 아버지 살해사건이 일어나자 변계량이 효행록의 반포를 건의하였고, 이에 세종은 설순에게 효행록의 재편집을 지시하여 이전에 편찬한 24명에 20여인을 더 넣고 고려와 삼국시대 효행인들도 수집하여 한 책으로 개간케 하였다. 세종 13년(1431) 여름 집현전 부제학 설순에게 삼강행실도 편찬을 지시하였고, 집현전에서는 중국과 우리나라 고금의 서적을 열람하여 효자・충신・열녀 각 110명씩 뽑아 그 행적을 그림으로 표현하고 뒷부분에 문필(한문)로 기록하였다.

반포되었으며, 성종 대에는 『삼강행실도』를 훈민정음으로 언해하면서 1/3 정도로 줄여 개찬하였고, 이후 이때 줄여 만든 『삼강행실도』가 주로 보급되었다.

중종 대에는 조선의 실천 사례를 대폭 늘여 『속삼강행실도』를 편찬하였으니, 개국 이래 정려 등 포상을 받은 조선인의 모범 사례를 제시함으로써 백성이 더욱 친근하게 느껴 본받을 수 있게 하였다. 또한 김안국에 의해 『이륜행실도』가 만들어져 『삼강행실도』와 함께 통용되다가, 정조 21년(1797)에 이르러 『삼강행실도』와 『이륜행실도』는 『오륜행실도』로 합쳐지게 되었다.

임진왜란 후 광해군 대에는 사절한 효자·충신·열녀의 행적을 모으고 『삼강행실도』와 『속삼강행실도』에 수록된 우리나라 사례 및 『동국여지승람』에 기재된 인물들을 첨가하여 『동국신속삼강행실도』를 만들었다. 우리나라의 효자·충신·열녀를 최대한 수록했다[2]는 점에서 『동국신속삼강행실도』는 나름의 의미를 가진다. 그렇지만 임진란 이후의 인물을 모으고 수록하는 과정에서 사실 확인이 제대로 이루어지지 못했고 정치적인 권력이 개재되어 부정적으로 평가되면서 교화서로 기능하지는 못하였다고 한다.(김항수 1998: 233)

『삼강행실도』 판화[3]에 대한 미술사적 평가는, 초기의 판본은 수준 높은 판화였으나[4] 후기로 갈수록 그 수준이 현저히 쇠락 내지 퇴락하고 있다는

---

2 동국신속삼강행실도에 수록된 인물은 총 1650여인으로 임진년 이후의 효자·충신·열녀를 모으고 "성대(盛大)의 전서(全書)"가 되게 한다는 취지에서 삼강행실도·속삼강행실도의 사례를 앞머리에 넣고 동국여지승람에 기재된 인물을 추가하여 수록한 것이었다. 따라서 대부분은 선조 34년 예조에서 만든 임진난 이후 사절인(死節人)이 차지하고 있다.(김항수 1998: 243)

3 "만화는 회화나 조각품과는 달리 인쇄과정을 거쳐야만 사회적 생명을 얻는 것이다. 따라서 만화의 생산과 유통을 규정하는 힘은 인쇄 출판의 힘을 바탕에 깔고 있다고 해도 지나친 말이 아니다."(최열 1995: 16) 판화로 만들어진 조선시대 행실도 류는 애초 만화적 속성으로 태어났다 하여도 과언이 아닐 것이다.

4 김원룡(1982)은 중간(重刊) 한문본 삼강행실도가 당대 일류 화원인 안견·최경·안귀생 같은 화가에 의해 제작되었을 것으로 추정하였고, 정병모(1998) 역시 그 삼강행

것인데, 그 대표적 예로 『동국신속삼강행실도』 그림을 들고 있다.[5] 『동국신속삼강행실도』에 대한 이러한 부정적 평가는 『오륜행실도』의 그림[6]과 비교하면서 더욱 부각된다.[7]

본고에서는 기존의 이러한 부정적 평가에 대해 의문을 제기하면서 효자

실도 원본은 안견이 그렸다고 추정하였으나, 송일기와 이태호(2001)는 이에 대한 의문을 제시하고 있다. 2인은 정병모 교수가 중간 한문본 판화의 양식적 특징으로 지적한 짜임새 있는 공간 구성, 양감의 산수 표현, 단아한 인물상 등은 모두 중간본과 거리가 멀고 대신 고려대 소장 초편한문본 효자도에 걸맞는 설명이라고 주장하고 있다. 고려대 도서관 소장 삼강행실도의 효자도편은 세종 16년(1434)에 간행되었던 원본에 가장 근사치의 면모를 담고 있다. 이는 안견과 같은 당대 일급 화가의 탁월한 밑그림에 고려시대에서 불경 변상도 판화의 판각기술이 계승되어 완벽한 조화를 이룬 면모를 여실히 보여준다. 이 삼강행실도 초편한문본 판화는 세종 시기의 문화적 역량을 보여주는 문화유산이며 또 당대 최고의 걸작인 몽유도원도에 이어 안견의 작품 세계를 확장할 수 있을 정도의 높은 수준의 판화로 평가하고 있다.(송일기 · 이태호 2001: 113-114)

5 "회화성 높은 선묘와 완벽한 판각기술이 이루어낸 초편한문본 판화의 예술미는 그보다 한 세대 후에 제작되었으리라 추정되는 중간한문본에 오면서 선묘나 구성이 경직되고 긴장감이 풀어지는 현상을 보인다. 이러한 경향은 산정언해본의 국한문 병기본과 순한글표기 언해본, 그리고 속삼강행실도에 이르기까지 시대가 내려올수록 그 구성과 선묘가 번잡스러워지거나 치졸해졌다. 판각의 퇴락현상은 1617년 간행된 동국속삼강행실도나 동국신속삼강행실도에서 뚜렷이 엿볼 수 있다. 특히 김수운 · 김신호 · 이중 · 이신흠 · 한덕수 등 당대의 손꼽히는 화원 5명이 4개월에 걸쳐 제작했고 그 제작과정을 담은 의궤도까지 남겼음에도 불구하고 판각 기량은 현저히 떨어져 있다...... 임진왜란을 겪은 이후 조선사회와 문화의 급격히 쇠락한 시대상을 보여준다 하겠다.......특히 16~18세기 지방 감영에서 제작된 이본의 경우 그런 현상이 더욱 두드러지게 나타나 있다."(송일기 · 이태호 2001: 115-120)

6 정조 때 간행된 오륜행실도는 내용상으로 보면 삼강행실도와 이륜행실도의 종합판에 해당하지만, 구성이나 표현방식에 있어서는 판이하게 다르다. 무엇보다 가장 큰 변화는 삼강행실도의 다원적 구성방식이 드디어 한 설화에 한 장면만 싣는 일원적 구성방식으로 바뀌게 된 것이다. 이것은 단순한 구성상의 변화 이상의 의미를 지니는 현상으로 평가하고 있다. 또한 일원적인 구성으로 바뀌면서 배경이 충실해지고 훨씬 극적으로 표현되었고 그전의 표현주의적 기법에서 벗어나 사실주의로 선회했다고 평한다.(정병모 1998: 221-225)

7 "...이러한 판화의 묘사력과 판각 기술의 퇴화를 극복하고 행실도에 새로운 수정 방식과 예술성을 불러일으킨 것은 정조 21년(1797)에 간행된 오륜행실도의 그림이다. 동시기의 용주사본 부모은중경 판화와 함께 당대의 거장 김홍도 화법의 회화성을 완벽한 새김 기술로 재현한 판화의 면모를 조선시대 후기 미서(美書) 오륜행실도에서 찾아 볼 수 있기 때문이다."(송일기 · 이태호 2001: 120)

편를 대상으로 『삼강행실도』 그림의 기호학적 특성 및 문필 부분의 담론 양식을 분석하여 『삼강행실도』의 만화로서의 가치를 밝히고자 한다.(부록 『동국신속삼강행실도』 도판 참조할 것.)

2. 『삼강행실도』의 만화적 표현 기법

정병모(1998: 199-213)는 『삼강행실도』 판화[8]의 특징과 양식을 다음과 같이 분석하고 있다. 첫째, 『삼강행실도』 판화의 특징은 (1)다원적 구성방식이다. 예를 들어 한 화면에 한 장면을 담은 것으로부터 7장면까지 담은 것도 있다. (2)구성요소를 보면 건물구성 · 산수구성 · 구름구성으로 나눌 수 있는데, 각 구성은 적게는 1장면부터 많게는 6장면까지 짜여 있다. 둘째, 『삼강행실도』 판화의 양식은 (1)짜임새 있는 공간 구성, (2)양감의 산수표현, (3)단아한 인물상, (4)장식성의 지속이라고 한다.

17세기 『이륜행실도』의 그림에는 인물의 희로애락의 감정을 사실적으로 표현되어 있는데, 영조판 『이륜행실도』 판화가 대표적이라 한다. 정조 때 간행된 『오륜행실도』에는 행실도의 체제뿐 아니라 표현양식에 있어서도 획기적인 변화가 나타났는데, 가장 큰 변화는 『삼강행실도』의 다원적 구성방식이 한 설화에 한 장면만 싣는 일원적 구성방식으로 바뀌게 된 것이다. 이러한 일원적 구성으로 바뀌면서 배경 표현이 충실해지고 훨씬 극적으로 표현되었다고 평가한다. 『오륜행실도』에서는 이전 시기에 극에 달

---

8 (1)삼강행실도는 한국판화사에서 유교 판화의 첫 장을 여는 계기를 마련하였다. (2)삼강행실도의 판화는 민간에 미치는 영향이 매우 큰 미술이다. (3)삼강행실도는 풍속표현을 담고 있는 책이라는 점에서도 주목할 필요가 있다. 유교를 국시로 정한 조선시대에는 효 · 충 · 열 등의 윤리적 덕목이 이 시기를 상징하는 중요한 풍속이다. 김홍도 · 신윤복 등으로 대표되는 조선 후기 풍속화가 서민문화의 발달에 영향을 받은 자율적인 것이라면, 삼강행실도는 국가에서 통치를 목적으로 백성을 교육시키는 다시 말하면 지배 계층이 피지배계층에게 부과한 자율적인 풍속 표현이라는 점에서 성격을 달리 한다 할 것이다.(정병모 1998: 186-187)

했던 표현주의적 양식이 사라지면서 사실주의적인 양식으로 바뀌는데, 예를 들어 〈민손단의 閔損單衣〉의 경우 민손 아버지 얼굴의 광대뼈와 수염까지 자세히 묘사하여 초상화에 가깝게 세밀하게 표현하였다. 그리고 이러한 묘사를 분석한 결과 『오륜행실도』 제작에는 김홍도가 참여했을 가능성이 높다고 결론내리고 있다.(정병모 1998: 221-225)

1615년 간행된 『동국신속삼강행실도』는 임진왜란으로 희생당한 충신 및 열녀의 넋을 기리고 그 이전의 충신·효자·열녀를 함께 모아 흩어진 민심을 수습하기 위하여 서둘러 제작되었다. 그런 목적인지 임진왜란 때 희생당한 충신·열녀를 대폭 포함하여 제목의 '동국(東國)'이 시사하듯 100% 우리나라 인물만을 대상으로 삼았다. 물론 『삼강행실도』처럼 그 이전의 인물일지라도 복식은 모두 당대의 것으로 치환하였는데, 정병모(1998: 221-225)가 분석한 『동국신속삼강행실도』의 특징은 다음과 같다. (1)『삼강행실도』와 같이 다원적 구성으로 되어 있고, (2)산수의 표현은 추상화되었고, (3)배경 설정이 일률적으로 되어 있으며, (4)산의 표현이 기하학적으로 단순화된 모습으로 표현되어 현실성이 결여되고 대신 표현적인 경향이 부각되었다. (5)인물의 표현도 자연스럽지 못하고, 배경처럼 간단하고 치졸해진다. (6)또 화폭이 옆으로 벌어지면서 삼강행실도 판화와 같은 긴밀한 긴장감이 부족하고 느슨한 느낌이 든다[9]고 분석한다. 정병모의 견해를 요약하면, 『삼강행실도』와 『동국신속삼강행실도』 판화는 전체적인 면(다원적 구성 등)에서는 공통점을 가지지만 『동국신속삼강행실도』에 이르러 심각하게 간결화·단순화·치졸화되고 있다는 것이다. 그 결과 『동국신속삼강행실도』 판화는 『이륜행실도』, 『오륜행실도』에 비해 미적인 측면에서 많이 뒤처진다는 것이다. 그러나 『동국신속삼강행실도』에 대

9 동국신속삼강행실도는 삼강행실도처럼 6장면씩 복잡하게 엮는 구성방식이 줄어들고 1-3장면으로 점차 간략해졌다. 또한 화면이 옆으로 넓어지는 변화를 보이는데, 이러한 화면 비례의 변화는 이 행실도의 밑그림 작업에 참가한 이징의 취향과 연관이 깊은 것으로 보인다고 한다.(정병모 1998: 216)

한 이러한 부정적 평가는 그것을 순수 회화적 관점에서만 본 근시안적 평가라 생각한다.

『삼강행실도』의 그림은 그림 그 자체의 미적인 면에 의미가 주어진 것이 아니라 그림을 통하여 삼강의 보급이라는 이데올로기를 전달해야 하는 것이 본질적인 주요 기능에 주안점을 두어야 한다고 본다. 삼강의 이데올로기는 구체적인 일련의 행적을 통하여 백성들을 교육해야 했는데, 순수 회화적 표현으로는 그 임무 수행이 역부족이었을 것은 자명한 사실이다. 그래서 등장한 것이 『삼강행실도』 그림의 독특한 표현 방법— 한 회폭 안에 여러 사건의 나열 및 과감히 생략된 묘사— 즉 만화적 기법이었을 것이다. 『삼강행실도』의 이러한 표현 기법 특징은 바로 오늘날 "제9의 예술"이라 일컫는 만화의 특성에 맞닿아 있다고 하겠다. 미적인 면을 평가하는 회화사적인 면에서는 『오륜행실도』 판화의 그림이 보다 높은 점수를 받을 수 있겠지만, 만화적 관점에서 본다면— 만화적 기법이 현대 정신의 발로라고 본다면— 오히려 서구 만화에 비해 400여 년이나 앞서 꽃피운 『삼강행실도』의 현대 정신[10]이 『오륜행실도』에 이르러 퇴행한 사건으로 볼 수도 있을 것이다.

2.1. 만화의 특성과 『삼강행실도』

이제 만화는 대중문화 산물에 거의 빠짐 없이 파고 들어가 무시 못할 매체가 되었다.[11] 만화의 독자는 남녀노소를 가리지 않는 전 계층으로 확

10 물론 삼강행실도 이전에도 만화의 원형으로 볼 수 있는 보명십우도(普明十牛圖: 10세기경 제작)와 경전 내에 삽입된 그림인 변상화(變相畵)가 있었는데(최열 1995: 9-12), 그 영향으로 삼강행실도 그림이 나타났다고 보아야 할 것이다.

11 "만화는 예술형식에 오르지 못할지도 모르고, 사람들이 보통 대부분의 만화를 힐끔 쳐다보는 정도이긴 하지만 만화를 무시해선 안된다. 만화들은 우리의 언어에 영향을 미치는가 하면 정치인들을 쳐부순 적도 있고 굉장히 엉터리 같은 취미나 유행들을 웃음거리로 만들었으며 정치적 상징들(민주당은 당나귀로, 공화당은 코끼리로 표현)

대되었고, 만화로 전달하려는 내용도 단순한 오락 차원에서부터 과학·역사·철학·경제학 등에 이르기까지 무한대로 뻗고 있다. 어렵고 딱딱하고 재미없는 내용도 만화의 영역에 들어가기만 하면 쉽고 재미있는 것으로 변신하게 되니, 만화의 힘이 여기서 비롯된다 하겠다.[12]

만화의 표현 수단은 결합된 말과 그림의 연속이다. 그러나 어떤 이는 만화가 항상 말과 그림 양쪽을 모두 필요로 하지는 않는다고 설명한다. 그림만으로 이야기를 풀어내는 만화들을 생각하면 이 주장은 충분히 근거가 있다. 고정 이미지들만을 연속 배열하더라도 독자는 칸과 칸 사이에 성립된 일련의 질서를 따라 그림을 이해하게 된다. 이러한 종류의 만화를 '무성(無聲)만화'라고 할 수도 있을 것이다. 마치 배우들의 말을 자막으로 대신했던 영화를 무성영화라고 부르는 것처럼 말이다. 하여간 말에 의존하지 않고 이미지만으로도 얼마든지 만화는 이야기를 만들 수 있다. 이 말은 만화를 정의하는 가장 중요한 표현 수단은 그림임을 말하는 것이라 하겠다.

그러나 모든 글이 문학이 될 수 없듯이 모든 그림이 만화가 될 수는 없다. 선·점·색 등 그래픽 기호로 그려진 고정 이미지들이 어떤 관계를 맺고 배열되어 있을 때, 인쇄된 지면 공간을 '칸 나누기'해서 이미지들이 연속될 때 그렇게 연속된 이미지들이 무언가 이야기하고 있을 때 우리는 이를 만화라 한다. 프랑스어권 문화에서 만화를 일컫는 베데(BD), 즉 연속

을 내놓았다. 거의 언제나 우리에게 웃음을 주는 것이 만화들이다. 작게 볼 게 아니다."(Berger 1989: 138)

12 "라캉식으로 표현하자면, 만화에 걸려드는 모든 것이 웃음 위를 미끄럼 타게 된다. 라캉에게는 기표가 기의보다 우위에 있지만, 만화에서는 걸려든 모든 기표가 웃음의 기의 위에서 봉변을 당한다. 엉덩방아를 찧기도 하고, 고꾸라지기도 하고, 미끄러지면서 정신없이 빙빙 돌기도 한다. 독자들에게 만화는 상큼한 스케이트장 같은 것이다. 그 앞에서 독자는 웃는다.... 이처럼 만화는 그것이 개발한 독특한 코드에 의해서, 독자에게 일어날 제3차 질서의 의미작용을 웃음의 메타언어로 신속히 변환시킨다. 바꿔 말하면 만화가 나르는 이데올로기는 독자의 마음에서 한결같이 웃음이 된다. 그러나 이때의 웃음은 과잉결정된 메타언어이다."(김경용 2001: 274-275)

된 그림의 띠로 번역될 수 있는 방드 데시네(Bande Dessinée) 역시 만화 장르의 이러한 특성을 함축하고 있다. 다시 말해 만화 그림의 특징은 "손으로 작업된 그래픽 기호이며 연속된 고정 이미지"이다. 여기서 '손으로 작업된 그래픽 기호'라는 점에서 기계의 힘을 빌리는 사진과 구분되며, 연속된 고정 이미지의 '연속성'이라는 점에서 삽화나 회화와 구별되며, '고정성'이라는 점에서 만화영화(애니메이션)와 구분될 수 있다.(이상 이수진 2004: 43-46)

이러한 만화의 특성은 『삼강행실도』 그림에 그대로 부합되고 있으니, 『삼강행실도』 그림은 회화 장르가 아니라 만화 장르로 인정하는 것이 타당함을 알 수 있다. 만화적 측면에서 분석하여야 『삼강행실도』 그림의 가치가 올바르게 평가될 수 있다고 생각한다.

『삼강행실도』는 글과 그림으로 이루어져 있지만 책의 명칭 '삼강행실도'가 의도하는 그대로 그림에 초점을 둔 것으로 이해해야 할 것이다.[13] 삼강오륜을 백성들에게 가르침에 있어서 글과 그림 모두 필요했지만 그림이 보다 쉽게 다가갈 수 있음을 인정하여 만든 것이 바로 '행실도'였다고 하겠다. 글을 아는 백성은 물론 글을 모르는 백성이나 어린 아이들의 교화에 '그림'을 이용한 설명은 최상의 선택이었을 것이다. 뿐만 아니라 일련의 사건을 연속 장면으로 표현하여[14] 그림만으로도 충분히 이해할 수 있고 설명

13 삼강행실도는 도판(圖板)을 가지고 있음이 그 특징인데 국어학자들은 도판에 대해 거의 관심을 가지지 않는다. 단지 언해본에만 관심을 가질 뿐이다. 그러나 이 도판은 국어학자에게 새로운 시각으로 자료를 검토할 것을 요구한다. 이 도판은 아마도 한문으로 된 내용을 중심으로 하여 그린 것일 것이다. 그리고 언해본 또한 이 한문 원본을 번역한 것이다, 그렇지만 이 도판은 한문 원문의 내용을 모두 담고 있지는 않다. 즉 도판의 그림들은 대개 둘 내지 다섯 개의 부분으로 되어 있는데, 이 부분들은 시간적으로 보아서 아래에서 위로(또는 위에서 아래로) 그려 나가고 있다. 이 부분 그림들은 글의 핵심 문장을 알려 주는 것이다. 결국 이 그림들의 각 부분은 글로 말하면 한 단락을 표시하여 주며 특히 그 단락 중의 핵심 문장을 보여주는 것이다. (홍윤표 1989: 154)

14 이때 연속적이란 말은 움직이는 동영상이란 뜻이 아니라 고정된 이미지의 장면들의 연속이라는 뜻이다.

이 가능하도록 만든 것은 바로 현대 만화의 표현기법에 접근한 것이라 할 수 있다.

서사형식의 장편 만화 작품의 경우 이야기를 이해하는 과정에서 매우 중요한 정보를 제공하는 것은 다름 아닌 등장인물들의 대화와 지문이다. 즉 서사형식 만화의 언어는 말과 그림의 결합이 필수 요소라 할 것인데(이수진 2004: 46), 삼강행실도 역시 그림뿐 아니라 문필텍스트도 함께 보이고 있다. 삼강오륜에 뛰어난 이의 행적(이야기)을 말하는 삼강행실도는 바로 서사만화에 닿아 있다 하겠다. 물론 삼강행실도에는 현대 만화처럼 말풍선 등을 이용한 대사 표현은 사용되지 않지만 대신 한문과 번역문 등 '말', '글'이 지문처럼 깔려 이야기에 대한 중요 정보를 제공하고 있고, 또한 이름표 등이 사용되어 언어로써 그림에 대한 보완 기능을 충분히 하고 있다 할 것이다.

『삼강행실도』 판화 그림에 대해 모든 연구자들이 동의하는 점은 『삼강행실도』의 대표적 특징으로 여러 시간대에 벌어진 사건의 연속을 한 화면에 서술적으로 엮고 각 장면은 언덕의 일부 그림, 집과 담 곡선 등에 의하여 구획한 서술적 구성 방식을 들고 있다. 이러한 구성을 일본인 학자들은 '이시동도법(異時同圖法)'이라 하는데, 정병모(1998: 192)는 이를 '다원적 구성 방식'이라 명명하면서 이러한 '다원적 구성 방식'은 후대에도 많은 영향을 미쳐 행실도류 판화나 설화도의 전형으로 자리잡게 되었다고 해석한다.

그러나 이 '다원적 구성'이라는 명명은 정지된 시간을 전제로 한 후 그 정지 상황에서 동시다발적으로 일어나는 다차원적인 여러 행적이라는 뜻으로 전달된다. 다시 말해 정지된 시간대에 여러 장소에서 일어나는 사건들을 표현하는 기법이라는 뜻이 강하다. 그러나 삼강행실도의 여러 그림은 흘러가는 시간 속에서 이루어지는 행적들의 표현(이야기 · 스토리)이기 때문에 '다원적 구성 방식'이라는 명명보다는 차라리 일본인 학자가 붙인 '이시동도법'이 보다 적확한 명명이라 하겠다. 그러나 '이시동도법'이라는 이 명칭도 『삼강행실도』 그림 표현의 단면적인 특징만 보여줄 뿐 예술로서의 위상을 말해 주지 못하고 있다.

『삼강행실도』 그림의 단편적인 특징뿐 아니라 예술적 위상까지 보여주려면 표현방법에 대한 보다 거시적이며 실체적인 접근이 이루어져야 할 것이다. 다시 말해 전체 이야기 덩어리를 이루고 있는 여러 사건을 다양한 종류의 구획(칸: 언덕·구름· 곡선· 집· 담)으로 만든 틀 안에서 개개 사건으로 묘사되고, 그것이 모여 하나의 이야기 덩어리를 이루는 현대적 '만화 기법'과의 연관성 속에서 실체 규명이 있어야 할 것이다. 또한 이러한 사실은 『삼강행실도』의 그림을 회화나 삽화가 아니라 만화 장르로 간주하는 것이 타당함을 입증하는 것이라 하겠다.

2.2. 『삼강행실도』의 장면 구분과 '칸

만화에 대한 기호학적 정의는 '그래픽 언어를 포함하는 일련의 그림들로 구성된 기호로써 내용을 전달하는 서술체계'로 요약된다. 이 서술체계는 몇몇의 '칸' 그림이 수평적으로 배열된 단(스트립 strip), 단 여러 개가 배열된 지면 한쪽(플랑쉬 planche), 이 지면들이 모인 단행본[15] 한 권이라는 '고정된 형태'를 요구한다. 또한 이 서술체계는 연속적으로 보여지는 이미지, 문자로 표현되는 소리와 말 등을 통한 시간적 구성을 담고 있다.(이수진 2004: 47)

『삼강행실도』에 사용된 다양한 구획은 시공간을 재단하는 만화의 '칸'의 기능과 유사하다. '칸'은 만화 구성의 최소 단위를 말한다. 작가 혹은 출판사가 미리 설정한 단행본 크기의 지면 한쪽을 넓은 공간(플랑쉬)으로 보았을 때 어떤 방식이든 이를 나누는 작은 크기의 공간을 '칸'이라 부른다. 일반적으로 한 칸은 선과 선 둘레의 흰 부분으로 좌우 상하에 위치하는

15 프랑스어권에서는 단행본 만화를 앨범(album)이라 부르는데, 이야기가 앨범 한 권으로 완성되는 경우보다는 독립적인 사건들을 다루거나 혹은 줄거리 전개를 따라가는 다수의 앨범들이 (각 앨범마다 제목을 선정) 모여 시리즈를 구성하는 경우가 많다.

다른 칸들과 분명히 구분되어진다. 만화책 한 권은 한 칸 한 칸을 모아 한 단을 만들고, 단을 모아 지면 한 쪽 플랑쉬를 구성하고, 지면 양면들을 모아 책을 만드는 순서로 보면 된다. 다르게 생각하면 단행본이란 양쪽 지면 여러 개의 묶음이라 보고, 양면은 지면 한 쪽 플랑쉬를 2개 나란히 배열한 것이고, 플랑쉬는 여러 개의 단, 단은 여러 개의 칸으로 구성하면 된다. 결국 칸은 만화의 시작이며 필수 조건이라 할 수 있다. 왜냐하면 그림과 말의 결합이 바로 한 칸 속에 담기는 것이고, 이 칸들을 배열하는 것이 그림과 말의 결합을 계속해서 보여 주며 이야기를 하는 방법이 되기 때문이다.

백지 공간에 그려진 칸의 '액자틀'은 그 내부와 외부를 성질이 다른 두 개의 공간으로 구분하는 힘이 있다. 액자틀 내부는 허구의 공간, 이야기 전개상 필요한 내용이라면 어떤 종류이건 허락되는 무한대의 공간이다. 그러나 이 허구공간은 거의 언제나 현실 공간을 모방하고 있어 각 이야기에 맞는 서사공간(디에제즈)를 축조하고 현실의 시공간 개념을 액자틀 안으로 끌어들인다. 고정이미지라는 만화 특성상 한 액자틀 안에서 보여줄 수 있는 범위는 정해져 있는 법, 시간의 흐름상 끊임없이 이어지는 움직임을 한 번에 표현할 수는 없다. 다시 말해 연속된 사건을 분절하여 표현하기 위한 수단으로 칸을 분할할 수밖에 없는 것이다.

'칸을 닫는다'는 의미는 이야기 배경이 되는 시공간 일부분을 잘라 칸 안에 가둔다는 의미이다. 따라서 '칸을 바꾼다'는 것은 독자에게는 공간이 바뀐다는, 시간이 변화한다는 혹은 시간과 공간이 모두 변화한다는 의미를 내포하게 된다. 한 칸 안에 보여지는 사건은 고정된 한 순간에 발생하는 포착된 지점의 행위이며 한 칸 내부의 배경은 변화없는 동일한 장소를 의미한다. 그렇기 때문에 시간의 흐름뿐만 아니라 공간적인 이동을 표현하려 할 때 칸 액자틀 속에서 보는 것과 다른 장소를 그 옆 칸에 담아 변화를 나타내곤 한다. 이런 맥락에서 만화 특유의 방식인 칸 나누기를 통해 어떤 의미에서 시공간도 재단된다고 할 수 있겠다.(이상 이수진 2004:

101-102)

현대 만화에 사용되는 칸의 모양은 대부분 직사각형 혹은 정사각형이지만[16] 그림의 독창성이 강조되는 경우엔 칸을 나누면서 곡선을 사용하거나 색다른 모양을 도입하기도 한다. 또한 선을 긋지 않거나 분명한 선 대신 그림 배경색과 지면 흰색의 차이로써 칸을 나누기도 한다.(이수진 2004: 52)

정병모(1998: 194-201)에 따르면 『삼강행실도』의 구성요소는 건물구성 · 산수구성 · 구름구성으로 나눌 수 있고, 각 구성은 적게는 1장면에서부터 많게는 7장면까지 짜여져 있다 한다. 가장 많은 장면 수는 3장면이고, 가장 적은 장면 수는 7장면이라 한다. 그리고 그 장면들을 나누는 요소는 건물과 산을 함께 활용한 경우가 가장 많고 그 다음은 건물 · 산 · 구름의 조합이라 한다. 공간의 구획 요소로는 건물 · 산수 · 구름이 사용되었고, 이야기의 진행 방향을 기본적으로 화면 아래에서 위로 전개되는 상향진행(150건), 화면 위에서 아래로 전개되는 하향진행(120건), 불규칙 진행(24건), 진행방향이 없는 경우(30건)로 나눌 수 있다 한다. 즉 상향진행이 가장 많고 하향진행이 그 뒤를 따르고 있다. 또한 삼강행실도의 공간구성은 '지그재그 전개'[17]로 이 방법은 많은 화면을 적절하게 엮는 데 효율적인 구조로 이야기 흐름을 담는데 적격이라 하였다.

만화 기법으로 보면, 여기서 정병모가 말하는 구성요소는 칸을 만드는 구성요소에 해당하며, 진행방향은 칸의 전개 순서에 해당함을 알 수 있다. 『삼강행실도』에서 사용된 칸의 모양은 현대만화처럼 완전 폐쇄된 사각형 구조가 아니라 부드러운 구릉선 혹은 뭉게 구름문양과 같은 한 줄기 선으

16 칸의 모양이 주로 사각형인 이유는 무엇보다도 책의 모양이 사각형이기 때문에 그 속에 포함되는 칸 역시 사각형이 많은 것이다. 또한 칸이 사각형일 경우 열렬로 혹은 여러 줄로 배열할 때 모서리가 잘 들어맞는 장점 때문이기도 하다.(이수진 2004: 52)

17 이러한 지그재그 전개에 영향을 미친 요소는 고려 불화의 전통과 남송(南宋) 마하파(馬夏派)의 영향이라 한다.(정병모 1998: 201)

로 구획된 자유로운 모양이다. 또는 이런 선 대신 건물이 독립된 칸의 역할을 하기도 한다. 『삼강행실도』 칸의 이미지는 전체적으로 긴 삼각형 혹은 자유로운 사각형 등으로 볼 수 있으나, 현대 만화와 같이 규격화된 완전폐쇄 공간은 아니다. 그러나 그 속에서 고정된 이미지의 여러 장면(칸)들을 엮어 하나의 이야기를 완결하고 있음은 현대 만화와 같다. 여러 칸들로 이루어진 『삼강행실도』 1면은 완결된 이야기를 담는 1플랑쉬가 된다.

이와 같이 『삼강행실도』 그림은 만화의 기호학적 요건에 부합되고 있음을 알 수 있다. 물론 현대 만화에서 '단'은 일반적으로 수평적 배열을 요구하고 있는 반면, 『삼강행실도』는 유동적이며 자유로운 모습을 보이고 있다. 그러나 유럽의 만화보다 근 400년이나 앞서 나타난 『삼강행실도』의 이러한 만화적 특성은 놀랍기만 하다. 또한 여러 장면의 단이 모여 이루어진 플랑쉬는 한 면 한 면 완결된 이야기 덩어리(1인의 행적)로 나타나며, 이들 여러 행적(플랑쉬)들이 시리즈로 모여 『삼강행실도』라는 한 권의 단행본('앨범')으로 출판된 것도 만화 단행본의 그것에 가까움을 알 수 있다.

2.3. 『삼강행실도』의 여백과 '칸 사이공간'

만화에서 한 '칸'의 구성은 독립적으로 이루어지지 않는다. 서사만화 형식의 기본 특성이 말과 그림의 결합 그리고 그 연속에 있으므로, 한 칸은 반드시 앞뒤에 놓일 다른 칸과의 관계 속에서 설정된다. 만화에서는 한 칸에 전부 포함시킬 수 없는 내용을 적절하게 생략하여 칸과 칸 사이 공간에 담아 두고 그 다음 칸에서 시간을 연결시켜 사건 혹은 행동의 진전을 보여준다. 다시 말해 칸과 칸 사이 여백(액자틀 테두리에 의해 확실히 구분되는 경우, 눈에 보이지 않는 임의선으로 그어진 사이 부분, 흰색의 경우 혹은 색깔이 다른 경우 등 모든 종류의 여백)은 아무것도 없는 공간이 아니라 구체적으로 제시되지 않았을 뿐 시간과 공간이 연장선상에 제시된 상상공간이라 할 수 있다. 이 상상공간을 프랑스어권에서는 '아이콘 공간',

'칸 사이공간'이라고 표현하지만, 영어권 문화의 영향을 받아 '물이 흐르는 도랑'이나 '빗물받이 홈통'이라고도 한다.(이수진 2004: 102-103)

액자틀로 나누어진 허구 공간과 현실 공간의 경계가 이 작은 여백 사이에서 지우개로 지워버리듯 희미해지거나 혹은 사라지는 것이다. 잘 편집된 만화 장면은 한 칸에서 다른 칸으로 넘어가는 순간, 그 여백 부분을 상상력으로 채우게 만든다. 문화적 습득에 의해 우리는 칸과 칸 사이 틈에서 앞 장면과 그 다음 장면 사이에 일어날 법한 행위를 상상하는 적극적인 독서 방법을 이미 알고 있게 된다. 다시 말해 칸 내부가 독자에게 직접 말을 거는 공간이라면, 사이공간은 먼저 주어진 단서를 가지고 독자 스스로 생각해야 하는 참여공간이라 하겠다.[18] 칸과 칸 사이 여백은 서로 다른 특성을 지닌 두 종류로 구분된다. 상상 공간의 특성을 지닌 여백 다시 말해 칸과 칸 사이의 상호 연관성을 이해하는 과정에서 여백이 수행하는 역할을 강조하는 점에서 '연계 여백'과, 이와는 대조적으로 아무것도 숨겨지지 않은 사이공간이라는 뜻에서의 '무능 여백'이 그것이다. 사이공간의 주 기능이 이야기의 논리적인 흐름을 가능한 자연스럽게 이어주는 것이라 본다면, 무능 여백은 칸들을 분절하는 이상적인 방법의 결과라 하겠다.(이수진 2004: 102-104)

『삼강행실도』 그림의 칸은 현대 만화와 같이 완전 폐쇄된 사각형 칸은 아니지만, 칸 내부에 존재하는 여분의 여백이 사이공간으로써의 기능을 수행하고 있다. 현대 만화의 경우는 구획선의 처음과 끝이 만나 철저히 폐쇄적인 사각형 공간(단절)을 만들기 때문에 칸과 칸 사이의 소통을 위해, 다시 말해 이야기의 연속적인 전개를 위해 칸과 칸 사이에 상상공간(여백)이 필요했다. 반면 흘러내리는 한 면의 선만으로 구획한 『삼강행실

18 하지만 모든 칸 사이공간이 독자를 능동적으로 만들어 스스로 상상해야 할 요소들을 제시하는 것은 아니다. 정말 아무것도 없는, 말 그대로의 흰 여백일 수 있다. 연속되는 칸들은 일반적으로 의미의 연장선상에 배열되기에 칸과 칸 사이 여백에서 고려해야만 하는 사건과 행동이 생략되지 않는다.

도』 칸의 경우는 현대만화의 폐쇄성과는 차원이 다른 '약간의 느슨함(소통)'을 주기 때문에 자유로운 칸 내부의 여백만으로도 충분히 '상상공간'의 기능을 수행한다고 볼 수 있다.

흥미로운 것은 『삼강행실도』 중에서도 후기 『동국신속삼강행실도』에 이르러 칸과 칸 사이의 여백이 보다 충분히 확보되고 있다는 사실이다. 『삼강행실도』와 『동국신속삼강행실도』에서 동일인의 행적인 4인의 행적 — 루백포호(婁伯捕虎), 자강복총(自强伏塚), 석진단지(石珍斷指), 은보감오(殷保感烏) — 그림을 비교하면 그 사실이 보다 분명해진다. 초기 『삼강행실도』 그림도 여러 사건을 연속적으로 그리고는 있지만 등장인물의 섬세한 묘사에 치중하다 보니 칸 내부에 여백이 적어 연속적인 사건 흐름에 방해를 주고 있다. 반면 과감한 생략이 이루어진 『동국신속삼강행실도』의 경우는 등장인물에 대한 묘사는 간략화한 반면, 대신 칸 내부의 여백 공간은 충분히 확보되어 그것이 상상공간으로써의 기능을 충실히 수행하고 있음을 알 수 있다.[19] 이렇게 『삼강행실도』 그림이 후기로 갈수록 칸 내부의 여백이 주는 상상공간의 기능을 인지하고 그것을 활용했다는 사실은 바로 만화 기법의 성숙으로 이해할 수도 있다.

2.4. 『삼강행실도』의 지문과 이름표풍선

만화의 진정한 의미는 그림과 말 사이를 오고 가는 독서를 통해 진정한 의미가 해독된다고 하겠다. 칸이 배열된 이웃 칸들과 소통하는 열린 공간이고, 단(스트립)도 다른 단들과 공동으로 지면 한 쪽을 구성하는 열린 공간이라면, 소리의 공간에 있는 말풍선과 지문은 그림과 끊임없이 상호작용을 하는 열린 공간이다. 말은 그림만으로는 이해되지 않는 칸들의 연관

19 행실도 중에서도 『동국신속삼강행실도』의 그림이 가장 만화적 기법에 접근한다고 볼 수 있는 근거이다.

성을 정확하게 밝혀주거나 이미지 사이에 다리를 연결해 그 이해를 돕거나 담화 상황과 발화자를 구체적으로 보여주는 등 그림이 할 수 없는 측면을 보충하는 역할을 한다. 그림만으로 제시될 경우, 등장인물과 동일화하는 과정에서 중요한 역할을 하는 감정 이입의 효과가 만족스럽지 못할 수가 있는데, 주인공의 감정을 상세하게 표현하는 수단으로는 말이 더 적합하기 때문이다. 이러한 소리의 공간에 속해 있는 만화 속의 말은 '지문'과 '말풍선'으로 나타난다.

'말풍선'과 '지문'은 '칸'보다 더 하위 개념이다. 서사형식의 장편만화에서 한 칸의 기본 개념이 그림과 말의 결합이라 할 때, 칸 없이 말풍선이나 지문만이 존재하기란 불가능하다. 말풍선과 지문 안에 들어가는 소리는 그 소리의 근원 혹은 원인을 항상 암시하고 있다. 따라서 발화자가 정확히 그려지지 않은 경우라 하더라도 이야기가 전개되는 공간, 칸을 기준으로 소리의 발생지를 정하게 된다. 가령 소리를 그래픽 형태로 옮긴 글자가 종종 소리난다고 생각되는 지점의 그림 가까이 표시되고, 대사가 들어간 말풍선이 주로 인물의 얼굴 상단에 놓이는 것은 이런 이유에서다. 말풍선 테두리 끝에 달린 꼬리 역시 그 발화자를 정확히 밝히려는 의도에서 유래한 형태라 하겠다. 말풍선은 기본적으로 타원형이 많지만 칸 모양을 따른 사각형이 쓰이기도 하고 동그란 형, 구름 모양, 뾰족뾰족 각이 있는 별 모양(소리지르는 장면에서 사용됨) 등 변형된 원형이 도입되기도 한다.

앞에서 말과 그림 중 보다 중요한 만화 요소는 그림이라고 하였는데, 이것은 만화의 발달 과정에도 반영되어 있다. 만화의 발달과정을 보아도 그림 부분이 먼저 성립되었고, 소리 부분은 뒤에 정립된 것 같다. 『삼강행실도』는 만화의 효시인 퇴퍼의 그것에 근사한 특징을 보인다.[20] 말풍선은

20 만화의 진정한 효시로 보는 로돌프 퇴퍼의 『펜실 씨 이야기 Mr. Pencil』(1840)에 칸과 플랑쉬의 형태는 이미 형성되어 있으나 말풍선을 보이지 않는다. 화가이면서 동시에 작가이었던 퇴퍼는 말풍선을 전제로 글을 쓰기보다는 소설의 산문 형태를 유지한 채 그림 밑에 삽입하는 형식을 택하고 있다. 물론 인물이 직접 발화하는 대사 표시나

찾을 수 없고 대신 지문(소위 본문이라 불리우던 한문과 언해문)이 칸의 외부에 제시되어 있다. 『삼강행실도』보다 약 400년 뒤에 나온 퇴퍼의 『펜실 씨 이야기』에는 각 그림 아래 해당 지문이 삽입되는 형식을 취한 반면, 삼강행실도에서의 지문은 여러 칸의 사건에 대한 내용을 통합적·전체적으로 모아 칸 바깥에서 한꺼번에 기술되어 있다는 차이점만 있다. 현대적 의미의 만화 발달 과정으로 본다면 『삼강행실도』가 퇴퍼의 것보다 조금 미숙하다 할 수 있겠지만 그러나 그것이 퇴퍼보다 무려 400년 전이라는 사실을 감안한다면 그 가치를 알게 될 것이다.

게다가 말풍선은 아니지만 '사각형 풍선'이 『삼강행실도』에 등장하고 있음은 특기할 만한 사실이라 하겠다. 물론 『삼강행실도』에 등장하는 '사각형 풍선'은 실제 발화를 담은 말풍선은 아니고 이름을 적은 '이름표'이다. 한 페이지(플랑쉬)에 여러 장면을 연속적으로 그린 만화적 기법은, 자칫 등장인물을 혼동하거나 여러 사건을 하나의 사건으로 해석할 가능성이 매우 높다. 그러나 『삼강행실도』 편자들은 사건 장면마다 주인공에게 이름표를 붙여 놓음으로써 독자들이 다른 사람과 혼동하지 않도록 하는 기지를 발휘하고 있다. 이때 붙여진 이름표는 형태상 현대 만화에서 사용하는 말풍선의 모습과 흡사하다. 또한 말풍선이 (음성)언어의 표현으로 그 사람의 심리를 표현하였다면 이름표 역시 (문자)언어의 표현으로 주인공의 실체를 표현하고 있다. 『삼강행실도』 이름표의 이러한 기능과 표현 방법은 바로 말풍선의 그것과 유사하다 하겠다. 그러므로 우리는 이것을 말풍선 대신 '이름표풍선'이라 명명하도록 하자. 이름표풍선은 사실적 묘사에서는 있을 수 없는 표현기법이다. 그래서인지 사실적 표현으로 흐른 『오륜행실도』에는 이름표풍선이 보이지 않는다. 이러한 이름표풍선의 기능은 편찬자와 독자 사이에 암묵적인 약속(일치된 코드화와 해독화)이 있었기 때문

외부 소리를 옮겨 놓는 의성어나 의태어도 사용하지 않았다. 만화에 적용된 진정한 의미의 말풍선은 퓰리처(Pulitzer)가 창간한 일간지 〈뉴욕 월드 New World〉에 1896년부터 실린 〈옐로 키드 Yellow Kids〉에서 찾을 수 있다고 한다.(이수진 2004: 74)

에 가능했을 것이다. 말풍선의 도상성 이상으로 이름표풍선의 도상성 효과도 대단하다 할 것이다.

이름표의 기능은, 특히 『동국신속삼강행실도』에서 동일한 장소에서 (시간 간격을 두고) 일어난 주인공의 여러 행동을 칸 나누기도 없이 연이어 표현할 때 그 역할을 톡톡히 하고 있다. 예를 들어 〈인수단지 麟壽斷指〉에는 참봉 강인수가 병든 어머니를 위하여 정성껏 간호하는 장면이 묘사되어 있는데, (1)손가락을 자르는 장면 (2)어머니의 똥을 맛보는 장면 등 일련의 두 장면이 마치 슬로루 모션처럼 표현되고 있다. 또한 〈자진단지 自珍斷指〉에는 (1)어머니의 똥을 맛보고 (2)왼손가락을 베어 약으로 바치고 (3)허벅지 살을 베는 장면 등 무려 세 장면이 하나의 화면에 나타나 있다. 『삼강행실도』라면 각 장면에 공간구획을 시사하는 최소한의 조처가 취해졌을 것인데 『동국신속삼강행실도』에서는 인명 표지 외에는 아무런 구분이 없이 한 세트에 세 장면을 일렬로 배치하는 독특한 구성방식을 취하고 있다.[21] 이 경우 이름표풍선이 없었더라면 내용 전달에 큰 혼란이 일어났을 것이다.[22]

3. 『삼강행실도』 그림의 도상성

도상(icon)이란 미국의 기호학자 퍼스가 분류한 기호의 3가지 유형(도상,[23] 지표,[24] 상징[25] 중 하나이다. 무슨 만화를 보든 굉장히 생략된 도상적

---

21 이것을 정병모는 삼강행실도의 그림이 닫힌 공간이라면 동국신속삼강행실도는 열린 공간이라고 해석하였다.

22 너무 확대해석하는 것인지는 몰라도 연속적인 장면을 하나의 칸 안에서 그리는 이러한 수법은 현대적 동영상 의식의 발아가 아니었을까 추정해 본다.

23 도상(icon)은 지시 대상과 직접적 유사관계에 있는 기호를 말하는데, 아이콘에 해당하는 이미지는 추상이 아닌 경우 늘 가리키는 대상의 특성을 그대로 보여준다. 사람에 대한 그림이나 사진 또는 영상 이미지가 실제 사람을 닮은 것처럼 말이다. 당연히 만화에 사용되는 그림 인물・배경・장식・소도구 등은 대상의 특성을 직접적으로 표현한 아이콘들로서, 만화의 그림 부분은 대부분 도상에 의해 표현되며, 보다 효과

커뮤니케이션 형식이 첫눈에 띄기 때문에 일견 만화는 간단한 기호체로 보인다. 그러나 기호학적으로 볼 때 만화는 꽤 복잡한 구성을 하고 있다. 만화의 그림 부분과 문필 부분 중에서 그림 부분은 대부분 도상적 기호로 되어 있지만 지표와 상징들도 상당히 많이 사용된다. 대표적인 상징은 언어기호인데, 따라서 만화 속의 말풍선과 지문 속에 배치되는 말은 문자언어로서 상징이 된다. 또한 만화에서의 기호는 이 3가지 기호 외에 약호(code)[26]라는 의미작용의 체계까지 4부분으로 나누어 생각할 수 있다. 만화는 만화가가 만들어낸 코드(code)와 독자의 해독인 decode의 종합작용에 의해 만화 커뮤니케이션이 성립되기 때문이다.(권경민 2007: 27-29)

만화의 그림은 선과 굴곡과 면으로 되어 있다. 선과 굴곡이 일으키는 단순한 게슈탈트(Gestalt)가 만화에 들어나는 최종적 형, 즉 만화 그림이 된다. 이런 것들을 효과적으로 드러내는 깊이 없는 넓은 공백은 만화의 특성을 이룬다. 이 공백을 후경으로 하고 만화 그림은 저 밖의 대상체들의

적인 메시지 전달을 위해서 도상의 시각적 궁리가 요구된다 하겠다.(권경민 2007: 28)

24 지표(index)는 대상이 갖는 물리적이고 실질적인 관계나 인과관계에 바탕한 기호를 말한다. 예를 들어 모래 위 새 발자국은 새가 지나갔다는 지표이며 굴뚝에서 나오는 연기는 음식을 만들고 있다는 지표가 된다. 만화에서 그림 부분은 대부분 도상적 기호로 되어 있지만 언제나 그런 것은 아니다. 지표의 상징들이 상당히 많이 사용된다. 만화에서 지표는 상황 묘사를 보다 역동적으로 해주며 리얼리티를 강조하는데 결정적인 역할을 한다.(권경민 2007: 28)

25 상징(symbol)은 대상과의 관계에서 유사성과 관련성이 없고 일종의 관습이나 사회적 약속에 기초한 자의성에 의해 특징지어지는 기호이다. 예를 들어 십자가는 신앙의 상징이고 국기는 국가의 상징이다. 또한 만화가에 의해 그려지는 카툰 기법(Cartoon) 역시 상징적 표현이라 할 수 있다. 언어 레벨로는 상징은 명사적 상징(집, 사람) 등과 명제적 상징(개는 동물이다) 등으로 구별된다.(권경민 2007: 28) 여기서 카툰은 '1.(한 장의 시사) 풍속만화, 2.애니메이션 영화(동화 動畵), 3.(신문 등의) 연재만화'를 말한다.(권경민 2007: 50)

26 코드(code)란, 기호의 계열을 다른 기호 계열로 표현할 때의 약속 또는 그 기호 계열을 뜻한다. 코드의 대표적인 예로 장단 2종의 전기 신호로 모든 문자를 나타내는 모스부호를 들 수 있으며, 데이터통신이 사용되면서부터는 0과 1로 나타내는 2종의 기호를 사용한 많은 코드가 고안되어 실용화되었다.

어떤 특징만을 드러낸다. 엄청난 생략이 대상체에 가해지고, 선택된 특징만이 눈에 띄게 과장, 왜곡, 각색되어 만화 위에 오른다. 만화는 만화 독자로 하여금 외시 의미의 세계를 서둘러 떠나게 하고, 함축과 신화의 세계에 초대한다.(김경용 2001: 275-276)

조선시대 국가 주도로 이루어진 『삼강행실도』 편찬에서 대상체에 가해지는 만화 기법의 이 "엄청난 생략"은 삼강오륜이라는 이데올로기 전달이라는 국가적 목적이 있었기에 가능했을 것이다. 이데올로기 앞에서 『삼강행실도』 판화는 아름답고 섬세한 표현이라는 회화적인 면을 버리고 과감히 '생략'이라는 만화적 기법을 수용하게 되었으리라 추정한다. 생략 기법은 판을 거듭할수록 대담해졌을 것이며 비평가들이 그렇게 비난하는 『동국신속삼강행실도』에서는 생략의 극을 보여 주었다 하겠다. 『동국신속삼강행실도』는 후대의 편찬으로 판의 거듭됨이라는 것 외에 엄청난 양의 판화가 요구되었고 또한 판화를 새기는 곳도 지방 여러 곳에 분산되어 이루어졌기에 더더욱 생략과 약호가 필요했을 것이다. 이러한 배경은 『삼강행실도』 중에서도 『동국신속삼강행실도』의 그림이 가장 만화적 기법에 접근하고 있는 이유를 말해 준다. 이것은 『동국신속산감행실도』의 간략화된 그림, 즉 도상에 대해 편자와 독자 사이에 정해진 약호가 이미 성립되었음을 말해 준다. 이러한 기제는 한글을 모르는 사람이나 아이들로 하여금 그림만으로 내용을 이해하게 해 주는 요긴한 장치였다. 사용된 도상들이 약호화(코드화)되어 있기 때문에 몇 개의 그림만 이해하면 나머지 그림들은 그림만으로 그 내용을 알 수 있도록 되어 있다.

정병모(1998)는 "『동국신속삼강행실도』와 같이 일률적인 배경 설정"이라고 평가절하하고 있지만 이러한 일률적 배경 표현 역시 도상화와 그것의 코드화라는 관점에서 이해할 수 있다. 『동국신속삼강행실도』에서 배경을 일률적으로 한 것 그리고 각 행적에 나타나는 개개인의 개별특성은 무시하고 역시 일률적으로 표현한 기법 등은 도상화와 그 도상의 코드화라는 관점에서 본다면 보다 유용했을 것이다. 왜냐하면 『삼강행실도』 판화 그림에서 필요한 것은 주인공 개개인의 개성을 나타내는 것이 아니라 삼강이라는 이데올로기의 가장 효과적인 담론화가 필요하고 그것의 전달이 가장 주요한 임무였기 때문이다. 『삼강행실도』 그림을 도상화하고 코드화한 연유도 바로 글 모르는 백성들로 하여금 쉽게 이해할 수 있게 한 것이었으며, 또 사건의 전 과정을 하나의 화면 위에 파노라마식 전개를 한 만화적 표현 기법 역시 같은 목적 아래 만들어진 것이라 하겠다. 『동국신속삼강행실도』 효자편에 나타난 도상성과 코드화 양상 몇 가지만 살펴보면 다음과 같다.(부록: 〈그림〉 1~4 참조)

(1) 『동국신속삼강행실도』 효자편 그림의 도상성과 코드화

가. '와병중(臥病中)'의 도상과 코드화: 부모님이 방 안에 누워 있는 것은 와병 중이며, 앉아 있는 모습은 병중이 아니다.

나. '단지(斷指)' 및 '할고(割股)'의 도상과 코드화

다. '부모 봉양'의 도상과 코드화: 부모님은 방안에 있고 자식은 섬돌 아래 꿇어서 음식을 올리는 모습.

라. '무덤'의 도상과 코드화

마. '여묘살이'의 도상과 코드화

바. '정문(旌門)'의 도상과 코드화

사. '빈집'의 도상과 코드화: 빈집은 부모가 돌아가셨음을 의미한다.

자. '이름표풍선'의 도상과 코드화: 이름표 풍선을 달고 있는 사람은 항상 주인공이다.

4. 『삼강행실도』 문필 구성의 전형성(stereotype)

문필 텍스트가 결합된 만화는 전체로 이야기체를 이룬다. 문필 부분이 어떤 형식을 취하든 그것은 그림 부분에서 일어날 수 있는 의미작용을 제한한다. 즉 바르트가 말하는 의미의 고착을 가하는 것이다.(김경용 2001:

276) 행실도류의 문필 텍스트는 다양한 모습으로 배치되어 있다. 송철의 외(2006: 880-883)에서는 『삼강행실도』와 『이륜행실도』, 『동국신속삼강행실도』와 『오륜행실도』는 문필 텍스트 특히 언해본을 배치한 방식에서 차이난다고 말한다. "『삼강행실도와 『이륜행실도』는 언해본을 한결같이 본문 밖 난상에 배치한 반면, 『오륜행실도』는 본문 안에 포함시켜 한문 원문과 나란히(원문보다 한자씩 낮춰서) 배치하고 있다. 언해문의 위치에 따라 전자를 '난상(欄上) 언해', 후자를 '본문 언해'라 부른다면, 『오륜행실도』는 결국 저본의 난상언해 방식을 본문언해 방식으로 수정한 셈이다. 언해에서 난상을 이용하는 방식은 난상의 내용이 본문에 비해 현저히 부수적일 때 흔히 취하는 방식이기 때문이다. 언해문의 비중이 높아짐으로써 『오륜행실도』가 교화서 본연의 목적에 보다 충실하게 되었을 것으로 추정하고 있다."(송철의 외 2006: 880-881) 나아가 『삼강행실도』의 경우 하나의 도판에 여러 사건을 연속체적으로 제시하였지만 『오륜행실도』에 이르러 하나의 도판에 하나의 장면만 제시하게 되었는데, 그 이유 또한 언해문이 본문 배치가 되어 교화서 본연의 목적에 충실해졌기 때문으로 해석하고 있다.(송철의 외 2006: 883)

이 논리에 따르면 하나의 도판에 하나의 장면만 제시하는 것이 교화서 본연의 목적에 충실한 것이고, 『삼강행실도』처럼 하나의 도판에 둘 이상의 장면을 제시하면 교화서 본연의 의무를 소홀히 하는 것이 된다. 그렇다면 『오륜행실도』와 같이 언해문을 본문에 배치한 『동국신속삼강행실도』의 경우는 어떻게 설명할 것인가. 『동국신속삼강행실도』는 본문 언해이면서도 하나의 도판에 여러 사건이 연속체적으로 제시되고 있다. 그러므로 언해문의 배치에 따른 교화 성취도와 그림의 표현기법과는 상관관계가 없는 것으로 보인다.

『삼강행실도』의 내용은 전기적 서사적인 특징을 지닌다. 따라서 그 글도 서사적 구성을 취하고 있다. 즉 과거의 사적을 기록하되 시간적인 배열 순서에 따라 사건을 기술하고 있는 것이다. 그러므로 각 사람의 사적을 기술한 모든 글은 끝부분이 '-니라', '-더라'('-로다', '-도다', '-과다'가 각 1예씩 있다)의 종결어미를 취하게 된다. '-니라'는 과거에 대한 진술을 부정법으로 처리한 것이다. 이 '-니라'의 현재형인 '-ᄂᆞ니라'나 회상의 '-더니라' 등 시상을 나타내는 어미를 사용하지 않고 부정의 설명형 어미를 사용한 것은 이들의 진술을 객관화하기 위한 것으로 해석된다. '-더라'는 회상의 진술법이므로 과거의 어느 시점에서 행한 일이나 상태를 화자의 직접적인 경험을 통하여 진술한 것으로 해석된다. 따라서 『삼강행실도』의 글들은 두 가지의 진술법을 사용하고 있는 셈이다. 하나는 내용을 객관화시켜 진술한 것이며 또 하나는 화자의 경험을 회상하여 진술하고 있는 것이다.(홍윤표 1998: 154) 다음은 소위 본문언해인 『동국신속삼강행실도』의 지문인데, 『삼강행실도』 진술법의 특징 및 담론 구조가 잘 드러나 있다.

(2) 홍의성효(弘毅誠孝)

생원 박홍은 이천부 사람이라. 청렴하고 담백하여 욕심이 적고 부모 섬기기를 효를 다 하니 사람들이 그 행실을 알고 다 탄복하더라. 소경대왕조에 정문하시니라.("ᄉᆡᆼ원박홍의ᄂᆞᆫ 니쳔부사람이라 념담ᄒᆞ야욕심이적고 어버이셤기기ᄅᆞᆯ셩효ᄒᆞ니 사ᄅᆞᆷ이그ᄒᆡᆼ실을항복ᄒᆞ더라 쇼경대왕됴애정문ᄒᆞ시니라")

(3) 곽의단지(郭義斷指)

곽의는 천안군 사람이니 아비인 영남의 병이 중하여 기절하니 손가락을 베어 피를 내어 입에 부으니 다시 사니라. 그후 이십여 년을 지성으로 봉양하더니 아비 임종시에 또 손가락을 베니라. 소경대왕조에 정문하시니라("곽의ᄂᆞᆫ 텬안군사ᄅᆞᆷ이니 아비영남이병듕ᄒᆞ야긔졀ᄒᆞ거ᄂᆞᆯ 손가락을베혀피를흘려이븨브ᅀᅳ니시러곰사니라ᄉᆞ므나ᄆᆞᆫᄒᆡᄅᆞᆯ지셩으로봉양ᄒᆞ더니 아비님죵의ᄯᅩ손ᄀᆞ락을그ᄎᆞ니라 쇼경대왕됴애정문ᄒᆞ시니라")

『삼강행실도』의 이러한 문필텍스트로서의 특징은 바로 삼강이라는 이데올로기로 백성들을 교화시키려면 무엇보다 기술된 행적들이 모두 실제 있었던 사건이라는 점을 말하는 게 가장 급선무였음을 보여준다. 다시 말해 『삼강행실도』 문필 텍스트에 나타나는 여러 특징은, 객관화를 통한 신뢰 획득을 위한 장치로 이해된다.

4.1. 서사공간

『삼강행실도』의 뚜렷한 목적 의식은 『삼강행실도』의 담론 양식에 그대로 반영되어 있다. 각 사건 행적이 실제 있었던 이야기라는 점을 분명히 하여야 백성에 대한 교화 효과가 있을 것이므로, 편찬자는 행적의 현실성을 위해 이야기가 "현실 공간 주인공의 실제 이야기(다큐먼터리)"임을 분명히 밝힐 필요성이 있었을 것이다. 그 결과 『삼강행실도』·『이륜행실도』·『오륜행실도』 등 행실도 류 그림의 우측상단에 붙이는 제목은, '주인공 명칭+행적'으로 이루어져 있다. 그리고 그렇게 불리우는 명칭의 주인공이 언제·어디에 살았던· 누구라는 구체적인 사실은 항상 문필 텍스트 첫 서두에 분명히 밝히고 있다. 이것을 만화에서는 서사공간(디에제즈, 이수진 2004: 72)이라 하는데, 『삼강행실도』 역시 이 서사공간이 항상 글의 초두를 장식하고 있는 것이다. 『삼강행실도』에 나타나는 서사공간은 "언제(when), 어디 사는(where), 누구(who)"라는 형식으로 나타난다.

『삼강행실도』의 경우는 개별 행적 제목에서 각각 국적을 밝히고 있고(自强伏塚 本國,[27] 知恩賣身 新羅 등), 『동국신속삼강행실도』의 경우는 책의 목록 부분에서 '新羅, 高麗, 本國' 등 나라별로 행적을 분류하여 밝히고 있다. 본문 서두는 "한림학사 최루백은 수원 호장 상자의 아들(루백포호 婁伯捕虎)", "유석진은 고산현의 향리(석진단지 石珍斷指)" 등으로 이야기

27 '본국'은 '조선'을 가리킨다.

를 시작하여 이 이야기가 실존한 인물의 실제 행적임을 알려 현실성을 확보하고 있다. 자강복총(自强伏塚)의 경우처럼 언해 부분에 서사공간이 언급되지 않은 경우라도 한문본엔 빠짐없이 "김자강 성주인 金自强 星州人"이라 하여 서사공간을 명기하고 있다.

4.2. 행적 기술

사건에 현실성을 부여한 후 주인공의 행적이 나열된다. 이 부분은 "왜(why)·무엇을(what)· 어떻게 했는가(how)"에 대한 구체적 행적에 대한 기술이다. 행실도에 올려져 찬양받는 행적을 하게 된 이유('왜')가 애끓는 효도, 충성심, 정절 때문임은 누구나 알고 있는 바이며 또한 이미 효자도(편)·충신도(편)·열녀도(편)이라는 분류 항목 자체가 그것을 천명하고 있다. 따라서 문필 부분에서 또다시 '왜'에 대해 부연 설명하는 것은 사족이 되므로 이 부분은 생략된 것 같다. 대신 '무엇'을 '어떻게 했는가' 하는 것이 문필 부분의 중심을 이룬다. 효행의 구체적 내용은 다음 몇 가지로 유형화되며, 한 인물의 행적이 시간 순서에 따라 여러 행적으로 겹쳐 나타나기도 한다.

(4) 부모가 살아 계실 때:
목숨을 걸고 도둑으로부터 아버지를 구하다(潘綜救父)
하늘을 감동시켜 한겨울에 물고기를 구하다(成茂求魚, 王延躍魚),
6세 어린 나이에 부모를 위해 귤을 품다(陸積懷橘)
부모 드실 음식을 뺏아먹는 어린 자식을 죽이려 하여 하늘을 감동시키다(遜順得鐘),
자신의 몸까지 팔아 부모를 봉양하다(知恩賣身),
....

(5) 부모가 병환이 났을 때:

주야로 성심으로 병간호하다(넓적다리를 베고 종기를 입으로 빨아내다: 商德封髀),

손가락을 잘라 부모에게 바치다(蟲介斷指, 石珍斷指, 貴珍斷指, 四月斷指, 順傑斷指),

다리살을 베어 부모에게 바치다(尉貂割股),

부모의 똥을 맛보다(台輔感神),

………

(6) 부모가 돌아가셨을 때:

심히 슬퍼하여 하늘도 감동시켜 우박을 그치게 하다(王崇止雹),

시묘살이를 성심으로 하다(朴善廬墓)

여막을 불사르자 부모 무덤에 엎드려 3일을 일어나지 않아 사람을 감동시키다(自强伏塚),

깊은 효심에 까마귀도 감동시켜 잃었던 향합을 찾아오게 하다(殷保感烏)

아버지를 해한 호랑이를 잡아 복수하다(婁伯捕虎),

………

4.3. 포상

그런데 백성들이 삼강행실을 앞다투어 본받게 하려면 당근이 있어야 했다. 그것이 바로 포상정책이었다. 『삼강행실도』의 담론구조상 특이한 것이 바로 행적 기술 다음에 나오는 포상과 관련된 부분이 있다는 사실이다. 삼강윤리를 가르치는 『삼강행실도』는 삼강윤리의 모범실천자에 대한 표창정책과 밀접히 관련된다. 『삼강행실도』에 실린 전형적인 실천 사례를 보고 실천자가 나오기도 했고, 모범적인 실천자는 『삼강행실도』에 실려 후대의 표상으로 제시되었던 것이다.

조선시대에 유교 윤리를 모범적으로 실천한 사람에게는 일정한 표창이 이루어졌다. 유교 윤리의 내용과 표창되는 대상은 매우 다양하지만 실천의 내용과 정도에 따라서 대체로 상물(賞物), 상직(賞職), 복호(復戶), 정려(旌閭) 등으로 표창하였다. 그중에서도 정려는 예조와 의정부의 심사를 거쳐 국왕의 재가를 받아 시행하는 가장 높은 단계의 표창으로 삼강의 윤리를 실천한 사람인 충신 효자 열녀(절부)에게만 주는 조치였다. 명예 표창인 정려를 할 경우에는 실질적인 혜택인 상물, 상직, 복호도 수반되는 것이 일반적이었다. 또한 복호도 "정문과 복호는 부자간에만 시행한다(旌門復戶 例施父子間)"[28]고 한데서 알 수 있듯이 특별한 경우가 아니면 삼강윤리를 실천한 자에게만 주어졌다. 반면, 삼강의 윤리를 범한 경우에는 엄격한 형률로 단죄하였다. 삼강의 죄를 범한 경우에는 강상죄인(綱常罪人)이라 하여 다른 범죄와는 달리 처리하였다. 강상죄인은 일반 죄인과는 달리 의정부·사헌부·의금부에서 합좌하여 심판하였고 죄인은 물론 극형에 처해졌다. 죄인의 집은 부수어 못을 만들고, 읍호를 강등 또는 변경하고, 수령도 파직하였고 어떤 경우엔 관찰사를 체직하기도 하였다. 이러한 처벌은 율문에 규정은 없지만 오래 전부터 시행되었다고 한다.[29] 조선시대에는 강상의 변이 일어날 때 으레껏 교화의 방법으로 『삼강행실도』의 배포와 시행이 모색되었다. 그것은 『삼강행실도』가 삼강의 윤리를 가장 직접으로 보여주고 일반 백성이 가장 쉽게 이해할 수 있는 교화서였기 때문일 것이다.(김항수 1998: 231-232)

물론 『삼강행실도』에 실린 사례 중 정려를 받았다는 기록이 없는 경우

28 중종실록 권97, 37년3월 경인조.

29 다만 신하가 임금을 살해한 경우와 자식이 아버지를 살해한 경우에만 시행하고 아내가 남편을 살해한 경우에는 시행하지 않았다고 한다. 이후 선조 40년에 "삼강은 똑같다(三綱一也)"고 하여 남편 살해도 아버지 살해와 마찬가지로 파가주택, 읍호강등, 수령파직을 하였다고 한다.(선조실록 권213 40년 6월 정축조, 광해군 일기 권45 3년 9월 병진조)

도 있다. 예를 들어 효자도의 김자강(自强伏塚)은 정려를 받은 기사가 없고 실록에서 확인되지 않는다. 충신도의 김원계(原桂陷陳)는 관작을 추증하고 사당을 세우지만 정려는 받지 않았고 실록에서 확인되지 않는다. 열녀도의 임씨단족(林氏斷足)은 실록에서 정려된 것으로 확인되나, 김씨복호(金氏僕虎)와 김씨동형(金氏同窆)은 실록에서 확인되지 않고 정려를 받은 기록도 없다. 이로 미루어보면 『삼강행실도』에 수록된 효자·충신·열녀 각 110명은 정려를 세우는 공식적인 절차를 거쳐 선발한 것은 아닌 것으로 추측한다. 『삼강행실도』가 편찬되던 무렵까지는 정려된 사례가 그다지 많지 않았다. 그렇다면 『삼강행실도』에 수록된 모범사례도 책을 편찬하는 과정에서 선발하였을 것이다.(김항수 1998: 234-235)

어쨌든 『삼강행실도』가 편찬된 무렵에는 삼강 윤리 실천자에 대한 포상 정책이 구체화하였고, 세종 14년 11월에는 효자에 대한 포상을 등급화한다. 이처럼 세종의 『삼강행실도』는 삼강의 윤리를 하나의 윤리체계로 정립하고 일반 백성에게 보급하는 구체적인 방법을 마련하였다는 점에서 중요한 의의를 갖는다. 세종 대에 미처 갖추지 못한 부분과 보급상의 문제점들은 성종 대에 이르러 상당 부분 보완되기에 이른다.(김항수 1998: 236) 전국의 효자·충신·열녀들을 찾아내어 등급별로 표창하고, 그 사실을 『삼강행실도』 그림에서 도상화하고 문필 구성(마지막 부분)에서 밝히고 있다는 사실은, 포상이야말로 일반 백성들이 삼강 윤리를 실천하도록 만드는 아주 효과적인 방법이라 인식한 결과였을 것이다.

예를 들어 자식 없는 스승과 아버지를 지극정성 모시고 여묘살이도 정성으로 하여 까마귀도 감동시킨 윤은보(殷保感烏)에게는 정문하고 관직을 내린다. 斷指(蟲介斷指,[30] 貴珍斷指, 四月斷指,[31] 順傑斷指, 恩時斷指[32])의 경우에는 '소경대왕조에 정문'하는 포상을 받았다는 기록이 많이 나온다.

30 조정에서는 충개에게 포상하고 정표하였다 한다.

31 조정에서는 사월에게 정문하고 그 집의 부세를 면제하였다 한다.

32 조정에서는 은시에게 마을어귀 문에 정표하고 요역을 면제하였다 한다.

고려 때 산원 동정인 거란인 위초는 다리 살을 베어 만두 속에 넣어 병든 아버지에게 바쳐(尉貂割股), 마을 어귀의 문에 정표(旌表)하는 포상을 받는다. 어머니를 위해 몸을 판(知恩賣身) 경우는 '벼와 집을 하사하고 부세를 면제하고 마을 이름을 효양(孝養)이라 하고 당나라에 표문을 올려 그 아름다움을 알렸다'고 기록되어 있다. 부모가 드실 음식을 먹어 부모를 주리게 하는 어린 자식을 죽이려 하다가 오히려 하늘을 감동시켜 종을 얻은 손순(遜順得鐘)에게 임금은 쌀 50석을 하사한다.

이상 살핀 바 『삼강행실도』의 전형적인 담론 구조는 다음과 같이 요약할 수 있다.

(7) 『삼강행실도』의 전형적인 담론 구조

1단계: 서사공간 (언제 · 어디서 · 누가) ... 현실성 부여

2단계: 행적 기술 (왜 · 무엇을 · 어떻게) ... 효행의 구체적인 사례

3단계: 포상 (결과) ... 정려 · 상물 등 효행 포상

이러한 군더더기 없는 간략한 담론 구조는 『삼강행실도』의 이데올로기인 효행 전달 및 효행 독려를 할 수 있는 가장 효과적인 구조라 하겠다. 더욱이 『삼강행실도』의 이처럼 딱 떨어지게 유형화된 담론 구조는 독자들로 하여금 자신도 모르는 사이에 자연스럽게 『삼강행실도』의 "정형화된 담론 구조", 즉 『삼강행실도』의 내용과 구성에 대한 사전지식 · 배경지식(스키마 schema)을 형성하도록 했을 것이다. 이러한 스키마 형성은 독자들이 『삼강행실도』 행적 중 몇 편의 행적만 이해하면 나머지 행적에 대해서는 쉽고 빠르게 이해할 수 있는 학습적 측면에서의 효과도 대단했을 것이다. 문필 부분의 이러한 담론 구성과 만화적 기법의 약호화된 그림이 결합되어 일으키는 삼강 이데올로기 학습 효과는, 오늘날의 베스트셀러 학습만화의 그것과 비슷했을 것이다. 『삼강행실도』류는 바로 "조선시대 삼강 학습만화"라 할 수 있을 것이다. 고결한 내용인 삼강에 얽힌 실제 사

건을 만화기법을 통하여 쉽고 재미있게 읽히고 체득시켜서 그것을 본받는 충신 · 열녀· 효자들이 많이 나오도록 계획한 것, 그것이 바로 『삼강행실도』였던 것이다.

이상 『삼강행실도』를 만화기호학적 관점에서 분석한 결과, 『삼강행실도』 그림의 독특한 표현 방법 등은 바로 칸 · 단 · 플랑쉬 · 앨범 · 여백 · (말풍선에 해당할) 이름표풍선 등으로 해석 가능함을 알 수 있었다. 이는 바로 오늘날 "제9의 예술"이라 일컫는 만화의 특성에 맞닿아 있는 것이었다. 미적인 면을 평가하는 회화적 관점에서는 『오륜행실도』 판화의 그림이 『삼강행실도』 그림보다 우위에 있다고 할 수 있을 것이다. 그러나 만화적 관점에서 본다면, 서구 만화에 비해 400여 년이나 앞서 발아했던 『삼강행실도』의 현대 정신이 『오륜행실도』에 이르러 퇴행하였다고 볼 수도 있다.

또한 『삼강행실도』의 간략화된 그림은, 도상에 있어서 편찬자와 독자 사이에 정해진 약호가 성립되어 있었음을 말해 준다. 이러한 기제는 한글을 모르는 사람이나 아이들로 하여금 그림만으로 내용을 이해하게 해 주는 요긴한 장치였다. 사용된 도상들이 약호화(코드화)되어 있기 때문에 몇 개의 그림만 이해하면 나머지 내용은 그림만으로도 그 내용을 알 수 있도록 되어 있다. 뿐만 아니라 전형화된 『삼강행실도』의 담론 구조는 이데올로기 전달에 효과적인 방법이라 평가한다. 현실성을 부여하는 '서사공간'(언제 · 어디서 · 누가), 효행의 구체적 사례를 기술하는 '행적 기술'(왜 · 무엇을 · 어떻게), 정려 · 상물 등 포상을 통해 효행을 권장하는 '포상'(결과)이 그것이다. 이러한 군더더기 없는 간략한 담론 구조는 백성들에게 삼강의 실천을 독려할 수 있는 가장 효과적인 구조라 하겠다. 더욱이 『삼강행실도』의 "정형화된 담론 구조"는 독자들에게 『삼강행실도』의 내용과 구성에 대한 사전지식 혹은 배경지식(스키마 schema)을 형성하도록 했을 것이다. 이러한 스키마 형성은 백성들이 『삼강행실도』 행적 중 몇 편만 이해하면 나머지 행적 기술은 스키마에 의해 빠르고 쉽게 이해하도록 만드는 대단한 학습 효과를 제공하였을 것이다.

이러한 문필 부분의 정형화된 담론 구성과 약호화된 도상의 만화적 표현 기법이 결합되어 일으키는 삼강 이데올로기 학습 효과는, 오늘날의 베스트셀러 학습만화의 그것과 비근했을 것이라 추정한다.

<부록 1> 『동국신속삼강행실도』의 도판 그림

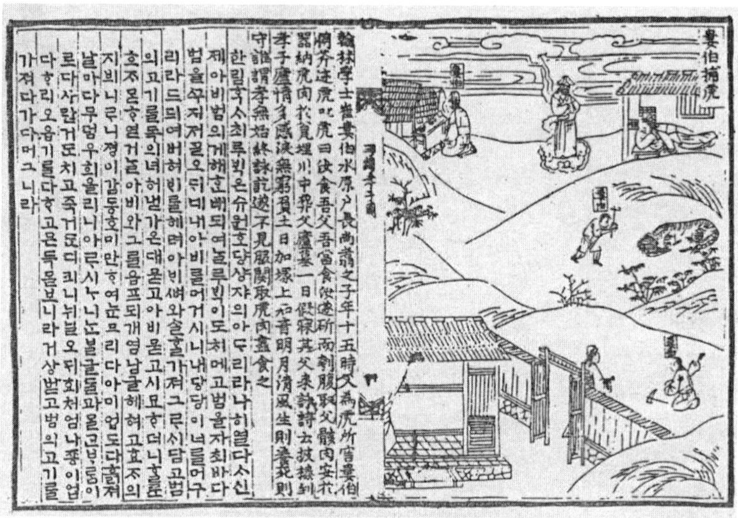

〈그림 1〉 루백포호(婁伯捕虎)

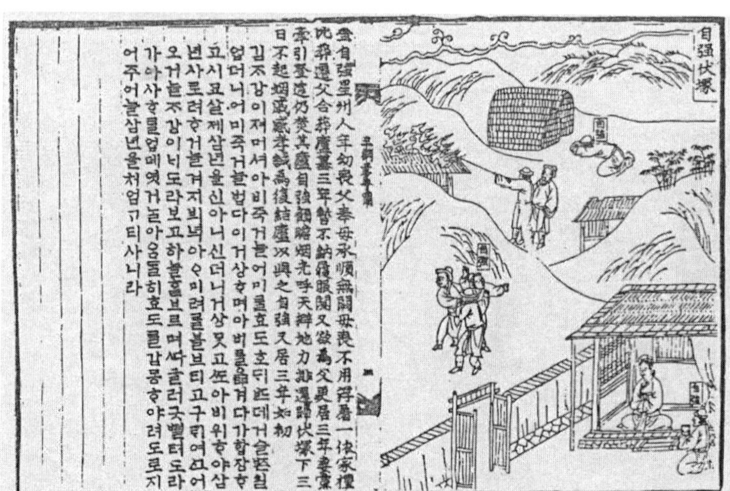

〈그림 2〉 자강복총(自强伏塚)

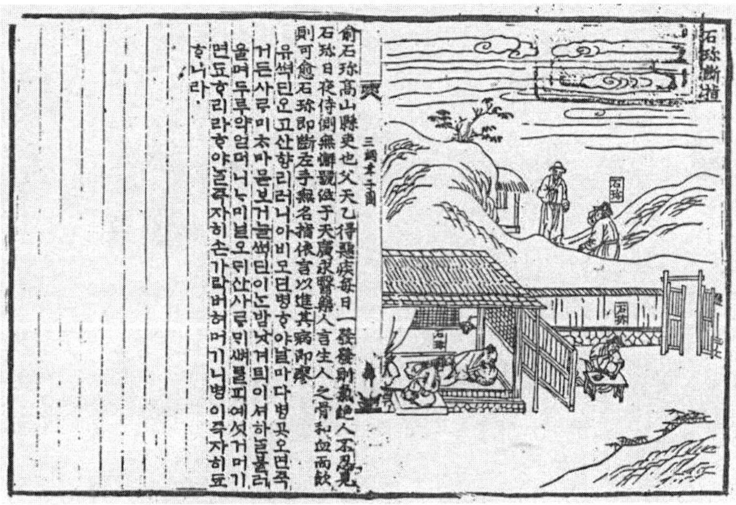

〈그림 3〉 석진단지(石珍斷指)

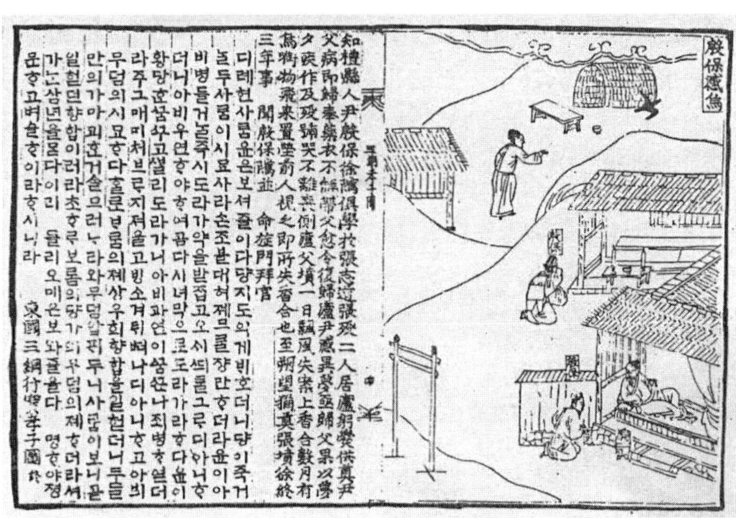

〈그림 4〉 은보감오(殷保感烏)

Ⅱ.『삼강행실도』와『오륜행실도』도판 그림의 이야기전달력 비교

1. 그림과 문자

인간이 인간다움은 언어의 사용이라 하겠다. 퍼스(1977)의 세 가지 기호[33] 중 상징기호 언어는 음성언어와 문자언어로 구분된다. 음성언어가 가지는 시간과 공간의 제약을 뛰어넘기 위하여 발명된 것이 음성언어를 담는 문자인데, 상징기호의 자의적인 표출 능력과 후대 전승 능력 덕분에 오늘의 인류 문명이 있게 되었다. 일반적으로 '이야기전달력(story telling power)'[34]의 관점에서는, 대상체와의 연관성에서 자유로운 상징기호 문자가 도상기호 그림보다 훨씬 우위에 있다고 생각한다. 그러나 이러한 통념에 반하는 경우들도 있으니, 어떤 경우 문자보다 그림의 힘이 더 효과적일 때가 있다. "전화"와 "☎", "맑음/ 흐림/ 비/ 눈"과 "☀/ ☁/ ☂/ ☃" 중 도상 기호가 보다 쉽게 전달된다. 인터넷 상의 많은 이모티콘(imoticon)이 도상 기호임도 그림과 문자 사이 이야기전달력에 대해 시사하는 바가 크다 하겠다.

이렇게 문자에 비해 그림이 효과적인 이유는, 동기(motivation)의 정도 차이로 설명할 수 있다. 동기는 기표와 기의 사이에 존재하는 자연스러운 관계의 정도인데,[35] 그것은 기호에서 약속, 즉 관습의 개입 가능성을 면제시키는 역할을 한다.(Guiraud 1975) 동기가 높은 기호일수록 기호의 의미가 명료하기 때문에 별도의 약속 없이도 그 의미를 터득할 수 있으니, 곧 이해를 위한 노력이 덜 필요하게 된다. 대상체와 닮은 도상은 동기가 높은

---

33 대상체와의 연관성에 따라 도상 icon, 지표 index, 상징 symbol으로 구분된다.

34 기호 사용자가 표현하고자 뜻하는 내용에 대한 전달력을 의미하고자 하는데, 다른 말로 '주제전달력'이라고 할 수도 있겠다.

35 배우 김태희의 사진은 고도로 동기화된 기호인 반면, 김태희를 그린 스케치나 만화 그림은 중간 정도 동기화된 기호이며, '김태희'라는 문자는 전혀 동기화되지 않은 혹은 고도로 비동기화된 기호라 하겠다.

기호이고 자의적으로 만들어진 상징은 동기가 낮은 기호이므로, 그림의 이야기전달력이 문자보다 높은 것이다. 그림과 문자의 관계는 맥루한(McLuhan, 1964)의 매체의 온도 개념과도 연결된다. 매체가 지니는 정보의 밀도에 따라 차고 더운 것으로 구분하는데, 정보 밀도가 높은 매체는 더운 매체(hot media)이며 정보 밀도가 낮은 매체는 찬 매체(cold media)이다.[36] 동기화된 기호일수록 더운 매체에 속하므로, 그림(☎)과 문자 '전화'의 경우 도상인 그림은 더운 기호· 상징인 문자는 찬 기호가 된다. 찬 기호들을 이해하려면 배우고 학습해야 하므로, 상징인 문자는 이야기전달력에서 도상 기호에 뒤지게 되는 것이다. 그러나 눈에 보이는 대상체가 없어서 도상화가 힘든 섬세하고 다양한 감정과 사고체계의 표현에는 상징기호를 이용할 수밖에 없는데, 인류 최고의 발명품인 문자의 위대성이 바로 여기에 있다 하겠다.

이처럼 기호마다 이야기전달력에서 장단점이 있기 때문에 인간의 사상·감정을 표현하는 예술 분야도 다양하게 분화하였다. 시· 소설 등 상징적인 문자를 이용한 문학작품들, 그림·사진 등 기호의 도상성에 초점을 둔 예술분야 등이 발달하게 된 것이다. 나아가 기호의 조합은 효과적인 상승작용을 하기 때문에 순수 문자기호로 이루어진 문학작품 중간에 삽화(도상)를 넣어 이야기의 호소력을 높이기도 하고, 도상적인 그림이나 사진에도 언어기호로 제목을 붙여 작가의 의도를 한정 내지 보충 시키고 있다. 이를 '의미의 고착화 (Barthes 1967)'라 할 수 있는데, 문필 부분이 그림 부분에서 일어날 수 있는 의미작용을 제한하기 때문이다. 이는 어떤 기호든 이야기전달력에서 장단점을 가짐을 말해주며, 따라서 인간은 최적의 기호 조합으로써 의도하는 바 이야기전달력을 높이는 방법을 강구해 오고 있음을 말해 준다.

---

36 찬 매체와 더운 매체 개념은 상대적이다. 영화가 더운 매체이라면 TV는 찬 매체이며, 사진이 더운 매체라면 만화는 찬 매체이다.(김경용 2001: 90-91)

문자와 그림의 결합이 가장 상승적인 작용을 하는 분야는 제9의 예술이라 불리는 만화일 것이다. 만화는 전형적으로 그림 부분과 문필 부분의 두 가지로 되어 있다. 그림 부분은 대부분 도상적 기호로 되어 있지만 언제나 그런 것은 아니다. 지표와 상징들도 상당히 많이 사용된다. 문자와 그림 중 어느 것이 핵심이냐 하는 문제에 있어서, 만화의 경우엔 문자보다 그림을 우선으로 보아야 할 것이다. 그림 없이 문자만으로 된 것은 만화라 할 수 없지만 그림만으로 된 것은 만화가 될 수 있다. 또한 고정 이미지들만을 연속 배열하더라도 독자는 칸과 칸 사이에 성립된 일련의 질서를 따라 그림을 이해하고 말하고자 하는 이야기를 읽게 된다. 이러한 종류의 만화를 '무성(無聲)만화'라고 할 수 있을 것이다. 마치 배우들의 말을 자막으로 대신했던 영화를 무성영화라고 부르는 것처럼 말이다. 하여간 말에 의존하지 않고 이미지만으로도 얼마든지 만화는 이야기를 만들 수 있다. 이 말은 만화를 정의하는 가장 중요한 표현 수단은 그림임을 말하는 것이라 하겠다.(이수진 2004: 43-46)

이에 본고에서는 조선시대 『삼강행실도』와 『동국신속삼강행실도』 그리고 『오륜행실도』 도판 그림의 변화 양상을 그림과 문자, 만화와 회화 사이의 기능적 관계에서 분석하고 나아가 '이야기전달력'이라는 새로운 관점에서 이를 비교·분석하고자 한다.

2. 『삼강행실도』 도판 그림의 변화와 이야기전달력

2.1. 『삼강행실도』와 만화적 기법[37]

조선시대 국민 교화서였던 행실도 발간은 국가의 주요 사업이었다. 유교가 국시였던 조선의 왕들은 유교 이념을 백성들에게 가르치기 위해 『삼

37 본 항의 논리적 전개를 위해 Ⅰ의 내용을 다시 요약 정리함.

강행실도』를 발간하였는데,[38] 저본은 전도후설(前圖後說) 체재를 취한 목판본이었다. 이는 주인공의 삼강 관련 행적을 효율적으로 설파해 줄 그림과 문자의 최적 조합이라 생각한다. 지금까지의 연구는 문필부분을 주(主)로 보고 그림부분은 문필부분을 설명해 주는 부(副)로 간주하였으나, 『삼강행실도』에서의 문자와 그림은 주종관계가 아니라 교화 대상의 단계에 따른 기호 선택의 차이였다.[39] 따라서 『삼강행실도』에서 그림은 문자에 종속된 것이 아니라 대등한 위치에 있었다고 할 것이다.

특히 『삼강행실도』 특유의 간략화된 그림 및 여러 가지 약호를 이용한 연속적이며 계기적인 '이야기전달력'은 문자에 익숙치 못한 사람들에겐 한문 원본과는 비교할 수 없는 강력한 힘을 가졌을 터, 그래서 행실도 편찬자들도 책명을 '삼강행실서'가 아니라 '삼강행실도(圖)'라 명명했을 것이다. 『삼강행실도』는 글과 그림으로 이루어져 있지만 책명이 의도하는 그대로 그림에 초점을 둔 것으로 이해해야 할 것이다. 뿐만 아니라 일련의 사건을 연속 장면으로 표현하여[40] 그림만으로도 충분히 이해할 수 있고 설명이 가능하도록 만든 것은 바로 현대 서사만화[41]의 표현기법에 접근한 것이라 할

38 세종 13년(1431) 집현전 부제학 설순에게 『삼강행실도』 편찬을 지시하였고, 집현전에서는 중국과 우리나라 고금의 서적을 열람하여 효자·충신·열녀 각 110명씩 뽑아 그 행적을 그림으로 표현하고 뒷부분에 문필(한문)로 기록하였다. 세종의 지시에 따라 설순이 편찬한 총 330장의 『삼강행실도』가 세종 16년 4월 인쇄 반포되었다. 성종 대에는 『삼강행실도』를 훈민정음으로 언해하면서 1/3 정도로 줄여 개찬하였고, 이후 이때 줄여 만든 『삼강행실도』가 주로 보급되었다. 중종 대에는 조선의 실천 사례를 대폭 늘여 『속삼강행실도』를 편찬하였으니, 개국 이래 정려 등 포상을 받은 조선인의 모범 사례를 제시함으로써 백성이 더욱 친근하게 느껴 본받을 수 있게 하였다. 또한 김안국에 의해 『이륜행실도』(1518)가 만들어져 『삼강행실도』와 함께 통용되다가, 정조 21년에 이르러 『삼강행실도』와 『이륜행실도』는 『오륜행실도』(1797)로 합쳐지게 되었다.

39 한문을 아는 식자층에게는 한문으로, 한글을 아는 사람에게는 한글 언해부분으로, 글을 모르는 사람에게는 그림으로 삼강 이데올로기를 전달하려는 삼중적(三重的) 전달 통로를 마련한 것이다.

40 이때 연속적이란 말은 움직이는 동영상이란 뜻이 아니라 '고정된 이미지의 장면들의 연속'이라는 뜻이다.

41 서사형식의 장편 만화 작품의 경우 이야기를 이해하는 과정에서 매우 중요한 정보를

수 있다.

『삼강행실도』 도판의 특징적인 표현 양식은, 문필 부분에 나타난 주인공의 행적을 연속되는 서너 장면으로 표현하고 있는 것인데, 하나의 이야기는 한 면에서 완결된다.[42] 한 화면에서 각 장면은 구름과 구릉선, 집과 담 등으로 구획되며,[43] 서사적 구성 방식으로 이루어져 있다. 오정란(2008)에서는 이러한 『삼강행실도』의 표현 양식을 만화기호학적 표현 기법으로 분석하여 만화로서의 가치를 부여하였다. 물론 이러한 만화적 기법이 『삼강행실도』에 어느 날 갑자기 처음 나타난 것은 아니다. 『삼강행실도』 도판 그림의 원형으로 볼 수 있는 보명십우도(普明十牛圖: 10세기경 제작)와 경전 내에 삽입된 그림인 변상화(變相畵)[44]가 있었으니(최열 1995: 9-12), 곧 고려시대 불화(佛畵)의 영향으로 조선시대에 이르러 독특한 『삼강행실도』 도판 그림이 탄생할 수 있었던 것이다.

제공하는 것은 다름 아닌 등장인물들의 대화와 지문이다. 즉 서사형식 만화의 언어는 말과 그림의 결합이 필수 요소라 할 것인데(이수진 2004, 46), 삼강오륜에 뛰어난 이의 행적(이야기)을 글(한문과 한글)과 그림으로 표현한 『삼강행실도』는 바로 서사만화에 닿아 있다 하겠다.

42 이러한 구성을 일본인 학자들은 '이시동도법(異時同圖法)'으로 명명하였고, 정병모(1998: 192)는 이를 '다원적 구성방식'이라 부르면서, 이러한 '다원적 구성 방식'은 후대에도 많은 영향을 미쳐 행실도류 판화나 설화도의 전형으로 자리잡게 되었다고 해석한다.

43 가장 적은 장면 수는 3장면이고, 가장 많은 장면 수는 7장면이다. 그리고 그 장면들을 나누는 요소는 건물과 산을 함께 활용한 경우가 가장 많고 그 다음은 건물・산・구름의 조합이다. 공간의 구획 요소로는 건물・산수・구름이 사용되었고, 이야기의 진행 방향을 기본적으로 화면 아래에서 위로 전개되는 상향진행(150건), 화면 위에서 아래로 전개되는 하향진행(120건), 불규칙 진행(24건), 진행방향이 없는 경우(30건)로 나눌 수 있다. 즉 상향진행이 가장 많고 하향진행이 그 뒤를 따르고 있다.(정병모 1998, 194-201) 또한 『삼강행실도』의 공간구성은 '지그재그 전개'로 이 방법은 많은 화면을 적절하게 엮는데 효율적인 구조로 이야기 흐름을 담는데 적격이라 하겠다. 이러한 지그재그 전개에 영향을 미친 요소는 고려 불화의 전통과 남송(南宋) 마하파(馬夏派)의 영향이라 한다.(정병모 1989: 201)

44 변상화란 불교 교리나 경전의 내용을 직접 그리거나 판화로 찍어 시각적으로 표현한 그림을 말하며, 종류에는 금니(金泥)나 은니(銀泥) 등으로 직접 그린 사경변상화(寫經變相畵)와 목판 혹은 동판으로 인쇄한 판경변상화(版經變相畵) 두 가지가 있다.(김정희 2009: 284)

『삼강행실도』 도판 그림을 만화 기법으로 분석해 보면, 장면을 구분짓는 구름·산등성·건물 등 구성요소는 만화에서의 '칸'을 만드는 구성요소에 해당하며, 진행방향은 칸의 전개 순서에 해당함을 알 수 있다. 『삼강행실도』의 칸은 구릉선이나 구름문양과 같은 곡선이거나 혹은 건물이 독립된 칸의 역할을 하기도 한다. 이는 현대 만화와 같이 규격화된 폐쇄 공간은 아니지만 그 속에서 고정된 이미지의 여러 장면(칸)들을 엮어 하나의 이야기를 완결하고 있음은 현대 만화[45]와 같다. 『삼강행실도』에는 현대 만화처럼 말풍선 등을 이용한 대사 표현은 사용되지 않지만 대신 한문과 번역문 등이 지문처럼 깔려 이야기의 내용과 사건 진행을 제약하고 있다. 또 삼강 행적의 주인공에게 항상 붙어 다니는 '이름표'는, 행실도 도판의 목적이 삼강 이데올로기 전달에 있으며 그림의 심미적인 효과 대신 서사적 이야기 전개에 초점을 맞추고 있음을 입증해 주고 있다.

여러 칸들로 이루어진 『삼강행실도』 1면은 완결된 이야기를 담는 1플랑쉬가 된다. 물론 현대 만화에서 '단'은 일반적으로 수평적 배열을 요구하고 있는 반면, 『삼강행실도』는 유동적이며 자유로운 모습을 보이고 있다. 그러나 유럽의 만화보다 근 400년이나 앞서 나타난 『삼강행실도』의 이러한 만화적 특성은 놀랍기만 하다. 또한 여러 장면의 단이 모여 이루어진 플랑쉬는 한 면 한 면 완결된 이야기 덩어리(1인의 행적)로 나타나며, 이들 여러 행적(플랑쉬)들이 시리즈로 모여 『삼강행실도』라는 한 권의 단행본('앨

45 문자로 이루어진 모든 글이 문학이 될 수 없듯이 모든 그림이 만화가 될 수는 없다. 선·점·색 등 그래픽 기호로 그려진 고정 이미지들이 어떤 관계를 맺고 배열되어 있을 때, 인쇄된 지면 공간을 '칸 나누기'해서 이미지들이 연속될 때 그렇게 연속된 이미지들이 무언가 이야기하고 있을 때 우리는 이를 만화라 한다. 프랑스어권 문화에서 만화를 일컫는 베데(BD), 즉 연속된 그림의 띠로 번역될 수 있는 방드 데시네(Bande Dessinēe) 역시 만화 장르의 이러한 특성을 함축하고 있다. 다시 말해 만화 그림의 특징은 "손으로 작업된 그래픽 기호이며 연속된 고정 이미지"이다. 여기서 '손으로 작업된 그래픽 기호'라는 점에서 기계의 힘을 빌리는 사진과 구분되며, 연속된 고정 이미지의 '연속성'이라는 점에서 삽화나 회화와 구별되며, '고정성'이라는 점에서 만화영화(애니메이션)와 구분될 수 있다.(이수진 2004: 43-46)

범')으로 출판된 것도 현대의 만화 단행본에 가까움을 알 수 있다. 이와 같이 『삼강행실도』 그림은 만화의 기호학적 요건에 충분히 부합되고 있음을 알 수 있다.

2.2. 『동국신속삼강행실도』와 동영상적 착상

조선시대 주요 교화서였던 행실도류(行實圖類) 문헌은 조선시대 내내 중간(重刊) · 속간(續刊) · 개간(改刊) 등 지속적으로 간행되었다. 흥미로운 것은 후대로 판이 거듭되면서 그림 기법이 한층 간략화 · 생략화되고 있다는 사실인데, 이것은 도판 그림이 보다 만화적으로 발전되고 있음을 말한다. 초편 한문본 『삼강행실도』 도판 그림에 대해서는 긍정적인 평가[46]를 하던 학자들도 후대에 발간된 『삼강행실도』에 대해서는 조잡하다고 비판하고 있는데, 이러한 비판은 역설적으로 만화적 기법의 발전을 말해 주는 것이라 생각한다.

『삼강행실도』 판각 시 대상체에 가해지는 만화 기법의 이 "엄청난 생략"은 삼강 이데올로기 전달이라는 국가적 목적이 있었기에 가능했을 것이다. 이 거시적 목적 앞에서 『삼강행실도』 판화는 사실주의적 표현 기법을 버

46 김원룡(1982)은 중간(重刊) 한문본 삼강행실도가 당대 일류 화원인 안견 · 최경 · 안귀생 같은 화가에 의해 제작되었을 것으로 추정하였고, 정병모(1998) 역시 그 삼강행실도 원본은 안견이 그렸으리라 추정하고 있다. 그러나 송일기와 이태호(2001)는 이에 대해 의문을 제시하고 있다. 2인은 정병모 교수가 중간 한문본 판화의 양식적 특징으로 지적한 짜임새 있는 공간 구성, 양감의 산수 표현, 단아한 인물상 등은 모두 중간본과 거리가 멀고 대신 고려대 소장 초편한문본 효자도에 걸맞는 설명이라고 주장하고 있다. 고려대 도서관 소장 삼강행실도의 효자도편은 세종 16년(1434)에 간행되었던 원본에 가장 근사치의 면모를 담고 있다. 이는 안견과 같은 당대 일급 화가의 탁월한 밑그림에 고려시대에서 불경 변상도 판화의 판각기술이 계승되어 완벽한 조화를 이룬 면모를 여실히 보여준다. 이 삼강행실도 초편 한문본 판화는 세종 시기의 문화적 역량을 보여주는 문화유산이며 또 당대 최고의 걸작인 몽유도원도에 이어 안견의 작품 세계를 확장할 수 있을 정도의 높은 수준의 판화로 평가하고 있다.(송일기 · 이태호 2001: 113-114)

리고 과감히 '생략'이라는 만화적 기법을 수용할 수 있었던 것이다. 생략 기법은 판을 거듭할수록 대담해졌는데, 특히 『동국신속삼강행실도』(1615년)[47] 도판은 생략의 극치를 보여 준다. 그동안 많은 판이 거듭되었고 보급량을 채우기 위해 판화를 새기는 곳도 지방 여러 곳에 분산되어 이루어졌기에, 『동국신속삼강행실도』 판각 시 생략과 약호가 따를 수밖에 없었을 것이다. 이러한 배경은 행실도류 중에서도 『동국신속삼강행실도』의 그림이 보다 만화적 기법에 충실할 수밖에 없었던 이유를 말해 준다.

『동국신속삼강행실도』 도판 그림에 대해 정병모(1998: 221-225)는 (1)『삼강행실도』와 같은 다원적 구성 (2)추상적인 산수의 표현 (3)일률적인 배경 설정 (4)기하학적으로 단순화된 산의 표현 (5)현실성의 결여 및 표현적인 경향 (6)부자연스러운 인물 표현과 간단하고 치졸해진 기법 (7)화폭이 옆으로 벌어지면서 『삼강행실도』 판화와 같은 긴밀한 긴장감이 부족하고 느슨한 느낌이 든다고 하면서, 『동국신속삼강행실도』 판화는 『이륜행실도』, 『오륜행실도』에 비해 미적인 측면에서 많이 뒤처진다고 결론내렸다.

송일기 · 이태호(2001: 115-120) 역시 "회화성 높은 선묘와 완벽한 판각 기술이 이루어낸 초편한문본 판화의 예술미는 그보다 한 세대 후에 제작되었으리라 추정되는 중간한문본에 오면서 선묘나 구성이 경직되고 긴장감이 풀어지는 현상을 보인다. 이러한 경향은 산정언해본의 국한문 병기본과 순한글표기 언해본, 그리고 『속삼강행실도』에 이르기까지 시대가 내려올수록 그 구성과 선묘가 번잡스러워지거나 치졸해졌다. 판각의 퇴락현상은 1617년 간행된 『동국속삼강행실도』나 『동국신속삼강행실도』에서 뚜렷이 엿볼 수 있다. 특히 16~18세기 지방 감영에서 제작된 이본의 경우

47 1615년 간행된 『동국신속삼강행실도』는 임진왜란으로 희생당한 충신 및 열녀의 넋을 기리고 그 이전의 충신 효자 열녀를 함께 모아 흩어진 민심을 수습하기 위하여 서둘러 제작되었다. 그런 목적인지 임진왜란 때 희생당한 충신 · 열녀를 대폭 포함하여 제목의 '동국(東國)'이 시사하듯 100% 우리나라 인물만을 대상으로 삼았다.

그런 현상이 더욱 두드러지게 나타나 있다."라고 비판하고 있다.

그러나 『동국신속삼강행실도』에 대한 이러한 부정적 평가들은 아쉽게도 『삼강행실도』 도판 그림의 가치, 즉 시대를 앞선 만화성을 인지하지 못한 근시안적 안목의 결과라 생각한다. 『동국신속삼강행실도』에 이르러 도판 그림이 심각하게 간결화 · 단순화 · 치졸화되고 있다는 평자들의 비판은 역설적으로 역대 행실도류 중 『동국신속삼강행실도』 도판 그림이 만화적 기법에 가장 근접한 것임을 반증하고 있다 할 것이다.

효자도 중 하나인 "자강복총(自强伏塚)"의 『삼강행실도』와 『동국신속삼강행실도』 도판을 비교해 보자.

『동국신속삼강행실도』는 『삼강행실도』를 저본으로 옮긴 것으로, 두 도판 모두 만화라는 다음의 공통점을 가진다.

(1) 구릉선 등이 장면을 구분해 주는 '칸'으로 기능하여, 지문(문필내용)에 나타난 주인공의 행적들을 연속적인 여러 장면의 그림으로 보여 주고 있다. 〈도판 1〉과 〈도판 2〉에 묘사된 행적은 모두 4장면[48]이다. ① 자강이 모친께 효도하는 장면 ② 모친 사후 부친과 합장 후 어머니를 위해 3년 동안 여묘살이하는 장면 ③ (어머니 거상 후 아버지를 위해 또 3년간 여묘살이를 하려고 하자) 처족들이 여묘살이를 그만 두게 하려고 여막에 불을 지르는 장면 ④ 여막이 불타자 하늘을 우러러 부르짖고 땅을 두드리며 애통해 하는 자강을 끌어내려 하는 장면 등이 그것인데, 결국 자강의 효심에 감동하여 여막을 다시 지어주었고 자강은 효를 다했다는 내용이다. 이처럼 만화를 통한 이야기전달력은 문필부분과 함께 상승작용을 하여 삼강 이데올로기 전달의 주요 핵이 될 수 있었다.

48 표면적으로는 4장면이지만 이면적으로는 5장면에 해당한다. 불 타는 여막 오른쪽에 보이는 또 다른 여막이 또 한 장면으로 설정될 수 있는데, 이 새로 지은 여막에서 자강이 이후 3년간 아버지를 위해 여묘살이를 잘 해 내었다는 결론을 도출할 수 있기 때문이다.

〈도판 1〉 자강복총(**自强伏塚**: 삼강행실도)

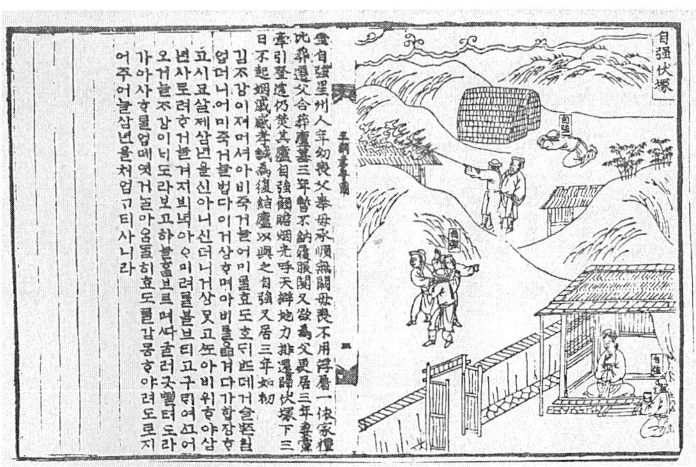

〈도판 2〉 자강복총(**自强伏塚** 동국신속삼강행실도

(2) 주인공에게 항상 붙어 다니는 '이름표'의 존재가 그것이다. 이 이름표를 통해 '자강(自强)'이라는 주인공과 기타 인물을 구분해 주고, 독자로 하여금 주인공의 삼강(三綱) 관련 행적을 쉽게 추적할 수 있도록 도와준다. 이러한 이름표는 도판 그림을 서사만화의 경지로 끌어 올리는 역할을 하며, 그림이 삼강 이데올로기 전달의 핵심 통로가 되게 만든다.

(3) 도상성과 그것의 코드화, 다시 말해 도상의 상징화가 일어나고 있다는 사실이다. 행실도 도판 그림의 임무는 주인공 개개인의 개성을 나타내는 것이 아니라 삼강이라는 이데올로기의 담론화이며 그것의 전달이 가장 중요한 것이므로, 행실도 도판 그림은 많은 도상들이 약호화, 코드화되어 있다.[49] 도상의 코드화는 독자로 하여금 행실도의 많은 그림들을 쉽게 이해하도록 만들어 준다. 예를 들어 자강복총(自强伏塚) 도판에서 무덤 그림은 사실적인 묘사가 아니라 도상이다. 무덤 도상이 하나 있으면 양친 중 한 분이, 두 개가 떨어져 있으면 양친 모두 돌아가신 것을 나타내는데, 〈도판 1, 2〉처럼 붙어 있으면 양친 합장(合葬)을 의미한다. 또한 부모 봉양은 주인공이 섬돌 아래 마당에 앉아 있는 모습으로 도상화된다. 방안에 부모가 앉아 있으면 부모의 생존, 누워있는 모습은 와병 중, 비어있는 방은 부모가 돌아가셨음을 나타내는 약호이다. 이처럼 도상의 상징화는 만화 독자로 하여금 애써 노력할 필요 없이 주인공의 행적을 쉽게 이해하도록 만든다.

반면 두 도판 사이에서 차이점도 찾을 수 있다. (1) 『동국신속삼강행실도』에 이르러 그림이 보다 간결해지고 군더더기가 없어졌다는 사실이다.

---

49 문필 텍스트가 결합된 만화는 전체로 이야기체를 이룬다. 문필 부분이 어떤 형식을 취하든 그것은 그림 부분에서 일어날 수 있는 의미작용을 제한한다.(김경용 2001: 276) 행실도 류의 문필 텍스트 역시 삼강행실도 도판 그림에 제한을 가하며 그 결과 그림의 도상성을 이끌어 내고 있다. 이것은 『동국신속상감행실도』의 간략화된 그림, 즉 도상에 대해 편자와 독자 사이에 정해진 약호가 이미 성립되었음을 말해 준다. 도상들의 약호화(코드화)는 몇 개의 그림만 이해하면 다른 행적들은 그림만으로도 그 내용을 알 수 있도록 해 준다.

(2) 그 결과, 칸과 칸 사이의 '여백'의 정도 차이가 시사적이다. 서사만화 형식의 기본 특성이 말과 그림의 결합 그리고 그 연속에 있으므로, 한 칸은 반드시 앞뒤에 놓일 다른 칸과의 관계 속에서 설정된다. 만화에서는 한 칸에 전부 포함시킬 수 없는 내용을 적절히 생략하여 칸과 칸 사이 공간에 담아두고 그 다음 칸에서 시간을 연결시켜 사건과 행동의 진전을 보여 준다. 다시 말해 칸과 칸 사이 여백은 아무것도 아닌 공간이 아니라 구체적으로 제시되지만 않았을 뿐 시간과 공간이 연장선상에 제시된 '상상공간'[50]이라 할 수 있다. 잘 편집된 만화 장면은 한 칸에서 다른 칸으로 넘어가는 순간, 그 여백 부분을 상상력으로 채우게 만드는 것이니, 곧 사이 여백 공간의 주 기능은 이야기의 논리적인 흐름을 가능한 자연스럽게 이어주는 것이라 하겠다.(이수진 2004: 102-104)

그런데 『삼강행실도』에서는 비교적 섬세한 묘사를 하다 보니 그림이 칸 내부 공간을 많이 차지하게 되고 그 결과 칸과 칸 사이 여백 공간이 거의 없다. 이는 상상공간의 부재로서 연속적인 사건 흐름 인지에 방해를 주고 있다. 반면 과감한 생략으로써 여백을 충분히 확보한 『동국신속삼강행실도』에서는, 넓어진 칸과 칸 사이 여백이 상상공간으로써의 기능을 충실히 수행하게 되어 사건 전개를 논리적 연속적으로 인지하도록 만들고 있다. 이러한 사실을 만화적 관점에서 평가한다면, 『동국신속삼강행실도』에 이르러 현대적 의미의 만화 기법에 보다 근접하고 있다고 하겠다.

무엇보다 『동국신속삼강행실도』 도판의 가장 두드러진 특징은, (3) "동영상적 착상"이라 할 것이다. 동영상(動映像 animation)이란 움직이고 있는 그림을 말하는데, 여러 개의 프레임을 빠른 속도로 넘기면서 그것을 연속적으로 보려고 하는 특성을 이용한 것이다. 물론 현대적 의미의 동영상과는 거리가 있지만 그래도 원시적이며 초기적인 동영상적 발상이 『동

50 이 상상공간을 프랑스어권에서는 '아이콘 공간', '칸 사이공간'이라 하지만, 영어권의 영향으로 '물 흐르는 도랑', '빗물받이 홈통'이라고도 한다.(이수진 2004: 102-103)

국신속삼강행실도』(1615)에 나타나고 있음은 높이 평가되어야 할 것이다.

아래 〈도판 3〉과 〈도판 4〉에 주인공이 병석에 있는 부모를 위해 마당에서 단지(斷指)와 할고(割股)를 하는 장면이 나오는데, 특이한 점은 두 행위가 시·공간 구분 없이 연속적으로 표현되었다는 점이다. 이전의 『삼강행실도』라면 이 두 행위는 두 장면(칸)으로 이루어졌겠지만, 『동국신속삼강

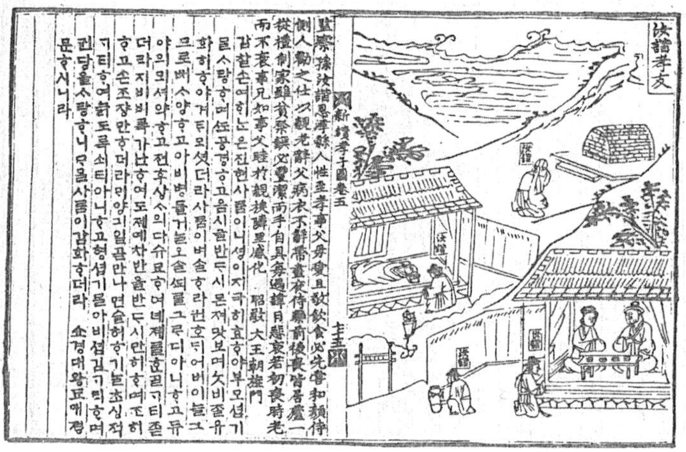

〈도판 3〉 여해효우(汝諧孝友: 동국신속삼강행실도)

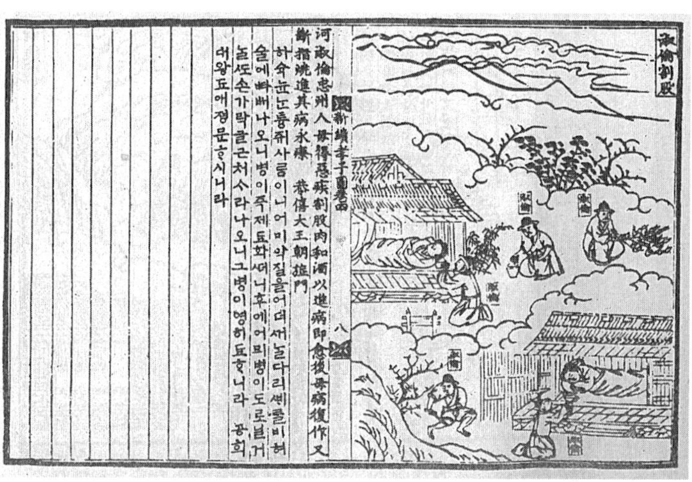

〈도판 4〉 숙윤할고(淑倫割股: 동국신속삼강행실도)

행실도』에 이르면 한 공간 안에서 연속된 행위로 표출되어 있다. 그들이 달고 있는 '이름표'를 통해 이 두 행위가 동일한 인물의 연속적인 동작임을 알 수 있다. 〈도판 3〉에서 가장 아래 장면은 여해(汝諧)가 음식을 손수 만들어 맛본 후 부모님께 봉양한다는 내용인데, 마당에 있는 두 사람은 이름표를 통하여 여해 동일인임을 알 수 있다. 여해가 음식을 맛보고 부모님께 봉양하는 두 행위가 칸 구분 없이 연속적으로 그려져 있다. 이것은 현대적 의미의 동영상에는 미치지 못하지만, 원시적이며 초기적인 동영상 의식의 발로로 그 가치를 평가할 수 있을 것이다.

『삼강행실도』 효자편에 등장하는 많은 효자들은 부모의 병을 구하기 위해 마당[51]에서 단지와 할고를 시행하고 있다. 〈도판 4〉는 3장면으로 되어 있다. 칸을 읽는 순서는 아래에서 위, 그리고 중간의 정문(旌門) 그림의 순서이다. ①어머니가 병석에 눕자 주인공 숙윤이 다리뼈를 깎아(割股) 술에 타서 드렸더니 병이 나음. ② 어머니가 또 병이 드시자 이번엔 손가락을 잘라(斷指) 불에 살라 드리니 병이 완전히 나음. ③ 그 효행을 기려 나라에서 정문(旌門)함. '정문했다'는 포상 내용은 정문 도상이 상징처럼 약호화되어 사용되고, 방안에 어머니가 누워있는 모습은 와병(臥病) 중임을 의미한다. ①과 ② 장면은 내부적으로 각각 3가지, 4가지 행위를 칸 구분 없이 연속적인 동작으로 표현한 대표적인 동영상적 착상이라 할 수 있다. 이처럼 주인공이 동일 장소에서 행하는 연속적인 여러 효행에 대해, 『동국신속삼강행실도』에서는 공간 구분 없이 연속 행위로 표현하는 동영상적 기법을 즐겨 사용하고 있다. 이러한 초기 동영상적 착상은 이야기전달력의 강화를 꾀하는 기능적 의식의 발로라 하겠다.

51 삼강행실도에서는 부모와 자식 관계를 '방 안'과 '마당'이라는 위계적인 관계로 설정하고 있다. 부모 봉양과 단지와 할고 등 효행은 마당에서 이루어지는데, 이 역시 도상의 상징화이다.

3. 『오륜행실도』 도판 그림의 변화와 이야기전달력

3.1. 『오륜행실도』와 회화적 기법

정조 21년(1797) 『삼강행실도』와 『이륜행실도』를 합한 『오륜행실도』가 간행되었다. 이 책은 『삼강행실도』와 『이륜행실도』 두 책을 단순히 합책(合冊)만 한 것이 아니라, 수정도 하고 언해 부분에서는 증정(證訂)도 가한 것이다. 이는 이만수가 정조의 명을 받아 쓴 오륜행실도서(五倫行實圖序)에서 본 책의 성격을 윤색(潤色), 고교(考校)라고 한 것과도 연결된다.[52] 실제 『오륜행실도』 문필 부분의 경우, 시대에 따른 언어 변화의 반영 및 삼강 관련 행적 내용이 보다 구체적으로 기술된 곳들을 찾을 수 있다.[53] 삼강 행적이 『오륜행실도』 언해에서 보다 구체적으로 묘사된 이유 중 하나는, 동일한 한문 원문을 두고도 『삼강행실도』에서는 아예 번역되지 않거나 원문에서 다소 벗어나 의역된 경우가 있었던 반면, 『오륜행실도』에서는 원문의 한 자 한 자에 이르기까지 충실하게 직역한 결과로 볼 수 있다.(송철의 외 2006: 883-885)

그러나 『오륜행실도』의 가장 두드러진 특징은 도판 그림의 변화일 것이다. 『동국신속삼강행실도』에서 극치를 이루었던 『삼강행실도』의 만화적 기법은 『오륜행실도』의 간행으로 막을 내리게 된 것이다. 『삼강행실도』에서 일련의 사건을 연속 장면으로 표현하던 만화적 기법은, 『오륜행실도』에 이르러 한 이야기 한 장면만 싣는 '고정 이미지(繪畵)' 구성방식으로 바뀌게 된 것이다. 『오륜행실도』 도판 그림의 이러한 변화는 회화적 기법으로의 혁신적 변신인데, 이것은 그림이 이야기전달력 기능을 포기하고 대신 심미적 감동을 추구한 결과라 본다.

52 "此乃我殿下所以命臣等潤色 而臣等所以承命考校者也"

53 『오륜행실도』 관련 연구로 남광우(1979), 박문성(1991), 유소희(1994), 최세화(1966) 등이 있다.

『오륜행실도』 도판 그림에 대한 평가는 칭찬 일색이다. 정병모(1998: 221-225)는 "정조 때 간행된 『오륜행실도』에는 행실도의 체제뿐 아니라 표현양식에 있어서도 획기적인 변화가 나타났는데, 가장 큰 변화는 『삼강행실도』의 다원적 구성방식이 한 설화에 한 장면만 싣는 일원적 구성방식으로 바뀌게 된 것이다. 이러한 일원적 구성으로 바뀌면서 배경 표현이 충실해지고 훨씬 극적으로 표현되었다고 평가한다. 『오륜행실도』에서는 이전 시기에 극에 달했던 표현주의적 양식이 사라지면서 사실주의적인 양식으로 바뀌는데, 예를 들어 〈민손단의 閔損單衣〉의 경우 민손 아버지 얼굴의 광대뼈와 수염까지 자세히 묘사하여 초상화에 가깝게 세밀하게 표현하였다. 그리고 이러한 묘사를 근거로 『오륜행실도』 제작에는 김홍도가 참여했을 가능성이 높다"라고 결론내리고 있다.

송일기 · 이태호(2001: 120) 역시 "(삼강행실도 및 동국신속삼강행실도의) 이러한 판화의 묘사력과 판각 기술의 퇴화를 극복하고 행실도에 새로운 수정 방식과 예술성을 불러 일으킨 것은 정조 21년(1797)에 간행된 『오륜행실도』의 그림이다. 동시기의 용주사본 부모은중경 판화와 함께 당대의 거장 김홍도 화법의 회화성을 완벽한 새김 기술로 재현한 판화의 면모를 조선시대 후기 미서(美書) 『오륜행실도』에서 찾아 볼 수 있기 때문이다."라고 극찬하고 있다.

송철의 외(2006: 882-883) 역시 『삼강행실도』 도판의 경우 능선이나 구름이 장면을 구분하는 인위적 수단이 되고 있는 이상 장면의 실제 배경으로 역할을 하기란 어려울 수밖에 없다고 하면서, 핵심 장면 하나에 초점을 맞춰 도판 구성을 단순화한 『오륜행실도』는 저본의 도판 구성을 수정함으로써 주제를 압축적, 효과적으로 전달하는 동시에 도판의 사실성을 보다 증대시키는 결과를 가져왔다고 평가하고 있다.

이상의 여러 평가들은 기호로서의 그림과 문자의 기능 다시 말해 이야기 전달력이라는 관점을 배제한 결과이며, 『삼강행실도』 도판 그림의 만화적 기법을 간과 · 폄하하고 오직 회화적 기법만 미술로 인정하려는 경직된 사고에 기인한 것이라 하겠다. 물론 만화는 과증류된 기호로 이루어진 텍스트여서 회화(繪畵)에서 얻는 것 같은 깊고 오랜 감동을 주지는 못한다. 그러나 만화는 이데올로기를 위한 의미작용의 체제가 되기 위해 심미적 의미작용을 거의 파기한 독특한 텍스트이므로(김경용 2001: 278), 심미적 감동을 위한 회화와 비교하여 예술성이 없다고 비판하는 것은 무의미한 작업이라고 본다. 그러므로 만화와 회화는 태생적으로 추구하는 목표가 다른 분야임을 인정하는 것이 행실도 도판 그림의 실체에 접근하는 첫걸음이 될 것이다. 기호의 이야기전달력이라는 기능적 측면에서는, 만화적 기법을 사용한 『삼강행실도』 도판이 삼강오륜 이데올로기 교육에 보다 큰 효과가 있었을 것이다. 아래 『삼강행실도』 그림과 『오륜행실도』 그림을 비교해 보자.

〈도판 5〉 『동국신속삼강행실도』의 루백포호(婁伯捕虎)는 5장면으로, 아래에서 위로 올라가는 구성으로 이야기전달력 위주의 서사만화라 할 수 있다. 즉 ① '빈방'의 상징[54] 및 누백이 도끼를 가지고 범을 잡으러 가려는

〈도판 5〉 루백포호(**婁伯捕虎**: 동국신속삼강행실도)

54 그림 하단의 '빈 방'은 누백의 아버지가 범에게 잡혀 먹혀 돌아갔음을 상징하는 행실

〈도판 6〉 루백포호(婁伯捕虎 오륜행실도

것을 어머니가 만류하는 장면. ② 누백의 아버지를 먹고 배가 불러 누워있는 범과 누백이 그 범을 꾸짖으며 도끼로 내리치려는 장면. ③ 범을 죽인 후 배를 갈라 아버지의 뼈와 살을 꺼내 그릇에 담고, 범의 고기는 독에 넣어 내(川)에 묻은 후 여묘살이를 함. ④ 그러던 중 꿈에서 아버지가 나타나 아들의 효성을 기리는 시를 읊고 사라짐. ⑤ 거상(居喪)을 마치고나서 내에 묻어 두었던 범의 고기를 꺼내 먹었다는 내용이 그것이다.

그런데 동일 인물의 동일 효행을 전하면서도 〈도판 6〉『오륜행실도』의 그림은 완전히 달라진다. 『동국신속삼강행실도』와 비교할 때 『오륜행실도』 그림의 특징은 몇 가지로 요약할 수 있다.

첫째, 〈도판 5〉는 주인공의 일련의 행적이 여러 장면에 걸쳐 표현되고

도 특유의 도상이다.

있지만, 〈도판 6〉은 정지된 한 순간의 장면에 대한 포착이다. 즉 『삼강행실도』가 만화 장르라면, 『오륜행실도』는 회화 장르에 속한다.

둘째, 〈도판 5〉의 그림이 간결화되고 약호화된 표현주의적 기법이라면, 〈도판 6〉의 그림은 섬세하고 유려한 사실주의적 기법이라는 점이다. 기법 차이의 결과 중 하나가 이름표 유무이다. 『삼강행실도』 그림에서 주인공에게 이름표를 달았다는 것은, 인물이 실제 이름표를 달고 있는 것이 아니라 서사적 기능의 최대 효과를 얻기 위한 장치였었다. 따라서 사실주의적 회화 기법에 의한 『오륜행실도』 도판에 이르면 이름표는 당연히 사라지게 되며, 산수의 표현이나 사물 등의 묘사 역시 섬세하고 사실적으로 변하여 미적인 감동을 불러 온다.

셋째, 그림의 초점이 달라졌다는 사실이다. 〈도판 5〉에서는 아버지가 호랑이에게 당해 돌아가셨고/ 아들이 그 호랑이를 죽임으로써/ 아버지의 원수를 갚았고/ 이에 선친도 감동했다는 효행 전달을 주 목표로 하고 있다. 또 효행 장면이 가장 넓은 지면을 차지하고 있다. 반면 아름다운 산수화가 되도록 노력한 흔적이 역력한 〈도판 6〉은 초점이 산과 나무의 사실적 묘사에 편향되어 있다. 즉 〈도판 6〉은 "婁伯捕虎 = 누백이 호랑이를 잡다"라는 화제(畵題)에 충실한 그림으로서 장면 배경이 깊은 산 속이라는 사실은 실감나게 보여 주지만, 〈도판 5〉이 가지는 이야기전달이라는 서사적 기능은 사라지고 없다. 즉 『삼강행실도』 만화 그림의 목적은 삼강 이데올로기 전달에 있었지만, 『오륜행실도』 회화 그림의 목적은 심미적인 감동을 주기 위함에 초점이 있었음을 알 수 있다. 행실도의 편찬 목적이 유교적 삼강오륜에 대한 국민 교화인 점을 미루어 본다면, 『오륜행실도』의 도판 그림은 기능적인 면에서는 오히려 퇴보했다고 볼 수 있다.

이러한 도판 그림의 변화는 문필 부분의 변화와 연관되어 있을 것이다.[55] 『오륜행실도』에 이르러 도판 그림이 만화에서 회화 기법으로 변모되

55 『오륜행실도』에서 언해문은 본문 안에 포함된 '본문 언해'인데, 이것을 『삼강행실

었다는 사실과 『오륜행실도』 언해 부분이 직역에 의해 부연 설명이 첨가되었다는 사실 사이에 존재할 어떤 상호 연관성에 대한 분석은 앞으로의 과제가 되리라 본다. 언해 부분에서의 부연 설명과 회화 기법으로의 변화 중 어느 것이 먼저였는지는 확언할 수 없지만, 중요한 것은, 이야기전달력에서 회화적 기법이 서사적 만화 기법에 미치지 못하는 약점을 문필 부분에서나마 보완하고자 한 의지의 발로가 직역이 아니었을까 추정해 본다.

문필부분과의 관계에서, 강한 서사성을 지닌 『삼강행실도』의 만화 그림은 문필부분 이상의 위상과 효율성을 가졌다고 할 수 있다. 반면, 『오륜행실도』 도판 그림은 문필 부분에 대한 삽화(揷畵) 정도로 그림의 비중이 크게 낮아진 것이라 할 것이다. 따라서 『삼강행실도』와 『오륜행실도』의 도판 그림을 회화라는 하나의 잣대로 우월을 가리듯 평가한 종래의 연구 방법은 지양되어야 할 것이며, 기능적 목적에 따라 판단함이 옳은 평가법이라 생각한다.

〈표 1〉 삼강행실도·동국신속삼강행실도·오륜행실도의 비교

도판종류	장르	문필부분과의 관계	초점부분	주 기능
삼강행실도	만화	대등(본문역할)	삼강 행적	이야기 전달
동국신속 삼강행실도	만화+동영상	대등(본문역할)	삼강 행적	이야기 전달
오륜행실도	회화	종속(삽화)	산수 표현	심미적 감동

3.2. 기법 변화의 시대적 배경

그렇다면 『오륜행실도』에 이르러 도판 그림을 만화적 기법에서 순수 회

도』의 '난상 언해' 배치를 수정한 것으로, 언해본의 비중이 높아짐으로써 『오륜행실도』가 교화서 본연의 목적에 보다 충실하게 되었다고 보고 있다.(송철의 외 2006, 880-881) 그러나 『오륜행실도』(1797) 전의 『동국신속삼강행실도』(1615) 역시 본문 언해이므로, 언해문의 배치와 교화 성취도를 연관시키는 것은 무리라고 본다.

화로 돌아서게 한 배경은 무엇일까. 첫 번째 추정은, 정병모(1998) 등의 언급처럼 김홍도 등 당대 훌륭한 화가들의 대거 등장이 그 원인일 수 있다. 만약 정조의 명으로 김홍도가 『오륜행실도』 판화 작업에 관여한 것이 사실이라면, 회화적 기법으로의 변신은 당연한 결과였을 것이다.

두 번째 추정은, 세종 이후 지속적으로 시행된 『삼강행실도』 보급의 성공이다. 교화책이 소기의 목표를 달성했다면 이야기전달력 위주의 만화적 기법을 버리고 회화적 기법으로 돌아섰을 가능성이 높다. 교화책이 효과를 거둔 배경으로 내적인 요건과 외적인 요건 두 가지를 생각할 수 있다.

『삼강행실도』 내적인 이유는 그림 부분과 문필 부분 모두에서 찾을 수 있다. 그림 부분의 특징으로는 최대 학습효과가 가능한 서사만화 형식이라는 것이며, 문필부분의 특징으로는 행적 기술이 『삼강행실도』 특유의 전형성으로 이루어졌다는 것이다. 『삼강행실도』 문필구조의 전형적인 구조는 다음과 같다.(상세내용은, 오정란 2008 참조)

1단계: 서사공간(언제 · 어디서 · 누가) → 현실성 부여

2단계: 행적기술(왜 · 무엇을 · 어떻게)→ 충효열 행적의 구체적인 내용

3단계: 포상(결과) → 정려 · 상물 등 충효열 행적에 대한 포상[56]

『동국신속삼강행실』도 효자편에 있는 '곽의단지(郭義斷指)' 문필부분을 3단계 별로 나누어 보면 다음과 같다.

"곽의ᄂᆞᆫ 텬안군사ᄅᆞᆷ이니// 아비영남이병듕ᄒᆞ야긔절ᄒᆞ거ᄂᆞᆯ 손가락을베

56 1단계 서사공간과 2단계 행적기술은 모든 행적에 필수적인 반면, 3단계 포상은 선택적으로 나타난다. 백성들이 삼강행실을 앞다투어 본받게 하려면 당근이 있어야 했다. 그것이 바로 포상정책이었다. 『삼강행실도』를 보고 실천자가 나오기도 했고, 모범적인 실천자는 『삼강행실도』에 실려 후대의 표상으로 제시되었던 것이다. 실천의 내용과 정도에 따라서 대체로 상물(賞物), 상직(賞職), 복호(復戶), 정려(旌閭) 등으로 표창하였다.(오정란 2008: 87)

혀피를흘려이븨브으니시러곰사니라스므나믄ᄒᆡᄅᆞᆯ지셩으로봉양ᄒᆞ더니 아비님죵의쏘손ᄀᆞ락을그ᄎᆞ니라// 쇼경대왕됴애정문ᄒᆞ시니라”

이처럼 전형적이며 군더더기 없는 간략한 담론 구조는 『삼강행실도』의 이데올로기인 효행 전달 및 효행 독려를 할 수 있는 가장 효과적인 구조라 하겠다. 유형화된 담론 구조는 독자들로 하여금 자신도 모르는 사이에 자연스럽게 『삼강행실도』의 내용과 구성에 대한 사전지식 · 배경지식 (스키마 schema)을 형성하도록 했을 것이다. 이러한 스키마 형성은 독자들이 『삼강행실도』 행적 중 몇 편만 이해하면 나머지 행적에 대해서는 쉽고 빠르게 이해할 수 있는 학습적 측면에서의 효과도 대단했을 것이다.

뿐만 아니라 구체적인 포상정책도 삼강 이데올로기 보급에 큰 몫을 했을 것이다. 세종 14년 11월에는 효자에 대한 포상을 등급화했고, 미비점들은 성종 대에 이르러 상당 부분 보완되기에 이른다.(김항수 1998: 236) 전국의 효자 · 충신 · 열녀들을 찾아내어 등급별로 표창하고 그 내용을 『삼강행실도』에 수록하였으니, 포상이야말로 일반 백성들이 삼강 윤리를 실천하도록 이끄는 효과적인 방법이었을 것이다.

성공의 외적인 이유로는, 『삼강행실도』가 판본(목판본)으로 되어 있어 책으로서 대량 보급이 가능했다는 사실이다. 중종 6년(1511)에는 『삼강행실도』가 무려 2,940질이나 인쇄되었다는 사실은 조선시대에 출판된 단일 서적으로서는 『책력』과 『규장전운』 다음으로 많은 부수가 인쇄되었음을 보여준다.(주영하 외 2008: 28-29)

『삼강행실도』의 보급 효과를 보면, 실록에 기록된 효자와 열녀 수는 세종 이후 완만한 상승세를 보이다가 중종 대에 이르러 크게 늘고 있다. 중종 23년(1528)에 표창한 효자와 정부는 총 47명이었다. 그들의 직업과 신분은 남성은 전직 참봉에서 사노까지 그리고 여성은 관리 부인에서 양녀까지 다양하였으며, 출신 지역은 전국을 망라하고 있다. 중요한 것은 그해 표창한 사람만 47명일 뿐 실제는 그보다 훨씬 많았을 것이라는 사실이다. 이들 표창자 중 유학 유인석은 『삼강행실도』를 보고 단지했다고 하며, 진사 신명화의 아내이자 신사임당의 어머니인 이씨는 평소 『삼강행실도』를 암송했다고 한다. 이 외의 인물들의 행적들[57]도 모두 『삼강행실도』와 밀접한 관련이 있었다. 이러한 사실은 당시 조선에는 『삼강행실도』 이데올로기가 널리 전파되어 많은 사람들이 그것을 따라 실행했음을 알 수 있고, 그에 따라 삼강적 효자·열녀·충신의 배출이 가능했다고 볼 수 있다.(주영하 외 2008: 92-97)

이제 조선에서 삼강 이데올로기는 더 이상 낯선 것이 아니었기에, 이야기전달력이 강한 만화를 이용하여 시시콜콜 말해 줄 필요가 없었을 것이다. 대신 그림은 대표적인 한 장면의 회화로 표현되어 심미적 감동을 주는 것으로 충분했으리라는 추정이 그것이다. 이때 그림은 삽화로서 문필 부분에 종속되어 본문 내용 이해의 보조자 역할을 하게 되었다고 본다.

이상 논의에서 조선시대에 유교 국시 교육을 위해 편찬한 『삼강행실도』와 『동국신속삼강행실도』 그리고 『오륜행실도』 도판 그림을 중심으로 그림과 문자, 만화와 회화 사이의 이야기전달력을 비교·고찰하였다.

『삼강행실도』와 『동국신속삼강행실도』의 만화 도판에서는 삼강이데올로기라는 이야기전달력에 대한 시대적 요청을 알 수 있었고, 『오륜행실도』에 나타난 회화적 기법으로의 변화에서는 이야기전달력 대신 심미적 감동을 추구한 시대의 마음을 읽을 수 있었다. 행실도 도판에 나타난 기호 선택의 이러한 변화는 당시 사회상과 맞물려 있는 것이었다. 또한 이야기전달력에서 만화에 못 미치는 회화적 기법의 약점을 문필부분에서 의역 대신 직역으로 보강했으리라는 추정도 하여 보았다.

57 여묘살이, 할고, 진귀한 식물을 구해 드린 행적 등.

Ⅲ. 『삼강행실도』와 대중매체

조선시대에는 국시인 유교 정신의 보급을 위하여 국가적 차원에서 『삼강행실도』, 『이륜행실도』, 『오륜행실도』 등 책의 편찬을 주도하고 보급하였다. 유교가 국시인 조선에서 삼강(三綱)은 가장 핵심적인 윤리가치였기 때문에 국가적 차원에서 이를 보급하기 위한 정책이 일관되게 이루어졌다. 교화서로서의 '행실도'류는 글 모르는 일반 백성을 대상으로 이론적인 내용 대신 구체적인 실천사례를 그림과 글로써 보여주고 있다. 세종의 지시에 따라 설순이 편찬한 총 330장의 『삼강행실도』[58]가 세종 16년 4월 인쇄 반포되었으며, 성종 대에는 『삼강행실도』를 훈민정음으로 언해하면서 1/3 정도로 줄여 개찬하였고, 이후 이때 줄여 만든 『삼강행실도』가 주로 보급되었다. 중종 대에는 조선의 실천 사례를 대폭 늘여 『속삼강행실도』를 편찬하였으니, 개국 이래 정려 등 포상을 받은 조선인의 모범 사례를 제시함으로써 백성이 더욱 친근하게 느껴 본받을 수 있게 하였다. 또한 김안국에 의해 『이륜행실도』가 만들어져 『삼강행실도』와 함께 통용되다가, 정조 21년(1797)에 이르러 『삼강행실도』와 『이륜행실도』는 『오륜행실도』로 합쳐지게 되었다. 임진왜란 후 광해군 대에는 사절한 효자·충신· 열녀의 행적을 모으고 『삼강행실도』와 『속삼강행실』에 수록된 우리나라 사례 및 『동국여지승람』에 기재된 인물들을 첨가하여 『동국신속삼강행실도』를 만들었다. 우리나라의 효자·충신· 열녀를 최대한 수록했다[59]는 점에서 『동

58 삼강행실도의 선행적인 것으로 이십사효도(二十四孝圖)와 효행록(孝行錄)이 있었다. 세종도 처음에는 효행록을 통해 백성의 교화를 모색하였으나, 세종 10년 진주인 김화의 아버지 살해사건이 일어나자 변계량이 효행록의 반포를 건의하였고, 이에 세종은 설순에게 효행록의 재편집을 지시하여 이전에 편찬한 24명에 20여인을 더 넣고 고려와 삼국시대 효행인들도 수집하여 한 책으로 개간케 하였다. 세종 13년(1431) 여름 집현전 부제학 설순에게 삼강행실도 편찬을 지시하였고, 집현전에서는 중국과 우리나라 고금의 서적을 열람하여 효자·충신·열녀 각 110명씩 뽑아 그 행적을 그림으로 표현하고 뒷부분에 문필(한문)로 기록하였다.

59 동국신속삼강행실도에 수록된 인물은 총 1650여인으로 임진년 이후의 효자·충신·

국신속삼강행실도』는 나름의 의미를 가진다. 그렇지만 임진란 이후의 인물을 모으고 수록하는 과정에서 사실 확인이 제대로 이루어지지 못했고 정치적인 권력이 개재되어 부정적으로 평가되면서 교화서로 기능하지는 못하였다고 한다.(김항수 1998: 233)

책은 지식을 담지하고 전파하는 가장 오래되고 가장 강력한 매체이다. 전근대 동아시아에서는 문자와 책이 일종의 권력이었다. 지배계층은 특정한 목적을 가지고 독자층에게 지식을 전달하여 이를 관습으로 만들고자 하였다. 조선시대 이래로 우리 삶의 가장 강력한 관습은 효와 충이었고, 이를 전파한 대표적인 책이 『삼강행실도』이다. 조선시대 성리학적 이데올로기는 『경국대전』과 같은 법률적 지식 체계에 반영되었고, 그것은 그 이전의 형벌 중심에서 모든 사회제도와 관습적 행위에 대한 규정으로까지 확장되었다. 더욱이 성리학적 이상국가를 성립시키려 했던 조선의 사대부들은 주자의 『가례』를 통해 사대부 중심의 지배 질서를 옹호하고 『소학』을 통해 신분계급주의와 가부장주의, 가족주의적 성격을 강화하였다. 『삼강행실도』와 『이륜행실도』라는 책은 신분제 사회의 지배와 복종의 논리를 만드는 데 일정하게 기여하였다. 특히 조선시대 성리학적 이데올로기의 확산에는 반드시 책이 이용되었다. 즉 책을 통한 지식의 정리와 그것을 전범으로 한 관습화가 이루어졌다.

따라서 『삼강행실도』는 국가와 지배 계층에 의해서 독자가 설정되고 그 지식이 사대부가의 남성은 물론 여성과 일반 백성에게까지 확산되었다. 동시에 비슷한 형태의 교화서 간행과 보급에도 이 책은 하나의 전범이 되었다. 특히 사례와 그에 대한 문학적 시, 그림이 복합적으로 구성된 『삼강행실도』는 지배적 지식이 어떻게 다양한 계층과 남녀노소에게 퍼져나가게

열녀를 모으고 "성대(盛大)의 전서(全書)"가 되게 한다는 취지에서 삼강행실도·속삼강행실도의 사례를 앞머리에 넣고 동국여지승람에 기재된 인물을 추가하여 수록한 것이었다. 따라서 대부분은 선조 34년 예조에서 만든 임진난 이후 사절인(死節人)이 차지하고 있다.(김항수 1998: 243)

되는지를 분명히 살필 수 있는 대상이기도 하다. 더욱이 중종 6년(1511)에 무려 2,940질이나 인쇄되었다는 사실은 조선시대에 출판된 단일서적으로서 『책력』과 『규장전운』 다음으로 많은 부수가 인쇄되었음을 보여준다. (주영하 외 2008: 28-29)

여기서는 '책'이라는 관점에서 『삼강행실도』가 대중매체[60]로서의 기능을 훌륭히 수행할 수 있었던 여러 배경과 특성을 밝히고, 나아가 대중매체로서의 『삼강행실도』는, (1) 대량인쇄 · 대량전달을 위한 인쇄술 측면(판화) (2)쉽고 재미있게 학습 가능한 내용적 측면(만화)을 구분하여야 함을 강조하고자 한다.[61]

1. '삼강' 이데올로기의 관습화

『삼강행실도』의 이데올로기는 삼강(三綱), 즉 충(忠) · 효(孝) · 열(烈)이다. 이 중에서 정치적 · 상황 변화에 보다 민감한 것은 충과 열인 반면, 천륜인 부모 자식 사이의 효 이데올로기는 상대적으로 보수적인 것이라 할 수 있을 것이다. 그래서인지 조선시대는 물론 근대에 이르러서도 『삼강행실도』에 나타난 단지(斷指)와 할고(割股) 및 여묘살이의 효행[62] 모방이

---

60 대중 매체(Mass media)는 신문사, 출판사, 방송국 등 특정 소수의 정보 제공자로부터 불특정 다수의 대중을 향한 정보 전달 수단이다. 전파를 이용한 대중 매체에는 텔레비전과 라디오가 있으며, 인쇄를 이용한 대중 매체에는 잡지와 신문이 있다. 1990년대 후반부터 인터넷을 이용한 정보 전달이 급격하게 늘고 있다. 신문, 잡지, 영화, 텔레비전 따위와 같이 많은 사람에게 대량으로 정보와 사상을 전달하는 대중 매체를 통한 정보의 전달을 대중 전달이라 부른다.

61 지금까지 삼강행실도 판화에 대한 연구들은 책의 보급 방식(인쇄술: 목판화)과 내용 전달 방식(만화)을 구분하지 않았다. 오정란(2008)에서는 삼강행실도의 내용전달방식이 오늘날의 '만화' 특성에 부합함을 밝힌 바 있다.

62 단지는 자신의 손을 잘라 그 피를 병든 부모에게 먹이는 행위이고, 할고는 자신의 허벅지 살을 베어 병든 부모에게 먹이는 행위이다. 여묘살이는 부모가 돌아가신 후에는 산소 옆에 여막을 짓고 3년간 그 곳에 거하며 생시와 같이 정성을 다하여 모시는 효행을 말한다. 삼강행실도 효자도는 바로 이러한 효행 기록이라 할 수 있다.

심심찮게 신문지상에 오르내렸던 것으로 미루어, 삼강의 이데올로기가 조선 시대를 거쳐 우리 국민들 의식 속에 이미 관습화되었음을 알 수 있다.

1.1. 조선 시대를 관통한 '삼강적 효행[63]

조선 초기에 널리 반포된 교화서가 『삼강행실도』 하나만 있었던 것이 아니기 때문에 반드시 이 책의 영향으로 사회의 풍속과 관습이 달라졌다고 말한다면 이는 억지 주장일 것이다. 그러나 세종이 『삼강행실도』를 반포하고 나서도 한동안 효자·열녀·충신이 무더기로 배출되지 않는 것에 대해 안타까워했던 사실을 통하여 알 수 있듯이, 『삼강행실도』 출판과 효자·열녀·충신의 배출 희망은 밀접한 상관관계가 있었음은 틀림없는 것이다. 다만 그 효과가 원하는 만큼 즉시 그리고 크게 드러나지 않았던 것으로 추정될 뿐이다. 그 이유는 여러 가지가 있겠지만 지방관리 그중에서도 관찰사나 수령들이 『삼강행실도』 보급에 비협조적이었던 것 같은데 그 예로 성종 8년 예조에서 올린 글[64]을 들 수 있다.

그러나 『삼강행실도』의 보급 효과도 산발적이나마 나타나고 있었으니 세종 이후 국왕 실록의 효자와 열녀에 대한 기록이 점점 상승 곡선을 그리다가 중종 대에 이르면 그 수효가 크게 늘고 있다. 중종 대에는 전국적으로 효자와 열녀를 선정하여 포상하였는데, 그중 중종 23년(1528)에 표창한 효자와 정부는 총 47명[65]이었다. 그들의 직업과 신분은 남성은 전직 참봉에서 사노까지 그리고 여성은 관리 부인에서 양녀까지 다양하였으며, 출신 지역은 서울, 전라, 충청, 강원, 경기, 함경도 등 전국을 망라하였다 하

63 본 항목은 주영하 외(2008: 86-97)을 참조하였음.

64 "節義는 사람의 큰 윤리이므로 국가에서 삼강행실도를 州郡에 반포하였는데 수령들이 버려 두고 시행하지 않으며 또 효자 節婦가 있으면 門閭를 旌表하는 것이 참으로 盛典인데 또한 그 뜻을 사용하지 않고 다만 길 왼편에 나무를 가로질러두니 심히 포상의 뜻에 어긋납니다"(성종실록 권79, 성종 8년 4월 22일)

65 사노 김천동(전주), 유학 최응록(강릉), 이씨(강릉), 유학 노인석(함종) 등 47인.

겠다. 여기서 중요한 것은 그 해 표창한 사람이 47명일 뿐 실제는 그보다 훨씬 많았을 것이라는 사실이다.

여기서 중요한 점은, 이들 표창자 중 유학 유인석은 『삼강행실도』를 보고 단지했다고 하며, 진사 신명화의 아내 이씨[66]는 평소 『삼강행실도』를 암송했다는 사실이다. 이 외의 인물들의 행적들도 보두 『삼강행실도』와 밀접한 관련이 있음을 알 수 있으니, 여묘살이를 하거나 허벅지 살을 베어 부모에게 드리거나 진귀한 식물을 구해 드린다거나 하는 행위는 바로 『삼강행실도』에 소개된 효행이었다. 이를 통하여 볼 때, 이들이 직접 혹은 간접적으로 삼강의 효행을 들어 알거나 직접 목도했기에 가능했다고 볼 수 있다. 이러한 사실은 당시 조선에는 『삼강행실도』 이데올로기가 널리 전파되어 많은 사람들이 그것을 따라 실행했음을 알 수 있고, 그에 따라 삼강적 효자 열녀 충신의 배출이 가능했다고 볼 수 있다. 그 외 『삼강행실도』가 조선 사회에 끼친 간접적 영향으로 첫째, 양계에서 친계로, 이성양자에서 동성 양자로, 혈통에서 종법으로, 불교에서 유교로 변화시킨 사실 등을 들 수 있다.(주영하 2009: 92-97)

1.2. 근대 출판물과 신문에 나타난 '삼강적' 효행[67]

오가키 다케오에 의해 조선인 가운데 친일을 한 사람들을 귀족 또는 신사라고 규정하고 그들의 행적을 선양하는 한편 조선인 지배 계층의 효율적 통제를 위한 기초자료로 출판된 책들 중 『조선신사대대동보(朝鮮紳士大同譜)』(1913)는 그 목차에 효자부와 열녀부 · 부인부를 별도로 두고, 효자 205명, 열녀 69명, 부인 5명을 들고 있다. 이러한 자료는 19세기 말과

66 이씨는 율곡 이이의 외조모, 즉 신사임당의 어머니이다. 그녀는 타고난 성품이 온화하고 유순하며 어릴 적 삼강행실도를 읽어서 능히 대의를 깨달았다고 한다.(국역 율곡전서 4: 294-295)

67 본 항목은 주영하 외(2008: 199-217)를 참조하였음.

20세기 초반에 간행된 각종 삼강록에서 뽑아온 것으로 보인다.[68] 그런데 여기에 실린 효자와 열녀의 내용은 바로 조선시대 『삼강행실도』의 효자와 열녀의 행적과 같다.

효자의 경우 부모 병환을 구하기 위해 손가락을 잘라 피를 먹게 하는 단지(斷指), 제철에 나지 않는 긴요한 약을 하늘에 구원하여 마침내 구하는 구약(救藥), 3년 동안 부모의 묘소를 지키는 시묘(侍墓), 병이 낫지 않아 자신의 허벅지 살을 잘라 먹게 하는 할육조진(割肉調進) 그리고 부모를 극진히 잘 모신 효양부모(孝養父母) 등의 사례가 주류를 이룬다. 열녀의 경우에는 남편이 일찍 죽으면 시신을 수습한 후 본인도 정절을 지키기 위해 자서(自逝), 남편이 죽더라도 재혼하지 않고 정절(貞節), 남편이 병들자 할육조진(割肉調進), 남편이 죽은 후 자식들을 훌륭하게 교양(敎養), 시부모가 병들자 구약(救藥), 남편이 죽은 후에도 시부모를 효양(孝養), 시부모가 병들자 똥오줌을 받아내면서 효양(孝養) 등의 사례가 주로 나온다.[69]

이러한 삼강적 비합리성과 잔혹성은 조선시대는 물론 일제 강점기에서도 부분적이지만 실천이 강요되었다. 1920년 초반 동아일보에 실린 단지와 관련된 기사를 보면 1921년에 5건(5월 12일자, 6월 5일자, 6월 16일자, 12월 29일자, 12월 29일자), 1922년에 6건(1월 1일자, 3월 21일자, 5월 24일자, 7월 10일자, 7월 28일자, 10월 23일자), 1923년에 5건(2월 5일자, 3월 14일자, 5월 19일자, 7월 28일자, 11월 30일자), 1924년 1월 5일자 등이 있다. 물론 단지에 대한 비판적인 기사도 실렸지만,[70] 지속적으로 단지를 해서 부모나 남편의 목숨을 구했다는 기사가 등장한다.

뿐만 아니라 할고에 대한 기사도 동아일보에 다수 등장한다. 1922년 10

---

68 『조선신사대동보』보다 1년 전에 나온 『조선신사보감』은 효자와 열녀를 성씨별 인물에 포함시키고 있다.

69 강명관(2002: 6)은 조선시대 삼강행실도에는 비인간적인 잔혹성이 담겨 있다고 비판하면서 극단적인 효를 강조하면서 가문의 유지를 강화시키는 일에 삼강행실도가 이용되었다고 말한다.

70 1924년 1월 6일자 기사 "제결로 살자, 껍질 도덕인 孝와 烈의 斷指 류행"

월 3일자, 1923년 3건(2월 14일자, 5월 27일자, 7월 22일자), 1924년 8월 19일자, 1925년 1월 6일자, 1926년 7월 9일자, 1932년 9월 4일자, 1938년 6월 15일자, 1934년 4월 6일자 기사 등 지속적으로 나타난다. 그중 1922년 10월 3일자 기사는 형을 살리기 위해 동생은 허벅지 살을 베어 그 피를 먹게 했고, 아내는 단지를 하여 그 피를 먹게 하여 얼마간 생명을 연장하였다. 결국 형은 망자가 되었지만 그 일로 인해 동생과 처는 청년회[71]에서 표창을 받았다 한다. 조선중앙일보 1934년 4월 6일자에는 전남 무안의 노파가 남편을 위해 할고를 하여 난치병을 고쳤다는 기사까지 실렸다. 물론 할고의 폐해를 지적한 기사도 있었다. 중외일보 1930년 8월 23일자에는 "독! 미신의 폐, 남편 병에 할고, 병든 남편에게 약이 된다고 넓적다리를 벤 나주 여자"란 기사가 실렸다.

조선시대에는 정문(旌門)을 내리고 세금을 감면해 주는 효자와 효부, 열녀가 있었지만 일제 강점기에는 어떤 장치가 있었기에 이러한 일이 지속될 수 있었을까? 조선총독부 지휘 아래 풍속 개량을 목적으로 설립된 지역 단체인 교풍회(矯風會) 조직과 명륜회와 향교 등도 삼강적 행위에 대해 적극적인 권장을 하였다. 명륜회의 근간은 경학원(經學院)이었는데, 조선총독부는 성균관을 없애고 1911년 6월 15일에 경학원 규정을 발포하여 경학원을 설립하였던 것이다. 즉 사회 교화를 통해 미풍을 진작시키는 일에 명륜회가 앞장서고 그것을 지역 시군수가 지원하도록 하였던 것이다. 이것이 바로 일제 강점기에도 삼강적 효자와 열녀를 생산시킬 수 있었던 사회적 기반이었던 것이다. 조선총독부는 각종 향약과 성리학적 미풍양속을 권장하여 지역사회의 단합을 도모하였다. 그래서 단지와 할고를 한 열녀와 효자는 근대 신문의 미담 기사에 올랐고, 각종 관변단체에서 그들에게 상장과 상품을 내리도록 하였다. 효는 곧 충이기 때문에 사회 안정과 조선

71 당시 청년회는 조선총독부에서 지역조직으로 권장하여 만들었는데, 총독부의 『생활상태조사』(1929-1935)에서는 청년회를 사회교화사업의 조직체로 파악하였다. 이에 따라 청년회는 사회 교화 차원에서 표창을 하는 단체로 앞장섰다.(주영하 외 2008: 211)

총독부와 천황에 복종하는 식민지 국민 만들기에 삼강적 인간상은 매우 유효하였다. 해방 이후에도 각종 충효상이 사회단체가 주도하여 오늘날까지 이어오는 저변에는 삼강적 인간상의 재현이라는 조선시대 지배 이데올로기가 내재되어 있다 하겠다.

1977년 유신헌법이 발효된 상황에서 교육부에서 제시한 '도의교육방안'에도 충효정신이 강조되어 있다. 이에 대해 이문호(2006: 69)[72]는 박정희가 한국 근대화를 위해서는 일본의 화혼(和魂)[73]과 같이 국민 정체성을 일깨워 사회 통합으로 이끄는 국가 이데올로기가 필수적이라고 생각했기 때문이라고 보았다. 그래서 유신 체제에서 강조된 국적 있는 교육은 바로 이 충효 정신을 주입시키는 것이었다. 해방 이후 단지와 할고는 비인간적이며 비위생적인 행위로 치부되어 줄어들었지만 삼강적 충효는 지속적으로 강조되었다. 특히 유신헌법과 군사정권 아래에서는 충효가 교육현장에서 윤리교육의 핵심으로 받아들여졌다. 오늘날은 '삼강'을 인성교육 차원에서 논의한다.[74]

2. 『삼강행실도』의 대중매체적 특성

이상에서 『삼강행실도』에 담겨진 조선의 국시인 삼강 이데올로기는 조선시대뿐 아니라 근대에까지 영향을 미치고 있었음을 알 수 있었다. 삼강 이데올로기가 국민들을 지배할 수 있었던 것은 근대에서는 조선총독부의 의도적인 포상정책과 인쇄술의 발전으로 신문 등 대중매체를 통한 대중전달이 가능했기 때문이었다. 그렇다면 조선시대에는 어떠했을까? 흥미로운

72 이문호, "비사회인": 충효가 남긴 근대적 한국인, 한국사회학 40-1, 한국사회학회, 2006.

73 천황을 위해 외부의 도전에 용맹스럽게 대처하는 무용정신.

74 "...삼강오륜은 우리 조상 대대로 지켜온 충성과 효성 그리고 질서의 사상입니다." (송명호 글, 최민주 그림, 이야기 삼강오륜, 창작나무 2004 머리말)

것은 삼강 이데올로기 확산이 가능할 수 있었던 여러 여건들이 조선시대와 근대가 유사했다는 사실이다.

2.1. 대량 인쇄와 판화[75]

문화의 전파와 발달은 서책을 매개로 대부분 이루어졌으며, 종교적 신앙의 대상이나 그 구현을 목적으로 만들어진 인쇄물은 문화 발달에 지대한 영향을 끼쳤다. 오랜 기간 그 사상적 결과물이 필사나 목판인쇄, 활자인쇄 등 여러 방법을 통해 끊임없이 유통되었고 이는 곧 책판의 제작이나 지방목활자에 의한 서책 간행으로 이어지면서 그 지역의 인쇄 문화를 꽃피우는 역할을 하였다.

근대가 활자(活字) 인쇄술에 의해 신문 등 매체를 통한 삼강적 행적의 유포 체계였다면, 조선시대에는 『삼강행실도』 자체가 목판 판화 형식으로 만들어져 대량 복사가 가능했다는 사실이다. 여기서 활자에 의한 인쇄 기술을 근대적 인쇄술이라 한다면, 판화에 의한 복사 기술은 전근대적 인쇄 기술이라 할 수 있을 것이다.

『삼강행실도』는 모두 목판본이다.[76] 현존본은 그 계통상 한문본과 언해본으로 크게 구분된다. 한문본은 효자도·충신도· 열녀도가 각각 독립된 책이며 현재 효자도 3종(낙장본 1종 포함)·충신도 1종· 열녀도 1종 등 5종이 전해진다. 이 가운데 효자도 3종은 고려대 만송문고· 세종대왕기념사업회· 유탁일 소장본(낙장본)이 있는데, 만송문고본과 유탁일 소장본이 원본에 좀더 가깝다. 충신도 1종은 규장각에 소장되어 있으며, 열녀도는

75 본 항목은 주영하 외(2008: 33-62)를 참조하였음.

76 일반적으로 책판은 서적을 간행할 목적으로 나무판에 글씨나 그림을 새겨서 제작한 것이다. 이것은 먹을 칠하고 종이에 인출하는 전통적 방식의 목판인쇄에서 공력을 가장 많이 기울이는 재료였으며, 전통사회의 조직 내에서 지식 유통의 거의 유일한 매체인 서책을 인쇄하기 위한 기본 도구였다.

김원룡 구장본으로 삼성미술관에 소장되어 있고 모두 중간본으로 알려져 있다. 한문본의 형태서지적 특징은 판식에 있어서 사주쌍변(四周雙邊)이고, 상하대흑구에 상하내향흑어미이며, 광곽(匡廓)의 세로가 27센티미터 내외, 가로가 17센티미터 내외로 비교적 큰 편이다.

『삼강행실도』 언해본은 선정본이 처음 간행된 이후 여러 차례에 걸쳐 중간되었다. 따라서 현전하는 이본의 수가 상당히 많으며 대부분 그 간행 연도가 제대로 밝혀져 있지 않다. 특히 부분적으로 보판되어 인출된 책이 많아서 이들 이본 간의 계보를 정확히 밝혀내기가 매우 어렵다. 다만 국내외 전존본 중에 성종 때 선정하고 언해한 판본과 가장 가까운 시기의 것으로 보이는 것이 성암고서박물관장본이다. 또한 고려대 만송문고, 서울대 심악문고, 성암고서박물관, 일본의 내각문고 · 고마자와대 도서관 · 도쿄대학 법학부 자료실 · 국회도서관, 영국 대영도서관 등에 같은 계통의 중간본이 소장되어 있다. 이들 이본은 국한문혼용 계열의 판본으로 한자와 함께 동국정운식 한자음 표기로 되어 있다. 다음으로 선조대 이후에 이루어진 중간본으로 서울대 도서관, 일본 도쿄대 도서관 · 와세다대 도서관 등 소장은 임진왜란 이전의 간본으로 알려져 있다. 또 다른 판본의 계열은 주로 영조 대 각 지방 관아에서 간행한 판본으로, 영조 5년(1729)에 교서관에 지시하여 삼강행실을 인출해서 여러 도의 감영으로 보내 복각하게 한 판본이다. 평안도를 비롯한 강원도 · 함경도 · 황해도 등 네 지역의 감영본이 전해지고 있다.

『삼강행실도』는 초간본이 간행된 이후에도 19세기까지 지속적으로 간행되는데, 판본의 확산과 책의 소비적 관점에서 살펴보면 크게 두 가지 방식으로 대별된다. 즉 왕이 서책을 하사하는 반사(頒賜) 제도를 이용하는 방식과 지방마다 책판을 두고 필요할 때 인출하도록 하는 방식이었다. 그런데 성종 대의 『삼강행실도』는 양이 너무 방대하여 인쇄하여 반포하기가 어려웠고, 다 읽는 것도 쉽지 않았다. 그리하여 성종 대에 선정본이 만들어지고 언해도 이루어졌으며, 이를 통하여 독자층이 넓어지고 교화서로서 더욱 높은 가치를 지니게 되었다. 특히 중종 대에는 대규모의 보급활동이 있었는데 중종은 역대 임금 중 『삼강행실도』를 가장 많이 반사한 임금으로, 한 번에 2,940질의 『삼강행실도』를 간행하여 중외에 반사한 것으로도 유명하다. 이러한 반사제도는 책의 유통과 소비의 관점에서 보았을 때 조선시대 관판본의 유통을 가능하게 한 제도로서 의미를 가진다.

다음으로 책판을 이용하는 방식은 조선시대 서적정책을 바탕으로 한다. 그 정책이란 중앙의 주자소에서 소량의 원간본을 인출하여 조정의 문사에게 반사하는 동시에 지방의 관서에도 보내어 그것을 저본으로 삼아 복각하여 지방의 서책 수요를 채우는 것이다. 따라서 지방 관서에서는 중앙에서 반사한 간본을 그대로 번각하거나 서적의 수요에 따라 자체에서 판하본을 마련하여 간행하였고 그때 판각한 책판은 고스란히 남아 보관되어서 필요할 때 인출하여 책을 만들 수 있었던 것이다.

조선시대에 목판으로 간행된 전적들은 문헌의 기록과 실물의 출현으로 그 대강을 짐작할 수 있다. 즉 실록의 각종 기사와 『고사촬요』의 팔도책판(八道冊版) 및 『누판고(鏤板)』 그리고 여러 종류가 남아 있는 각종 책판목록류가 그것이다. 책판목록류는 당시 전국에 산재하여 있는 책판들을 지역별로 수록하고 있으므로 그 지방에서 간행된 전적들의 단면을 확인할 수 있는 문헌들이다. 이러한 목록에 수록된 책판의 내용 중에 『삼강행실도』도 수록되어 있으며 이는 당시에 그 지역에 남아서 책의 유통과 소비의 역할을 수행한 것으로 이해된다.

책판에 대한 본격적인 기록은 어숙권(魚叔權)이 편찬한 『고사촬요』의 내용 중 '팔도정도(八道程度)'의 '책판(冊版)' 항목이 그 처음이라 할 수 있다. 『고사촬요』는 관리나 재야의 선비에게는 매우 긴요한 일용 유서(類書: 일종의 백과사전)였기 때문에 명종 9년(1554) 처음 편찬된 이후, 영조 7년(1771) 서명응이 그 내용을 개정 증보하여 『고사신서(攷事新書)』를 출간하기까지 무려 12차에 걸쳐 속찬과 개수를 거듭하였다. 그중에 책판에 관한 내용은 임진왜란 이전에 간행된 『고사촬요』에만 수록되어 있으며 1576

년 간본이 현전하는 판본 중에 가장 이른 시기의 것이다. 『고사촬요』 이후 관찬으로는 정조의 명으로 1796년 편찬된 『누판고』가 있다. 그 외에도 책판을 수록하고 있는 목록으로 여러 종류가 남아 있는 각종 책판목록류가 있다. 이 책판 목록류는 『책판치부책』, 『삼남소장책판』, 『제도책판록』, 『완영책판목록』, 『각도책판목록』, 『누판고』, 『책판록』, 『완영객사책판목록』 등이다. 이것은 당시 전국에 산재해 있는 책판들을 지역별로 수록하고 있으며 시기별로 책판 소장의 변화 양상을 파악할 수 있는 자료이다.

책판 목록을 분석해 보면 조선 전기에는 남평과 선산, 삼척, 남원, 해주, 성주 등지의 관아에 삼강행실도 책판이 있었으며, 조선 후기에는 능주와 충청 감영, 전주, 진안, 해서관찰영, 관서관찰영, 관북관찰영, 영남관찰영 등지에 있었던 것으로 파악된다.

한편 명종 9년(1554)에 편찬된 『고사촬요』의 서책시준(書冊市準) 항목에는 책의 인출에 필요한 책지의 수량과 가격이 명기되어 있다. 당시에 『삼강행실도』는 17첩 12장이 소요되었으며, 가격은 금포 반 필이나 쌀 두 말닷 되였다. 후기에는 지방마다 책의 크기가 달랐는지 전라도 지역책판은 이속십육장, 충정도 지역은 이속십구장, 경상도 지역은 이권십팔장이절의 종이가 소요되었다. 한편 반사나 책판의 인출에 의한 방법 외에도 책 내용의 확산과 소비의 방식에는 직접 써서 책을 만드는 경우도 있었다. 대부분이 필사본으로 남아 있는 것이 이에 해당한다. 일반적으로 서책의 구입이 쉽지 않거나 남아 있는 책이 거의 없으면 필사하는 경우가 많았던 것 같다.

2.2. 학습 효과와 만화

근대에서는 이미 조선시대를 통해 삼강적 이데올로기가 널리 보급된 상태이므로 신문 지상을 통한 기사 보도를 통해서도 국민들에게 충분히 쉽게 다가갈 수 있었다. 반면, 『삼강행실도』가 처음 제작되던 세종 대에는 삼강 이데올로기 보급 방법에 고심을 하지 않을 수 없었을 것이다. 삼강

이데올로기를 국민들에게 관습화시키기 위해 쉽게 학습 가능한 방법을 찾아 고심했으니, 그 결과 『삼강행실도』가 그림 위주의 책으로 만들어졌던 것이다. 『삼강행실도(三綱行實圖)』 책 제목이 보여주는 그대로 이 책은 그림 위주의 책이다. 이것은 글을 모르는 사람들도 쉽게 받아 들일 수 있도록 했다는 기록에서도 잘 나타나 있다. 『삼강행실도』는 '그림 · 한글· 한문' 등 3중체제로 이루어진 삼강학습서이다. 한문을 알면 한문 원본으로 읽고, 한문을 모르면 한글로 읽고, 한글도 모르면 그림으로 읽으면 되는 것이다. 또한 한문과 한글을 알더라도 그림과 함께 읽으면 더 흥미롭고 쉽고 재미있게 내용을 익힐 수 있었던 것이다. 그런데, 오정란(2008)은 이처럼 그림과 글로 이루어진 『삼강행실도』를 '만화'라는 관점에서 해석하고 있다.

『삼강행실도』의 그림은 그림 그 자체의 미적인 측면(회화적 측면)에 의미가 있는 것이 아니라 삼강 이데올로기의 전달에 목적이 있으며, 나아가 『삼강행실도』의 독특한 표현 기법은 오늘날 "제9의 예술"이라 일컫는 만화의 특성에 맞닿아 있다 하겠다.

참고문헌

권경민. 『기호학적 만화론』. 심포지움. 2007.
김경용. 『기호학이란 무엇인가』. 민음사. 2001.
김영배. 「이륜행실도의 원간본과 중간본의 비교」. 『동방학지』 71. 1991.
김원룡. 「삼강행실도 간본고」. 『동아문화』 4. 1965.
김원룡. 「삼강행실도에 대하여」. 『삼강행실도』. 세종대왕기념사업회. 1982.
김정희. 『불화, 찬란한 불교 미술의 세계』. 돌베개. 2009.
김항수. 「삼강행실도 편찬의 추이」. 『진단학보』 85. 1998.
김훈식. 「삼강행실도 보급의 사회사적 고찰」. 『진단학보』 85. 1998.
남광우. 「오륜행실도 연구」. 『백사전광용박사화갑기념논문집』 15. 1979.
박문성. 「오륜행실도의 통사 의미론적 고찰」. 대전대 『용운언어』 5. 1991.

송일기·이태호. 「조선시대 행실도 판본 및 판화에 관한 연구」. 『서지학연구』 21. 2001.

송철의 외. 『역주 오륜행실도』. 서울대학교출판부. 2006.

오정란. 「삼강행실도의 만화기호학적 분석」. 『인문언어』 10. 국제언어인문학회. 2008.

오정란. 「삼강행실도와 대중매체」. 『인문사회과학논문집』 39. 광운대인문사회과학연구소. 2009.

오정란. 「삼강행실도와 오륜행실도 도판 그림의 이야기전달력 비교」. 『인문언어』 3-2. 국제언어인문학회. 2011.

유소희. 『오륜행실도 연구』. 동국대 석사학위논문. 1994.

이수진. 『만화기호학』. 씨엔씨레볼루션(주). 2004.

정병모. 「삼강행실도의 판화에 대한 고찰」. 『진단학보』 85. 1998.

주영하 외 공저. 『조선시대 책의 문화사』. 한국학중앙연구원. 2008.

최세화. 「오륜행실도의 국어사적 고찰」. 청주대학교 『논문집』 5. 1966.

최열. 『한국 만화의 역사 - 우리 만화의 발자취 일천년』. 열화당 미술문고 603. 1995.

홍윤표. 「삼강행실도의 서지 및 국어사적 의의」. 『진단학보』 85. 1998.

홍윤표. 「오륜행실도 해제」. 『오륜행실도』. 홍문각. 1989.

Barthes, Roland. *Elements of Semiology* (trans.Annette L.&Colin S.). New York: The Noonday Press. 1967.

Berger, Arthur Asa. *Media Analysis Technique*, Newbury Park, California: Sage. 1982.

Berger, Arthur Asa. *Signs in Contemporary Culture*, Salem, Wisconsin: Sheffield Publishing Company. 1989.

Guiraud, Pierre. *Semiology.* London: Routledge & Kegan Paul. 1975.

McLuhan, Marshall. *Understanding Media: The Extension of Man.* New York: McGraw-Hill. 1964.

Pierce, Charles S.. *Collected Papers*, Cambridge, Mass: Harvard University Press. 1931-58.

Pierce, Charles S.. *Semiotic and Signifies: The Correspondence between Charles S. Pierce and Victoria Lady Welby*, C. S. Hardwick(ed.), Bloomington: Indiana University Press. 1977.

<부록 2> 『삼강행실도』의 도판 그림

〈그림 1〉 루백포호(婁伯捕虎)

〈그림 2〉 은보감오(殷保感烏)

〈그림 3〉 석진단지(石珍斷指)

〈그림 4〉 자강복총(自强伏塚)

제5장

『난중일기』 매체 다양화와 언어 기호의 변용 양상: 인물의 기능 부담량을 중심으로

국보 第76호 『난중일기』[1]는 충무공 이순신 장군(1545~ 1598)이 임진년(1592년) 음력 1월 1일부터 무술년(1598년) 11월 17일까지 약 7년에 걸쳐 기록한 초서체 일기이다. "살려고 하면 죽을 것이요 죽으려고 하면 살 것이다", "신에게는 12척의 배가 남아 있습니다", "나의 죽음을 적에게 알리지 말라" 등 우리를 감동시키는 숱한 어록들을 만들어낸 장군의 일대기는 그의 『난중일기』를 원텍스트로 하여 수많은 번역과 소설, 드라마와 영화 등 다양한 매스미디어를 통해 변용되면서 우리 국민들의 존경과 사랑을 한 몸에 받아왔다. 장군 사후 명량대첩 7주갑(420주년)을 맞은 2017년 오늘까지 원텍스트가 후텍스트를 끊임없이 변용 양산하고 있다는 것은[2] 『난

1 초고본 난중일기는 임진장초 및 서간첩과 함께 총 9책이 국보 76호로 지정되었다.(1959.1.23) 이때 지정된 문화재 명칭은 '이충무공난중일기부서간첩임진장초(李忠武公亂中日記附書簡牒壬辰狀草)'이다. 전장 속에서도 매일의 일과를 꾸준히 기록하여 임진왜란 당시 동아시아 열강의 모습을 살펴볼 수 있는 난중일기는, 2013년 유네스코 세계기록유산에도 등재되었다. 난중일기에 대한 상세한 내용은 노승석(2016, 23-26)을 참조하기 바람.

2 난중일기를 바탕으로 한 수백 종의 후텍스트들은 이순신의 난중일기를 원텍스트로 하여 인유 반복 모방 짜깁기(합성) 등의 기제를 거쳐서 만들어진 후텍스트들이다. 즉 이들은 선텍스트인 난중일기와 문예적이든 언어학적 차원이든 상호텍스트성(=간

중일기』가 우리나라 대표적 '원 소스 멀티유스(one source multi-use)'[3] 텍스트임을 보여주는 증거라 할 것이다.

그러나 이러한 대중적 관심과 다양한 매스미디어의 차용에도 불구하고, 매체의 다양화에 따른 『난중일기』 기호의 변용 양상에 대한 연구는 아직까지 없었던 것으로 파악한다.[4] 이에 본고에서는 『난중일기』[5]의 후텍스트로서 대중적 인기몰이를 한 소설 『칼의 노래』(김훈 2012)와 소설 『명량 1, 2』(박은우 2014) 그리고 영화 〈명량〉(CJ엔터테인먼트 2014)과 영화를 소설로 옮긴 『명량』(김호경 2014)[6]을 대상으로 언어기호 중에서도 특히 인물의 기능 부담량(functional load)[7]이 매체에 따라 변용되는 양상을 비교 분석하고, 나아가 그것이 명량해전 승전 소회와 어떤 연관성을 가지는가를 밝히고자 한다. 이러한 작업은 명량해전 420주년을 맞이한 현재 반드시 필요한 소명인 동시에 장차 이순신 브랜드의 세계화 작업의 초석이 되리라 판단하기 때문이다.

텍스트성 intertextuality) 관계를 맺는 텍스트들이라고 볼 수 있다.(이미자 2004, 186)

3 '원 소스 멀티유스'의 대표적 작품으로 "오페라의 유령"을 들 수 있다. 오페라의 유령은 1910년 소설로 나온 이래 수차례(1925, 1943, 1962, 1974) 영화화하였고, 1986년 뮤지컬, 1989년 1998년 공동영화로 제작되었고 2004년 뮤지컬 영화로 재탄생하였다.

4 다만 난중일기와 칼의 노래를 상호텍스트성(=간텍스트성 intertextuality) 관점에서 비교한 이미자(2004) 한 편이 있을 뿐이다. 이미자(2004)에서는 칼의 노래가 거시적으로는 난중일기의 줄거리 · 등장인물· 역사적· 시대적 배경이 모두 동일하며, 미시적으로는 어휘의 반복 · 재수용과 사건 전개 유형이 반복과 축소· 삭제· 합성 등의 기제를 통한 응결성에 기댄 상호텍스트성을 지닌 작품이라고 해석하였다.

5 난중일기 한문 원문의 경우 나승석(2015)의 교감본을, 번역의 경우 나승석(2016)의 번역본을 저본으로 한다.

6 영화소설 명량은 영화 이해를 위한 보조 자료로 사용할 것이다.

7 인물의 기능부담량이란, 작품에서 해당 인물이 가지는 존재 가치에 대한 질적 · 양적인 평가인데, 그것은 상호 텍스트 간 상대적 평가로 판단 가능할 것이다.

Ⅰ. 『난중일기』와 소설 『칼의 노래』 비교

수백 종의 『난중일기』 후텍스트들 중에서 원텍스트와 가장 근접한 느낌을 주는 것은 소설 『칼의 노래』일 것이다. 원텍스트 『난중일기』에는 일기텍스트의 특성대로 '연도 · 월 · 일 · 간지 · 날씨[8] · 그날 있었던 일' 등이 이순신의 관점에서 정확하게 간결하게 기술되어 있다. 이순신의 문체는 단문 위주의 간결체와 수사어구도 거의 없는 건조체의 전형을 보여주는데, 이들 문체를 통해 강직하고 곧은 이순신의 성품을 짐작할 수 있다.

> 아침에 장계 초본을 수정했다. 늦게 나가 집무를 보았다. 장흥부사(배홍립) 우우후(이정충) 가리포 첨사(이응표)가 와서 함께 활을 쏘았다. 군관들은 지난날 승부내기에 따라 진 편이 한턱을 내기에 모두 몹시 취해서 헤어졌다. 이 날 밤은 심히 취하여 잠을 이루지 못하고 앉았다 누웠다 하다가 새벽이 되었다. 봄날의 노곤함이 이렇구나.(『난중일기』 병신년 2월 16일)

『칼의 노래』의 경우, 작가 김훈이 일러두기에서 "이글은 오직 소설로서 읽혀지기를 바란다"라고 당부하고 있음에도 불구하고 『칼의 노래』는 『난중일기』를 읽는 듯한 느낌을 준다. 그러한 동질감은 『칼의 노래』의 문체적 특성과 연관되어 있다. 『칼의 노래』는 일기처럼 철저하게 1인칭 주인공 시점에서 이루어질 뿐 아니라 단문 위주의 힘 있는 간결체 문장이 주를 이루어 『난중일기』 본연의 문체적 특성과 부합하고 있다. 『칼의 노래』가

8 난중일기의 세밀하고 정확한 날씨 기술은 이순신의 치밀한 성격을 짐작하게 해준다. "맑고 몹시 더웠다(晴而極熱 정유년 6월 7일)", "흐리고 개지 않았다(陰而不霽 정유년 6월 9일)", "비가 계속 오다가 늦게 쾌청하였다(雨雨 晩快晴 정유년 8월 15일)", "바람이 그치는 듯 했으나 물결은 자지 않았다(風似息 而波浪不定 정유년 9월 6일)", "맑았으나 북풍이 크게 불었다(晴而北風大吹 정유년 9월 13일)" 등.

소설이면서도 일기의 효과를 가지도록 하는 일등공신 언어기호는 보조사 '-는'의 사용이라 할 것이다. 1인칭 대명사 '나'와 대조를 나타내는 보조사 '-는'의 결합인 '나-는'은 독자들로 하여금 글의 서술자가 바로 이순신이라는 환상 속으로 빠져들게 만드는 강력한 힘을 가진다. 『칼의 노래』에서는 '나-는'이라는 표현이 끊임없이 제시되고 있다.(아래 밑줄은 필자)

> 그해 겨울에 헤아릴 수 없이 많은 격군과 사부들이 병들어 죽고 굶어 죽었다. 나는 굶어 죽지 않았다. 나는 수군통제사였다. 나는 먹었다. 부황든 부하들이 굶어 죽어가는 수영에서 나는 끼니때마다 먹었다. 죽은 부하들의 시체를 수십 구씩 묻던 날 저녁에도 나는 먹었다.(『칼의 노래』 208)[9]

또한 『칼의 노래』는 그날 있었던 사건을 객관적으로 나열하는 부분이 많은데 이 역시 『난중일기』에 기록된 일상사 기록과 흡사하여, 독자로 하여금 『난중일기』를 읽는 듯한 느낌을 가지게 한다. 아래 『난중일기』와 『칼의 노래』의 일상사 기록을 비교해 보자.

> 아침에 아산의 종 백시가 들어왔다. 가을보리의 소출이 43섬이고, 봄보리는 35섬이며, 어미는 모두 12섬 4말인데, 또 7섬 10말이 나고, 또 4섬이 났다고 했다. 이날 늦게 나가 집무를 보고 소지를 작성하여 보냈다.(『난중일기』 병신년 윤팔월 7일)

> 군내에서 삼 년 만에 오일장이 섰는데, 겨울 미나리, 좁쌀, 겉보리, 찐쌀, 묵은 된장, 미역, 매생이, 감자가 나왔다. 닭 두 마리와 강아지 한 마리를

9 자신의 감정 표현은 없이 오직 사실 기술만으로도 굶어 죽는 부하들에 대한 비통함과 미안함이 절절히 묻어나는 대목이다. "나는 먹었다"의 반복 기술이 주는 강한 효과임을 알 수 있다. 그리고 이를 통해 겉으로는 과묵하지만 자비의 마음을 가진 이순신의 진면목을 잘 드러내고 있다.

바꾸어갔고 달걀 한 개에 감자 세 알씩 바꿔갔다.(『칼의 노래』 112)

이처럼 철저한 1인칭 시점에서의 기술 및 간결체 문장 그리고 감정 개입 없는 객관적 일상사 기술 등은 소설 『칼의 노래』로 하여금 『난중일기』를 읽는 듯한 효과를 가져오게 하는 공신이라 할 것이다.

1. '이순신'과 '김수철'의 기능 부담량

1.1. 좁은 명량[10]의 해류 변화를 이용하여 불과 13척의 판옥선으로 133척의 적선[11]을 물리친 명량해전은 기적적인 해전이었다. 그러나 이 기적의 배경에 이순신이라는 영웅적 존재 외 다른 도움자의 존재는 『난중일기』에서 찾을 수 없다. 명량해전의 전투 상황은 『난중일기』에 비교적 상세하게 기록되어 있어서 당일의 상황을 익히 짐작할 수 있게 한다.

명량해전 전날(9월 15일), 이순신은 우수영 앞바다로 진을 옮기고 장수들을 불러 병법의 '必死卽生 必生卽死'의 정신과 '一夫當逕 足懼千夫'를 강조함으로써 적군을 두려워하지 말 것이며 조금이라도 명령을 어기면 엄하게 군율을 적용할 것임을 재삼 약속했다고 한다. 그 간절함 덕인지 이순신은 꿈에서 신인의 계시를 받았다고 적고 있다.[12]

10 명량(鳴梁 울돌목)은 해남군 문내면 학동리와 진도군 군내면 녹진리 사이의 해협을 말한다. 서해와 남해의 조수가 좁은 수로를 통해 교차하면서 물살이 빨라 우는 소리가 20리 밖에서도 들린다고 한다. 너비 325m, 가장 깊은 곳의 수심은 19m, 유속 11.5노트이다.(노승석 2016: 460)

11 명량해협에 진입한 왜군의 전투선인 세키부네가 133척이었고, 이외 후방 녹도 부근에 머문 안타케부네 70여 척과 어란진에 머문 전선까지 포함하면 도합 300여 척인 것으로 추정한다.(노승석 2016: 460)

12 난중일기에 나타난 이순신은— 당시 시대의 영향이겠지만— 점이나 꿈 등 초자연적 현상에 많이 의존하고 있음을 보여준다. "홀로 앉아 아들 면의 병세가 어떠한지 염려되어 척자점을 치니, '군왕을 만나 보는 것과 같다.'는 괘가 나왔다. 매우 길하다. 다시 쳐보니, '밤에 등불을 얻은 것과 같다.'는 괘가 나왔다. 두 괘가 모두 길하여 마음이 조금 놓였다. ... 비가 올 것인가 개일 것인가를 점쳤더니, '뱀이 독을 토하는

조수를 타고 여러 장수들을 거느리고 우수영 앞바다로 진을 옮겼다. 벽파정 뒤에 명량이 있는데 수가 적은 수군이 명량을 등지고 진을 칠 수 없기 때문이다. 여러 장수들을 불러 모아 약속하기를 '병법에 이르기를 반드시 죽고자 하면 살고 반드시 살고자 하면 죽는다(必死卽生 必生卽死)'고 하였고, 또 '한 사나이가 길목을 지키면 천 명도 두렵게 할 수 있다(一夫當逕 足懼千夫)고 했는데, 이는 오늘의 우리를 두고 이른 말이다. 너희 장수들이 조금이라도 명령을 어김이 있다면 즉시 군율을 적용하여 조금도 용서하지 않을 것이다'라고 하고 재삼 엄중히 약속했다. 이날 밤 꿈에 어떤 신인(神人)이 가르쳐 주기를 이렇게 하면 크게 이기고 이렇게 하면 지게 된다고 하였다.(『난중일기』 정유년 9월 15일)

그처럼 부하 장수들을 독려하였지만, 명량해전 당일 적선 130여 척이 에워싸자 부하 장수들은 겁을 내어 회피할 꾀만 내고 급기야 뒤로 물러나고 있었다고 한다.

이른 아침에 망군이 와서 고하기를. '적선이 무려 2백여 척이 명량을 거쳐 곧장 진치고 있는 곳(우수영 앞바다)으로 향해 온다.'고 했다. 여러 장수들을 불러 거듭 약속할 것을 밝히고 닻을 올리고 바다로 나가니, 적선 130여 척이 우리의 배를 에워쌌다. 여러 장수들은 스스로 적은 군사로 많은 적을 대하는 형세임을 알고 회피할 꾀만 내고 있었다. 우수사 김억추가 탄 배는 이미 2마장 밖에 있었다.(『난중일기』 정유년 9월 16일)

그런 가운데서도 이순신은 홀로 군사들의 용기를 북돋우며 전투를 지휘하였다.

것과 같다.'는 괘를 얻었다. 앞으로 큰비가 내릴 것이니, 농사일이 염려된다.(난중일기 갑오년 7월 13일)" 등.

> 나는 노를 재촉하여 앞으로 돌진하여 지자(地字) 현자(玄字) 등의 각종 총통을 이리저리 쏘니, 탄환이 나가는 것이 바람과 우레 같았다. 군관들은 배 위에 빽빽이 들어서서 빗발처럼 난사하니, 적의 무리가 저항하지 못하고 나왔다 물러갔다 했다. 그러나 적에게 몇 겹으로 포위되어 형세가 장차 어찌 될지 헤아릴 수 없으니, 온 배안에 있는 사람들은 서로 돌아보며 얼굴빛이 질려있었다. 나는 부드럽게 타이르기를, '적선이 비록 많아도 우리 배를 바로 침범하기가 어려울 것이니 조금도 마음 흔들리지 말고 더욱 심력을 다해서 적을 쏘라'고 하였다.(『난중일기』 정유년 9월 16일)

그러나 부하 장수들이 탄 배는 이미 먼 바다로 물러가 있는 상황이었다. 이순신은 장수들을 불러 엄한 군령으로 안위와 김응함을 꾸짖어 그들로 하여금 죽을 힘을 다해 전투에 참여하게 하여 불가능한 전투를 기적적인 승리로 이끌었다.

> 여러 장수들의 배를 돌아보니 먼 바다로 물러가 있고, 배를 돌려 군령을 내리려하니 여러 적들이 물러간 것을 이용해 공격할 것 같아서 나가지도 물러나지도 못하는 상황이었다. 호각을 불게 하고 중군에게 명령하는 깃발을 세우고 또 초요기(招搖旗)를 세웠더니, 중군장 미조항 첨사 김응함의 배가 점점 내 배에 가까이 왔는데, 거제 현령 안위의 배가 먼저 도착했다. 나는 배 위에 서서 직접 안위를 부르며 말하기를, '안위야, 군법에 죽고 싶으냐? 안위야, 군법에 죽고 싶으냐? 도망간들 어디 가서 살 것이냐?'라고 말하였다. 그러자 안위도 황급히 적선 속으로 돌진하여 들어갔다. 또 김응함을 불러서 말하기를, '너는 중군장이 되어서 멀리 피하고 대장을 구하지 않으니, 그 죄를 어찌 피할 것이냐? 당장 처형하고 싶지만 적의 형세가 또한 급하니 우선 공을 세우게 해주겠다.'라고 하였다.(『난중일기』 정유년 9월 16일)

두 배가 먼저 교전하고 있을 때 적장이 탄 배가 그 휘하의 배 2척에 지령하니, 일시에 안위의 배에 개미처럼 달아붙어서 기어가며 다투어 올라갔다. 이에 안위와 그 배에 탄 군사들이 각기 죽을 힘을 다해서 혹은 능장을 잡고 혹은 긴 창을 잡고 혹은 수마석 덩어리를 무수히 난격하였다. 배 위의 군사들이 거의 힘이 다하자, 내 배가 뱃머리를 돌려 곧장 쳐들어가서 빗발치듯 난사하였다. 적선 3척이 거의 뒤집혔을 때 녹도 만호 송여종과 평산포 대장 정응두의 배가 잇달아 와서 협력하니 왜적이 한 놈도 살아남지 못했다.(『난중일기』 정유년 9월 16일)

이처럼 『난중일기』 속 이순신은 홀로 고독 속에서 모든 일을 도모하고 실행해 나간 극한의 기능 부담량을 짊어진 인물이었다고 할 것이다. 『난중일기』의 후텍스트인 『칼의 노래』 역시 명량해전의 승리는 이순신의 고독한 고뇌와 결정에 의한 결과임을 말하고 있다. 명량해전이 일어나기 전 임금(선조)은 수군으로 하여금 해전을 포기하고 육군과 합치라는 유시를 내렸는데, 이에 대해 이순신은 전선 열두 척이 있으니 나가 싸우겠다는 굳은 의지의 장계를 올린다.

... 수군이 비록 외롭다 하나 이제 신에게 오히려 전선 열두 척이 있사온즉. ... 신의 몸이 죽지 않고 살아 있는 한에는 적들이 우리를 업신여기지 못할 것입니다. - 삼도수군통제사 臣 李 올림(『칼의 노래』 75-76)

그리고 장졸들에게는 필사즉생(必死卽生)의 정신을 고양시킨다.

장졸들의 표정이 얼어붙었다. 나는 다시 말했다.

— 사지에서는 살 길이 없음을 알아야 한다. 그것이 아마도 살 길이다. 살 길과 죽을 길이 다르지 않다. 너희는 마땅히 알라.

전율이 장졸들의 얼어붙은 얼굴을 스치고 지나갔다. 그 전율에, 나는

안도했다.(『칼의 노래』 78-79)

또한 부하 장졸들에게 전선 열두 척으로 짤 수 있는 진법은 '일자진'뿐이며 명량의 역류를 이용하여 전투할 것임을 알린다. 부하 장수들은 돌아갔지만 이순신은 밤새 잠들지 않았다.[13] 그러나 부하 장수들은 명량해전 당일 대장선이 왜적과 격전을 벌일 때에도 두 마장 뒤에 물러서서 노조차 움직이지 않고 고요한 바다에 떠있었다 한다. 초요기를 세우자 겨우 다가온 김응함과 안위를 향해 이순신이 질타한 것은 『난중일기』의 기록과 같다.[14]

이처럼 이순신은 두려움의 노예가 되어 전투 의욕을 상실한 부하 장수들을 독려하고 채근하여 전쟁에 임하게 만들고 결국은 기적의 승리를 하게 된다. 일자진 진법과 명량 물길의 바뀜, 즉 역류를 이용하고 부하들 사이에 독버섯처럼 번진 두려움을 극복하게 만들어 승리한 명량해전의 모든 작전과 실행은 오롯이 이순신의 고뇌와 독단에 의해 나온 것임을 보이고 있다. 이와 같이 『난중일기』와 『칼의 노래』에서의 이순신의 기능 부담량은 독보적 절대적이라고 할 것이다.

1.2. 『난중일기』와 『칼의 노래』에 나타난 이순신은 말이 없는 과묵하고 진지한 성품의 소유자이다. 『난중일기』는 필자의 속내가 그대로 투영되는 일기 텍스트이므로 속내를 드러내 보여줄 보조자가 필요하지 않았다. 그

13 "–적의 선두를 부수면서, 물살이 바뀌기를 기다려라. 지휘체계가 무너지면 적은 삼백 척이 아니라, 다만 삼백 개의 한 척일 뿐이다. 이제 돌아가 쉬어라. 곧 날이 밝는다./ 수령들은 돌아갔다. 나는 잠들지 않았다."(칼의 노래 81-82)

14 "나는 김응함의 목에 칼을 들이댔다./ --응함아, 여기는 사지다. 내 칼에 죽느니 나아가서 적의 칼에 죽어라.
제 배로 건너간 김응함은 격군을 질타해서 앞으로 나아갔다. 안위가 다가왔다. 대장선으로 건너와서 안위는 갑판에 꿇어앉았다. 나는 말했다./ --안위야, 너를 죽여서 길을 열겠다. 네가 군법에 죽겠느냐? 물러서면 살 듯 싶으냐?/ 안위가 몸을 떨었다. 안위는 제 배로 건너갔다. 안위의 배가 앞으로 나아갔다."(칼의 노래 92-93)

러나 매체 다양화에 따라 소설 혹은 영화로 후텍스트화할 때는 과묵한 이순신의 속내를 드러내 보여줄 보조 인물의 설정이 불가피했을 것이다. 그 결과 『칼의 노래』에는 이순신의 곁을 지키는 가공인물 종사관 김수철이 설정되어 그를 통해 이순신의 속내와 인간미를 독자에게 보여주고 있다. 김수철은 이순신의 명에 따라 "연안의 읍진과 내륙의 관아를 돌아(『칼의 노래』 108)" 본 후 서면으로 보고하고 장계 작성을 도우는 일을 한다. 묵묵히 이순신의 곁을 지키는 김수철은 그러나 과거 이순신이 한산 통제영에서 체포되었을 때 함거를 따라 서울까지 걸어 올라갔으며, 이순신이 하옥되었을 때 일개 종사관 신분으로 임금을 대면하였고,[15] 대전마루 임금 앞에서 이마를 찧으며 울며 통제공을 죽이면 사직을 잃을까 염려되니 제발 통제공 몸은 부수지 말라고 직언하다가 곤장 쉰 대를 맞고 풀려난 외유내강의 인물이다. 작가는 이러한 김수철을 통해 이순신의 인간적인 모습을 독자들에게 보여주고 있다.

> –수철아, 죽지 마라. 명령이다.
> –네 나으리, 읍진에 무 싹이 올라오고 있으니 ... 주무실 시간입니다.
> 김수철을 내 방에 재웠다. ... 새벽에 김수철이 이불을 걷어찼다. 나는 이불을 덮어주었다.(『칼의 노래』 114)

그러나 김수철의 기능 부담량은 어디까지나 이순신의 속내 드러내기 보조 역할 정도에 그치고 있다. 이것은 『난중일기』와 마찬가지로 『칼의 노래』에서의 승리 역시 이순신의 의지와 지략과 능력 등 개인적인 영웅적 기량에 기인한 것이므로, 김수철의 속내 드러내기 기능은 소극적 역할로 충분했을 것이다.

15 "일개 지방 수영의 종사관에 불과한 그(김수철)가 어떻게 임금을 대면할 수 있었는지 나는 모른다. 아마 영의정 류성룡이 길을 열어주었을 것이다."(칼의 노래 121-122)

2. '어머니'와 '여진'의 기능 부담량

2.1. 『난중일기』에 나타난 이순신의 여인은 어머니이다. 이순신의 어머니는 장한 아들의 어머니답게 꿋꿋한 모습으로 나타난다.

> 아침식사 후에 어머니께 하직을 고하니, '잘 가거라. 부디 나라의 치욕을 크게 씻어야 한다.'[16]고 분부하여 두세 번 타이르시고, 조금도 헤어지는 심정으로 탄식하지 않으셨다.(『난중일기』 갑오년 1월 12일)

이러한 어머니에 대한 이순신의 효심은 『난중일기』 곳곳에 배여 있다. 바쁜 직무 중에도 늘 노모의 안부를 챙기고 염려하고 있음이 『난중일기』 곳곳에 나타난다.

> 새벽에 아들 울이 들어왔는데, 그편에 어머니의 병환이 좀 덜하다는 말을 들었다. 그러나 아흔(실제는 81세)의 노인이 이렇게 위험한 증세(이질)에 걸리셨으니, 염려가 되고 또 눈물이 난다.(『난중일기』 을미년 6월 12일)

그처럼 사랑하는 어머니의 부음을, 이순신은 백의종군 도중에 접하게 된다. 정유년 4월 13일, 어머니의 부고를 접하게 된 장군은 찢어지는 심정을 『난중일기』에서 다음과 같이 토로하고 있다.

> 종 순화가 배에서 와서 어머니의 부고를 고했다. 달려 나가 가슴을 치고 발을 구르니 하늘의 해조차 캄캄해 보였다. 바로 해암으로 달려가니 배는

16 원문 '敎以好赴 大雪國恥'는 이순신의 충효정신을 이해하는 데 근간이 되는 내용이다.(노승석 2016: 181)

벌써 와 있었다. 길에서 바라보면서 가슴 찢어지는 비통함을 모두 적을 수가 없었다. 추가로 대강 기록했다.(『난중일기』 정유년 4월 13일)

궂은비가 오다. 배를 끌어 중방포 앞으로 옮겨대고 영구를 상여에 올려 싣고 본가로 돌아왔다. 마을을 바라보면서 가슴이 찢어지는 비통함을 어찌 말로 다할 수 있으랴. ... 울부짖으며 곡을 하였다. 오직 어서 죽기만을 기다릴 뿐이다.(『난중일기』 정유년 4월 16일)

일찍 나와서 길에 오르며 어머님 영연에 하직을 고하고 울부짖으며 곡하였다. 어찌하랴. 어찌하랴. 천지 사이에 나와 같은 사정이 있겠는가. 빨리 죽는 것만 같지 못하구나.(『난중일기』 정유년 4월 19일)

2.2. 『칼의 노래』에서는 어머니의 존재가 약화되는 대신 여진(女眞)의 존재가 부상한다. '여진'은 『난중일기』에 간단하게 기록되어 있는 실명인인데, 『칼의 노래』에 이르러 이순신의 여인으로서 주된 줄거리를 이루게 된다. 이는 소설 장르의 특성과 소설적 상상력의 산물이라 할 것이다.

사실 『난중일기』에는 여진 외에도 이순신의 여인들로 정부인인 변씨부인과 부안인으로 기록된 소실 등이 등장한다. 부안인 소실[17]에 대한 이순신의 감정은 상당히 부정적인데 자식 때문에 첩을 버리지 못한다고 표현되어 있다.[18] 전쟁이 소강 상태였던 병신년 기록에는 이순신과 잠자리를

17 부안의 소실은 윤련의 누이로 이순신의 첩이다. 이순신의 서자 이신과 서녀가 부안의 첩 소생으로 추정된다. 『충무공과 현충사』

18 "비가 퍼붓듯이 내렸다. 초하루 자시에 꿈을 꾸니 부안의 첩이 아들을 낳았다. 달수를 계산하니 낳을 달이 아니었으므로 꿈에서도 내쫓아 보냈다.(난중일기 갑오년 8월 2일)", "저녁에 윤련(尹連)이 자기 누이의 편지를 가지고 왔는데, 망언이 많아서 우스웠다. 버리려 해도 그렇게 못할 것이 있으니 그것은 곧 유아(遺兒)된 세 자식이 끝내 의지하여 돌아갈 데가 없기 때문이다.(난중일기 갑오년 11월 13일)" 감정의 동요를 보이지 않는 이순신이 이 정도의 표현을 했다는 것은 부안 소실로 인한 이순신의 심적 갈등이 상당했음을 짐작케 한다.

함께 한 여인들이 등장한다. 개여지,[19] 귀지,[20] 여진 등이 그들이다. 『칼의 노래』의 여주인공 여진은 『난중일기』에 총 3회에 걸쳐 나타난다. 병신년 9월 12일엔 '잤다(宿)', 9월 14일과 9월 15일에는 '함께 했다(共)'고 기록되어 있다.

> 저물녘 무장(전북 고창)에 도착하여 여진과 잤다.(『난중일기』 병신년 9월 12일 暮到戊長宿女眞)
>
> 하루를 더 묵었다. 여진과 함께 했다.(『난중일기』 병신년 9월 14일 女眞共)
>
> 체찰사가 현(무장현)에 이르렀기에 들어가 인사하고 대책을 의논하였다. 여진과 함께 했다.(『난중일기』 병신년 9월 15일 女眞共)

오직 '女眞共'이라는 세 글자에 입각하여 긴 애정사를 엮어내는 작가의 상상력이 놀랍다 하겠다. 병신년 9월 세 번의 동침 후 사라진 여진이라는 『난중일기』 속 인물이, 『칼의 노래』에서는 백의종군 중이던 이순신 앞에 다시 나타남으로써 두 번째 인연의 끈을 이어가는 것으로 설정되어 있다. 그리고 다음날 길을 떠난 여진이 도중에 일본군에 붙잡혀 적장 구루시마의 몸시중을 들다가 명량해전에서 죽은 시신이 되어 이순신과 세 번째 해후하는 것으로 설정된다.[21] 여진에 대한 이순신의 기억은 여진이 죽은 후에도 계속 이어지고 있다. 여진에 대한 기억은 아들 면[22]의 젖냄새와 어머

19 "저녁에 경상좌수사가 와서 이별주를 마시고 전송하고는 취하여 대청에서 엎어져 잤다. 개(介)와 함께 했다"(난중일기 병신년 3월 9일 介與之共)

20 "이날 아침 광주 목사(최철견)가 와서 함께 아침 식사를 하는데 술부터 마시기에 밥을 먹지도 못한 채 취해 버렸다... 광주 목사는 체찰사가 파면시켰다고 한다. 최철견의 딸 귀지가 와서 잤다."(난중일기 병신년 9월 19일 崔女貴之來宿)

21 칼의 노래에서 여진은 밀양이 고향인 구례 관아의 창기로서 병신년 가을 함평에서 이순신과 처음 함께 했다고 나온다. 여기서 병신년 가을이라는 시간적 배경은 난중일기의 배경과 동일한데 다만 공간적 배경은 다르게 설정되어 있다. 난중일기에는 무장현으로 나오는데, 칼의 노래에는 함평으로 설정되어 있다.

니의 몸냄새와 함께 비릿한 몸냄새로 어우러져 나타난다.

> 전선 아홉 척은 내항을 서너 바퀴 돈 뒤 포구로 돌아왔다. 전선들이 다 가오자 연기냄새는 더욱 짙었다. 죽은 여진의 가랑이 사이에서 물컹거리던 젓국 냄새와 죽은 면이 어렸을 때 쌌던 푸른 똥의 덜 삭은 젖냄새와 죽은 어머니의 오래된 아궁이 같던 몸냄새가 내 마음속에서 화약 냄새와 비벼졌다.(『칼의 노래』 146-147)

> 새벽 바다의 안개 비린내 속에서 나는 때때로 죽은 여진의 몸냄새를 생각했다. ... 여진은 죽고, 죽은 여진의 몸냄새는 새벽안개의 비린내에 실려 내 마음속을 흘러다녔다.(『칼의 노래』 231)

『칼의 노래』 마지막 부분, 노량에서 적의 총알에 맞아 죽음을 맞는 이순신의 머리에 마지막까지 남는 것도 아들 면과 여진의 냄새였다.

> 바람결에 화약 연기 냄새가 끼쳐왔다. 이길 수 없는 졸음 속에서, 어린 면의 젖냄새와 내 젊은 날 함경도 백두산 밑의 새벽안개 냄새와 죽은 여진

22 이순신의 3자인 아들 면은 유난히 장군을 많이 닮았다고 한다. 면은 전쟁 당시 아산 집에서 가족들을 건사하고 있었는데, 명량해전 후 패망한 왜군이 이순신 가족에게 복수하려고 아산 집을 찾아갔을 때 왜군과 싸우다 전사한다. 난중일기 정유년 10월 14일, 19일자 기록에는 아들 면의 죽음에 대한 이순신의 비통함이 절절히 나타난다. 칼의 노래에도 면에 대한 이순신의 애끓는 마음이 표현되어 있다. 원텍스트 난중일기에는 자식을 잃은 아비의 비통함이 절절히 표현되었다면, 후텍스트인 칼의 노래에서는 그 비통함을 속으로 응어리져 삼키는 이순신의 모습을 그려내고 있다. "내 셋째 아들 이면은 나보다 먼저 적의 칼에 죽었다... 죽을 때, 면은 스물한 살이었다. 혼인하지 않았다."(칼의 노래 123) "면은 칼을 놓치고 제 피 위에 쓰러졌다. 스물한 살이었고, 혼인하지 않았다."(칼의 노래 129) 단순히 객관적 사실의 표현에 불과한 "스물한 살이었고, 혼인하지 않았다"라는 문장의 반복은, 성혼도 하지 못한 채 젊은 나이에 왜적과 싸우다 세상을 떠난 아들에 대한 아버지의 비통한 심정을 어떤 수사적 언어 표현보다 잘 표현하고 있다 하겠다.

의 몸냄새가 떠올랐다. 멀리서 임금의 해소 기침 소리가 들리는 듯했다. 냄새들은 화약 연기에 비벼지면서 멀어져갔다.(『칼의 노래』 342)

이처럼 『칼의 노래』에서 '소리'[23]와 대비되어 나타나는 '냄새'는, 삶과 죽음의 경계를 초월하여 결코 잊을 수 없는 소중한 존재에 대한 상징으로 나타난다. 냄새는 죽음 앞에서도 느껴지는 감각이다. 이를 통하여 『칼의 노래』에서는 '아들로서의 이순신', '아버지로서의 이순신', '남자로서의 이순신'을 표현하고 있다. 또한 어머니가 가졌던 기능 부담량이 여진으로의 대상 전환에 따라 보다 강화된 것을 확인할 수 있다. 이처럼 원텍스트 『난중일기』에서의 '이순신-어머니'의 관계가 『칼의 노래』에서 '이순신-여진'의 남녀 관계로 전환된 것은, 소설로의 매체 변화에 따른 애정 관계의 변용이라 할 것이다.

Ⅱ. 『난중일기』와 소설 『명량 1, 2』 비교

『난중일기』의 많은 후텍스트들 중 가장 파격적인 작품은 단연 박인우의 『명량 1, 2』라 할 수 있다. 『명량 1, 2』는 "소설은 허구(fiction)"라는 말을 입증이라도 하듯이 실재 역사적인 큰 사실만 살리고 나머지는 작가의 상상력으로 완전 재설정한 작품이다. 『난중일기』와 『명량 1, 2』의 차이는

23 칼의 노래에서는 냄새(후각)와 대비되는 감각으로 '울음과 언어', 즉 소리(청각)가 등장한다. 소리는 살아는 있되 진실성이 없는 이중적인 존재를 상징한다. 임금의 언어와 울음, 즉 소리는 배신의 상징이다. 이처럼 칼의 노래에서는 진실과 거짓의 실체로 냄새와 울음을 설정하고 있다. "임금의 언어와 임금의 울음을 구별하기 어려웠다. 임금은 울음과 언어로써 전쟁을 수행하고 있었다. 언어와 울음이 임금의 권력이었고, 언어와 울음 사이에서 임금의 칼은 보이지 않았다. 임금의 전쟁과 나의 전쟁은 크게 달랐다. 임진년에 임금은 자주 울었고, 장려한 교서를 바다로 내려보냈으며 울음과 울음 사이에서 임금의 칼날은 번뜩였다. 임진년에는 갑옷을 벗을 날이 없었다. 그때 나는 임금의 언어와 울음을 깊이 들여다보지 못했다."(칼의 노래 202)

인물과 플롯뿐 아니라 문체에서도 두드러진다.

『난중일기』 정유년 4월 1일은 이순신이 억울한 옥살이 후 출옥한 날이다. 백의종군[24] 상황에서도 담담하고 절제된 감정선을 지켜가고 있음을 『난중일기』와 『칼의 노래』는 보여준다.

> 옥의 문을 나섰다. 남대문 밖 윤간의 종 집에 이르니, 조카 봉 분과 아들 울이 윤사행 원경과 더불어 한 방에 함께 앉아 오래도록 이야기했다. 윤지사가 와서 위로하고 비변량 이순지가 와서 만났다. 더하는 슬픈 마음을 가눌 수 없었다. 지사가 돌아갔다가 저녁밥을 먹은 뒤에 술을 갖고 다시 왔다. 윤기헌도 왔다.(『난중일기』 정유년 4월 1일)

> 나는 정유년 4월 초하룻날 서울 의금부에서 풀려났다. 내가 받은 문초의 내용은 무의미했다. 위관들의 심문은 결국 아무것도 묻고 있지 않았다... 나는 출옥 직후 남대문 밖 여염에 머물렀다. 영의정 대사헌 판부사들이 나를 위문하는 종을 보내왔다. 내가 중죄인이었으므로 그들은 직접 나타나지 않았다. 종들은 다만 얼굴만 보이고 돌아갔다. 이 세상에 위로란 본래 없다는 것을 나는 알았다.(『칼의 노래』 14)

그러나 『명량 1, 2』에서 이순신이 의금부를 나서는 첫 장면은 완연히 다르다.

> 종로 견평방 의금부 앞은 지나다니는 사람이 거의 없다. 아직 전란 중이기도 했고, 서슬 퍼런 옥사 앞마당을 거침없이 다닐 만큼 배포가 큰 사람도 없는 까닭이었다. 때문에 커다란 솟을대문 앞에서 문을 지키는 두 수직

24 이순신이 가토 기요마사에 대한 허위 정보를 간파하고 출동하라는 왕명을 거부하고 출동하지 않자 정유년 2월 장군은 왕명 거역죄로 옥에 갇힌다. 모진 고문을 당한 후 4월 1일 특사되고 백의종군을 하게 된다.

위사들의 경직되고 근엄한 표정도 꽤 나른해 보였다. ... 오늘 나서는 사람이 누군지 아침에 들은 바 있긴 했다. 그가 무슨 죄를 지었는지도 조옥 내에서 모르는 사람은 거의 없었다. 다만 알 수 없는 것은 대역의 죄인인 그가 왜 지금 나오느냐는 점이다.(『명량 1』 18)

나는 누구며 어디에 있는가. 한 달이 안 된 뇌옥에서의 날들이 아득했다. 모진 고문에 차라리 죽었으면 하는 생각이 시도 때도 없이 들곤 했다. 하지만 사실 그런가. 정말로 나는 죽고 싶었을까. 잘 모르겠다. 늙으신 어머님을 두고 먼저 가는 것도 못할 일이거니와 이렇게 죄인의 낙인을 받은 채로 죽은 것도 원통하지 않은가.(『명량 1』 19)

『난중일기』 및 『칼의 노래』와 비교할 때 『명량 1, 2』는 문체론적으로 큰 차이를 보인다. 『명량 1, 2』는 주어 없는 문장으로 시작하는 경우가 많다. 주어를 밝히지 않음으로써 시점 교체의 자유로움을 획득하고 있다. 여기서 작가는 전지적 작가 시점으로 의금부 수직 위사들의 속내뿐 아니라 이순신의 속내도 속속들이 알고 있다. 전지적 작가 시점에다 복문 위주의 문장으로 구성되어 호쾌한 서술적 효과도 거두고 있다.(18) 그러면서도 곧바로 1인칭 시점에서 이순신의 갈등하는 속내도 여과 없이 드러내고 있다.(19) 이순신이 의금부를 나서는 동일 장면인데도 어떤 시점(view point)을 택했느냐에 따라 전달 효과는 완전히 달라짐을 알 수 있다. 따라서 『명량 1, 2』는 소설 초반부부터 전지적 작가 시점의 장점을 살려 자유롭게 가공의 현실을 만들어갈 것 같은 예감을 느끼게 한다.

1. '이순신'과 '장호준'의 기능 부담량

『명량 1, 2』의 플롯은 크게 '추적전 · 첩보전 · 복수전' 등 세 가지로 요약할 수 있다. 이순신을 암살하려는 일본의 닌자 암살부대 까마귀부대와의 추적전[25]과, 군관 유창선을 거짓 투항하게 하여 왜적들로 하여금 이순신이 원하는 때와 장소(울돌목)에 진격하도록 만들고, 없는 철쇄를 있는 것으로 믿게 만드는 첩보 심리전과, 왜장 구루지마[26]의 이순신에 대한 복수전 등이 그것이다. 칠천량 전투의 대패와 원균의 죽음으로 인해, 백의종군 도중에 삼도수군통제사 제수를 받고 부임지를 향해 가는 이순신 일행과 그를 암살하기 위해 뒤를 쫓는 일본 까마귀부대와의 쫓고 쫓기는 숨막히는 추격전이 소설의 초반부를 장식하면서 긴장감을 고조시키고 있는 『명량 1, 2』는 마치 스릴러 소설 같다. 자연히 『명량 1, 2』에서는 많은 가공의 인물이 등장한다. 뛰어난 지략과 무공으로 이순신의 분신 역할을 하는 장호준과 이순신을 그림자처럼 지키는 무술의 신 선돌 그리고 유창선을 비롯한 용맹하고 충성스러운 이순신 군단의 탄생 등이 그것이다.

이들 중에서도 장호준의 기능 부담량이 가장 두드러진다. 장호준은 이순신의 분신과 같은 인물로서 뛰어난 지략에 무술의 고수로서 이순신의 심정을 읽어내고 전략을 짜고 이순신을 위험에서 지켜내는 주요한 인물이다. 등장인물 소개에서 작가는 장호준에 대해 이순신과 함께 또 한 명의 주인공이라고 분명히 밝히고 있다.

> <u>역시 이 소설의 주인공</u>이며, 조정의 최고 의결기구 비변사의 비밀 낭청이다. 임진왜란 중에 일본에 대한 첩보활동의 실무책임자. 호군(護軍)이란 직위로 활동한다(『명량 1』 6)

---

25 까마귀부대의 추적전 설정은, 두치진에서 이순신과 왜군이 같은 날 엇갈려 지나갔다는 이민웅의 임진왜란 해전사에서 그 부분을 착상하는 계기가 되었다고 작가 박은우는 밝히고 있다.(명량 2 302-303) 까마귀 부대는 십여 명의 소규모로 활동하는 왜군 내 최강의 첩보, 암살부대인데, 그 우두머리는 미우라이다. 미우라는 뛰어난 두뇌와 냉철한 판단력, 잔혹한 성격을 가진 무사이지만 완벽주의적 성격으로 인해 이순신 군단의 계략에 넘어가 파멸하게 된다.

26 구루시마 미치후사는 일본 수군의 장수로, 형인 구루시마 미치유키가 당항해전(1592년)에서 이순신의 수군에 죽은 일 때문에 이순신에게 원한을 품고 있다. 구루시마는 영화 〈명량〉에도 등장한다.

장호준의 주도적 역할을 통해 『명량 1, 2』의 전쟁들은 이순신이 원하는 때에 원하는 방향으로 이루어진다. 이순신 군단의 모든 전략을 짜고 작전을 지휘하는 것은 장호준의 몫이다. 때로 장호준은 이순신보다도 더 늠름하고, 이순신을 조언하고 위로하고 있다. 이순신과 장호준의 다음 대화를 보자.

> "적의 대군을 앞두고 두려움을 느끼는 것 역시 인지상정이지. 솔직히 나는 두려워. 할 수만 있다면 이 자리에서 벗어나고 싶네. 나를 죽이기 위해 오는 왜군들도 두렵고 위에 절벽처럼 서 있는 조정과 주상도 두렵고 무엇보다 이 두려움에 무릎 꿇을 것 같은 나 자신이 두렵네."[27]
>
> "그렇다고 물러서겠다는 건 아니지 않습니까? 제가 대감께 호통이라도 치길 바라십니까?"
>
> "그럴 수 있다면 해 보게. 자네가 나를 매질하는 채찍이라도 되지 않겠는가?"
>
> "못할 것도 없지요."
>
> "하하, 그런 소릴 들으니 속이 좀 풀리는 듯하네. 자, 술이나 한잔 하게."
>
> 호준을 채찍으로라도 이용해 자신의 마음을 다잡으려했지만 이순신과 장호준은 이번 전쟁에 있어서만은 부자지간이나 다름없었다.(『명량 2』 251)

『난중일기』와 『칼의 노래』에서 홀로 외롭게 고민하고 결심하고 실행하던 강인한 이순신은, 『명량 1, 2』에서는 이순신 군단의 조언을 받아들이는

---

27 이 두려움은 영화 명량의 주 모티브로 등장한다. 칠천량 전투 대패 후 조선 수군 진영에서는 독버섯처럼 두려움이 확산되고 있었고, 그 두려움으로 인해 거북선을 불태우고 이순신을 암살하려는 배설의 음모도 있게 된다. 영화 명량은 이 두려움을 용기로 바꾸는 것이 승리의 길이며 이순신 혼자의 힘으로 그것을 이루어냈음을 말하고 있다.

소극적인 역할로 약화하고 있다. 다음은 이순신과 장호준이 흉허물없이 흉금를 나누는 장면 중 일부이다.

> "나는 두렵네."/ "무엇이 두렵습니까?"
>
> "글쎄, 이 싸움에서 이기지 못할 것이 두렵고 그로 인해서 많은 사람이 죽게 될까 두렵고 무엇보다 내 두려움을 누가 알까 두렵네."
>
> "그런데 어찌하여 그걸 제게 말씀하시는 겁니까?"
>
> "자네가 아니면 누구에게 말할까."
>
> "자넨 내게 있어 거울과 같아."
>
> "내가 바라는 모습이기도 하고, 또 어쩌면 내 모습이기도 하고."(『명량 2』 249-254)

장호준은 유비에게 있어서의 제갈량처럼 지혜롭고 앞을 내다볼 뿐 아니라 무술까지 갖춘 완벽의 인물로 이순신을 능가하는 인물로 부상한다. 이순신은 자신의 두려워하는 속내를 장호준에게는 털어놓는다. 그리고 말한다. 장호준 너는 내가 바라는 모습이기도 하고 또 어쩌면 내 모습이기도 하다고 말이다. 그러나 이러한 장호준의 강한 기능 부담량은 상대적으로 이순신의 존재감을 약화시키는 결과를 초래하고 있다.

2. '이순신 군단'의 기능 부담량

『명량 1, 2』에서는 명량해전의 승리는 한 인간 이순신의 영웅적 행위가 아니라 이순신에 못지않은 이순신의 부하들 다시 말해 장호준·선돌·유창선·임준영 등 이순신 군단과의 합작품임을 말하고 있다. 작가는 선돌에 대해 "이순신의 호위무사. 장호준과 더불어 조선 최고의 무술 실력을 갖고 있다. 그에겐 이순신을 지키는 일 외엔 우선순위가 없다."라고 하였다. 실제 선돌은 여러 차례 이순신의 목숨을 구하고, 이순신을 암살하려는 까마귀부대 미우라를 죽인다. 그렇다면 『명량 1, 2』에서 이처럼 다양하고 비중있는 가공인물을 창조해낸 이유는 무엇일까?

장호준과 선돌 등으로 이루어진 이순신 군단과 추적전 · 첩보전· 복수전 등 사건의 허구적 설정은 명량해전의 승리를 기적이 아닌 실체적 실증적인 승리였음을 논리적으로 납득시키기 위한 장치였다고 생각한다. 또한 까마귀부대의 이순신 암살 작전을 통해 왜적도 두려워하는 이순신, 주변에 모여든 여러 영웅들의 활약을 통해 이순신의 훌륭한 인품을 간접 표현하는데 성공하고 있다. 또한 임진년에 설치했었다는 철쇄[28]도 주요 소재로 등장시켜, 철쇄가 있다는 말만으로도 왜적들에게 두려움을 주어, 밧줄을 보고도 철쇄인 줄 알고 왜선들끼리 부딪치며 침몰하게 만든 것도 명량해전 승리 요인 중 하나라고 풀어가고 있다.

> 긴 줄이 바다를 가로질러 물에 잠겼다 떠올랐다 하고 있었다. 저게 철쇄라니? ... 정지를 명하는 깃발이 급하게 나부끼면서 앞줄의 배들이 속도를 줄였다. 순류를 타고 가다가 갑자기 멈추는 건 사실상 불가능했다. ... 삽시간에 수십 척의 배들이 뒤엉키며 치고받는 상황이 되었다. 잔잔한 바다에서조차 배들이 부딪치면 전복되는 일이 상례거늘 급류에서라면 말할 것도 없다. 뒤에서 들이받히고 부딪치며 뒤엉킨 배들은 그대로 뒤집히며 가라앉았다.(『명량 2』 273)

모든 면에서 열세인 조선군이 믿을 것은 오직 군심(軍心)뿐이며, 반드시 이기는 때와 장소를 찾아 거기서 싸우면 이기게 될 것이라는 이순신. 이기

---

28 "쇠사슬을 가로질러 설치하는 것을 감독하고, 종일 기둥나무 세우는 것을 보았다. 겸하여 거북선에서 대포 쏘는 것도 시험했다.(監鐵鎖橫設)"(난중일기 임진년 3월 27일)

는 때와 장소에서 싸우기 위해 장호준은 유창선을 이용한 첩보 작전을 펼쳤고 결국 왜적과의 심리전에서 성공하여 왜적들을 원하는 장소와 때에 불러내게 된다.

> 모든 면에서 열세인 우리가 믿을 것은 오직 하나 된 군심(軍心)뿐이다. 병법의 가장 기본은 적은 흐트러뜨리고 우리는 똘똘 뭉치는 것이다. 진을 옮기는 것도 겉으로 보기엔 적을 피해 도주하는 것으로 보이지만, 달리 생각하면 싸워야 할 때와 장소를 우리가 결정한다는 이점이 된다. 반드시 이기는 때와 장소를 찾아 거기서 싸우면 이기게 될 것이다. 그게 이치에도 맞다.(『명량 2』 206-207)

그 결과 이순신이 원하는 때인 정유년 9월 16일 이른 아침[29]에 원하는 장소인 울돌목으로 왜군을 불러낸 후 여러 장수들과 더불어 최선을 다한 결과 승리하게 된다. 즉 『명량 1, 2』에서의 명량해전은 이순신을 흠모하여 모여든 주변 인물들의 지혜와 용맹과 역할이 합심하여 이루어낸 결과물이었다는 것이다. 그런데 이순신 주변에 이처럼 능력있는 인물들이 포진되고 그들의 역할이 두드러질수록 『명량 1, 2』에서의 이순신의 역할과 존재감은 『난중일기』와 『칼의 노래』에 비해 상대적으로 약화된다.

3. '준사'의 기능 부담량

'준사(俊士)'는 안골포 적진에서 투항한 왜인[30]이라고 『난중일기』에 기

29 난중일기 9월 16일 "早朝 別望進告內 敵船不知其數 鳴梁由入直向結陳處..."로 기록이 시작된다.

30 난중일기에는 투항하거나 항복한 왜인의 이야기가 종종 등장한다. "또 왜놈 한 명이 스스로 와서 투항하였다고 보고가 들어왔다."(갑오년 1월 26일) "왜놈 한 명이 칠천산기슭으로 와서 투항하고자 하므로 곤양 군수가 불러들여 배에 태우고 물어보니, 바로 영등포에 있는 왜적이었다."(갑오년 10월 6일)

록되어 있다. 준사는 명량해전 당시 이순신의 배 위에 있다가 전사한 왜적들 중에서 왜장 마다시를 지목하는 공을 세운 것으로 나온다. 다음은 준사에 대한 『난중일기』의 기록이다.

> 항복한 왜인 준사는 안골에 있는 적진에서 투항해온 자인데, 내 배 위에 있다가 바다를 굽어보며 말하기를, '무늬 놓은 붉은 비단옷 입은 자가 바로 안골진에 있던 적장 마다시입니다'라고 말했다. 나는 무상 김돌손을 시켜 갈구리로 낚아 뱃머리에 올리게 하니, 준사가 날뛰면서 "이 자가 마다시입니다."라고 말하였다. 그래서 바로 시체를 토막을 내게 하니, 적의 기세가 크게 꺾였다.(『난중일기』 정유년 9월 16일)

『칼의 노래』에는 준사라는 인물은 등장하지 않는다. 반면 『명량 1, 2』에는 준사가 등장할 뿐 아니라 『난중일기』에 비해 그 기능 부담량이 훨씬 강력해진다. 이순신의 몸값을 올린 후 왜군에 넘기려는 영악하고 이중적인 인물로 확장 변용된다. 이중적인 변신의 귀재,[31] 영악하기 그지없는 일본인 '준사'의 등장은 『명량 1, 2』를 추리소설처럼 만든 최고 공신이기도 하다.

준사는 이순신이 옥에서 나오는 순간부터 이순신의 뒤를 따라 쫓는데, 이순신은 그것을 알면서도 자신의 최측근에 둠으로써 긴장을 고조시키는 역할을 톡톡히 수행하게 한다. 또한 준사는 장호준의 지시에 따라 미우라의 완벽주의적 성격을 이용하여 결국 까마귀부대를 무너뜨리는 역할을 하게 된다.

『명량 1, 2』 작가 박은우는 준사에 대해 "왜군 아시가루(足輕: 보병) 출신으로 안골포 해전(1592년)에서 조선 수군에 포로로 잡혔다가 탈출해 귀

---

31 준사는 일본군에서는 슈운(俊)이라는 이름으로 첩보 역할을 하면서 조선과 일본 양쪽을 오가며 줄타기한다.

환한 후 밀정 활동을 했고, 다시 떠돌이가 된 후 이순신의 일행으로 합류하여 명량까지 간다. 그의 정체는 끝까지 어느 한쪽으로 결정되지 않는다."라고 하였다. 그런 그의 정체를 알아채는 유일한 사람이 있었으니 그가 바로 장호준이다. 준사로 하여금 조선과 일본을 통틀어 유일하게 자신(준사)의 속을 다 들여다보고 있는 것 같은 인물이 장호준이라고 고백하게 함으로써(『명량 2』 175), 독자들은 혹여나 이순신이 준사에게 당할까 하는 염려를 떨칠 수 있게 만든다. 틈틈이 기회를 노리며 저울질하던 준사는 명량해전에서 이순신의 독전을 보며 마음의 저울추를 고정시켰다고 표현한다.

> 이거 아무래도 이 노인네가 이기겠는걸. 그렇다면 확실히 도울 필요가 있었다. 그는 부지런히 눈길을 돌려 적의 우두머리를 찾았다. 그리고 멀리 있는 관선 위에서 정신없이 소리치고 있는 한 남자를 보았다. "저 무늬 있는 붉은 비단옷을 입은 놈이 적장 구루시마다! 빨리 쏘아서 잡아라!"(『명량 2』 289)

명량해전이 끝난 후의 준사의 행동에 대한 『명량 1, 2』의 다음 기술은 상기 원텍스트 『난중일기』의 내용에 매우 충실한 것으로, 마다시가 구루시마로 바뀌었을 뿐이다.

> 왜장이 타고 있던 기함 근처에 이르자 모두 바다를 내려다보며 시체를 찾았다. 한참 동안 이리저리 다닌 끝에 누군가 손가락으로 포말이 이는 바다의 한곳을 가리켰다. '저기 있습니다.' 붉은 비단옷이라 쉽게 눈에 띄었다. 이순신은 김돌손으로 하여금 갈고리를 던져 이물로 그 시체를 끌어올리게 했다. 그러자 준사가 펄쩍 뛰며 소리쳤다. "이게 구루시마입니다!" 이순신은 토막으로 자르라고 명령했다. 머리를 잘라 장대 끝에 꽂아 놓아 높이 세웠다. "적장 구루시마가 죽었다!" 준사가 소리쳤고 다른 사람들이

따라서 외쳤다.(『명량 2』 291-292)

이와 같이 이중적 인물인 준사의 기능 부담량 강화는 『명량 1, 2』를 추리소설처럼 만든 일등공신이었다고 평가 가능할 것이다.

4. '여진'과 '예화'의 기능 부담량

『명량 1, 2』의 애정관계는 이순신 주변 인물의 애정관계로 변용된다. 물론 『명량 1, 2』에도 여진이 등장하지만 『칼의 노래』처럼 가슴에 맺힌 애틋한 관계가 아니라 이순신의 수발을 드는 관기로 등장한다. 살아있는 여진(『명량 1, 2』)이 죽은 여진(『칼의 노래』)을 이기지 못하고 있는 것이다.

> 여진이 이순신의 병석을 내내 지켰고 진중에는 수심이 더욱 커졌다.... 여진이 관기 출신이라고 해도 이순신과의 관계가 있기에 송대립이 아주 하대하지 않고 물었다.(다음은 이순신과 장호준의 대화임)
>
> "몸이 상당히 쇠약해지셨는데 좀 쉬시지요."
>
> "계속 냉한 것이 아무래도 소주를 좀 먹으면 어떨까 싶네."
>
> "기력이 고갈된 상태에서 소주를 드시면 더 위험할 듯 싶습니다만."
>
> "설마 지금보다 더 위험하겠는가. <u>여진아, 게 있으면 소주 좀 준비해 다오.</u>"
>
> <u>여진이 뒤에 서 있다가 망설이는 눈빛으로 호준을 바라보았다.</u> 호준은 확실히 알 수 없었다. 하지만 스스로 기력을 회복하고자 하는 의지가 느껴져 고개를 끄덕였다. 잠시 후 여진이 차려 온 소주를 한잔 한잔 들이키는 모습을 보고 호준은 방에서 물러났다.(『명량 2』 190-191)

여기서 이순신과 여진의 관계는 그냥 주종관계 정도로 보일 뿐이며, 오히려 이순신과 장호준과의 관계가 보다 더 밀착된 관계임을 알 수 있다.

"여진아, 게 있으면 소주 좀 준비해 다오."라는 말을 듣는 여진은, 냄새로 기억되는 『칼의 노래』 속 여진과는 격이 다른 인물이다.

『명량 1, 2』에서의 애정 관계는 이순신의 충실한 부하인 현응진과 예화 관계로 대체되어 나타난다. 현응진은 이순신을 수행하는 아홉 군관 중 한 명으로 왜군에게 일가족을 다 잃고 비통한 심정으로 남쪽을 향해 하염없이 가다가 합포 가까이에서 왜놈들에게 붙잡혀가던 여인을 구하게 되는데, 그 여자가 바로 예화였다. 현응진은 명량 해전에서 용맹하게 싸웠으나 끝내 왜군 부장의 칼에 목숨을 잃는다. 다음은 예화에 대한 애절한 그리움이 나타난 현응진의 마지막 장면이다.

> 현응진의 고개가 기울어졌다. 그의 표정에는 어떤 기쁨이나 회한도 나타나지 않았다. 그러나 가느다란 미련은 남았다. 이 싸움이 끝나면 아이들을 찾아야 하고 <u>기다리는 사람(예화)에게 가야 하는데...</u> 억지로 떠올려도 그 사람의 얼굴이 잘 그려지지 않았다. 겨우 그려 놓은 해맑은 얼굴은 금방 흐려져 갔다.(『명량 2』 284-285)

그러나 『명량 1, 2』에서의 현응진과 예화의 애정관계는 『칼의 노래』 이순신과 여진 관계에 비해 훨씬 약하게 표현되어 있고, 그 기능 부담량 역시 이순신 군단의 활약에 비해 훨씬 미약하게 배경화되어 있다. 『명량 1, 2』에서는 오히려 이순신 군단의 남성적인 이야기가 보다 부각되고 전경화되어 있다. 이는 『명량 1, 2』가 이순신의 부하들에게 명량대첩 승리의 주역 자리를 돌리는 것과 연관되는 듯하다.

Ⅲ. 소설 『명량 1, 2』와 영화 〈명량〉 비교

영화 〈명량〉은 누적 관객수 1,760만 명에 총 매출액 1,357억의 한국 역대 흥행 순위 1위의 작품이다. 역사적 사실과 영화적 상상력 그리고 전쟁의 스펙터클한 볼거리를 제공하여 한국 영화에 없었던 새로운 해상 전투극을 완성했다는 것이 일반적인 평이다. 『명량 1, 2』의 박은우 작가는 작가 후기에서 영화사의 제안으로 『명량 1, 2』를 썼다고 밝히고 있다. 그래서인지 많은 사람들이 『명량 1, 2』의 영화화가 영화 〈명량〉이라고 말한다.

그러나 『명량 1, 2』와 영화 〈명량〉 사이에는 많은 변주가 이루어졌다. 가장 두드러진 특징은 『명량 1, 2』의 파격적인 구성과 많은 가공 인물들이 영화에서는 사라지고 없다는 사실이다. 강한 이순신 군단의 소멸은 역설적으로 이순신의 존재를 다시 부각시킨다. 이를 통해 영화는 명량해전의 승리 요인은 이순신 개인의 영웅적 활약에 의한 것임을 확인하고 있다.

대신 영화에서는 몇 가지 변용을 하고 있는데, 배설의 거북선 방화와 이순신 암살 시도 및 '명량 회오리'의 설정과 백성들의 대장선 구출, 임준영의 벙어리 아내 정씨여인의 역할 등이 그것이다. "명량해전을 중심에 두고 해전에 이르는 험난한 과정과 기적 같은 결말까지 아우르며 손에 땀을 쥐게 하는 스펙터클 스릴러와 드라마"[32]라는 소설 『명량 1, 2』의 내용을 영화에 그대로 담을 수 없었던 것은, 관객 동원이라는 부담을 지닌 영화 매체의 경우 이순신에 대한 관객들의 기대치가 큰 부담으로 작용했던 것이 아닐까 생각한다.

1. '이순신'과 '이회'의 기능 부담량

1.1. 영화 〈명량〉에는 이순신 암살을 위한 까마귀부대의 추적전도 유창선을 통한 첩보전도 등장하지 않는다.[33] 추적전·첩보전의 삭제는, 분신처럼 이순신 곁을 지키며 정탐을 하고 전략을 세우며 용맹히 싸우던 가공적

32 명량 1, 2 책표지의 작가 소개에 실린 글이다.
33 이 중 구루시마의 복수전만 남아서 영화를 이끌어간다.

인 이순신 군단도 자연히 사라지게 만들었다. 준사 또한 『명량 1, 2』와는 완전히 다른 인물로 변신한다. 영화 〈명량〉의 준사는 처음부터 이순신의 충직한 부하로 등장한다. 준사는 왜군에게 잡힌 수봉(배홍석의 아들)과 김중걸[34]을 구해내어, 탐망군 임준영의 전갈을 조선 수군에 대신 전달하게 함으로써 명량해전을 승리로 이끄는 역할을 한다. 오죽하면 명량전투 시 이순신의 대장선에 오른 구루지마가 준사에게 "너는 대체... 일본인이야, 조선인이야?"라고 물을 만큼 충성스러운 이순신의 사람이다. 이를 통해 적까지도 감동시키는 이순신의 인품을 전달하고 있다.

그 이유는 소설과 영화라는 매체의 특성 차이에서 비롯되었을 것이다. 이순신은 영웅이어야 하는 한국 관객을 상대로 이순신을 스펙터클 스릴러 속 인물로 만들기에는 위험 부담이 너무 컸을 것이다. 게다가 이순신 못지않은 지략과 선견지명을 갖춘 장호준 등 뛰어난 인재들의 집합체인 이순신 군단은 영웅 이순신의 이미지를 상대적으로 약화시킬 수 있는 위험 요인이었다. 또한 소설 내내 속내를 드러내지 않고 이순신의 이용 가치를 저울질하는 영리한 준사는, 이순신의 인물됨에 상처를 줄 수 있었을 것이다. 다시 말해, 영화 〈명량〉은 국민들이 이순신에 대해 가지는 스키마와 기대치에 부응하고자 『명량 1, 2』에서의 약한 이순신을 강한 이순신으로 회복시킨 작품이라고 평가할 수 있을 것이다.

또한 영화에서는 이순신과 구루지마의 가공적인 맞대결까지 설정하고 있다. 이순신이 대장선에 올라온 구루지마를 맞아 "내 칼에 목이 달아나면 너의 장례식을 성대히 치러주마. 내가 너의 칼에 쓰러지면 순순히 너를

34 난중일기 정유년 9월 14일 기록에 '김중걸'이라는 이름이 나온다. 탐망군 임준영이 정탐한 내용에 따르면 붙잡혔다가 도망해 돌아온 김중걸이 말하길 왜놈들이 각처의 배를 모아 합세하여 조선 수군을 섬멸한 후 서울로 올라가자고 했다는 내용이다. 이 말을 들은 후 이순신은 모두 믿을 수는 없으나 그럴 리가 없는 것도 아니기에 곧바로 전령선을 보내어 피난민들을 타일러 급히 육지로 올라가도록 조처했다고 기록하고 있다. 영화에서는 난중일기의 이 기록을 바탕으로 준사가 김중걸을 구한 것으로 설정한 것 같다.

보내주도록 하겠다."라고 하자, "나의 지옥 길에 너를 반드시 데려가겠다."라는 구루지마의 대답이 이어지고, 결국 이순신의 칼에 구루지마는 목숨을 잃는 것으로 나온다. 이러한 가공적 설정 역시 이순신의 기능 부담량을 높여 영웅으로 부상시키는 효과를 가져 온다.

1.2. 그런데 영화 〈명량〉 역시 일기가 아니므로 과묵한 이순신의 속마음을 누군가를 통하여 표출시켜야 했는데, 영화에서 선택한 사람은 이순신의 장남 이회이다. 『난중일기』의 이회는 아버지 곁을 지키면서 이순신의 명령으로 진영과 사저 사이를 오가고 있다.

> 아침에 아들 회가 들어왔다. 그 편에 어머니께서 평안하시다는 소식을 들으니 매우 다행이다.(『난중일기』 계사년 6월 21일)

> 아들 회가 면, 조카 완 등과 함께 아내의 생일에 헌수잔(獻盃)을 올릴 일로 떠나갔다.(『난중일기』 병신년 8월 4일)

이처럼 이회는 영화 〈명량〉에서 이순신의 곁을 지키며 김수철과 장호준의 속내드러내기 역할을 대신 수행한다. 다음 이순신과 이회의 대화는 군영에 독버섯처럼 퍼져 있는 두려움에 대한 이순신의 속내를 잘 보여주고 있다.

> 이회는 아버지의 말이 떠올랐다. 늦은 밤 술잔을 기울이며 아버지는 두려움이 이 전쟁의 관건이라고 했다. 이회로서는 알 수 없는 말이었다.
>
> "두려움을 어찌 이용한단 말씀입니까?"
>
> 탁한 술을 한 잔 벌컥 마시고 이순신은 무표정하게 대답했다.
>
> "칠천량 패전 이후 두려움이 독버섯처럼 우리 병사들에게 퍼졌다. 허나 왜적들도 지난 6년 동안 나로 인해 줄곧 당해온 두려움이 분명 남아 있다.

그렇기 때문에 ... 두려움은 필시 적과 아군을 구별치 않고 나타날 것이다."[35]

"두렵기는 나도 마찬가지다. 그러나 두려움은, 용기를 낳을 수 있는 씨앗이 될 수 있다."

"만일 ... 그 두려움을 용기로 바꿀 수만 있다면 ... 우리는 승리할 것이다."(영화 〈명량〉)

또한 명량대첩 승리 요인에 대한 이순신의 소회도 이회를 통해 끌어내고 있다. 명량대첩 승리 후 아들 이회가 아버지 이순신에게 질문한다.

"울돌목의 회오리를 이용하실 생각을 어찌 하셨습니까?"

"절체절명의 순간에 놈들을 휘몰아친 회오리 말입니다. 그 회오리가 아니었다면 울돌목 전투에서 승리할 수 있었겠습니까?"

"천행이었다."

"그렇다면 ... 회오리가 아니었다면 아주 낭패를 볼 수도 있었다는 말씀입니까?"

"그렇지. 또 그 급박한 순간에 백성들이 날 구해주지 않았으면 필시 목숨을 잃었을 것이고, 조선 수군도 전멸을 면치 못했을 것이다."

"그렇다면, 백성을 두고 천행이라 하신 겁니까? 아니면 회오리가 천행이었다는 말씀입니까?"

남자는 대답 대신 옅은 미소를 지으며 아들에게 되물었다.

"네 생각엔 무엇이 더 천행이었겠느냐?"(영화 〈명량〉)

이와 같이 영화에서는 이순신의 영웅적 활약과 명량의 회오리를 이용한

---

35 이순신에 대한 왜적들의 두려움은, 철쇄라는 말만 듣고도 두려워 우왕좌왕 난파되는 상황으로 나타난다.

지략과 전략 그리고 백성들의 참여를 명량해전 승리의 요인으로 해석하는데, 이러한 이순신의 속내는 이회를 통하여 관객에게 간접 전달하고 있는 것이다. 그러나 이회는 어디까지나 부자지간인지라 『칼의 노래』 김수철에 가까운 소극적 역할에 그치고 있다. 이상 다양한 매체에 나타난 이순신과 속내드러내기 인물 사이의 기능 부담량은 다음과 같이 상호 반작용 관계에 있음을 알 수 있다.

매체명	『난중일기』	『칼의 노래』	『명량 1, 2』	영화 〈명량〉
이순신의 기능 부담량	강	강	약	강
속내 드러내기 인물의 기능부담량	없음	약(김수철)	강(장호준)	약(이회)

2. '배설'의 기능 부담량

영화 〈명량〉의 특이점 중 하나는 거북선을 주요 소재로 사용하고 있다는 점이다. 역사적으로 거북선에 대한 기록은 임진년으로 거슬러 올라가는데, 임진왜란 발발 한 달 전인 임진년 3월 27일 거북선에서 대포 쏘는 것을 시험했다는 기록이 나온다.[36] 물론 거북선 만드는 작업은 그 이전부터 진행되었을 터인데, 임진년 2월 8일자 일기에 거북선에 쓸 돛베(帆布) 29필을 받았다고 기록되어 있다.[37] 4월 14일 임진왜란이 일어났는데, 거북선은 5월 29일 사천해전에서 처음 실전 배치되어 엄청난 전공을 세웠다고 한다.[38] 그러나 칠천량 전투에서 원균의 대패와 함께 거북선은 모두 불타

36 "맑고 바람도 없었다. 일찍 아침밥을 먹은 뒤 배를 타고 소포에 갔다. 쇠사슬을 가로질러 설치하는 것을 감독하고, 종일 기둥나무 세우는 것을 보았다. 겸하여 거북선에서 대포 쏘는 것도 시험했다.(試龜船放砲)"(난중일기 임진년 3월 27일)

37 "맑았지만 또 바람이 크게 불었다. 동헌에 나가 집무를 보았다. 이날 거북선에 쓸 돛베 29필을 받았다.(是日 捧龜船帆布二十九疋)"(난중일기 임진년 2월8일)

버렸으니, 명량해전 당시 조선 수군에게 거북선은 없었던 것이다. 『난중일기』 정유년 일기에 거북선은 등장하지 않으며, 『명량 2』(255)에서도 "막강한 전투력을 자랑하는 거북선은 판옥선을 개량한 것으로 왜적의 특기인 등선육박전술에도 끄떡없이 대응할 수 있었다. 하지만 가덕도와 칠천량에서 원균이 대패하는 바람에 모두 다 불에 타거나 침몰하고 말았다."라고 하였다.

그럼에도 불구하고 영화 〈명량〉에서는, 이순신이 통제사 부임 후 거북선을 다시 복구하는데, 복구된 그 거북선이 배설에 의해 불타는 것으로 나온다. 그러다가 영화 마지막 장면에서 왜군 진영에 다시 한번 거북선을 등장시켜, 왜군들을 혼비백산하게 만든다. 물론 영화 화면에 '임진년 1592년'이라는 짧은 자막이 뜨지만 관객들로 하여금 명량해전 이후 거북선이 복구된 것으로 오인하게 만들기에 충분하다. 그렇다면 영화 명량에서 굳이 거북선과의 연관성을 시도한 이유는 무엇일까. '이순신과 거북선'이라는 분리불가의 절대성을 전달함으로써 국민적 공감대를 확대하려는 의도가 아니었을까 한다. 영화 초반의 불타는 거북선 설정이 13척으로 330여 척의 적을 맞아 싸워야 하는 이순신의 암울한 상황을 상징했다면, 영화 후반부 장엄한 거북선의 등장은 이순신의 위대한 승리를 암시했을 것이다. 이러한 것들은, 소설과 영화 둘 다 대중매체지만 영화가 보다 더 대중적인 매체임을 입증하는 것이라 하겠다.

명량해전과 거북선과의 가공적인 연결을 위하여, 영화 〈명량〉에서는 배설의 행적에 변형을 가하고 있다. 경상우수사 배설은 칠천량 전투에서 배

---

38 "나는 여러 장수들을 독려하여 일제히 달려들어 화살을 비 퍼붓듯이 쏘고, 각종 총통을 바람과 우레같이 난사하게 하니, 적들은 무서워서 후퇴했다... 적선 13척을 분멸하고 물러나와 주둔했다."(난중일기 임진년 5월 29일) 이와같이 이순신은 수군 23척을 거느리고 원균은 3척을 거느리고 출동했다. 이순신이 사천선창에 나아가 왜적들을 밑으로 유인한 뒤 거북선을 출동시켜 천·지·현·황자의 각 총통을 쏘고 여러 화살들을 발사하였다. 조선은 26척으로 왜선 13척을 분멸했다.(사천해전, 나승석 2016: 88)

12척을 가지고 탈출한 인물이다.[39] 『난중일기』에는 배설에 대한 기록이 상세하게 기록되어 있다.

배설이 와서 만나고, 원균의 패망한 일을 많이 말했다.(『난중일기』 정유년 7월 22일)

늦은 아침에 곧장 회령포로 갔더니, 배설이 배멀미를 핑계로 나오지 않았다. 다른 장수들은 보았다.(『난중일기』 정유년 8월 18일)

여러 장수들로 하여금 교서와 유서에 숙배하게 하였는데, 배설은 교서와 유서를 공경하여 맞지 않았다. 그 태도가 매우 놀랍기에 이방과 영리에게 곤장을 쳤다.(『난중일기』 정유년 8월 19일)

군대의 사정이 비로소 안정되었으나 배설은 이미 도망갔다.(『난중일기』 정유년 8월 25일)

배설이 와서 만났는데, 두려워서 떠는 기색이 역력하였다. 내가 급한 목소리로, '수사는 피난 갔던 것이 아닌가?'라고 물었다.(『난중일기』 정유년 8월 27일)

배설이 도주했다.(『난중일기』 정유년 9월 2일)

---

39 배설이 웅천해전에서 패하자, 권율은 원균을 태형에 처한 뒤 출전명령을 내렸다. 7월 14일 원균은 160여 척으로 진격하는데, 왜적들은 유인작전으로 아군을 피로하게 만들었다. 아군은 가덕도로 후퇴했다가 매복한 왜적의 기습을 받아 4백여 명을 잃고 15일 새벽 칠천도 부근에서 도도 다카도라와 와키자카 야스하루 등의 수륙 기습공격에 궤멸하였다. 전라우수사 이억기와 충청수사 최호, 조방장 배흥립 등이 전사하였고, 원균은 도주하다 적의 추격을 받고 전사하였다. 경상우수사 배설만이 전선 10여 척을 끌고 탈출하였다.(칠천량해전, 노승석 2016: 447)

이러한 배설의 최후는 『선조실록』 1599년 3월 6일자에 나오는데, 권율이 배설을 선산에서 붙잡아 서울로 보내어 참수했다고 기록되어 있다. 앞서 칠천량에서도 도주했던 배설은, 명량대첩을 앞두고도 도망을 했던 것이다. 『난중일기』의 이 기록들을 기반으로 영화 〈명량〉에서는 배설의 기능 부담량이 보다 확장 변형된다. 배설이 도망하기 위하여 장수들을 소집했다는 정유년 8월 30일자 『난중일기』[40] 기록은, 소설 『명량 1, 2』에도 채용된다.

> 그날 밤 배설은 전라우수사 김억추와 중군장 김응함, 거제현령 안위를 자신의 배로 불렀다.(『명량 2』 226)

소설 『명량 1, 2』 속 배설은 동료 장수들에게, 조정에서 바다에서 싸우지 말고 육지로 올라와 육군을 도우라고 했음에도 불구하고 이순신의 고집 때문에 자칫 모두 몰살당하는 것은 불을 보듯 뻔하다고 힐난하면서, 무모한 죽음보다는 살아서 후일을 도모하는 것이 이 시국에서 주상과 조정을 위한 길임을 강하게 설파한다. 이후 배설은 이순신에게 병이 중하여 배에서 내려 몸조리를 하겠다는 소장을 보내고, 이순신은 차라리 잘된 일이다 싶어 뭍으로 내려 몸조리를 하고 오라는 공문을 써 준다. 배설은 우수영에서 내려서는 다음다음날 그대로 도망쳐 버렸다는 것으로 끝을 맺는다. 영화 〈명량〉에서 배설이 진영참모 회의 때 불가능한 무모한 싸움을 하는 것보다 임금의 명을 따라 육상군에 합류해야 한다면서 장수들을 회

40 "그대로 벽파진에 머물면서 정탐군을 나누어 보냈다. 늦게 배설은 적이 많이 몰려올 것을 걱정하여 도망가기 위해 배속된 여러 장수들을 소집하였다. 나는 그 속뜻을 알고 있었지만, 때가 아직 분명하게 드러나지 않았기에 먼저 발설하는 것은 장수가 취할 계책이 아니었다. 그런 생각을 숨기고 있을 즈음 배설이 종을 시켜 소지(所志)를 올리기를, '병세가 몹시 위중하여 조리를 하고자 한다.'고 하였다. 내가 육지에 올라가 조리할 일로 결재하여 보냈더니, 배설은 우수영에서 육지로 올라갔다."(『난중일기』 정유년 8월 30일)

유하는 장면은, 상기 『난중일기』 기록과 소설 『명량 1, 2』의 내용을 수용한 것이다.

그러나 영화에서는 배설의 기능 부담량이 보다 확대된다. 배설이 장수들을 회유하여 단독 해전 대신 육상전 합류를 해야 한다며 이순신을 겁박하여도 이순신이 전투 의지를 굽히지 않자, 배설은 일본군과 접선하여 거북선을 불태울 뿐 아니라 이순신 암살까지 시도한다. 이순신 암살 실패 후 배를 타고 피섬 쪽으로 달아나던 배설은 거제도 현령 안위의 화살을 맞고 쓰러지는 것으로 설정된다.

이러한 배설의 언행은 칠천량 전투 대패 후 진영에 독버섯처럼 퍼져버린 두려움을 대표하고 있다. 이 두려움을 어떻게 극복할 것인가가 영화의 주된 플롯인데, 영화에서는 "초요기 한 번 세우지 않고" 부하 장수들이 이순신의 보국안민 살신성인의 행적에 감동하여 스스로 극복하게 하는 것으로 하고 있다. 『난중일기』에는 명량해전 시 겁에 질려 대장선에서 멀찌감치 물러나는 배들을 향해, 이순신이 전투 초반에 중군의 영하기와 초요기를 세우게 했다고 기록하고 있다. 반면 영화에서는 초요기를 세운 시기를, 대장선이 백성들의 도움으로 회오리에서 벗어난 전투 후반 이후로 늦추고 있다. 이는 이순신의 영웅적 행동의 극대화를 위함일 것이다. 또한 배설의 변용을 통해 이순신과 거북선과의 연관성을 일깨우는 효과도 노렸던 것 같다.

3. '임준영'과 '정씨여인'의 기능 부담량

영화 〈명량〉의 애정 관계는 탐망군 임준영과 그의 벙어리 아내 정씨여인으로 대체된다. 임준영은 『난중일기』에도 나오는 실존 인물이다. 명량해전 이틀 전인 정유년 9월 14일자 일기에 임준영이 등장한다.

> 북풍이 크게 불었다. 벽파정 맞은편에서 연기가 나기에 배를 보내어 싣

고 오니 바로 임준영이었다. 그가 정탐한 내용을 갖고 보고하기를, "적선 2백여 척 가운데 55척이 먼저 어란 앞바다에 들어왔다."고 하였다. 또 말하기를 …(『난중일기』 정유년 9월 14일)

『칼의 노래』에서는 이 임준영의 역할이 보다 확장되어 나타난다. 임준영은 탐망군의 역할을 충실히 수행하고 명량해전 때는 본대 복귀 명령을 받고 안위의 배에서 우현을 맡아 싸운 것으로 묘사된다.

정유년 9월 14일 밤에 임준영으로부터 두번째 첩보가 도착했다.(『칼의 노래』 77)

안위의 배에서 임준영은 우현을 맡고 있었다… 임준영은 큰 낫으로 아래쪽에서 기어오르는 적의 목을 걷어냈다. 임준영의 팔은 쉴새없이 쳐나갔다.(『칼의 노래』 93)

또한 명량해전 후에는 작전 해역에서 수색 임무를 하면서 여진의 시신을 찾아오는 주요 역할을 한다.

명량 전투가 끝난 뒤 임준영은 이틀 동안 작전 해역을 수색했다…. 임준영은 전선 뒤에 작은 어선 한 척을 줄로 묶어서 끌고 왔다. 그 어선 위에 조선 여자의 시체 다섯 구가 실려 있었다… 여진의 얼굴이었다.(『칼의 노래』 101-104)

소설 『명량 1, 2』에도 임준영이 등장하지만, 장호준을 비롯한 이순신 군단의 위력이 워낙 막강하다보니 탐망군관 임준영의 역할은 상대적으로 약화되어 나타난다. 그 결과 후텍스트 중 『명량 1, 2』에서의 임준영의 역할이 『난중일기』 기록에 가장 근접한 것으로 보인다.

구월 칠일, 탐망군관 임준영이 급히 배를 몰고 와 보고했다. "적선 쉰다섯 척 가운데 열세 척이 이미 어란 앞바다에 도착했습니다. 그 뜻이 우리 수군에 있는 것 같습니다." 이순신은 각 전선의 책임자들에게 사람을 보내 엄중히 경계하라고 지시했다.(『명량 2』 244)

그런데 영화 〈명량〉에 이르면 이 임준영의 기능 부담량이 극대화된다. 영화에서 임준영은 탐망군의 역할을 하다가 왜적에게 포로가 되어 왜선의 격군실에서 노를 젓게 된다. 왜적이 화약을 가득 실은 자폭선을 이순신의 대장선으로 돌격하게 만들어 이순신을 쳐부수려고 하는데, 때마침 그 자폭선의 격군실에 있던 임준영이 육지에 있던 아내(정씨여인)와의 합동 작전으로 왜적의 공격을 무산시킨 것이다.

정씨여인은 영화의 가공적 인물이다. 칠천량 전투 시 경상 우수영 화포장의 딸로서 화포에 대한 지식을 가진 인물로 설정되어 있다. 정씨여인은 다른 백성들과 함께 산 위에서 전투를 지켜보다가 자폭선에 탄 남편의 지시에 따라 치마를 찢어 흔들며 김응함의 배에 신호를 보내어, 대장선과의 충돌 직전 자폭선을 폭파하게 만든 장본인이다. 이런 정씨여인의 역할은 지금까지의 여인들과는 확연히 다른 여성상을 제시한다. 한 남자의 여인이었던 여진이나 예화와는 비교할 수 없이, 명량해전의 승리에 큰 몫을 하는 적극적인 존재로 표현되고 있다. 정씨여인은 자신이 수신호로 자폭선의 위치를 알려주면 그 배에 탄 남편도 함께 폭파될 줄 알면서도, 남편의 지시에 따라 자폭선을 폭파시키는 역할을 감내한 것이다. 그 정씨여인이 남편이 죽은 바다에서 남편의 나무부적을 건져 올린 후 오열하는 장면이 영화 후반부를 강렬하게 장식하고 있다. 이상 다양한 텍스트에 나타난 애정관계를 요약하면 다음과 같다.

매체명	『난중일기』	『칼의 노래』	『명량 1, 2』	영화 〈명량〉
애정관계	이순신- 어머니	이순신-여진	현웅진-예화	임준영- 정씨여인
기능부담량	약	강	약	강

여기서 같은 소설인데도 『칼의 노래』에 비해 『명량 1, 2』의 애정관계가 약한 것은, 이순신 군단의 강한 기능 부담량으로 인해 애정관계가 배경화된 까닭이다. 반면 영화 〈명량〉에서의 임준영 부부의 기능 부담량 강화는 승전 소회를 백성에게 돌리는 것과 연관이 있는 듯하다.

Ⅳ. 인물의 기능 부담량과 승전 소회와의 연관성

이상 인물의 기능 부담량 변용은 명량해전 승리에 대한 결론, 즉 승전 소회와 연결된다. 『난중일기』를 관통하는 것은, 꾸준한 기록 속에 녹아 있는 인간 이순신의 모습이다. 훌륭한 군인이면서도 공사에 엄격한 지휘관, 효심 깊은 아들이면서 아들의 죽음에 오열하는 아버지의 모습, 백성들의 고통에 아파하는 인간 이순신의 모습이 그것이다. 또한 언제 올지 모르는 왜적의 침입에 미리 대비하여 방책을 세우고 최선을 다해 싸움에 임해 연전연승을 거둔 애국충정의 영웅이다. 그 이순신이 명량해전 승리에 대한 결론을 『난중일기』에 "천행이었다"고 기록하고 있다.

> 이번 일은 실로 천행이었다.(『난중일기』 정유년 9월 16일 實天幸)

『난중일기』에서의 이 표현은 13척의 배로서 적선 133척을 물리친 명량해전의 공적을 본인의 공이 아니라 하늘의 도움으로 돌린 이순신의 짧은 소회이다. 그만큼 인간의 힘으로는 이길 수 없는 기적적인 전쟁이었다는 뜻이다. 『난중일기』 평상 시 기록들은 아주 짧게 간략하게 사실 기록 위주로 되어 있는 반면, 명량해전 당일(정유년 9월 16일) 일기는 예외적으로 길게 상세하게 기술되어 있다. 특히 부하 장수들(안위, 김응함 등)의 머뭇거림과 그에 대한 이순신의 질타 등이 상세하게 나타나 있다.[41] 그러나 후세의 궁금증을 불러오는 명량의 세찬 물살과 역류를 이용해 적을 섬멸한 작전과 전략에 대해서는 한 마디 설명도 없다. 대신 힘든 전투 후 승리에 대한 이순신의 소회는 단 한 마디, "실로 천행한 일이었다."라는 말뿐이다. 이 말은 인간의 관점에서는 도저히 이길 수 없는 싸움이었는데 기적적으로 이긴 것은 하늘의 도움 외에는 무어라 표현할 말이 없다는 것으로서 명량해전 당시의 사정을 알려주는 문장이라 하겠다. 반면 『칼의 노래』에서는 천행이라는 표현 대신 "몹시 피곤했다"고 한다.

> 다시 거꾸로 흐르는 북서 밀물 위에서 나는 몹시 피곤했다.(『칼의 노래』 98)

이순신의 생애는 왜적의 침범에 대항하여 이 땅을 지키는 전쟁의 연속선이었다. 전쟁 속에서 살다가 전쟁 중에 산화하였다. 『칼의 노래』에서의 전쟁은 이순신 스스로 본인이 용납할 수 있는 자연사가 가능한 '죽을 자리(死地)'를 찾아가는 비장하고 능동적인 과정으로 묘사되고 있다. 임금이 내린 면사첩 위에 걸어놓았던 "一揮掃蕩 血染山河"[42]이라는 검명이 새겨진 이순신의 칼은 징징징 거리며 이순신의 사지를 찾고 있었던 것이다.[43]

『칼의 노래』에서 명량 전투에 임하는 이순신은 명량이 잘 죽을 수 있는

---

41 본 논문 2.1항에 난중일기 해당 기록이 상세히 인용되어 있으니 참조할 것.

42 "한 번 휘둘러 쓸어버리니, 피가 강산을 물들이도다"

43 "내 몸의 깊은 곳에서 아마도 내가 알 수 없는 뼛속의 심연에서, 징징징, 칼이 울어대는 울음이 들리는 듯했다. 나는 등판으로 식은땀을 흘렸다. 캄캄한 바다는 인광으로 뒤채었다."(『칼의 노래』 17)

자리지만 아직은 죽을 때가 아님을 직감하고 있다.

> 명량 어귀에서 나는 외가닥 일자진으로 물결을 버텨가며 기다렸다. 명량의 서쪽 어귀였다. 나의 사지는 내 앞에 끝도 없이 펼쳐져 있었다. 잘 죽을 수 있는 자리였다. 그러나 죽음에 이르는 길은 너무 멀어서 끝은 보이지 않았다.(『칼의 노래』 88)

명량 전투 승리 후 자신이 죽을 곳을 광양만으로 정한 이순신은 자신의 죽음을 예견하고 면사첩을 불 태우면서[44] 마지막 준비를 한다. 다음은 자신의 죽음은 자신이 선택하겠다는 이순신의 강한 집념이 잘 나타난 구절이다.

> 나는 결국 자연사 이외의 방식으로는 죽을 수 없었다. 적탄에 쓰러져 죽는 나의 죽음까지도 결국은 자연사일 것이었다. 그러나 나는 적이 물러가버린 빈 바다에서는 죽을 수 없었다. 나는 갈 것이었다.(『칼의 노래』 314)

그러나 광양만 역시 자신의 사지가 아님을 확인한 이순신은 또다시 사지를 찾아 노량으로 향한다.

> 여기(광양만)는 내가 죽을 자리는 아니었다. 나는 적의 전체를 내 전방에 두어야 했다. 나는 노량 바다로 가기로 했다. 적들은 거기서 합쳐질 것이었다. 적보다 먼저 노량으로 들어가서, 적 퇴로의 진행 방향 앞에 나는 포진해야 했다./ 그날 밤, 함대는 광양만을 떠났다. 함대는 노량으로 향했

44 죄를 사하여 목숨을 보전해주겠다는 의미의 면사첩을 불태운 것은, 스스로 죽음을 찾아가서 결연히 죽음을 맞이하겠다는 이순신의 비장한 각오를 나타낸다.

다. 격군장들은 북을 울리지 않았다. 함대는 고요히 이동했다. 달은 뜨지 않았다. 노량에서 바다는 다시 넓어지고 있었다. 노량은 멀지 않았다.(『칼의 노래』 334)[45]

이 노량 바다에서 이순신은 자신의 소원대로 임금의 칼에 죽지 않고 적의 총알에 자연사하게 된다.[46] 이처럼 이순신 스스로 자신의 사지를 찾아가는 과정 그 자체가 중요한 플롯이 되어 소설 『칼의 노래』를 이끌고 있다. 그러므로 이순신은 어떤 전투에서건 목숨에 연연하지 않고 최선을 다할 수 있었으며, 명량해전 역시 그러했던 것이다. 죽기 위해 사력을 다해 최선을 다한 사람에게 어찌 다른 감흥이 있을 수 있을 것인가. 최선을 다해 모든 것을 끝내고 난 직후의 안도감과 허탈감을 '몹시 피곤했다'는 단어로 요약했을 것이다.

다음으로 명량해전이 끝난 후의 9월 16일 『난중일기』와 그 부분에 해당하는 『칼의 노래』 부분을 비교해 보자. 『난중일기』의 능동문이 『칼의 노래』에서는 피동문으로 변형되어 있다.[47]

…적선 31척을 격파하자 적선들은 후퇴하여서 다시는 가까이 오지 못했다. 우리의 수군이 싸움하던 바다에 정박하기를 원했지만 물살이 매우 험하고 바람도 역풍으로 불며 형세 또한 외롭고 위태로워 당사도로 옮겨 정박하고 밤을 지냈다. 실로 천행이었다.(『난중일기』 정유년 9월 16일 移泊唐사島經夜 此實天幸)

45 여기서도 보조사 '-은/는'의 효과가 돋보인다. 보조사 '-은/는'이 가장 효과적으로 사용된 대표적인 작품이 바로 칼의 노래가 아닐까 한다.

46 "내 시체를 이 쓰레기의 바다에 던지라고 말하고 싶었다. 졸음이 입을 막아 입은 열리지 않았다. 나는 내 자연사에 안도했다"(칼의 노래 341)

47 능동문의 피동문 변형은 이미자(2004, 201)에서도 지적된 바 있다.

—돌아가자. 마침 물길이 돌아섰으니. 나는 군관들에게 말했다. 함대는 다시 일렬종대로 펼쳐졌다. 나는 목포 쪽으로 몰려가는 북서 밀물 위에 올라탔다. 죽은 적병의 시체들을 헤치고 함대는 북서진했다. 깃발을 내리고 돛을 접었다. 물살이 함대를 목포 앞 암태도[48]까지 데려다줄 것이었다. … 다시 거꾸로 흐르는 북서 밀물 위에서 나는 몹시 피곤했다.(『칼의 노래』 98)

명량해전 승리 후, 『난중일기』에서는 이순신의 의지와 지휘에 따라 함대를 당사도로 옮겼다면, 『칼의 노래』에서는 몹시 피곤한 이순신이 등장한다. 너무나 피곤한 나머지 내 의지로 함대를 옮기는 것이 아니라 물살이 움직여주는 대로 따라갈 것이라는 것이다. 이는 최선을 다한 이순신이 거의 탈진 상태였음을 보여줌으로써, "몹시 피곤했다"라는 문장에 당위성을 부여한다. 『칼의 노래』의 이 두 문장은 명량해전이 이순신의 혼신의 힘을 다한 결과였다는 사실을 효과적으로 보여주고 있다.

반면 『명량 1, 2』에서는 전혀 다른 결론이 도출되고 있다. 『명량 1, 2』에서는 '환희'라는 언어 기호를 사용하고 있다.

석양을 등지고 서쪽을 향해 서 있는 군사들과 백성들의 얼굴에 조금씩 기쁨의 빛이 스며들기 시작했다. 그 환희는 석양을 받으며 점점 번져 나가 모든 사람의 얼굴을 덮었다.(『명량 2』 295)

『명량 1, 2』에서는 장호준의 지략과 이순신 군단의 용맹함이 승리 요인으로 설정된다. 장호준은 유창선으로 하여금 왜군에 거짓 정보를 흘리게 함으로써 이순신이 원하는 때와 장소에 왜군을 불러내는 데 성공한다. 또한 없는 철쇄를 있는 것처럼 거짓정보를 흘리게 함으로써, 두려워한 왜선

48 암태도는 당사도의 현재 지명이다.

들끼리 우왕좌왕 서로 부딪히면서 완파하게 만든다. 이와 같이 『명량 1, 2』는 군심(軍心)의 승리였기에 '환희'라는 언어기호가 등장할 수 있었던 것이다.

영화 〈명량〉에서는 『명량 1, 2』의 군심 대신 '명량 회오리'가 승리 요인으로 설정된다. 회오리 속으로 왜적을 끌어들이기 위해 그 속에 들어간 대장선을 구해 낸 것은, 부하 장수들이 아니고 바로 백성들이었다. 백성들의 어선 20여 척이 갈고리를 걸어 회오리 속으로 휩쓸려 들어가는 대장선을 밖으로 끌어내어 이순신을 구출한 것이다.

원텍스트 『난중일기』에는 명량해전에 백성들이 참여했다는 기록은 보이지 없는다. 또 이순신 군단의 군심(軍心)을 승리의 원동력으로 해석하는 소설 『명량 1, 2』에도 백성들의 전투 참여는 나타나지 않는다. 반면 『칼의 노래』에는 장흥 백성 정명설과 해남 백성 오극신이 아들들을 배에 태우고 싸움의 한 복판으로 들어와 장렬히 전사한 것으로 설정하고 있다.[49] 따라서 영화 〈명량〉은 『칼의 노래』에 나타난 백성들의 기능 부담량을 확대 변주한 것으로 보인다. 그 결과 영화에서는 임준영과 정씨여인 등 백성들이 승리의 주요 역할을 수행했음을 말하고 있는데, 정씨여인과 임준영은 백성들의 용기와 충정을 상징하는 기호라 할 것이다.

명량해전 승리 후 소나무처럼 해안 절벽 위에 서 있던 아들 이회가 큰절을 하자 송희립이 부러운 듯 "저기 회 도련님이 장군님께 아니 아버지께 큰절을 올립니다"라고 하자 이순신은 다음과 같이 말한다.

> "그렇지 않네. 나에게 올리는 큰절이 아니라 우리 병사들, 그리고 저 민초들에게 올리는 절일세. 오늘의 승리는 모두 그들의 것이네."(영화 〈명량〉)

49 "적탄이 정명설의 가슴에 박혔다. 아들이 쓰러진 아비를 어창 위에 눕혔다. -사내야 사내야. 사내가 죽어야 한다. 정명설은 두 아들에게 그렇게 말하고 죽었다. 큰아들이 노를 잡고, 죽은 정명설의 어선은 다시 앞으로 나아갔다."(칼의 노래 95)

이것이 바로 영화 〈명량〉이 전하고자 하는 주제일 것이다. 상기 이회와 이순신의 대화와 더불어 명량해전 승리의 비결은 천행이었으며 가장 큰 천행은 백성들의 자발적인 투혼이라는 점을 말하고 있다.

『난중일기』 매체 다양화 과정에서 읽히는 일관된 흐름은, 위대한 영웅 이순신에 대한 범인(凡人)들의 두려움이다. 『칼의 노래』에서는 임금(선조)이 이순신을 두려워하였다면, 소설 『명량 1, 2』에서는 왜적들이 이순신을 두려워하여 까마귀부대를 보내 이순신을 암살하려고 했었다. 영화 〈명량〉에서는 배설의 암살 시도를 통해 부하 장수들의 깊은 두려움을 상징하고 있다. 영화에서 이순신은 장수들의 두려움을 용기로 바꾸기 위해서는 자신의 죽음 외에는 방법이 없다고 판단하고, 전투에서 부하 장수들이 스스로 올 때까지 혼자서 고독한 싸움을 했던 것이다. 이때 가장 먼저 다가온 집단이 백성이었고, 그다음으로 배 위의 일반 장졸들이 움직였고, 마지막으로 움직인 집단이 장수 집단이라고 설정한다. 이러한 변주를 통해 불가능을 가능으로 만든 것은 이순신의 영웅적 행위와 민초들의 힘이었다고, 명량해전의 승리는 백성들의 도움, 즉 천행이었다고 소회하게 되는 것이다.

지금까지 『난중일기』의 다양한 후텍스트들 사이에 나타난 인물들의 기능부담량 변용 양상을 살핀 결과, 그것이 명량해전 전승 소회(결론)와 깊은 연관성을 맺고 있음을 발견할 수 있었다. 이를 간략하게 도표화하면 다음과 같은데, ( ) 안은 해당 인물의 기능 부담량의 정도 표시이다.

	『난중일기』	『칼의 노래』	『명량 1, 2』	영화 〈명량〉
장르	일기	소설	소설	영화
시점	1인칭 시점	1인칭 시점	전지적 작가 시점	카메라의 눈
플롯	없음 (일상 기록)	사지 찾아가기	추적전 · 첩보전 · 복수전	두려움을 용기로 바꾸기

속내 드러내기 인물	없음	종사관 김수철(약)	호군 장호준(강)	장남 이회(약)
애정관계 인물	이순신-어머니(약)	이순신-여진(강)	현응진-예화(약)	임준영-정씨여인(강)
가공 인물	없음	김수철(약)	장호준(강) 이순신 군단(강)	정씨여인(강)
실재 인물	여진, 준사, 배설, 임준영 (약)	여진(강)	준사(강)	배설(강), 임준영(강)
전투 참여 백성	없음	정명설, 오극신(약)	없음	어선 20여 척(강)
승리의 주역	이순신(강)	이순신(강)	이순신 군단(강), 이순신(약)	이순신(강)
승전 소회 (결론)	천행(하늘)이었다	몹시 피곤했다	환희로 덮였다	천행(백성)이었다

이상 본 논의에서는 충무공 이순신을 소재로 한 다양한 매체들에 나타난 언어기호 중 특히 인물의 기능 부담량의 변용 양상을 살펴보았다. 그 결과 매체별 인물의 기능 부담량의 차이가 결론, 즉 명량해전 승전 소회와 직결된다는 사실을 알 수 있었다. 고독한 영웅 이순신의 우국충정으로 점철된 『난중일기』 속 승전 요인은 천행(하늘)이었던 반면, 임금의 칼을 피해 이순신 스스로 자연사할 곳을 찾아 기력을 다한 『칼의 노래』에서는 몹시 피곤했다고 토로한다. 반면 용맹하고 충성스러운 부하들과의 합력으로 승리한 『명량 1, 2』에서는 집단적 환희를 느꼈으며, 이순신 개인의 영웅적 행위와 백성의 도움으로 승리한 영화 〈명량〉에서는 천행(백성)이었다고 토로한다.

원텍스트 『난중일기』와 다양한 후텍스트 간 언어기호에 대한 이러한 비교 연구는 명량해전 420주년을 맞은 현재에 반드시 필요한 작업이라고 판단하여, 황무지를 일구는 마음으로 시도해 보았다. 본고에서의 이 시도가

『난중일기』와 후텍스트들 사이 언어기호 비교 연구의 시발점이 되어 장차 활발한 연구가 일어나기를 소망하며 나아가 이순신 브랜드의 세계화 작업에 하나의 초석이 되기를 기대한다.

참고문헌

1. 원전(Primary Sources)

김호경. 『명량』. 21세기북스. 2014.

김훈. 『칼의 노래』. 문학동네. 2012.

나승석. 『종합교감 난중일기 정본』. 여해. 2015.

나승석. 『교감완역 난중일기』. 여해. 2016.

박은우. 『명량 1』. 고즈넉. 2014.

박은우. 『명량 2』. 고즈넉. 2014.

CJ엔터테인먼트(전철홍・김한민 극본). 영화 〈명량〉. 2014.

2. 연구문헌(Research References)

오정란. 「난중일기 매체 다양화와 언어기호의 변용 양상: 인물의 기능 부담량을 중심으로」. 『인문언어』 19:2. (2017). 95-137.

이미자. 「김훈의 칼의 노래와 난중일기의 간텍스트성 고찰」. 『한국어문학연구』 19. (2004). 185-210.

제6장

가상공간언어 표기형태의 언어기호론적 해석

컴퓨터를 매개로 하여 인터넷 상에서 의사소통을 위해 사용되는 언어에 대해 인터넷 통신언어(이정복 2003), 통신언어(전병용 2002, 이주희 2010), 사이버 언어(송민규 2003, 시정곤 2006) 등 논자에 따라 다양한 명칭으로 불리어지고 있는데, 본고에서는 위 용어들 대신 '가상공간언어(假想空間言語)'로 부르고자 한다. '가상공간언어'란 명칭은, 가상공간(cyberspace)이라는 의사전달의 '공간'에 주목하기 위함이다. '가상공간 언어/사이버스페이스 언어'의 길이가 부담스럽다면 '가공언어(假空言語)'로 불러도 무방할 것이다.

지금까지의 연구들은 이 가상공간언어 표기에 나타난 음운론적 연구나 문법 파괴성 혹은 조어법과 맞춤법 이탈 등에 대한 단편적인 언어 현상 연구에 매진하였다. 상황이 이렇다 보니 지금에 이르러 가상공간언어에 대한 연구는 기존 연구에서 다루었던 단어에 대한 수정 해석 내지는 자료 보완을 반복하는 절박한 한계를 보여 주고 있다 하겠다.

본 논의에서는 기존의 분석적인 연구를 가상공간언어의 실체 파악을 위한 필수적 작업으로 평가하고, 이제는 그 연구 성과를 바탕으로 가상공간언어 표기의 다양성에 대한 기호학적인 해석 및 총체적이며 근원적인 조망이 필요한 시기라 진단하였다. 이를 위해 가상공간언어에 나타난 표기의 다양성을 분석하고 그 다양한 표기법들을 가능하게 만든 동인(motivation), 다시 말해 다양한 표기들이 지향하는바 궁극적인 목적을 찾아내고자 한다. 만일 이들 표기 형태들이 추구하는 공통된 기호학적 목적, 즉 어떤 기능적 공모성(functional conspiracy)[1]을 찾을 수 있다면, 그것이야말로 다양한 표기 형태를 가능하게 한 근원적 동인으로 볼 수 있기 때문이다.

Ⅰ. 가상공간과 면대면 커뮤니케이션

사이버공간 혹은 가상공간(cyberspace)[2]은 컴퓨터 네트워크에 의해 창출되는 새로운 공간 개념이다. 이 용어는 윌리엄 깁슨(Gibson)의 과학 소설 『뉴로맨서(Neuromancer)』(1984)에서 최초로 등장했는데, John Perry Barlow가 의사전달의 공간(communication space)이라는 개념으로 사용하면서부터 가상공간이라는 용어는 일상적인 용어가 되었다. 이 가상공간에서는 공간과 시간의 제약도 없으며, 국경도 이념도 신분상의 제약도 없으며, 자유로운 정보 선택으로 누구에게나 실시간 또는 비실시간으로 정보를 주고받을 수 있게 되었다. 이러한 가상공간은 정보의 근원으로서의 가상공간, 쌍방향 매체로서의 가상공간, 네트워크로서의 가상공간, 삶의

1 '기능적 공모성 functional conspiracy'이란 용어는, 야웰마니어에서 표면적으로는 별개의 음운규칙들로 보이는 현상들이 실은 하나의 목적을 지향하는 모습, 즉 기능적으로 공모하는 현상들에 대해 Kisseberth(1970)가 붙인 것이다. 가상공간언어의 다양한 표기 형태들이 표면적으로는 각각 개별적인 여러 현상처럼 보이지만 기능적으로는 면대면 커뮤니케이션을 지향하고 있는 모습이 이와 유사하다고 보아 그 용어를 원용하기로 하였다.

2 가상공간이란, 인공두뇌학(cybernetics)의 'cyber'와 공간이라는 'space'의 합성어로서 현실이 아닌 두뇌 속에서 펼쳐지는 또 다른 우주로서, 컴퓨터 네트워크에 의해 창조된 물리적 개념적 그리고 영속하는 세계이다. 그것은 사람들 간의 전자메일 교환에서 월드 와이드 웹(www)에서의 메시지 확산을 망라하는 컴퓨터가 중계된 커뮤니케이션의 모든 양상을 포괄하는 데 사용되는 용어이다.(Barnes 2007: 53)

터전으로서의 가상공간 등으로 진화하고 있다.

이제 가상공간은 단순한 '정보의 바다'에 머무르지 않는다. 가상공간에 수많은 사람들이 몰려들면서 그곳에는 사람들의 희로애락에 얽힌 이야기가 흐르고, 그들 사이에 만남과 헤어짐이 끊임없이 만들어지기 시작했다. 가상공간은 처음 창안자들의 의도와 상관없이 사람들 사이의 관계와 교류의 장으로, 나아가 제2의 생활공간으로 자기 진화를 해나갔다. 물론 가상공간은 현실 세계에서와는 다른 원리, 다른 성격으로 구성된 공간이다. 그래서 가상공간에서는 지금까지 사람들이 펼쳐왔던 것과는 전혀 다른 방식의 인간관계가 전개된다. 가상공간의 가장 큰 특징은 비물질적 공간이라는 점이다. 따라서 '소유'보다는 '관계' 위주의 사회인 것이다.

그러나 가상공간은 정체성의 혼란을 가져오게 만든다. 가상공간에서 다른 네티즌과 의사소통을 할 경우 가상공간 특유의 신원이 필요하게 된다. 가장 대표적인 것이 아이디와 아바타이다. 이는 매우 가변적인 신원이지만, 대부분의 네티즌은 이 신원을 쉽게 바꾸지 않는다. 이는 가상공간에서 '나'를 '나'이게 하는 유일한 신원이기 때문이다. 이것이 바로 인터넷상에서의 정체성이라 할 수 있다. 하지만 그 신원이 현실에서의 나와 다를 수도 있고, 하나가 아닌 여럿일 수도 있으며, 고정되지 않고 유동적일 수 있다. 이것이 바로 가상공간이 정체성의 혼란을 가져올 수 있는 요소이다.

또한 온라인과 오프라인을 경계 짓는 가장 중요한 특성은 '익명성'과 '비대면적 상황'이다. 익명성은 흔히 이야기 되듯 양날을 가진 검이다. 한쪽 날은 권위주의에 도전하고 거시권력에 대한 도전을 가능하게 하여, 가상공간을 탈중심화·탈위계화 시키는 데 공헌하지만, 다른 한 날은 사회적으로 비난받을 수 있는 행동을 보다 과감하게 저지를 수 있는 탈억제 효과를 가져온다. 또한 '실재감의 결여'도 가져온다. 대면적 의사소통을 할 때 인간은 말뿐만 아니라 어조와 시선, 몸짓과 표정 이 모든 것을 의사소통의 도구로 이용한다. 그러나 컴퓨터를 매개로 한 의사소통에서 모니터 건너편의 존재는, 혹은 자신이 올릴 글을 읽게 될 또 다른 네티즌에 대한 실재

감은, 텍스트 상으로만 느껴지거나 비인격적 존재로 여겨질 뿐이다.(한양대학교 과학철학교육위원회, 2010)

이처럼 시간과 공간을 초월하는 유비쿼터스의 세계, 즉 가상공간은 많은 장점에도 불구하고 '실재감의 결여'라는 치명적인 한계를 가지고 있다. 따라서 시간과 공간의 한계를 뛰어넘는 가상공간에서 의사소통을 할 경우, 의식적이든 무의식적이든 눈에 보이지는 않지만 분명히 가상공간 저 너머 현실 세계에서는 살아 숨 쉬고 있을 상대방에 대한 인식을 하지 않을 수 없는 것이다. 아니 실재감의 결여라는 가상공간이 주는 무기력함으로 인하여 오히려 보다 생동적인 친밀감을 추구하려는 보상적 심리작용이 일어나게 될 것이다.

그러나 아쉽게도 가상공간에서의 심리적 기제의 표출 방법은 문자 표기 외에 다른 방법은 없다는 사실이다. 가상공간에서의 의사소통은 음성언어가 아니라 문자언어로 표출된다. 그러나 가상공간의 문자는 보통어에서 사용되는 문자와는 그 특성이 다르다. 보통어의 문자는 음성언어의 그릇으로서 음성언어의 한계인 시간과 공간의 제약을 극복하기 위하여 발명된 인간 지혜의 결정체이다. 일반적으로 문자언어로 표기된 글은 동시적인 소통을 위함이 아니라 문자 표기 이후 다른 시간·다른 장소에서도 읽을 수 있는 글이었으므로 자연히 표기자는 혼자 작업이라는 일방향적인 시선으로 작업해야 했다. 반면 가상공간에서의 문자 작업은 쌍방향적이라는 기호적 특성을 가진다. 글을 쓰는 동시에 상대방의 반응을 받으며 또 그 자리에서 의사소통이 이루어지는 과정이므로, 소통 도구는 문자지만 그 문자는 음성언어에 비등한 기능을 가지게 된다.

커뮤니케이션은 분류 기준에 따라 다양한 유형으로 제시되고 있지만, 가장 보편적인 것은 면대면 커뮤니케이션 혹은 대인 커뮤니케이션과 집단 커뮤니케이션[3]으로 나누는 방법이다. 면대면 커뮤니케이션(face-to-face communication) 혹은 대인 커뮤니케이션(interpersonal communication)

은 2인(다이어드, dyad)으로 구성된 상호작용의 최소단위에서 이루어지는 커뮤니케이션을 가리킨다. 이 소통 행위는 모든 인간 상호작용의 기초가 되는 미시적 인간 상호작용과 긴밀하게 연결되어 있으면서 모든 커뮤니케이션의 기초가 된다고 할 것이다. 면대면 커뮤니케이션은 다음과 같은 상황적 특성을 지니고 있다.(차배근 1987: 48-49)

(1) 면대면 커뮤니케이션의 상황적 특성

가. 물리적 근접성으로, 이는 커뮤니케이션을 하는 둘 또는 그 이상의 사람들이 서로 같은 장소에 근접해 있다는 것이다.

나. 대화 당사자 서로가 상대방을 의식하고 상호작용할 의사를 지니고 지향적 상호작용을 수행한다.

다. 쌍방으로 메시지가 교환된다.

라. 대면 상황에서 발생한다.

---

3 다수의 사람들(3인 이상) 간에 이루어지는 집단 커뮤니케이션은 다시 소집단 커뮤니케이션(small group communication)과 대집단 커뮤니케이션(large group communication 또는 public group communication)으로 분류되는데, 매스 커뮤니케이션(mass communication)은 대집단 커뮤니케이션의 극단적 사례라 할 것이다. 소집단 커뮤니케이션은, 크기가 엄밀하게 정의되어 있지는 않지만 모든 집단 성원들이 능동적으로 참여할 수 있는 규모의 집단에서 이루어지는 소통현상을 의미한다. 대표적인 예가 가족 친구집단 직장동료 운동팀 프로젝트팀 등이라 할 것이다. 이러한 집단과 다이어드의 가장 중요한 차이는 둘 이상의 집단 성원이 다른 성원(들)의 입장에 맞서 연대할 수 있다는 것이다. 흔히 말하는 집단역학이라는 집단적 행위양상들이 나타난다. 가장 대표적인 예가 소수에 대한 다수의 동조 압력이라 할 것이다. 대집단 커뮤니케이션은 모든 성원들이 능동적으로 참여하기 어려울 만큼 큰 규모의 집단 내에서 이루어지는 커뮤니케이션 현상이다. 이러한 대집단 내에서는 일반적 커뮤니케이션과 같은 성원들 간의 불균등한 커뮤니케이션 현상이 본격화되기 시작한다. 또한 커뮤니케이션의 공식화, 제도화가 이루어지기 시작한다. 매스 커뮤니케이션은 대중(mass)이라는 상호 익명적이고 이질적이며 비조직적이고 성원 간의 교류가 거의 없는 외로운 군중의 특성을 지니는 집단이다. 매스 커뮤니케이션이란 이들을 대상으로 대중매체에 의해 이루어지는 일 대 다수 형식의 일방향적 커뮤니케이션을 지칭한다. 대중매체는 많은 경우 대자본과 전문적 인력이 결합된 조직체로서 이윤과 권력을 추구한다. 메시지는 사전에 의도적으로 준비되고 동시에 다수에게 도달 가능한 채널을 통해 사회적으로 확산된다.(윤석민 2007: 37-38)

마. 비공식성으로 비교적 자유로운 분위기에서 비형식적으로 행해진다.[4]

면대면 커뮤니케이션의 다섯 가지 특성에 가상공간언어를 대입해 보면, 공통점과 차이점이 동시에 존재함을 알 수 있다. 면대면 커뮤니케이션 상황과 비교할 때 가상공간에서는 물리적 근접성(1가)는 전혀 없으며, 대면상황(1라)도 결코 아니다. 그러나 지향적 상호작용(1나)와 쌍방적 메시지 교환(1다), 그리고 비공식성·비형식성(1마)는 두 상황 모두에서 상호 부합함을 알 수 있다.

가상공간언어의 기능 역시 일상 언어와 마찬가지로 상호 커뮤니케이션에 있다. 또 가상공간언어의 특성으로 꼽는 '동시성'은, 바로 면대면 커뮤니케이션의 지향적 상호작용, 쌍방적 메시지 교환, 비형식적 소통을 기본으로 함을 알 수 있다. 가상공간언어의 동시성이야말로 면대면 커뮤니케이션으로의 욕구를 창출하는 원동력이라 하겠다. 다만 가상공간의 존재로 인해 물리적 근접성 및 대면 상황의 결핍일 뿐임을 알 수 있다. 그러므로 가상공간언어가 면대면 커뮤니케이션에 비등한 효과를 가지려면 물리적 근접성 및 대면 상황을 위한 보조 연출이 제공되어야 함을 알 수 있다. 가상공간언어에서는 이 두 가지 결핍을 채우기 위해 의식적이든 무의식적이든 문자 자판을 이용한 여러 방안이 마련되었을 것인데, 그것이 바로 표기법의 다양성으로 나타났다고 판단한다.

이들 표기법을 면대면 커뮤니케이션의 보상 기능과 관련하여 분류하기 전에, 기존의 연구에서 가상공간언어 표기들을 분류한 기준 및 내용을 살펴보기로 하자.

첫째, 통신언어 표기의 특성을 분석·기술한 전병용(2002b)은 표기 면

4 최근 개인화된 매체의 발전 상황 속에서 이러한 매체를 경유한 대인 커뮤니케이션을 점대점 매개 커뮤니케이션(point-to-point mediated communication)으로 구분하기도 한다.(윤석민 2007: 37-38)

에서 연철 표기, 중철 표기, 과잉 분철, 생략 표기, 띄어쓰기 무시, 말음 첨가, 늘여 쓰기와 해체 표기가 보임이 특성이라 하였다. 한국어 문자 메시지의 표기 특성을 분석한 이주희 · 박선우(2012)[5]에서도 그림문자와 표의문자, 두문자어, 문자 생략, 비표준적 철자, 단축어 등으로 분류하여 개별 현상을 분석하고 있다.

둘째, 가상공간언어에 나타난 음운 현상에 대해 전병용(2002a)은 대화방 언어의 음운론적 특성을 동화(구개음화, 움라우트, 비음화), 생략(음절 생략, 형태소 생략), 첨가(말음 첨가, '-요' 첨가), 이화(역구개음화, 원순모음화와 비원순모음화, 후음화), 단모음화, 음운교체(모음교체, 자음교체)로 분류 설명하였다. 이러한 분류 기준은 이후의 연구 및 최근 이주희(2010)[6] 등에서도 대동소이하게 이어진다.

셋째, 가상공간언어에 대한 단어 차원의 분류는 시정곤(2006), 송민규(2007)에서 찾을 수 있다. 송민규(2007: 51-53)는 이정복(2003)이 지적한 대로 가상공간언어의 전반적인 특성을 '비완결성'으로 보고, 문장 차원의 고찰보다 단어 차원의 고찰이 가상공간 신어의 양상을 파악하는 데 더 유리하다고 보아, 가상공간에서 사용되는 단어를 네 가지 유형으로 분류하였다. 1유형의 대표적 예는 '선생님, 서울, 하늘', 2유형은 '수족관(게임방),[7] 밥풀(덧글), 태클(간섭)', 3유형은 '팅구(친구), 놀애방(노래방), 쵝오(최고)', 4유형은 '아햏햏,[8] KIL,[9] 므흣'[10] 등으로 보여 주었다.[11]

---

5 이주희 · 박선우(2012)는 20대 대학생을 중심으로 한국어 문자 메시지의 특성을 분석하여 남녀 성별 차이에 따른 표기법의 공통점과 차이점을 밝힌 것이다. 그 결과 이모티콘을 포함한 그림문자, 두문자어, 문장부호는 남성들보다 여성들이 자주 사용하며, 여성의 메시지 길이가 남성의 그것보다 길다는 등 이미 다른 나라 문자 메시지 연구에서 밝혀진 보편적 경향을 우리나라도 함께 함을 말하고 있다.

6 통신언어의 음운적 특성이라는 제목 아래(1)동화현상, (2)비동화현상(이화/탈락 및 축약/첨가)로 분류하였다.(이주희 2010)

7 게임장, 즉 수족관은 PC방을 뜻하는데 PC가 물고기 fish와 소리가 유사하다는 점에 착안하여 만들어진 단어이다. 'PC방 → fish → 수족관'의 순서로 만들어진 것이다.(송민규 2007: 51)

8 비난, 힐책, 분노, 안타까,움 허탈함, 동정심 등 다양한 감정 표시하는데, 쓰는 사람의

넷째, 전병용(2002b)은 어휘 면에서는 비어 · 은어 · 속어 · 유아어 · 외래어 따위의 남용이 보이며, 문법 면에서는 단어나 어구 중심의 불완전한 표현이 문장을 대신하고 있으며, 문체 면에서는 비꼬거나 재미를 위해 의고체가 쓰이고 귀여움의 효과를 위해 유아어 · 유아의 발음· 유아어의 종결법 따위가 쓰인다고 분석하였다.

이상에서 살펴본 바와 같이 지금까지의 가상공간언어에 대한 연구들은 음운· 형태· 단어 등 언어 단위별 기준에 의해 개개 형태별로 분석적으로 분류하고 해석하는 것이 주된 작업이었음을 알 수 있다. 이러한 분석적 방법에 의하면 다양한 표기 형태들은 서로 어떠한 상호 연관성도 없어 보인다. 각각의 형태들은 모래알처럼 제각각 단독으로 고립적으로 존재할 뿐이다.

그러므로 중요한 것은 이러한 분석적 나열에 의한 단순한 해석이 아니라, 왜 이처럼 다양한 표기 형태들이 생성되고 사용되고 전승될 수 있었는지에 대한 근원적인 의문에 대한 해명이라 생각한다. 따라서 이들 표면적 현상에 대한 단순 분석 차원을 넘어 그러한 언어 현상이 가능할 수 있었던 근본 동인을 찾아내려면, 기존 연구들과는 다른 차원의 새로운 시각에서의 접근과 분류 및 해석이 필요하다고 판단한다.

가상공간언어의 존재 가치 역시 일반 언어와 마찬가지로 커뮤니케이션 기능에 있을 것이다. 그런데 가상공간에서 일상적인 표기법과 차별되는 표기 형태가 애용되고 있다는 사실은, 그러한 표기 형태가 커뮤니케이션

마음에 따라 적절한 해석을 하면 된다.(송민규 2007: 52)

9 영어가 아니고 '즐'을 옆으로 눕혀서 쓴 것으로, 어떤 제안에 대한 거절 또는 경멸의 뜻으로 쓰인다.(송민규 2007: 52)

10 '므흣'의 원형은 '흐뭇'으로 보지만, 실제 사용 의미는 전혀 다르다. '야하다' 또는 '외설스럽다'의 의미로 쓰이는데, 예를 들어 "므흣한 샴푸", "므흣한 동영상", "므흣한 레이싱걸 누나" 등이 그것이다.(송민규 2007: 52)

11 여기서 1유형은 일반언어와 형태와 의미에서 동일한 경우, 2유형은 형태적으로는 같지만 그 의미가 다른 경우, 3유형은 단어와 형태는 다르지만 의미는 다르지 않은 경우, 4유형은 형태와 의미 면에서 완전히 다른 경우를 말한다.

면에서 상당한 효과를 창출하였기에 언중에게 용인 내지 전승될 수 있었다는 사실을 지적해 준다고 본다. 이런 관점에서 가상공간 표기 형태를 전체적 관점에서 살펴볼 때, 다양한 표기 형태들이 표면상으로는 각각 별개의 현상처럼 보이지만 실은 세 가지 정도의 효과성을 근간으로 하고 있음을 알 수 있었다.

본고에서 전체 자료 분석을 통해 추출한 가상공간 표기 형태들의 창출 효과는 '청각성 · 시각성 · 집단동질성'이라는 세 가지로 크게 압축되는데, 이 규준에 따라 가상공간언어의 다양한 표기 형태를 분류 · 해석하고자 한다. 물론 이 세 규준에 속하지 않는 표기 형태도 있을 수 있겠으나, 첫 시도인 본고에서 대상으로 한 대부분의 표기 형태들은 이 규준에 준하고 있었으며, 앞으로 보다 정밀하고 발전적인 연구를 통해 부족한 부분이 채워지리라 믿는다.

(2) 창출 효과에 따른 표기 형태의 규준
  가. 청각성(auditory effect)
  나. 시각성(visual effect)
  다. 집단 동질성(group identity effect)

여기서 (2가)청각성(auditory effect)이란, 서로 '말'로 대화하는 듯한 청각적 효과를 추구하는 표기 형태라는 뜻이다. 이러한 청각성은 표음적 입말 표기로 기대하는 효과를 얻고 있음을 알 수 있었다. (2나)시각성(visual effect)이란, 실제 마주 앉아 상대방의 표정을 눈으로 보며 대화하는, 다시 말해, 눈짓과 얼굴 표정 등 '몸짓 언어'를 전달하려는 표기 형태라는 뜻이다. 이러한 시각성은 이모티콘 등 도상 부호 표기로 기대 효과를 얻고 있음을 알 수 있었다. (2다)집단 동질성(group identity effect)이란, 근접성 및 친밀감을 형성하여 '우리는 하나'라는 집단 동질감을 추구하는 표기 형태라는 뜻이다. 이러한 집단 동질성은 외부인(out-group)과 내부인(in-group)을 구별시켜주는 이탈적 표기의 사용으로 상응하는 효과를 얻고 있었다. 흥미로운 것은 이들 세 규준의 창출 효과는 바로 면대면 커뮤니케이션의 필수적 요인이라는 사실이다.

또한 가상공간언어의 전반적인 특징을 사례 분석적으로 잘 요약한 전병용(2002b: 37-60)[12]을 (2)의 세 가지 규준에 따라 새롭게 재해석·재배치하면 다음과 같다. 낯설게 하기와 새로움의 추구에 의한 표기들은 일상어와는 다른 생경한 표기가 사용되고 있다는 의미이다. 새로운 시도와 노력이 듦에도 불구하고 이러한 표기를 사용한다는 것은 의식 저변에 통신언어를 사용하는 무리들과 외부인을 구분하여 그룹 내(in-group) 구성원들 사이에 '우리'라는 상호 친밀감을 조성하는 '집단동질성' 획득을 목표로 한다고 해석할 수 있다. 낯익게 하기와 경제성의 추구에 의한 표기들은 상호 마주보고 입과 귀로 대화하는 듯한 효과를 가져올 수 있으니, 곧 '청각성' 획득을 목표로 한다고 할 수 있다. 그 밖에 생략 표기, 물결표(~), 첨가 음소, 홀로 자음 등도 청각성 구현에 넣을 수 있을 것이다. 감정과 표현 전달을 위한 이모티콘 표기들은 '시각성', 즉 마주보며 상대방의 얼굴 표정을 읽는 효과를 기대할 수 있다고 하겠다.

부족함은 욕구를 낳고 욕구는 보상심리를 낳게 되는 바, 결국 실재감의 결여라는 가상공간의 한계 극복을 위한 노력이 이처럼 다양한 표기 형태로 구현되었다고 볼 수 있다. 다시 말해, 하고 싶은 말을 제한된 문자로만 표현해야 하는 가상공간에서는 일상어 이상의 표기법들이 불가피했을 터, 표기 형태의 다양성이야말로 면대면 커뮤니케이션을 향한 가상공간에서의 절실한 노력의 결정체였다고 평가할 수 있을 것이다.

---

12 전병용(2002b: 37-60)은 통신언어 표기의 특징을 다음과 같이 해석하였다. 첫째, 낯설게 하기와 새로움의 추구가 과잉분철의 표기, 해체 표기, 역구개음화한 표기 따위로 나타난다. 둘째, 낯익게 하기와 친숙함의 추구가 구어의 느낌을 주는 연철 표기로 나타난다. 셋째, 입력의 편이와 경제성의 추구가 생략 표기로 나타난다. 넷째, 감정과 표정의 전달 추구가 물결표(~)와 같은 각종 기호와 이모티콘을 적극 활용한 표기로 나타난다고 하였다.

Ⅱ. 가상공간언어 표기들의 면대면 커뮤니케이션을 향한 기능적 공모성

커뮤니케이션 관점에서 볼 때, 가상공간언어는 가상공간으로 인한 면대면 상황의 결핍이 가장 큰 약점인데 이것을 보완 내지 극복하지 못한다면 온전한 커뮤니케이션은 기대할 수 없을 것이다. 이를 위하여 가상공간언어 표기에 채택될 수 있는 보완 기제는, (1)면대면 상황에서의 구어적인 청각성 (2)면대면 상황에서의 표정읽기의 시각성 (3)면대면 상황에서의 물리적·심리적 근접성을 노린 은어적인 집단 동질성 등이 될 것이다. 이들 세 가지 기제들은 표면상으로는 각기 별개의 현상처럼 보이지만, 실은 모두가 가상공간에 결핍된 면대면 커뮤니케이션 효과의 보완 기능을 수행한다는 공모적인 관계에 있음을 알 수 있다.

1. 표음적 입말 표기와 청각성

언어는 인간 커뮤니케이션의 핵심이다. 인터넷 커뮤니케이션은 근본적으로 문자언어의 형식으로 나타난다. 인터넷 통신상에서는 문자 언어를 새롭고 독특한 방법으로 사용하는데, 가상공간으로 인한 면대면 상황의 결핍 다시 말해 시각적·청각적 신호의 부재를 극복하기 위해 온라인 글쓰기에 구어적 요소를 섞는다. 특히 실시간 이루어지는 온라인 상황, 즉 채팅이나 인스턴트 메신저 같은 상황에서 메시지에 대한 대답을 빨리 타이핑하기 위해 약어의 혼용은 필연적이었다. 이처럼 가상공간에서의 약어나 준말은 문자성이 아니라 구술성의 결과라 할 것이다. 가상공간에서의 전자 글쓰기는 구술성과 문자성의 요소를 혼합한다. 왜냐하면 CMC가 정보의 제한된 감각적 채널을 제공하기 때문이다.(Barnes 2007: 164-165)

구술적 문화와 문자적 문화의 차이를 연구해 온 월터 옹(Ong, 1982)은 "구술 단어들은 항상 총체적인 상황, 즉 언어적인 것 이상의 변형이다. 그것들은 절대로 말의 문맥 상황 속에서 독립적으로 발생하지 않는다.(101쪽)" 라고 하였다. 이와는 대조적으로 인쇄된 문자는 독립적으로 일어난다. 텍스트에서 벗어난(extratextual) 문맥은 사라지고 있으며 작가들은 문맥을 만들고 상황을 규정해야만 한다. 문맥적 신호의 결핍은 구술대화에 비해 더 정형적인 활동을 쓰도록 만든다. 그런데 전통적인 글쓰기와 대조적으로 인터넷 사용자들은 그들의 온라인 글쓰기 형식에서 구술대화의 비정형성을 포함하는 경향을 보인다. 리에 따르면 그들이 사용하는 전자우편, 즉 이메일은 정형적인 문자와 비정형적인 대화를 교환하는 데 사용될 수 있기 때문에 구술성과 문자성의 접합점이며, 또한 가볍고 비정형적인 대화와 많은 소리의 다양성을 한눈에 문자적 강조로 통합한다고 하였다. 또 옹은 다음과 같이 말했다. "언어 표현의 전자적 변형은 글쓰기에 의해 시작되고 인쇄에 의해 증가된 단어의 임무를 더욱 깊게 하고 2차적 구어성(secondary orality)의 새로운 시대를 의식적으로 가져온다."(135쪽) 전화 · 텔레비전 · 라디오 그리고 전자기술의 다양한 유형은 2차적 구어성을 소개한다. 2차적 구어성은 제조와 운용 그리고 2차적 구어성을 지원하는 기술의 이용을 위해 필수인 글쓰기와 인쇄의 사용에 기반을 두고 있기 때문에 본래의 구어성보다 신중하고 자의식이 강하다.(Barnes 2007: 166-167)

가상공간언어의 다양한 표기 형태 중 청각성을 구현하기 위한 표음적 입말 표기(3)에는 연음 및 음운변동 후의 실제 발음 표기, 준말 표기 그리고 '음성도상' 표기 등을 들 수 있다. (3다)에서 '음성도상' 및 '홀로 자음'이란 용어에 대한 개념 정의 및 분류는 본고에서 처음 시도해 보는 것이다.

(3) 표음적 입말 표기의 분류

가. 연음 및 음운변동 후의 실제 발음 표기

나. 준말 표기

다. 음성도상 표기: 물결표, 첨가 음소, 홀로 자음

첫째, 연음 및 음운변동 후의 실제 발음 표기는 면대면 상황에서 대화하는 것처럼 듣고 말하는 청각성에 대한 욕구 반영인데, 전병용(2002b)의 예들 중 (4)의 연철 표기가 이에 속한다.

(4) 표음적 입말 표기1: 실제 발음 표기

가. 내 방에 사라미(사람이) 아노다니(안 오다니)!

나. 미노(민호) 너희 또 술 마셧냐?

다. 난 주거두(죽어도) 몰러.

라. 님덜 복 마니마니(많이많이) 바다여.

(4가)는 연음되는 실제 입말의 표음적 표기이고, (4나)와 (4라)도 한국어 'ㅎ'의 발음 특성[13]이 반영된 표음적 표기이다. (4다)는 연음 발음 표기 및 음성모음화 표기이다. (4다)의 '주거도→주거두'의 음성모음화 현상을 기존 연구에서는 단순히 모음 교체로 설명하고 있지만, 본고에서는 이를 연음 표기와 함께 청각성 구현에 넣는다. '주거도→주거두'의 음성모음화 현상은 서울 방언의 음성모음화(상승모음화) 현상[14]의 결과로 빚어진 실제 발음 표기이기 때문이다. 그 밖에 표음적 연음 표기로 '마니(많이), 밥머꼬(밥먹고), 무러보면(물어보면), 친해져써(친해졌어)' 등도 친숙한 예들이다. 같은 맥락에서 이주희 · 박선우(2012: 153)에서 비표준적 철자의 범주에 둔 '조컷다(좋겠다)'도 표음적 입말 표기의 예로 보아야 할 것이다.

또한 이주희 · 박선우(2012: 153)에서 비표준적 철자 아래 모음의 변이로 해석한 다음 (5)의 예들도, 모음 변이가 아니라 표음적 표기로 보아야 할 것이다. 왜냐하면 (5)는 서울방언의 특징인 상승모음화 현상을 현실 발음대로 표기한 것이므로 이들 예는 청각성의 구현으로 해석함이 타당할

13 'ㅎ'은 모음과 유성음 사이에서 탈락된다.

14 상승모음화는 노력 경제의 결과이다.

것이다.[15]

(5) 표음적 입말 표기2: 실제 발음 표기

피곤허다(피곤하다), 기둘리는 중(기다리는 중)

너두(너도), 잘 가그라(잘 가거라/ 가라)

볼려?(볼래?), 수서루(수서로)

버스 타구 가려구(버스 타고 가려고)

또한 이주희·박선우(2012: 153)에서 단모음화 표기로 본 (6) 역시 상승모음화의 일종으로 표음적 입말 표기로 볼 수 있다. 이들 모음 변이의 공통점은 모두 상승모음화이다.

(6) 표음적 입말 표기3: 실제 발음 표기

가믄(가면), 되긋지(되겠지), 보믄(보면), 그지(거지)

바빠 죽긋다(바빠 죽겠다), 모르긋어(모르겠어)

다음주 부터인디(다음 주부터인데)

이처럼 발음에 기반한 표기 현상은 한국어뿐 아니라 영어권의 휴대폰 메시지에도 빈번하게 출현한다.[16] 즉 가상공간언어에 나타나는 표음적 입말 표기 특성은 어떤 특정 연령대나 그룹에서만 제한적으로 사용되는 것이 아니라 넓은 연령층에서 다양한 언어권 사람들에게서 산발적으로 일어

---

15 여기서 '아'의 '어' 모음화(피곤허다), '아'의 '우' 모음화(기둘리는중), '오'의 '우' 모음화(너두/ 수서루/ 버스타구/ 가려구), '어'의 '으' 모음화(가그라), '애'의 '여' 이중모음화(볼려) 등이 나타나는데, 이들 현상의 공통점은 모두 저모음의 고모음화, 즉 상승모음화 현상으로서 이는 발음 상 노력경제 요인에 부합하는 현실 발음이다. 그러므로 이 역시 청각성의 예로 적합하다고 본다.

16 이주희(2010: 7)에 Crystal(2008: 48)에서 인용한 많은 예들이 제시되어 있으며, Crystal(2008)의 부록 편에는 11개국 언어의 다양한 문자 메시지 용례가 실려 있다.

나는 현상임을 알 수 있다. (7)의 예(Crystal 2008: 48)가 그것이다.

(7) 표음적 입말 표기4: 영어권 문자 메시지의 표기

fone	phone	luv	love	ya	you
omigod	oh my god	ova	over	shud	should
skool	school	sum	some	thanx	thanks
Thru	through	wot	what		

다음으로, 음운변동 후의 실제 발음을 표기한 청각성 구현이 있다. '끝내고[끈내고]', '못만남[몬만남]' 등 음절강도제약에 의한 비음동화 및 '한번 보든가[한번보등가]', '감기[강기]' 등 위치동화의 예들이 그것이다. 아래 (8)의 예들(전병용 2002a: 258)은 비음동화 후 발음 표기이다.

(8) 표음적 입말 표기5: 실제 발음 표기

가. 록크: 엄는데 (없는데)

나. 정아: 곤 만눈데 (그건 맞는데)

다. 힘: 언제 복 마니 받으라고 핸냐?(했냐)

다음 (9)는 전병용(2002b: 52)에서 중철 표기로 설명하고 있지만, 본고에서는 음운규칙 적용 후 실제 발음 표기에 넣는다.

(9) 표음적 입말 표기6: 실제 발음 표기

가. 손님: 목소리가 머가 좋타는지-,.-;(좋다는지)

나. 제우스: 옵빠(오빠) 이름 함부러 불러?

표기상으로 (9가)의 '좋타-'는 어간형태 '좋-'을 그대로 표기하면서 한편 어간 종성 'ㅎ'과 'ㄷ'이 축약된 현실 발음 '-타'도 동시에 표기한 것이다.

또 (9나)의 '옵빠' 역시 '오빠'의 현실 발음 표기이다. 이들은 표기법 상 분류로는 중철표기에 들어가겠지만, 발음 반영 여부의 관점에서 보면 현실 발음을 반영하고 있으므로 표음적 표기에 넣는 것이 타당하다고 본다.

둘째, 준말 표기를 통한 청각성 구현 욕구이다. 준말 표현 역시 가상공간언어의 특징이다. 문자성에 대한 구술성의 특징은 준말 표현이라 하겠다. 왜냐하면 구술성은 총체적 문맥적인 상황에서 일어나기 때문에 준말이나 약어가 사용되어도 생략된 부분이 문맥과 상황에 의해 설명되기 때문에, 문자성에 비해 자연스럽게 빈번하게 일어날 수 있는 것이다. 준말의 정도에서, 가상공간언어에서는 일상 대화에서 보다 더 빈번하게 더 압축된 형태의 준말 표현이 사용되고 있다. 다시 말해 가상공간언어에서는 일상 대화에서 사용하는 준말 표현은 물론 일상어에는 쓰지 않는 준말까지 자연스럽게 표기되고 있다는 사실이다.[17]

(10) 표음적 입말 표기7: 준말 표기
알바(아르바이트), 어케든(어떻게든), 알서(알아서)
걍(그냥), 그렇지(글치), 낼(내일), 셤(시험)
멜(메일), 겜(게임), 울(우리), 담(다음), 설(서울), 짱(짜증)
글쿠나(그렇구나), 럽럽(러브러브), 샘(선생님)
땜에(때문에), 올만(오랜만), 아님(아니면)

일상어에서는 이해 불가능한 '러브러브'에 대한 '럽럽' 등이 가상공간에서는 자연스레 통용된다. 가상공간 상에서 이러한 극한 준말이 소통 가능한 것은 가상공간언어가 글로 쓰는 말이기 때문이다. '글'은 시각적이기 때문에 단어나 음소의 생략을 보여줄 수 있다. 눈에 비추어진 단어 형태에서

17 (10)의 준말표기들을 음운론적으로 분석하고 해석하는 것은 본고의 주제에서 벗어나므로 생략한다. (10)예들은 이주희(2010: 13)와 이주희 · 박선우(2012: 152-153)에서 따옴.

줄기 전의 본디 형태를 추정할 수 있는 것이 문자의 장점이기 때문이다. 가상공간언어 준말에서 생략되는 부분이 음절핵인 모음인 것도 그 하나의 증거이다. 일반적으로 모음보다는 자음이 정보전달력이 크기 때문에 모음이 생략되더라도 자음만으로 원 형태 추리는 가능하게 때문이다. 다시 말해 사이버준말 형태가 가능한 것은 바로 가상공간언어가 구술성과 함께 문자성을 띠기 때문으로 해석된다. '샘(선생님), 압지(아버지)' 등도 가상공간언어 특유의 준말이다.

(11) 표음적 입말 표기8: 음절 줄임 표기

가. 갑(동갑), 컴(컴퓨터), 방(대화방)

나. 범생(모범생), 스펠(스펠링), 애니(애니메이션)

다. 강추(강력추천), 정모(정기모임), 비번(비밀번호)

라. 폰팅(폰 미팅), 눈팅(눈 채팅), 스샷(스냅 샷)

여기서 (11가)는 다음절어가 단음절어로 되면서 나머지 음절은 탈락되었고, (11나)에서는 2음절을 남기고 탈락되었는데, 흥미로운 사실은 중간음절 혼자만 남는 경우는 없다는 것이다. 중간음절의 힘없음이다. 합성어인 (11다)의 경우엔 형태경계가 작용하여 각각 단일어의 첫음절을 남기고 나머지 음절은 탈락된다. 이주희(2010: 13)에서는 (11라)에 대해 선행어의 첫 음절과 후행어의 마지막 음절의 결합으로 이루어지는 것으로 보아 이것은 마치 혼효(blending)의 방법과 유사하다고 해석하였다. 이에 대해 익명의 심사위원께서는 '폰팅'과 '눈팅'이 경우 '-팅' 자체가 그 이전부터 이미 만남을 의미하는 접미사로 자리 잡았기 때문에,[18] '폰 미팅'을 거치지 않아도 전화를 이용한 만남은 '폰팅'이 되고 눈으로만 즐기는 만남은 '눈팅'이 되므로 이들을 음절 줄임말로 보기 힘들다는 의견을 제안하셨다. 그러나

18 그 대표적 예로 '소개-팅, 007-팅, 반-팅, 룸-팅' 등을 들고 있다.

'-팅'의 접미사로서의 생산성은 인정하지만 아직까지 언중의 뇌리 속에 '미팅'의 '-팅', '채팅'의 '-팅이라는 인식이 남아 있기 때문에 (11라)를 표음적 음절 줄임 표기에 넣는 것이 무난하다고 생각한다.

Crystal(2008: 45)의 말처럼 가상공간언어의 두자음어는 언중들이 수세기 동안 쓰고 말하던 언어습관에서 비롯된 것이니, 가상공간언어는 이런 점에서 완전 새롭다고 할 수는 없을 것이다. 다시 말해 일상어에서 우리가 사용하던 그 습관이 가상공간으로 확대되었을 뿐이라는 것이다. 또 흥미로운 사실은 이들 가상공간언어들 일부는 시간이 흐름에 따라 일상어로 흡수되어 생명력을 가지게 된다는 사실이다. 이미 '범생 · 정모· 비번' 등 단어는 일상어에서도 사용되고 있다. cos, coz because[19]도 본고의 분류상으로는 준말 표기에 들어간다.

셋째, 가상공간언어에서 즐겨 사용되는 다음의 음성도상 부호들도 청각성의 범주에 넣을 수 있다. '음성도상(sound-icon)' 기호란, 문자를 통해 '소리'를 '눈으로 듣는' 효과를 주는 경우를 말하는데,[20] 이는 본고에서 처음 제안하는 용어이며 개념이라 할 수 있다. 가상공간언어에서 사용되는 음성도상 기호에는 물결표 '~', 첨가 음소, 홀로 자음 등이 들어간다.

먼저, 물결표를 이용한 (12)의 예(전병용, 2002b)를 보자. 여기서 물결표는, 애교스럽게 길게 끄는 '말소리'의 효과를 주고 있다. 즉 물결표는 청각성과 시각성의 복합적 기능으로써 '장음'이라는 면대면 효과를 창출하고 있음을 알 수 있다.

(12) 표음적 입말 표기9: 물결표 '~'의 음성도상

19 Crystal(2008: 48)이 제시한 영어권 문자 메시지 표기 중 일부이다.

20 음성도상 기호와 비교할 때, 이모티콘은 얼굴 표정과 눈짓 등 몸짓언어를 눈으로 보게 하는 기능을 하므로 시각성에 넣는다. 물론 음성도상 기호도 소리를 눈으로 듣도록 하는 등 시각성의 도움을 받고 있지만, 이모티콘의 절대적 시각성에 비하면 청각성의 비중이 보다 크므로 청각성에 넣고자 한다.

가. 모닝: 여러부운~ 부~우~자~ 되세요오~(여러분 부자되세요)

나. 파도: 바~앙~자~앙~니~임~!!! (방장님)

다. 지은: 햇살아 전화 꼬~옥! 알앗쥐이!

라. 민수: 덕부네 자알 보냇다

다음으로, 모음첨가(13)과 자음첨가(14)도 음소 첨가로 청각성 효과를 노린 것으로 해석할 수 있을 것이다. (13)에서는 부사 '잘'을 강조하기 위해 모음 '아'를 첨가하여 특정 어휘를 강조하고 있다. '잘→ 자알~'을 통하여 장음 효과를 내고 있다.[21] 앞의 (12)에서는 물결표 외에 모음의 삽입으로 장음의 청각성을 극적으로 연출하고 있다. 예를 들어 '부~우~자~'(부자)에는 '우'와 '~' 삽입으로, '바~앙~자~앙~니~임'에서는 '아'와 '이' 삽입 및 '~' 삽입으로 장음의 효과를 살리고 있다. '꼬~옥' 역시 마찬가지이다.

(13) 표음적 입말 표기10: 첨가모음의 음성도상

가. 막냉이들끼리 자알~ 논다

나. 소녀시대 서현과..다른이..막둥이들끼리 자알~ 논다 ㅋㅋㅋ

(BKoneroom의 카페) (이주희 2010: 16)

자음 첨가(14)는 주로 받침에 공명음인 비음 'ㅇ'과 'ㅁ'을 첨가함으로써 애교 섞인 콧소리를 내는 듯한 청각성을 연출하고 있다. (14가)는 'ㅇ'첨가, (14나)는 'ㅁ'첨가의 예이다.

(14) 표음적 입말 표기11: 첨가자음의 음성도상[22]

가. 여봉~ 나 무겁징?^^

21 장단 · 고저 · 강약 등 초분절음소는 자음이 아니라 모음의 특성이다. 물론 여기서는 장음의 표현효과를 노리고 있다.

22 (14-가)는 원주섬강회 카페의 글인데, 이주희(2010: 15)에서 옮김.

그러자 남편 왈~ 구럼 무겁징!

얼굴은 철판, 머리는 돌, 간은 부었징, 그러니 마니 무겁징!!

나. 했어염~, 아니예염~

물론 '물러감뉘닷, 알겠습니닷'처럼 강하고 단정적인 의도 전달을 주는 'ㅅ' 첨가도 있을 수 있으나 가상공간언어에서 선호되는 유형은 아니다. 이처럼 받침에 첨가되는 자음이 부드러운 공명음 계열인 것 역시 상대와의 친밀도를 높여 면대면 커뮤니케이션 효과를 원하기 때문인 것으로 해석된다.

마지막으로, 음절에서 음절핵에 해당하는 모음을 과감히 없앤, 소위 '홀로자음'만으로 음성도상 기호의 역할을 하는 경우이다. '홀로자음'이라는 개념 역시 본고에서 처음 제안하는 것인데, 이것은 자음 음소가 소리되기를 포기하고 자음만으로 음성도상화를 꾀한 경우를 말한다. 이처럼 자음만으로 음성도상 부호의 기능을 충실히 수행하고 있는 것은 사뭇 흥미로운 형태이다. 이런 과격한 준말 형태는 얼핏 은어적 이탈적 표기로 볼 수도 있겠으나, 그 기능과 효과를 고려한다면 청각성 범주에 넣는 것이 보다 합리적이라 생각한다.

(15) 표음적 입말 표기12: '홀로자음'의 음성도상

가. ㅉㅉㅉ ("짝짝짝": 박수소리)

나. ㅋㅋㅋ ("크크크": 웃음소리)

다. ㅎㅎㅎ ("하하하": 웃음소리)

라. ㄱㅅㄱㅅ ("감사감사")

마. ㅁㅈㅁㅈ ("맞아맞아")

바. ㅊㅋㅊㅋ ("축하축하")[23]

---

23 'ㅊㅋㅊㅋ'는 '축하축하'의 음운변동 후 발음 [추카추카]의 두자음 표기이다.

컴퓨터의 한글 문자판을 이용한 (15)예들은 '짝짝짝, 축하축하' 등 온전한 음절 표기 대신 음절핵인 모음을 과감히 생략하고 자음만으로 그 소리를 떠오르게 한 것이다. 'ㅎㅎㅎ'를 보면 '하하하/ 호호호...' 등 웃음소리가 떠오르고, 'ㅋㅋㅋ'를 보면 '크크크/ 킥킥킥...' 등 웃음소리가 떠오른다. 그러므로 이들 홀로자음들은 그 자체로 음성도상 기호의 자격을 갖춘 것으로 평가할 수 있다. 여기서 이들 음성도상기호들은 이모티콘의 시각적 효과에 버금가는 청각적 효과를 낳고 있음을 알 수 있다.

또한 이들 자음 음소는 한글 표기에 익숙한 모어 화자들에게만 효과를 발휘할 수 있기 때문에 문자의 시각성과의 혼합 작용으로 볼 수 있다. 이렇게 볼 때 가상공간 언어 표기의 효과는 청각성 · 시각성 · 집단동질성 중 어느 하나만 추구하는 것이 아니라 상호 보완적 복합 기능으로 이루어짐을 알 수 있다. 어쨌든 이들 세 가지 속성들은 결국은 가상공간을 뛰어넘어 면대면 커뮤니케이션과 비슷한 혹은 같은 효과를 위한 기능적 공모성을 가짐을 알 수 있다.

지금까지 가상공간언어 표기에 나타난 표음적 입말 표기가 추구하는 청각성을 살펴보았다. 청각성은 연음 표기, 음운규칙 적용 후 표기, 준말 표기 그리고 음성도상 기호 등으로 구현되고 있었다. 이러한 입말 표기가 커뮤니케이션에서 주는 효과는 무엇일까? 문자로 표기하되 입으로 말하고 귀에 들리는 소리 그대로 적고자 하는 이 노력 역시 가상공간을 뛰어넘어 면대면 상황과 같은 효과를 주고 있음을 알 수 있었다. 물론 지금까지의 연구에서 밝혔듯이, 표음적 입말 표기와 준말 표기 등은 빠른 글쓰기가 요구되는 상황에서 자연스럽게 등장했을 가능성이 높다. 그러나 그러한 표기가 가상공간 구성원들에게 당연한 것으로 수용되고 전승되어 온 것에는 그러한 표기가 갖는 시간적 경제논리 외에 친밀한 면대면 상황 효과에 대한 긍정적인 수용이 보다 강력하게 작용했으리라 생각한다.

2. 이모티콘 표기와 시각성

이모티콘(emoticons)은 감정을 뜻하는 이모션(emotion)과 아이콘(icon)의 합성어이다. 1980년대 초 미국 카네기멜론대학 학생인 스코트 팔먼(Scott Fahlman)이 자판을 이용해 최초의 미소 짓는 얼굴 ':-)' 부호를 사용하면서 보급되기 시작했고, 그 후 수없이 다양한 미소 짓는 얼굴이 디자인되었다. 다른 말로 그래픽 언어(graphic accents)라고도 하는데, 그래픽언어는 일반적으로 감정적, 예술적, 지시적 문장을 말하는 용어였다. 카츠만(Katzman, 1994)에 따르면 그래픽 언어의 지지자들은 그것이 표현에는 명확성을, 온라인 담론에는 자국어의 속성을 더한다고 주장한다. 반면에 비판자들은 그림 같은 인터넷 속어는 언어적 게으름과 무지를 키운다고 주장한다. 또한 그래픽 언어와 성별에 대해 조사한 연구에 따르면 위트머와 카츠만(Witmer & Katzman, 1998)은 대화에 그래픽 언어를 포함하는 컴퓨터 사용자들은 여성인 경향이 있으며(9쪽), 또한 그래픽 언어는 종종 '화난' 또는 '반대의'처럼 해석할 가능성이 있는 메시지의 의미를 바꿔버린다고 말한다. 어쨌든 이모티콘은 문자로는 표현할 수 없는 감정을 나타내거나 지시적인 역할을 하고 메시지 전체의 의미를 바꾸기도 하며 온라인 대화에 심미적 효과를 준다.(Barnes 2007: 169-172)

컴퓨터 통신이나 인터넷에서 대화할 때 주로 쓰였던 이모티콘은 현재 휴대전화 문자 메시지를 비롯한 각종 게시판은 물론 편지 또는 일기장 등에서도 심심찮게 등장하고 있다. 이모티콘은 자칫 딱딱해질 수 있는 채팅이나 글에서 마치 상대방 표정을 읽는 듯한 기분을 줘 부드럽고 재미있는 분위기를 연출하고 의사소통을 좀 더 인간적으로 만든다. 통신 이용자의 이모티콘에 대한 이러한 관심은 간접적인 대면(對面)에서 오는 불만족을 보완하려는 데서 비롯한 것 같다.(손지영, 2002) 이모티콘은 자판을 이용하여 몇 개 안되는 기호로 만들기 때문에 상당한 창의력과 상상력을 요하는데, 전병용(2002b: 55-57)에 제시된 다음의 예들이 있다.

(16) 이모티콘 표기1

간식거리

가. ●●●● 초코파이

나. ◎◎◎◎ 양파링

다. ▦▦▦▦ 웨하스

(17) 이모티콘 표기2

키스의 4단계

가. (-_-;)(;-_-) 딴청

나. (^_^*)(*^_^) 눈치

다. (^0^)(^0^) 접근

라. (")〉〈(") 실행

(18) 국어 문자메시지의 이모티콘3

OTL 좌절, ㅜ ㅜ ㅜ ㅠ ㅠ ㅜ ㅠㅠ 눈물 울상

^^ *^^* 웃음, ㅡㅡ^ ㅡ.ㅡ; ㅡㅡ; 긴장

ㅡㅠㅡ 우울, 〉.〈 괴로움, ㅇㅅㅇ ㅇㅇ; 놀람

(19) 이모티콘 표기4

가. @)))))) ; 김밥 드세요

나. *^0^* ; 아이 좋아

(20) 영어 문자메시지의 이모티콘5[24]

가. :-) 웃음

나. ;-) 윙크

---

24 이주희 · 박선우(2010: 147)에서 따옴.

다. :-@ 소리지름

친한 친구나 연인들 사이에서 글보다는 이모티콘으로 감정표현을 하는 것이 더 보편화되어 있는데, 글로 쓸 때의 쑥스러움도 없으면서 미묘한 감정 표현이 더 자연스럽게 효과적으로 전달되기 때문이다. 요즘은 더 간략화되어 웃음은 '^^'으로 나타내고, 장음 효과를 주는 음성도상(12) 물결표 '~'는 애교스러운 부드러움을 표현하는 이모티콘의 기능으로도 널리 애용되고 있다.

흥미로운 것은, 우리나라와 서양의 얼굴 표정 이모티콘의 차이점이다. 외형상 차이점은 영어의 이모티콘은 얼굴의 방향을 돌려서 보아야 이해되는 반면, 한국어 이모티콘은 얼굴을 돌릴 필요 없이 그대로 읽을 수 있다는 점이다. 둘째, 영어의 경우는 감정이 주로 입 모양으로 나타나는데 반해 우리나라는 눈 모양으로 나타난다는 사실이다.[25] 또한 이주희 · 박선우(2012)에서는 이러한 이모티콘 사용이 남성보다 여성층에서 더 많이 사용된다는 사실을 한국 대학생 남녀 총 129건의 문자 메시지에서 찾아보았다.

이러한 이모티콘의 시각성은, 특히 면대면 상황 대신 가상적 공간을 사이에 두고 커뮤니케이션이 이루어지는 가상공간언어에서, 비구두 의사 전달 방법인 준(準)언어(paralanguage)[26]의 표현에 즐겨 사용되고 있다. 웃고 울고 슬퍼하고 분노하는 감정을 시각적으로 전달해 주는 이모티콘이야말

25 강옥미(2010)는 동양과 서양 이모티콘의 차이는 문화적 특수성에 기인한 것이라고 설명한다. 감정을 읽을 때 서양인은 입을 보는 반면 동양인은 눈을 읽고, 웃을 때 서양인은 입을 크게 벌리고 웃지만 동양인은 얌전하게 웃는다. 또한 동양인은 본인이 싫은 경우라도 미소를 지어 자신의 감정을 감추는 문화가 있다는 것이다.

26 준언어란 억양, 표정, 제스처 등과 같은 비구두 의사전달 방법인데, 언어적 내용과 분리된 음성적 요소로서 목소리의 음조, 강세, 전달속도, 크기, 억양 등을 포함한다. 사람들은 준언어를 통해서 자신의 기분과 태도를 무심코 왜곡할 수도 있다. 또한 무엇을 말하든지 그 말하는 소리는 자신이 누구고 무엇을 느끼는가를 드러낸다. 쓰기 언어에서 쓰기 재료의 시각적 현상으로 구두법과 문체의 분위기, 단어와 여백 간의 공간의 사용을 포함한다.(Barnes 2007: 193-194)

로 둘 사이에 놓여있는 장벽인 가상공간을 훌쩍 뛰어넘을 수 있는 가장 효과적인 표현 도구로서, 면대면 커뮤니케이션에 버금가는 효과를 창출할 수 있기 때문이다. 서로 마주보며 이루어지는 면대면 커뮤니케이션에서 상대방의 얼굴 표정이나 눈빛과 제스처 등 몸짓언어(body language)는 입으로 나오는 말보다 보다 진실일 때가 더 많다. 그래서 음성언어와 몸짓언어가 충돌될 때 우리는 몸짓언어의 메시지를 믿게 되는데, 몸짓언어의 시각화 역할을 하는 이모티콘의 발명이야말로 가상공간언어의 효과를 한 단계 끌어올린 장본인이라 할 수 있다.

이모티콘으로 말미암아 가상공간에서의 커뮤니케이션이, 마치 면대면 상황에서 상대방의 표정과 행동을 보면서 이야기를 나누는 것과 같은 친밀감을 제공하게 되었으니, 곧 '심리적 근접성'과 '대면성'의 효과까지 확보하게 된 것이다.

3. 이탈적 표기와 집단 동질성

1960년대 이후로 언어학자들은 언어변화를 유발하는 주요 요인으로 집단 동질성(group identity)에 주목하기 시작하였다. 옷차림과 헤어스타일 이상으로 집단 구성원들에게 강력한 집단적 동질감을 부여해 주는 것은 같은 언어를 사용한다는 사실이기 때문이다.(Trask 2010: 37) 더욱이 가상공간에서 가상적인 아바타 신분에서 이루어지는 커뮤니케이션에서는 무엇보다 대화 상대방과의 친밀감과 동질성 형성이 가장 절실한 부분일 것이다. 집단동질감 형성이 성립되지 않는다면 속 깊은 친밀한 대화는 불가능하기 때문이다. 따라서 가상공간언어의 다양하고 특이한 표기들에 나타난 청각성과 시각성 등의 특성도 정도의 차이는 있을지언정 모두 집단적 동질성 획득을 위한 안간힘이라고 확대하여도 지나치지 않다 하겠다. 이것은 집단 구성원들이 가상공간 내에서만 사용되는 일종의 은비적인 은어(隱語)를 사용함으로써 '우리'라는 집단체 의식과 동질감이 형성되어 면대면 커뮤니케이션과 같은 심리적 활성화가 가능했을 것이다. 물론 이러한 이탈적 과정에서 느끼는 언어 유희적 쾌감도 덤으로 받을 것이다.

가상공간 구성원들이 동질감을 공유함에 있어서 그들 사이에서만 통하는 말글, 즉 외부인이 볼 때는 암호 같다고 느낄 수 있는 그들만의 독특한 표기는 큰 역할을 하게 될 것이다. 그것을 본고에서는 '이탈적 표기'로 명명해 보았다. 이탈적 표기란 정서법에 어긋나는 표기를 말하는데, 그 특성에 따라 크게 언어 유희적 표기와 표현 효과적 표기 등으로 나눌 수 있다. 언어 유희적 표기는 규범적인 일상어 표기 방법 자체를 부정하고 암호 같은 표기를 창안하여 사용하는 경우를 말하고자 한다. 반면에, 표현 효과적 표기는 색다른 느낌을 가미하기 위해 표기법을 살짝 변형하는 경우를 말한다. 이들 이탈적 표기의 공통성은, 준말의 발생 요인인 노력 경제의 반대 심리에서 비롯되었다는 사실이다. 표기에 시간이 더 들고 노력이 더 들더라도 보다 강력한 표현 효과를 꾀하는 의도적 표기라는 사실이다.

언어 유희적 표기의 구체적인 예로는 외계어, 음차 표기, 해체 표기 등이 포함된다. 표현 효과적 표기의 구체적인 예로는 모음변이, 역구개음화, 과잉분철 등을 넣을 수 있다.

(21) 이탈적 표기의 분류

가. 언어 유희적 표기: 외계어, 음차 대체 표기, 해체 표기

나. 표현 효과적 표기: 모음변이, 역구개음화, 과잉분철

첫째, 외계어란 가상공간언어의 표기 형태 중 일반인은 이해하기 힘든 난해한 표기로서, 학습해야만 알 수 있을 정도의 표기 형태를 지칭하고자 한다. 소위 '아햏햏'가 대표적 예가 된다. '아햏햏하다'는 '뭔지는 알 수 없지만 황당하다'라는 뜻(시정곤 2006: 239)으로 '너 참 아햏햏하구나.' 등으로 사용된다. 전병용(2002b: 41-42)에 제시된 외계어의 예들을 들어보자. 다음의 (22가)와 (23가)는 중학교 홈페이지 게시판에 실린 글이며, (22나)

와 (23나)는 그에 대한 전병용의 해석이다.

(22) 이탈적 표기1: 외계어

가. ㉯㉯납!!因九月패밀린귀 ⓡⓖ흑…긍뎁 ⓔ데 ㉯. 亞영ⓔ능흅…

나. ㉯㉯납!!因(?) 9월 패밀린 거 알지요?? 근데 이제 나 아영이 는요…

(23) 이탈적 표기2: 외계어

가. 왹계ㄲ엎 쓰눅궼 웻 납허혁? (제목)

나. 외계어 쓰는 게 왜 나빠요? (제목)

물론 이러한 극단적 언어파괴적 이탈 표기는 인터넷 초창기에 과열양상을 보이다가 이제는 많이 순화되고 있다. 하여튼 이러한 표기 양상 역시 가상공간언어의 한 특성이었으며, 많은 비판에도 불구하고 외계어라 불리는 이러한 표기가 가상공간언어에서 통용되었다는 사실은 이것이 곧 은어적 효과를 가져 그들 사이에 보이지 않는 끈끈한 유대감 친밀감을 형성하여 동질성을 이끌어내었기에 가능했던 것이다.

둘째, 음차 대체 표기는 소리의 유사성을 이용하여 다른 문자 체계로 대체시켜 표현하는 형태이다. 이 역시 학습하지 않으면 이해가 힘들다는 점에서 이탈적 표기로 분류한다. 다음의 음차 대체 표기 (24)[27]를 보자.

(24) 이탈적 표기3: 음차 대체 표기

가. 8282(빨리빨리), 1010235(열열히사모해), 1004(천사), 2(to)

나. b(be), @(at)

---

27 Crystal(2008)과 강옥미(2010)의 자료를 합한 이주희(2010: 8)에서 재인용한 것으로, 자세한 내용은 이주희(2010: 8)를 참조하기 바람.

다. b4(before), @oms(atoms), 2day(today)

라. 하2루(하이루), 미5(미워), 감4(감사), 바2(bye), 밥5(바보)

마. 근D(그런데), R겠G(알겠지)

바. 10C미(열심히)

사. ㅃ2(바이: 헤어짐 인사)

이러한 표기들의 등장은 어떤 심리적 기제에서 비롯되었을까? (24)의 표기를 언어유희로 보는 관점이 대부분인데, 중요한 것은 그러한 언어 유희를 즐기는 이유에 대한 궁금증이다. 외계어 등은 소위 은어(隱語)의 영역에 넣을 수 있는 것들이다. 은어의 기능은 은비성(隱秘性)으로 자기들끼리만 통하는 암호적인 존재로 인해 해당 집단인들만의 끈끈한 유대감과 결속력이 그것이다. 이는 곧 Trask의 집단 동질성(group identity)에 부합한다고 볼 수 있다. 이것은 무엇보다 외계어의 사용이 성인 집단보다 또래 집단 속에서 살아가는 사춘기 청소년층에서 보다 선호된다는 사실에서 그 증거를 찾을 수 있다.

셋째, 해체 표기는 음절로 모아쓰는 한글 표기의 원칙을 부정하는 형태인데, 다음과 같은 예가 있다.(전병용 2002b: 53)

(25) 이탈적 표기4: 해체표기

가. 로그: ㅎㅏ ㅈ ㅣ 만 난 변 ㅎ ㅏ ㅈ ㅣ

나. 아담: ㅇ ㅓ ㅅ ㅓ 옵 ㅅ ㅕ~^^;

다. 앙큼섹쉬마린: ㅅ
ㅠ
ㅇ

(25)에서 로그와 아담의 경우는 가로 풀어쓰기인 반면, 앙큼섹쉬마린의 표기는 가로 풀어쓰기에도 만족하지 못하고 '슝'을 세로 풀어쓰기하고 있

다. 기성세대는 흉내조차 힘든 이 현란한 묘기는 또 다른 새로움을 추구하는 모습이라고 설명하고 있다. 물론 노력이 많이 듦에도 불구하고 이러한 해체 표기를 즐기는 것은, 일차적으로는 새로움과 즐거움 추구라 할 것이나 보다 심리적 저변에는 이러한 표기들로 상호 소통 가능한 집단 사이의 동질성 추구가 보다 근원적이라고 볼 수 있다.

넷째, 모음변이는 모음의 변형을 통하여 표현 효과를 기대하는 경우이다. 다음 (26)예들은 전병용(2002a: 257)에서 움라우트의 예로 든 것인데, 이것을 이주희(2010: 10-11)에서는 모음변이라고 보았다. 움라우트가 아니라 모음변이라는 지적은 적절한 것이지만, 왜 그러한 모음변이가 일어났는가에 대한 설명은 없었다는 사실이 아쉽다.

(26) 이탈적 표기5: 모음변이

가. silver: 아부**쥐**(아버지)

나. 부팀: 아**뉘**(아니)

다. 머찐안개: 아~ 이 노래 **쥑**인다(죽인다)

라. 록크: 저능 인제 ... 물러감**뉘**닷(물러갑니다)

마. 에비앙: 외국인이랑도 칭구하**눼**(친구하네)...

(26가)에서 '아버지'를 '아부지'로 발음하는 것은 원순자음에 의한 원순모음화(노력경제)이므로 실제 일어나고 있는 현실 발음이다. 그러나 '아부지'에서 '아부쥐'로의 변화는 움라우트가 아니다. 움라우트가 되었다면 '아뷔지'가 되어야 했을 것이다. '아뷔지'가 아닌 '아부쥐'는 음성적 변화가 아니다. 이것을 표면적으로 본다면 모음변이지만, 모음변이를 일으킨 심리적 기제는 표현 효과를 위하여 이탈적 표기를 시도했다고 이해할 수밖에 없다. (26나, 26라, 26마)의 '아뉘(아니), 물러감뉘닷(물러갑니다), 칭구하눼(친구하네)' 등도 역시 마찬가지이다.

(26다) '쥑인다'만은 움라우트 현상으로 볼 수 있지만, 이것을 표현효과

적 표기에 넣은 것은 일반적인 사이버 언어의 표기 특성에 어긋나기 때문이다. '줵인다' 형태는 비록 이론적으로는 움라우트 현상의 반영이라 할 수 있겠지만, 실제 현실 발음은 아니기 때문이다. '죽인다'의 노력경제에 따른 실제 현실발음은 구개자음 'ㅈ'의 영향으로 원순모음 'ㅜ'가 전설모음 'ㅣ'로 바뀌는 전설모음화된 '직인다'이다. 즉 '죽인다'의 노력경제(동화)에 의한 현실음은 '줵인다' 대신 '직인다'라는 것이다. 만약 '직인다'로 표기되었다면 청각성에 해당할 터인데, '줵인다'로 표기된 이것은 표현 효과를 위한 이탈적 표기에 넣을 수밖에 없다.

'물러감뉘닷(물러갑니다), 칭구하눼(친구하네)'에는, 이탈적 표기와 구어적 표기가 혼용되어 있다. '-뉘(니)-, -눼(네)' 표기는 모음변이로 이탈적 표기이다. '물러감(갑)-, 칭(친)구'에 나타난 표음주의적 표기는 앞에 든 청각성에 넣어야 할 것이다.

또한 기존의 연구에서는 '홈퓌(홈피)' 등 표기를 움라우트 현상으로 해석하여 노력 경제적 표기의 하나로 보고 있는데, 이는 적절치 못한 지적이라 할 것이다. 그보다는 오히려 표현 효과를 노린 이탈적 표기로 보아야 하는데, 그 근거는 발음과는 전혀 관계없는 복잡해진 표기이기 때문이다. 그렇다면 어떻게 '홈퓌'라는 표기가 나타났을까? '홈퓌'에 나타난 현상은 움라우트가 아니라 원순자음 'ㅍ'의 영향에 의한 '이'모음의 원순모음화('이'의 '위' 모음화)에 의한 것이라 해야 한다. 그러나 실제 '홈퓌'로 발음하는 사람은 없다. 설령 원래 발음이 '홈퓌'이더라도 노력경제에 의해 단모음화되어 '홈피'로 발음할 것이다. 따라서 이런 부류의 표기 역시 이탈적 표기로 보며, 표기의 동인은 역시 언어 유희를 통하여 집단적 동질성을 추구한 데서 비롯되었다 할 것이다.

전병용(2002a: 258)에서 대화방에서의 비음화로 해석한 "라뷰: 행복님 방갑슴돠(반갑습니다)"에서 '방갑슴돠'의 '방(반)갑-'에 일어난 음운현상은 위치동화이므로 본고의 분류에 의하면 '청각성'에 들어갈 것이다. 반면, '방갑슴돠'의 '-돠' 표기는 바로 이탈적 표기에 해당하는 예이다.

다섯째, 일종의 부정회귀로 볼 수 있는 역구개음화도 가상공간언어 표기의 특성 중 하나이다.

(27) 이탈적 표기6: 부정회귀

죽음→ 듀금, 우리→ 듀리, 정말→ 뎡말, 깜짝→ 깜땩

(27)에 대해서는 다양한 해석이 있다. 전병용(2002a)은 이러한 역구개음화 현상은 의도적인 발음으로 변화와 재미를 느낄 수 있다는 데서 유행한다고 주장하였고, 정진수(2005)는 컴퓨터 자판의 배열 문제로 일어난 것으로 설명하였다. 다시 말해 자판에 'ㄷ'과 'ㅈ'이 나란히 배열되어 있어 오타를 일으킨다는 것이다. 박철주(2006)는 일상언어에서는 일어나지 않는 자음변이인 이들은 어휘의 낯설게 하기의 일환이라고 주장하였다. 이주희(2010: 12)에서는 재미나 파격을 추구하는 젊은 세대들이 애교가 가미된 혀 짧은 듯한 소리를 표현하기 위해 역구개음화 현상을 쓰는 것 같다고 하면서, 통신언어의 표현적인 동기로서 설명함이 더 합당하다고 하였다. 반면 본고에서의 분류에 의하면 역구개음화 현상은 이탈적 표기에 들어가게 되며, 그 기대 효과는 집단적 동질성을 추구하는 것으로 해석한다.

여섯째, 과잉분철이란 소리대로 적는 연음에 반대되는 현상으로 원형태를 밝혀 적는 형태주의 표기법을 넘어 분철형이 아닌 경우도 분철 표기하는 경우를 말한다. 전병용(2002b: 52)에서 과잉분철 표기 예로 든 (28)도, 본고의 기준에 의하면 이탈적 표기로서 동질성 조성 효과를 가져 오고 있다고 할 것이다.

(28) 이탈적 표기7: 과잉분철 표기

가. 시포: 울이(우리)... 자기한테... 일러버린다~~

나. 써니: 숙오해라(수고해라)~

다. 쮸늬: 근항(그냥) 빙신 가치[28] 웃을란다.

라. 로미: 니가 글애봐(그래봐).

전병용은 (28)의 예들에 대해 무조건 튀어 보겠다는 화자의 의도가 반영된 표기라고 단정하였으나, 그보다는 그러한 새로운 표기 공유로 인하여 그들만의 집단적 동질성을 의도했다고 보는 것이 보다 옳을 것이다.

이상 정상적인 표기 규범에서 벗어난 이탈적 표기의 보상적 기능은 가상공간 내 구성원들 사이에 그들끼리 통한다는 결속력과 집단적 동질성을 제공하게 될 것이다. 이 집단적 동질성으로 인해 구성원들은 결국 가상공간을 뛰어넘는 친밀감을 공유하게 될 것이다. 동일 집단 내에서의 결속력은 물리적 근접성과 같은 플라우마 효과를 제공하게 되므로, 이탈적 표기 역시 면대면 커뮤니케이션의 효과를 제공하는 강한 도구가 된다는 것이다.

지금까지 본 논의에서는 가상공간언어의 다양한 기호 형태들을 커뮤니케이션에서의 창출 효과에 따라 '청각성 - 표음적 입말 표기', '시각성 - 이모티콘 표기', '집단 동질성 - 이탈적 표기' 등으로 분류하여 분석하였다. 그 결과 가상공간언어는 이들 세 가지 특성의 상호 복합작용으로 인하여 면대면 커뮤니케이션에 비등한 실질적인 효과를 연출하고 있음을 알 수 있었다.

또한 표면적으로는 각각 별개의 언어현상으로 보이는 다양한 가상공간언어 표기 형태들이 실은 가상공간에 결핍된 면대면 커뮤니케이션의 보상 기능을 함께 수행하고 있음도 살펴보았다. 다시 말해 '청각성 · 시각성 · 집단동질성'이라는 세 가지 규준으로 분류된 표기 형태들이, 실제로는 모두 하나의 목적 — 가상공간에는 결핍된 면대면 상황의 보완이라는 기능상 공모를 하고 있었다는 사실이다.

---

28 '빙신 가치'는 '병신 같이'의 표음적 표기이다. '병신'이 '빙신'으로 발음되는 것 역시 상승모음화로 노력 경제에 의한 발음이다.

일반적인 문자언어 기호인 '둘이 너무 잘 어울린다.'와 가상공간언어 기호인 '두리 넘우 좔 어울린당^^ ㅋㅋㅋ.'를 비교해 보자. 똑 같은 내용을 동일 문자 한글을 이용하여 표기하였지만, 건조한 문어적 서술문인 전자에 비해 후자는 입말적(청각성: 연음표기 '두리'/ 자음 'ㅇ' 첨가 '당'/ 음성도상 ㅋㅋㅋ), 웃는 표정(시각성: ^^), 은비성(집단동질성: 과잉분철 '넘우'/ 모음변이 '좔') 등 효과로 인해 마치 마주 보고 대화하는 듯한 면대면 커뮤니케이션 장면을 연출하고 있음을 알 수 있다.

가상공간 언어에서의 이처럼 다양한 기호 형태는 여러 경로에 의해 이루어졌을 것이다. 시간과 노력의 경제성에 의한 창출, 의도적인 표기, 실수 표기 등 다양했을 것이다. 그 시발은 어디서 시작되었든 가상공간언어 사용자들에게 그 표기가 수용되어졌다는 것은 그것들이 가지는 어떤 효용이 있기에 가능했을 것이다. 이것을 본 논의에서는 언어기호론적 관점에서 그러한 표기들이 면대면 커뮤니케이션의 효과를 보상하였기에 수용·전파가 가능했다고 해석하였다.

참고문헌

강옥미. 「정서는 어떻게 동·서양 표정 이모티콘에 반영되었는가」. 『기호학연구』(한국기호학회)27. 243-276, 2010.

박철주. 「PC 통신언어 명사의 음운론적 연구」. 『국어교육』(한국어교육학회) 119. 457-486, 2006.

손지영. 「이모티콘」. 연세춘추 제1433호(2002.1.1). 2002.

송민규. 「사이버언어 연구의 몇 문제」. 『우리어문연구』(우리어문학회) 21. 56-83, 2003.

송민규. 「사이버언어사전과 사이버언어의 현재」. 『한국학연구』(고려대한국학연구소) 20, 2004.

송민규. 「가상공간 신어의 생성」. 『한국어학』(한국어학회)34. 47-78, 2007.

시정곤. 「사이버언어의 조어법 연구」. 『한국어학』(한국어학회) 31. 216-243, 2006.

오정란. 「가상공간언어 표기 형태의 다양성과 기능적 공모성」. 『한국어학』(한국어학회) 57. 235-270, 2012.
이정복. 『인터넷 통신언어의 이해』 서울: 월인. 2003.
이정복. 「사회언어학으로 인터넷 통신언어 분석하기」. 『한국어학』(한국어학회) 27. 37-79, 2005.
이주희. 「통신언어의 표기와 음운적 특성」. 『언어연구』(경희대언어정보연구소) 27-1. 1-18, 2010.
이주희 · 박선우. 「한국어 문자 메시지의 표기와 특성: 20대 대학생을 중심으로」. 『2012.음성 · 음운· 형태론 연구』(한국음운론학회) 18-1. 131-161, 2012.
윤석민. 『커뮤니케이션의 이해』. 서울: 커뮤니케이션북스. 2007.
전병용. 「통신언어의 음운론적 특성에 대한 연구 - 대화방 언어를 중심으로」. 『한국언어문화』(한국언어문화학회)21. 251-274, 2002a.
전병용. 「통신언어의 연구(1) - 표기를 중심으로」. 『국문학논집』(단국대국어국문학과)18. 37-60, 2002b.
차배근. 『커뮤니케이션학개론(상)』. 서울: 세영사. 1987.
한양대학교 과학철학교육위원회. 『인문사회계 학생을 위한 과학 기술의 철학적 이해』. 서울: 한양대학교출판부. 2010.
Barnes, Susan B. 『사이버커뮤니케이션 이론』(*Computer - Mediated Communication: Human-to-Human Communication Across the Internet*, 권상희 역). 서울: 성균관대학교 출판부. 2007[2002].
Crystal, David. *Txting: The Gr8 Db8*. Oxford University Press. 2008.
Gibson, William. 『뉴로맨서』(*Neuromancer*, 환상문학전집21, 김창규 역). 서울: 황금가지. 2005[1984].
Kisseberth, Charles W. "On the Functional Unity of Phonological Rules." *Linguistic Inquiry* 1. 1970.
Trask, Larry. *Why Do Language Change?*. Cambridge University Press. 2010.

언어학과 문학의 만남

초판 1쇄 인쇄 2019년 2월 20일
초판 1쇄 발행 2019년 2월 25일

지은이 오정란
펴낸이 박성복
펴낸곳 도서출판 월인
주소 01047 서울특별시 강북구 노해로25길 61
등록 1998년 5월 4일 제6-0364호
전화 (02) 912-5000
팩스 (02) 900-5036
홈페이지 www.worin.net
전자우편 worinnet@hanmail.net

ISBN 978-89-8477-664-7 93710

값은 뒤표지에 있습니다.